理性
之外

偏差与修正

王立新
杨　宇
◎
著

中信出版集团|北京

图书在版编目（CIP）数据

理性之外：偏差与修正 / 王立新，杨宇著. -- 北京：中信出版社，2022.1（2022.6重印）
ISBN 978-7-5217-3802-5

I. ①理… II. ①王…②杨… III. ①投资基金－研究－中国 IV. ① F832.51

中国版本图书馆 CIP 数据核字（2021）第 242893 号

理性之外——偏差与修正
著者：　王立新　杨　宇
出版发行：中信出版集团股份有限公司
　　　　　（北京市朝阳区惠新东街甲 4 号富盛大厦 2 座　邮编　100029）
承印者：　宝蕾元仁浩（天津）印刷有限公司

开本：787mm×1092mm　1/16　　印张：35.25　　字数：375 千字
版次：2022 年 1 月第 1 版　　　　印次：2022 年 6 月第 2 次印刷
书号：ISBN 978-7-5217-3802-5
定价：98.00 元

版权所有·侵权必究
如有印刷、装订问题，本公司负责调换。
服务热线：400-600-8099
投稿邮箱：author@citicpub.com

目 录

序 言 ·· 7
前 言 ·· 21

第一部分 公募基金行业与行为金融理论概述

第一章 公募基金行业概述及投资者行为变迁 ·············· 4
第一节 我国公募基金行业的发展历程及现状 ············ 4
第二节 公募基金行业的投资者行为变迁 ················ 17

第二章 现代金融学与行为金融学概述 ···················· 35
第一节 现代金融学的起源与发展 ······················ 35
第二节 现代行为金融学发展概述 ······················ 38
第三节 金融市场的心理及行为偏差 ···················· 46
第四节 行为金融学的探索：前景理论概述 ·············· 53
第五节 行为金融研究与实验经济学 ···················· 60

第二部分 基金投资者行为的调查问卷研究

第三章 权益基金投资者的基础画像 ······················ 69
第一节 我国权益基金投资者的人口学分布 ·············· 69

第二节　我国权益基金投资者的投资特点 …………… 75
　　第三节　我国权益基金投资者的基金认知 …………… 87

第四章　权益基金投资者的行为偏差 ……………………… 95
　　第一节　过度自信 ……………………………………… 95
　　第二节　处置效应 ……………………………………… 106
　　第三节　处置效应在股票和基金投资中的差异 ……… 117
　　第四节　补仓行为 ……………………………………… 121

第五章　权益基金投资者的行为特征 ……………………… 126
　　第一节　爱买"便宜"基金的投资者 ………………… 126
　　第二节　知行不一的权益基金投资者 ………………… 131
　　第三节　动态的投资风险选择 ………………………… 135
　　第四节　投资决策考量：投资性格与波动容忍度 …… 140

第三部分　基金投资者行为的实证研究

第六章　基金个人投资者交易行为特征 …………………… 148
　　第一节　交易频繁程度——时间维度上的脉冲式集中 … 149
　　第二节　小买大卖——买入规模和卖出规模存在差异 … 150
　　第三节　影响个人投资者交易的市场因素 …………… 152
　　第四节　主动择时交易的效果不如定投交易的效果 … 156
　　第五节　小结和讨论 …………………………………… 162

第七章　基金市场的"聪明钱"效应研究 ………………… 165
　　第一节　海外对"聪明钱"效应研究的历史概述 …… 165
　　第二节　基金及投资者样本的描述统计分析 ………… 168
　　第三节　基金投资者行为特征的描述分析 …………… 176

第四节　基金市场"聪明钱"效应检验 …………………… 193
　　第五节　结论 ………………………………………………… 211

第八章　基金市场投资者行为偏差的实证研究 ………………… 212
　　第一节　处置效应实证研究 ………………………………… 212
　　第二节　过度自信与过度交易实证研究 …………………… 229
　　第三节　羊群效应实证研究 ………………………………… 242
　　第四节　基金市场投资者行为偏差实证研究总结 ………… 253

第九章　基金投资者行为的影响因素分析 ……………………… 256
　　第一节　基金业绩、基金经理能力与基金投资者行为 …… 256
　　第二节　基金经理能力对基金投资者行为的影响分析 …… 267
　　第三节　风险因子与 α 收益影响的对比分析 ……………… 287
　　第四节　市场情绪与基金投资者行为 ……………………… 296
　　第五节　结论 ………………………………………………… 306

第十章　基金营销、基金投顾与投资者行为 …………………… 308
　　第一节　基金营销与基金投资者行为 ……………………… 308
　　第二节　不同营销渠道对投资者行为的影响 ……………… 311
　　第三节　基金投顾与基金投资者行为 ……………………… 320

第四部分　基金投资者行为的实验研究

第十一章　投资者历史业绩、市场基准与投资者行为 ………… 337
　　第一节　实验方法说明 ……………………………………… 337
　　第二节　投资者浏览行为分析 ……………………………… 338
　　第三节　投资者交易行为分析 ……………………………… 354
　　第四节　结论 ………………………………………………… 373

第十二章　通用教育、特定教育与投资者行为 ·················· 376
　第一节　实验描述 ··· 377
　第二节　通用教育的价值如何？ ································ 392
　第三节　哪类行为更易改善？ ·································· 398
　第四节　结论 ··· 405

第十三章　基金投资者行为调研、实证与实验研究的比较 ··· 408
　第一节　投资者行为偏差：不同研究方法的结论比较 ······ 408
　第二节　纠正投资者行为偏差的长期性 ·················· 411

第五部分　行为金融学下的基金投资与基金业发展启示

第十四章　行为金融学对基金投资的启示 ·················· 418
　第一节　行为金融学的应用意义：修正基金投资中的薄弱
　　　　　环节 ··· 418
　第二节　金融知识缺乏引起的投资行为偏差及应对思路 ··· 420
　第三节　行为金融学中的认知偏差及应对思路 ············ 429
　第四节　行为金融学中的情绪偏差及应对思路 ············ 432
　第五节　以人为本的个性化投资方式 ···················· 434
　第六节　结论 ··· 437

第十五章　加大投资者教育与买方投顾服务 ················ 439
　第一节　基金投资者教育：现状、问题与思路 ············ 439
　第二节　投资者教育：组合管理的视角 ·················· 450
　第三节　经验积累与买方投顾发展 ······················ 465

第十六章 公募基金产品的设计 473
第一节 基于客户认知偏差层面的产品设计 474
第二节 基于客户行为偏差层面的产品设计 477

第十七章 公募基金产品销售机制的建设 485
第一节 中国公募基金销售机制的发展情况 485
第二节 海外基金销售的经验借鉴 500
第三节 中国公募基金销售机制建设建议 507

第十八章 结束语 515

参考文献 519

致谢 529

序 言

一、研究的初衷

人类经过长期的进化，成为地球万物的主宰，不但形成了灿烂的文明，也发展出了门类繁多的科学和各种行业。科学的发展和文明的进步，使人类成为万物之灵，以致新古典经济学把人抽象定义为"理性人"。但是，实践中人们发现，人并不完全是"理性"的：人经常凭直觉行事，经常冲动而且情绪化；经常会人云亦云、有随大流的从众心理；经常注重短期利益、忽视长期利益；经常盲目自信，高估自己、低估市场；经常贪小便宜、买便宜货而不是买适合自己的；经常有自欺行为、只说自己赚钱的投资、不说自己赔钱的投资，如此等等。

行为经济学和行为金融学就是研究人的这些系统性认知偏差，开启了经济学研究的一片新天地，也对改善我们的决策和行为方式有很大的帮助。不说远了，对投资者来说，投资既是一门科学，又是一门艺术；说是科学，就要遵循科学的决策流程和方法；说是艺术，就要管理好自己的情绪和冲动、减少噪声对自己的干扰、洞察他人的冲动和错误。一个人，如果没有对行为金融学的了解和对人性的深刻理解，是做不好投资的。

2021年，我目前服务的银华基金成立整20年，我从事公募基金行业超过23年。作为基金行业从业时间最长的老兵之一，我自然对中国基金行业充满感情，最希望看到老百姓通过投资基金获得超越市场的收益，实现财富增值，过上美好的生活。

但是，正如行为经济学和行为金融学研究揭示的，人的认知偏差和行为偏差同样存在于基金投资者身上。中国证券投资基金业协会的一组简单数据大致描述了这种偏差的结果：2020年，盈利超过50%的股票基金占基金总量的59.79%，而同样盈利水平的个人基金投资者仅有11%；盈利在20%~50%的股票型基金占36.03%，个人投资者仅有15.83%；盈利在0~20%的股票型基金占3.92%，个人投资者却高达25.08%；亏损情况的对比更为触目惊心，有16.7%的个人投资者亏损0~20%，更有31.3%的个人投资者亏损20%以上，而2020年全市场没有股票型基金出现亏损。[①]

公募基金整体上大幅战胜了指数，体现了基金作为机构投资者的专业优势，但是，基金个人投资者并没有赚到这么多钱，有些投资者甚至还处于亏损状态。这就是长期困扰基金行业的"基金赚钱，基民不赚钱"现象。

通过多年的从业经历，我们观察到，之所以出现"基金赚钱，基民不赚钱"，主要有以下原因：第一，基金赚钱，主要是因为基

[①] 参见中国证券投资基金业协会《中国证券投资基金业年报》（2021）。

金公司和基金经理是专业投资者，他们有强大的研究支持和管理平台；高素质人员经过专业训练和严谨的决策流程，具备一般个人投资者不具备的专业优势；就像我们一般人无法替代科学家研究量子力学一样。第二，基民不赚钱，或者说基民没有赚到应该赚的钱，是因为没有管理好自己的冲动和欲望，往往成为直觉和情绪的奴隶。爱默生说过，"思考是这个世界上最艰苦的工作，所以我们才很少有人思考"。这也就是丹尼尔·卡尼曼在《思考，快与慢》中说的，我们主要靠系统1直觉来决策、系统2思考没有启动，没有悟出"快就是慢、慢就是快"的道理。

当然，投资是一个相当复杂的过程，其实基金经理也经常犯一般投资者的错误，都需要首先认识人类的认知偏差，进而努力改善我们的投资理念和投资方法，达到"科学与艺术"的完美结合。

基于以上认识，银华基金与华宝证券研究所合作，根据投资者的真实交易数据，运用行为金融学和实验经济学的方法，研究了中国个人基金投资者的行为特征，对投资者的基金投资行为进行了画像。绝大多数研究结果符合行为金融学描述的现象，当然，也有中国投资者的一些独有特征。这一研究的内容比较丰富，也十分有趣。

二、个人基金投资者的行为偏差画像

根据交易数据和实证观察，从行为金融学的角度看，中国个人基金投资者的投资行为主要存在以下偏差：

1. 过度交易

人容易过度自信，从而高估自己对基金知识的了解，低估投资风险并错估自己的掌控能力。过度自信可能导致过度交易，乐观、悲观等情绪化因素也可能导致过度交易。无论哪种因素导致的过度交易，最终都会造成基金投资的损失或降低基金投资的收益。

我们的调查显示：全市场投资者样本中，80%的人认为自己能够跑赢大盘，实际上，仅有43%的人跑赢了大盘，说明大部分权益基金投资者存在过度自信。在基金交易上，过去一年内，50%的人对同一只基金操作了3~5次，26%的人超过6次以上，操作频率超过6次的人，亏损（尤其是大幅亏损）的比例相对更高。

有一位真实投资者的交易案例，直观地说明过度交易的后果。在2018年10月10日到2019年12月25日，此投资者对同一只基金进行了4次申购与4次赎回，每次平均持有时间2~3个月，每两个持仓周期之间仅有1个月左右的间隔。显然，该投资者试图通过择时来赚取更高收益，然而，结果适得其反，该投资者的区间累计收益率为35.7%，相对于区间基金49.4%的净值增长率，少赚了13.7%的收益。少赚的收益包括两个部分：一部分是额外的手续费，另一部分是择时不当造成的损失。

2. 赎旧买新

长期看，新基金和老基金的收益整体区别不大。由于新基金存在建仓期，建仓需要时间，在市场上行时，老基金表现更好，在市场向下时,老基金表现稍弱。在长期区别不大、短期各有利弊的情况下,投资者却普遍存在赎旧买新的现象。

我们做过的调查显示:大部分投资者(73.77%)赎旧买新的资金比例为25%~50%。45%的银行客户经理有超过一半的新基金销售来自老基金赎回。

为什么会这样呢?我们的调查进一步研究了影响投资者购买基金的人群或信息因素,排名前四位的分别是:银行客户经理推荐、互联网推荐信息、自己的筛选和亲朋好友的推荐。银行客户经理确实在投资者赎旧买新上最有影响力,互联网信息、亲朋好友推荐等社交互动对投资者赎旧买新也有重要影响。尤其在抢购爆款基金时,社交互动、媒体鼓吹、从众效应、银行客户经理推荐等几股心理力量汇聚成流,深入人心,极易引发投资者的跟风行为。

3. 跟风操作

为了避免天敌捕杀,羚羊总是聚集在一起。一有风吹草动,羚羊群就会一起飞奔。每一只羚羊都在密切关注其他羚羊的一举一动,一只羊动,其他羊会立即跟进,因为不想落后变成猎物。这就是羊群效应,也叫从众效应,基金投资中跟风操作就是从众效应的体现。

我们分析了银华基金投资者整体的日频资金流情况,发现了明显的从众效应。在延迟为1天的情况下,银华基金个人投资者的资金流高度自相关,相关性系数达到0.4,直至延迟达到20个交易日后,自相关才逐渐变得不显著。也就是说,银华基金个人投资者呈现明显的跟风操作。

从行业整体数据看，市场大涨，基金申购量也会大幅增长；市场大跌，基金赎回量也会大幅增加。这同样是从众效应、跟风操作的结果。

4. 出盈保亏

赎回赚钱的基金会让人心生愉悦，因为这证明自己过去做对了；赎回亏钱的基金会让人于心不忍，因为这等于承认自己过去做错了。为了避免痛苦，追求愉快，投资者往往过早赎回盈利基金，过久持有亏损基金。出盈保亏被称为处置效应。

我们对银华基金的整体数据进行实证研究，发现基金投资中的处置效应普遍存在。如果将投资者盈利赎回推迟一段时间，亏损赎回提早一段时间，我们发现，收益率将有明显提升。显然，处置效应会损害投资者的投资收益。

5. 风险偏好不稳

按理来说，人在一定时期内应该具有相对稳定的风险偏好，这也是基金投资者需要进行风险测评的原因。然而，实际情况并非如此，投资者的风险偏好并不稳定。

我们的调查研究显示，超过一半的人会在前一笔投资结算后调整下一笔投资的风险。盈利了结后，近一半人选择投资同样风险的产品，15%的人愿意尝试更高风险的产品。亏损割肉后，选择同样风险的产品的人比盈利情形少，10%左右的人短时间内不再投资，更极端的会选择以后都不再做基金投资。如果盈利了结后亏损了，再做下一次投资选择时，有部分人会进一步提高风险偏好。

以上情形反映了三种心理效应：一是赌资效应，基金投资赚钱后风险偏好提高，因为感觉赚来的钱不是自己的，亏了没事，赚了更好；二是风险规避效应，基金投资亏钱后风险偏好下降；三是翻本效应，基金投资亏钱后风险偏好不降反升，尤其是亏了很多的情况下，希望搏一把侥幸回本。

2015年的股灾前，很多投资者属于第一种情形，风险偏好不断提升，杠杆越加越高。股灾后，投资者出现了分化，一部分人风险偏好下降，赎回基金转换为低风险基金；另一部分人风险偏好提升，购买更高风险的基金或提高杠杆，企图把亏了的钱再赚回来。

6. 买便宜基金不买贵基金

2008年以前，很多基金净值高了以后，会被拆分，在基金投资者资产总值不变的基础上，增加份额，降低单位净值，拆分后，投资者申购往往大增。2015年以前，很多基金在净值大幅上涨后就大比例分红，通过分红把单位净值降为1元，这样能吸引更多申购。在监管指导后，拆分已销声匿迹，大比例分红也寥寥无几。

但是，投资者对于便宜基金的喜好心理依旧未变。我们的调查结果显示，在涨幅低、单位净值低与涨幅高、单位净值高的两只基金中做选择，全市场投资者样本中，58%的人选择了涨幅低、单位净值低的基金，并且67%的人同意"高单位净值基金的风险更高",另外还有部分人同意"低单位净值基金获得同等涨幅更容易"。

买便宜基金不买贵基金的原因就在于投资者陷入了"高净值代表高风险"和"高净值更难涨"的思维框架。如果换个角度问投资者,"同时间成立的高净值基金和低净值基金,哪一个表现的投资能力强",估计大部分人会选择高净值基金。所以,使用不同的思维框架,就容易得出不同的结论,如果使用不恰当的思维框架,就会出现买基金"贪便宜"的现象。

7. 偏好补仓已持有基金

很多人在基金下跌后倾向于采取补仓操作,一般都是选择已持有基金。在我们的问卷调查中,假设有两只相同主题的基金,其中已持有基金跌幅更大,75%的全市场投资者样本选择加仓已持有基金。低位补仓的目的主要是为了摊薄成本,我们的调查显示,约90%的人会为了摊薄成本而补仓已持有基金。

按理来说,每一个时点的每次投资都应该是独立行为,目标是做出最优投资决策,选择最优质的基金。固守并补仓已持有基金就会把投资者束缚在前一次决策的轨道中,导致后一次的投资成效只能依赖于前一次投资决策的质量,如果已持有基金投资能力较弱,持续补仓的效果就不如用同样的资金投资一只新的表现更好的基金。

人偏爱自己熟悉和了解的事物,已持有基金对投资者来说熟悉度高,所以自然成为补仓的首选。同时,投资者一般会把已持有的亏损基金和可投资的其他优秀基金放进两个不同的心理账户，补仓和投资其他基金被看作两件事。这就是投资者固守已持有基金并补仓的心理原因。

8. 低效分散

投资者一般都知道基金投资中"鸡蛋不要放在一个篮子"的道理，然而，在实际投资时，投资者往往只顾形式分散，忽视真正的风险分散。比如，有的人把资金平均地买成同一个基金经理的多只产品，有的人根据自己的不同投资目标买了很多不同基金，回头一看，这些基金的资产类别或投资风格大同小异。

买的基金数量越多，并不代表风险越小。现代投资组合理论认为，分散风险的核心是不相关性，通俗地说，"鸡蛋不要放在一个篮子里，篮子也不要放在一张桌子上"。一个篮子和一张桌子都代表了高相关性，鸡蛋的数量再多，如果篮子倒了，桌子翻了，结果都是"覆巢之下，安有完卵"。

9. 买年度冠军基金

每年的年度收益冠军基金总是万众瞩目，吸引大量申购。投资者往往高度关注短期收益排名，并根据这个排名选择基金。前一年的年度冠军基金经理次年发基金，经常发出爆款，可见投资者对短期冠军基金的追捧程度非同一般。

然而，仅凭收益指标购买基金并不是理性行为，尤其是购买短期冠军基金，其实际效果并不好。我们的测算显示，每年年初买入上一年冠军基金，持有一年，次年更换为新的冠军基金，过去10年，这个策略的累计收益率为101.04%，远低于同期偏股混合型基金指数171.09%的涨幅。[①]

买短期冠军基金的投资者存在两个认知偏差：一是简单地用短期收益代表基金的长期表现，二是简单地把过去收益直接外推。基金的好坏不能只看收益，还要考虑收益背后承担的风险，承担风险大的基金涨得快跌得也快，收益并不稳定。过去的收益也不能简单外推，大部分冠军基金持有的都是市场上的热门品种，价格得到充分反映，未来的表现往往不好。

以上提到的种种行为偏差在基金投资中具有一定代表性，阅读了本书的读者如果做过或正在做基金投资，是否多少能找到一点自己的影子？除了行业发展中的诸多客观原因，基金投资者的这些非理性投资行为也是基金投资体验欠佳的重要原因。为了获取更好的基金投资收益，基金投资者有必要纠正这些非理性的投资行为。对此，我们有以下几点给投资者的建议：

第一，相信基金公司和优秀基金经理的专业优势和专业能力。在基金公司强大的研究平台支持和完善的投资决策以及风险管理体系下，基金经理的投资管理能力可以充分展现；作为职业投资人，基金经理经过了严格的筛选和专业训练；基金经理的投资决策必须在严谨的投资决策流程和风险管理框架内进行；对基金经理的业绩归因和考核也是优胜劣汰的重要手段。实践和学术研究

[①] 请参见 Wind，数据截至 2020 年 12 月 31 日。

成果都表明，优秀基金经理经过专业学习和训练后，在克服认知偏差上有明显效果。这也是我们普通个人投资者需要学习和借鉴之处。

第二，学习基金投资的专业知识。基金投资的专业知识不足，容易导致投资者高估自己的认知水平和投资能力，引起过度自信和过度交易。"学然后知不足"，学习基金投资专业知识，不断发现自己认知上存在的问题，有助于客观评估自己的认知水平和投资能力。在基金投资中，正确运用所学的基金投资知识，不仅可以避免过度自信，还可以有效改善其他各类行为偏差。比如，低效分散、买便宜基金等，如果学习掌握了分散投资中"不相关性"和风险高低与基金净值高低无关的知识，此类偏差就可能避免。

第三，认识自我，努力克服认知偏差。首先，战胜心理偏差的基础是理解它，认识到它在自己和他人身上普遍存在是战胜心理偏差的开始，有认识才会有行动。

其次，要明确投资目标并制定具体的量化指标。具体化的投资目标可以让你放眼长期，纵观全局，在投资过程中，真正坚持长期投资和有效的组合投资。实现投资目标需要选择合适的投资对象，尽可能制定量化的投资标准，并结合一些定性分析，这样才能避免短期事件、情绪、其他心理偏差对基金选择的影响，确保选出的投资对象是真正适合自己的。

再次，还可以控制投资环境和设定信息提醒。为了避免过度交易，最好少盯盘、少刷基金净值、少看小道消息，控制好投资环境，投资情绪会更稳定，投资行为会更理性。在远离短期刺激的投资环境中，可以把时间和精力放在更重要的事情上：不时地研究回顾自己的投资习惯和目标。

第四，选择适合自己的基金，做正确的长期投资。长期看，国内公募基金的超额收益显著，中国证券投资基金业协会公布的数据显示，近20年，偏股型基金的年化收益率为16.18%。在国家发展前景长期向好、居民财富向资本市场持续转移的背景下，基金投资只要长期坚持，就能获得不错的投资回报。并且，长期投资有利于纠正过度交易等行为偏差，节约了交易成本，能更好地发挥时间的复利效应。

要做到长期投资，关键是选择适合自己的产品或组合，投资的资金属性应该与投资目标和期限相匹配。最好设定自己的最短持有期限，我们建议偏股型基金持有3年至5年以上，并严格要求自己做到。如果担心自己的自控力不够强，也可以选择购买封闭式、持有期基金，或者采用定投方式投资，产品设计和投资习惯也可以帮助我们做到长期投资。

当然，长期投资并非简单地一直持有，正确的长期投资应该是对于优秀基金经理和产品，不因涨多了就赎回，也不因大盘下跌的回撤而离场；而对不具备上涨潜力的基金，不因亏损而继续期待反弹，果断赎回并换成更优秀的产品。

第五，借助外部力量。除了自身的努力，我们也可以借助外部力量纠正自己的行为偏差。非理性的投资行为植根于人性，纠正需要时间和毅力。不过，"不识庐山真面目，只缘身在此山中",自己不容易看清楚的事,外人反而看得更清楚。基金投资中,我们不用孤独前行,可以寻找一些专业投资伙伴结伴而行,也可以寻求投资顾问提供专业建议。好的外部力量能够为我们创造学习投资和提高投资能力的良好环境,对我们的基金投资产生积极作用。

纠正投资行为偏差任重道远。我们分析投资者的非理性行为并提供一些投资建议的过程,也是我们加深对非理性行为认识和理解的过程。让理性之外的投资行为回归理性,既需要投资者个人的不懈努力,也需要监管部门、基金公司和销售渠道等行业和社会力量完善法律法规和配套政策,加大投资者教育力度,加快买方投资顾问业务的发展,丰富基金市场的资产类别,帮助投资者更好地理性投资。

王立新

2021 年 12 月 21 日

前　言

在本书第一部分，我们梳理了中国公募基金行业的发展脉络及投资者行为变迁，概述现代金融与行为金融的基础理论。

公募基金行业的发展过程，是一个产品供给不断匹配市场需求的历程，也伴随着投资者财富管理意识的不断觉醒与进化。但是，今天的公募基金个人投资者依旧存在大量的非理性行为。这正是行为金融学研究的重点。

现代金融学承袭经济学的分析方法与技术，忽视了对投资者实际决策行为的分析。随着金融市场上各种异常现象的累积，有效市场和"理性人"假设都受到挑战。20世纪80年代行为金融学悄然兴起，结合博弈论和实验经济学的研究成果，更加重视对人类个体和群体行为的研究，在对有效市场理论批判的基础上，逐步发展壮大。本书简要分析了当下行为金融学的几个重要理论框架，以此作为本书关于基金投资者行为研究的理论基础。

为了深入描绘我国权益型基金投资者状况，本书聚焦权益基金投资者行为，探寻权益基金投资者的心理，并考察可能存在的认知偏差和行为偏差。在本书的第二部分，我们联合专业市场调查机构，采用线上问卷调查与线下访谈相结合的方法，对权益基金投资者的行为特点进行了全面的调查统计研究。基于这些第一手的资料，我们统计并总结了当前我国权益基金投资者的基础画像特征，包括我国权益基金投资者的人口学分布情况、投资特点和对基金的认知情况等。调研发现，尽管现在有很多渠道可以获得基金投资信息，但对权益基金认识模糊是普遍现象——超半数的投资者认知模糊或者存在认知偏差，仅有10%~20%的投资者认知清晰。这些模糊的、错误的认识可能会造成投资者操作不当、决策判断失误，甚至引发投资纠纷。从投资业绩看，虽然过去一年，有近九成的投资者获取了绝对正收益，但有50%以上的投资者是跑输大盘的，也即"赚到钱"，但并未"赚够钱"。

传统金融学认为，一个理性的投资者会根据当前的市场状态，基于理性判断做出投资决策，然而我们在调研中发现，很多情况下，投资者的投资决策是主观的、感性的。投资者的一些行为习惯和方式会损害投资收益，在行为金融学中也可以找到相应的理论解释，典型的如处置效应、过度自信等。我们通过调研的方式，探究了基金市场这些行为偏差与证券市场的行为偏差的异同，并剖析了其背后的动因。如调研发现大概率过度自信的人，大部分在投资经验和基金认知两个方面存在典型的特征。过度自信的投资者的投资年限略少于市场平均水平，主要集中在3~5年，对简单金融基金知识的认知相对清晰，但对复杂、专业金融基金知识的认知相对模糊。他们通常会觉得自己有一定的投资经验了，懂得更多，但实际上对很多东西都只是一知半解。

这一分析结果，一方面有助于投资者看清并了解自己，另一方面也可帮助投资者找到易于理解的提升自我投资能力的方法或路径。除了这些显而易见的行为偏差外，还有很多共性的但并不一定会对投资结果产生明显不利影响的投资习惯及行为。这些习惯在无形地影响投资者的同时，也影响基金市场。在本部分中，我们还梳理了其中的一些行为特征，如爱买便宜基金的投资者、爱买新基金不喜欢老基金的投资者、知行不一的投资者等。

实证分析是行为金融学领域重要的研究方法与手段。实际上，行为金融学正是通过实证分析的手段，对经典金融理论中的有效市场假说不断发起挑战而发展壮大的。

第三部分我们主要基于银华基金投资者的真实交易数据，采用实证分析的手段，研究基金投资者行为的特点及行为偏差。我们首先考察了年龄、性别、投资经验等不同群体特征下的个人投资者真实投资水平，是否可以挑选出好的基金，取得好的投资业绩，这即为"聪明钱"效应（smart money）。这是本部分实证研究的逻辑起点。因为倘若投资者存在"聪明钱"效应，投资业绩优异，也就无须对投资者进行过多的教育与引导，只要营造良好的环境，进一步鼓励投资者的现有投资行为就可以了。从实证研究的结果看，多数基金投资者并不存在"聪明钱"效应，即并不具备较好的基金投资能力。接下来，我们探究为什么会存在这种情况？一个直观认识是投资者在基金投资中存在众多的行为偏差，投资者是非理性的，而这是导致投资者并未呈现"聪明钱"效应的根源。在本部分中，我们采用实证分析的手段，重点检验了处置效应、过度交易、羊群效应是否存在，以及不同人口学分类下各自的行为偏差特点，并与机构投资者的行为偏差进行比较，这对调查问卷分析的结论形成了有效补充。比如说，从实证分析的结果看，女性的处置效应强于男性；年长投资者的处置效应强于年轻投资者；非直销渠道投资者的处置效应强于直销渠道，并且主要来自银行投资者；非明星基金的处置效应要强于明星基金；从时间维度上来看，处置效应在熊市中更强。此外，我们还发现，随着时间的推移，处置效应逐渐削弱，这一定程度上体现了投资者教育对提升投资者理性的作用。而男性、年轻人、互联网渠道的投资者，过度交易的程度更高一些；牛市中投资者过度交易的程度更高，且2015年以来基金投资者过度交易的程度较2015年之前有所提升。羊群效应普遍存在于投资者当中，且主要是由卖出羊群主导的，这意味着个人投资者更倾向于恐慌性杀跌。

我们还分析了基金业绩、基金经理能力、市场情绪、市场营销、基金投资顾问等内外部不同因素，是如何影响投资者交易决策的。这一研究的价值在于可以更好地理解投资者行为，弄清楚投资者在行为决策中关注哪些因素，受哪些因素影响较大，从而使我们可以有针对性地教育、引导投资者，改善基金行业的生态环境，提出更精准的对策改善投资者行为偏差、提升理性水平。比如我们的实证分析发现，个人投资者在买卖基金时更多关注基金的绝对历史回报或相对排名，但并未认识到好的历史业绩，可能只是因为该基金产品的风格恰好契合了过去的市场行情，并不一定是优秀管理能力的结果。这种只是基于基金历史收益挑选基金的方式可能是导致过度交易的一个重要原因,因为市场行情会使收益排名发生剧烈变动,由此可能导致投资者频繁更换基金,追逐热点。基于这种深层次的实证研究与剖析,我们就可以有针对性地改善投资者的认知偏差,如向投资者传输更加客观评价基金产品与基金经理的知识,显然这比只是简单告诉投资者不要追逐基金的短期排名,效果会更好一些。

本书的第四部分,我们进一步采用行为金融学领域近年来兴起的实验研究方法,通过在银华 App 上构建的两个实验场景,拓展本书的研究成果。采用实验方法的好处在于逻辑清晰,对应关系明确,可以通过控制实验条件,得出哪些因素是影响行为决策的关键。

在第一个实验中,我们重点通过近期业绩与远期业绩、加入基准和无基准两组核心变量,研究投资者自身业绩与投资者行为的内在关联。该项实验的价值在于帮助进一步厘清基金投资决策中的行为偏差特征与偏差程度,以期更有效地教育投资者,引导投资者理性投资。实验结果表明,不同时间段投资者的绝对业绩水平,并不是影响投资者行为的一个显著因素,然而,一旦加入可对比的业绩参照,影响就变得显著了。这可能跟投资者的锚定效应有关,因为权益型基金投资的回报波动较大,且易受市场整体走势影响,倘若没有一个参照物,投资者实际上很难衡量自身的投资绩效,也就不易做出决策。这一研究结论很有现实意义。我们可以充分考虑投资者这一心理与行为特征,去引导投资者制定合理、科学的参照基准,并通过与基准的对比,引导投资者正确地投资基金，更多关注所选基金背后的基金经理能力，更多从资产配置、组合管理的视角审视基金投资。

在第二个实验中，我们针对三种非理性行为：过度交易、处置效应、不分散化投资，特别设计了特定的投资者教育内容，并与通常的投资者教育进行对比，以研究提升投资者教育内容的针对性是否可以达到引导投资者理性投资的目的。实验结果表明，通用教育整体上对改善投资者的行为偏差并没有明显的效果，而特定教育在改善过度交易的行为偏差方面有一定用处。考虑到基金的申购赎回费率，投资者很容易通过特定教育产生降低交易频率的诉求与行动，以节省交易费用。另外，只要向投资者充分说明并展示长期持有权益基金的丰厚利润，也很容易使投资者降低择时择基操作的频率，改善过度交易行为。不过，实验也表明，针对处置效应、分散化投资方面的特定教育改善效果有限，这或许是人性使然。这也说明了对于投资者的理性引导，只是进行单向的、短期性投资知识灌输是不够的，还需要对投资者进行系统化、持续性的教育，此外还需要通过其他的方式进行有效引导，如基金投资顾问。

此外，在第四部分中，我们还梳理和比较了不同研究方法的研究结论，以更全面地认识基金投资者行为，而这也是后续研究的基础。

本书的第五部分是对策研究，核心是如何通过基金投资者、基金公司的共同努力，达到教育投资者、提升投资理性的目的。

我们探讨了行为金融学相关成果对个人投资者在基金投资方

面有哪些启示。金融知识匮乏、存在认知偏差和情绪偏差，都会导致投资者不能理性投资。认知偏差虽然大部分可以纠正，但是系统地评估自己同样需要一定专业度，逐个去纠正也需要较好的决心和意志。情绪偏差难以纠正，需要更多依靠外部的力量。投资者在实际投资中，不仅需要对金融资产、金融市场有所认知，也更需要对自己的投资行为模式、客观现状有所认知，打造适合自己的投资方式。我们建议个人投资者提升自身的金融知识和更全面地理解行为偏差进而形成更准确的自我认知，并对不同原因造成的投资偏差采取相应的对策，这就是行为金融学在投资上的应用价值。

纠正投资者行为偏差，还有赖于有效的投资者教育活动。我们梳理了业内现有基金投资者的教育活动，并提出了推行以组合管理为核心的专项投资者教育的建议。之所以聚焦于此，是因为组合管理不仅是一种投资理念，更是一套科学化的投资流程，倘若投资者能掌握这种理念与流程，可以在一定程度上缓解其他非理性行为与投资偏差。此外，基金投资顾问业务的推出顺应了中国财富管理行业的变革趋势，对促使公募基金行业从销售导向转向客户资产保值增值导向，对提升投资者的理性水平具有重要意义与价值。在基金投顾的策略开发方面，我们建议加大白盒策略以及场景型策略的开发力度。我们还认为，买方投顾不仅在于"投"，更在于"顾"，这包含了客户画像、需求匹配、投资方案规划与设计、客户关系维护、投资者教育等一系列流程。

基于投资者行为偏差，我们还提出了如何从投资者认知视角、持有体验视角与投资需求视角，改善公募基金的产品设计。从认知视角上，产品设计不仅要让投资者"拿得住"，更要让投资者"看得到""看得懂"。在持有体验上，目前公募基金在产品端主要通过赎回机制的设计，采取"以时间换空间"的方式平滑投资者持有期收益，改善投资体验，但还可以从其他维度寻求突破，如创设低波动稳健型产品，通过"看得见的增长"改善客户持有体验；同时合理设定考核机制，减少基金经理短期投机行为引发的净值异常波动。从投资需求角度，产品设计的核心是要增强目标客户对于基金产品的认同感，降低投资者买入基金标的后在市场波动中反复决策、频繁换手的概率。基金公司的产品线布局要让投资者在申购基金时"有得选"，在做组合投资时"有得配"，如创设绝对收益类产品，承接"刚兑型"资管产品流出客户的低风险诉求；创设全生命周期型基金，满足投资者长周期视角下的资产管理需求；创设特定领域的QDII（合格境内机构投资者）基金，满足细分跨境投资需求；创设商品型基金，满足组合管理需求等。

最后，鉴于基金营销对投资者行为决策有重要影响，优化当下的基金营销生态，不仅是促进公募基金行业持续健康发展的必要之举，也是纠正投资者行为偏差，引导投资者理性投资的必要之举。为此，我们探讨了国内公募基金销售机制历史演变特点及当下存在的问题，比较分析了国外公募基金销售机制和格局的差异，并就国内公募基金销售的考核机制、渠道建设、人才培养、投资者教育和销售适当性等方面提出了相关建议。

总之，本书是我们在基金个人投资者行为金融学研究方面的一次尝试。希望本书的一些研究成果，能够对完善投资者教育、改善投资者行为以及推动基金行业的持续健康发展有所裨益，能够从个人理性选择和行业长远建设两大方面，帮助大家做长期正确的选择。

第一部分

公募基金行业与行为金融理论概述

本书的主旨是研究公募基金行业的投资者行为。作为本书的逻辑起点，我们首先简要回顾中国公募基金行业的发展历程及投资者行为变迁。从中国公募基金行业过去二十余年的发展脉络看，公募基金行业经历了产品供给不断匹配市场需求的过程。当下，公募基金已成为居民资产配置的重要工具、A股市场重要的机构投资者、净值化资产管理产品的先锋，以及实现普惠金融的重要载体。公募基金行业的发展，也伴随着投资者财富管理意识的不断觉醒与进化。不过，投资者自身的认知缺陷以及亘古不变的人性，再加上公募基金行业本身某些机制设计有待完善，使公募基金的个人投资者，依旧存在大量的非理性行为，而这恰是本书研究的重点。

投资者行为分析需要必要的理论指导。为此，在本部分我们概述了现代金融学与行为金融理论的发展。现代金融学以资本资产定价模型与有效市场假说作为两大基石，兴起于20世纪五六十年代，风靡一时。但现代金融学有一个明显缺陷，即以理性人作为基本假定，忽视了投资者实际行为决策中的偏差。随着金融市场上各种异常现象的不断出现，现代金融学陷入了与现实世界背离的尴尬境地。在此基础上，行为金融学吸纳了心理学、博弈论与实验经济学的成果，在研究视角上重视对个体与群体行为的研究，于20世纪80年代悄然兴起，并形成独立学派，逐步发展壮大。本部分主要回溯现代金融学与行为金融理论的发展历程，并简要分析若干重要的行为金融理论框架，以此作为本书关于基金投资者行为研究的理论基础。

第一章　公募基金行业概述及投资者行为变迁

回顾20世纪末以来我国公募基金行业的发展，公募基金已摆脱了初期的无序，成长为净值化时代资产管理行业规范运作的标杆。这一过程离不开基金产品的不断创新、营销模式的迭代升级、监管设计的不断完善。在多方努力下，投资者对公募基金的认知不断深入，信任不断提升。随着买方投资顾问时代的到来和净值化时代下各类资产管理产品的竞争加剧，基金管理人和各类营销渠道越来越重视对客户投资行为和投资偏好的刻画，以期推出更契合客户深层需求的产品和营销场景。

第一节　我国公募基金行业的发展历程及现状

一、我国公募基金行业的发展历程

我国公募基金起步于1998年。此前，国务院证券管理委员会于1997年11月发布《证券投资基金管理暂行办法》，内容涵盖基金公司的设立、基金募集、交易、托管、投资运作与监督管理、基金持有人的权利和义务等方面,并明确中国证券监督管理委员会(简称中国证监会)作为证券投资基金的监管机关,为后续公募基金行业的规范化发展奠定了基础。1998年3月,国泰基金管理公司和南方基金管理公司分别获批设立金泰基金、开元基金,正式揭开了我国公募基金行业的序幕。发展初期,公募基金行业共有十家基金管理公司("老十家"),发行的公募产品均为传统的权益类封闭式基金。由于当时市场中规范化的资管产品供给较少,加上A股牛市行情的推动,封闭式基金受到投资者的追捧,首批封闭式基金在发行期均出现超额认购的情况,上市后二级市场也普遍呈现高溢价状态。随后由于A股市场的走弱,封闭式基金二级市场由溢价转向折价,同时过长的封闭期和二级市场高折价状态不利于投资者的自由退出,极大地限制了传统封闭式基金的发展。

2001年以来,公募基金行业的政策、法规不断完善。2001年5月,证监会发布《关于申请设立基金管理公司若干问题的通知》,放宽了基金公司的准入标准。2002年,为了改善公司治理机制,引进海外先进经验,证监会发布《外资参股基金管理公司设立规则》,放开外资参股公募基金管理公司,在此期间,银行、券商也相继获得代销公募基金资格。2003年,为规范证券投资基金活动,保护投资人及相关当事人的合法权益,促进证券投资基金和资本市场的健康发展,《中华人民共和国证券投资基金法》正式颁布。2004年,证监会进一步发布《证券投资基金运作管理办法》《证券投资基金销售管理办法》《证券投资基金托管资格管理办法》《证券投资基金信息披露管理办法》《证券投资基金管理公司高级管理人员任职管理办法》《证券投资基金管理公司管理办法》。"一法六规"以及配套的规则、指引等法律文件构成了基金行业新的法治框架。在这一时期，公募基金产品创新迭出。2001年9月，首只开放式基金产品华安创新成长混合基金成立，开放式基金的推出为投资者提供了新的选择，并凭借随时申赎的优势逐渐成为公募市场的主流品种。随后债券基金、浮动管理费基金、开放式指数基金、保本基金、货币基金、上市型开放式基金（Listed Open-ended Fund，LOF）、交易型开放式指数基金（Exchange Traded Fund，ETF）等新品种相继问世。在政策引导和产品创新的推动下，公募基金规模迅速扩张。截至2007年底，公募基金总数量达到346只，较2001年底增长5.78倍，总管理规模达到3.28万亿元，较2001年底增长39.05倍。

2007—2013年，公募基金产品也有较多创新，分级基金、跨市场ETF、短期理财基金相继涌现，但受2008年金融危机冲击和2011年"股债双杀"的影响，公募基金整体管理规模并未呈现明显的增长态势。

2014—2015年A股牛市行情再次带动公募基金管理规模的扩张，这一时期各类主题型分级基金涌现。2015年下半年市场暴跌，投资者风险偏好迅速减弱，保本基金和委外定制型产品成为公募基金实现规模扩张的主力军，在蓬勃发展的同时公募基金行业的潜在风险也引发关注。2017年，针对定增基金、保本基金、委外基金、货币基金的监管政策先后收紧。2018年4月，中国人民银行、中国银行保险监督管理委员会、中国证券监督管理委员会、国家外汇管理局正式印发《关于规范金融机构资产管理业务的指导意见》，明确公募基金不得分级，分级基金开启整改倒计时。同时资管产品净值化转型序幕拉开，公募基金迎来财富管理新时代，主打银行理财替代的绝对收益类产品、固收+基金，以及风格明晰的主被动权益类基金迎来发展机遇期。2019年10月，证监会下发《关于做好公开募集证券投资基金投资顾问业务试点工作的通知》，基金投资顾问业务也开始起步，推动公募基金行业从销售导向转向客户资产保值增值导向。

中国证券投资基金业协会（简称"中基协"）披露的数据显示，截至2020年底，公募基金产品数量达到7913只，总管理规模突破19万亿元，较1998年底仅有的5只封闭式基金而言，过去二十余年公募基金的数量增长了1582倍，规模增长1847倍（见图1.1）。

二、我国公募基金行业的现状

目前，开放式基金仍是公募基金的主流运作模式。截至2020年底，公募基金中开放式基金共计6770只，总管理规模17.33万亿元，数量和规模占比分别为85.56%和87.13%（见表1.1）。

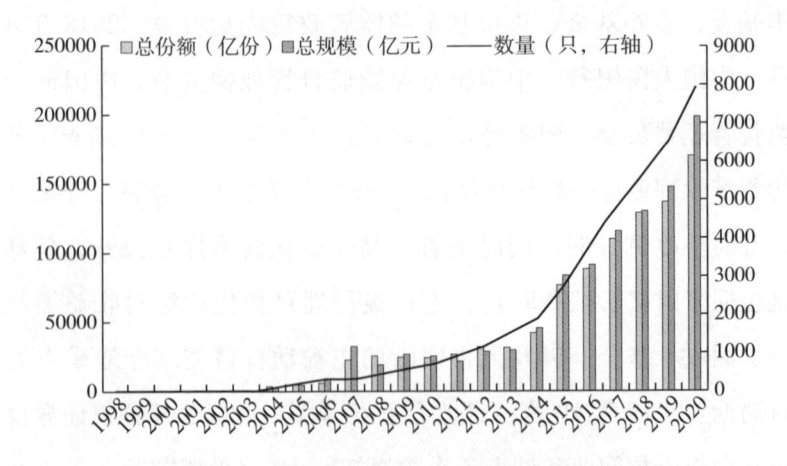

图 1.1　公募基金历年数量与规模变动情况
资料来源：中国证券投资基金业协会。

表 1.1　截至 2020 年底我国公募基金市场规模

类别	封闭式	开放式					合计
		股票基金	混合基金	债券基金	货币基金	QDII	开放式合计	
基金数量（只）	1143	1362	3195	1713	332	168	6770	7913
份额（万亿份）	2.40	1.19	2.79	2.47	8.09	0.10	14.64	17.03
规模（万亿元）	2.56	2.06	4.36	2.73	8.05	0.13	17.33	19.89
规模占比（%）	12.87	10.36	21.92	13.72	40.48	0.65	87.13	100.00

资料来源：中国证券投资基金业协会。

公募基金正日益成为居民资产配置的重要工具。公募基金广泛覆盖了权益、债券、货币、商品、海外资产等不同资产类别，能够较好地满足各类投资者的配置和交易需求。截至2020年底，开放式公募基金中，股票和混合基金有4557只，管理规模为6.42万亿元，分别占公募基金总数量和总规模的57.59%和32.28%；债券基金有1713只，管理规模为2.73万亿元，占总规模的13.73%；合格境内机构投资者（Qualified Domestic Institutional Investor，QDII）基金有168只，总规模为0.13万亿元，占总规模的0.65%。

公募基金已成为A股市场重要的机构投资者。Wind数据显示，截至2020年底，公募基金总持股市值达到4.81万亿元，占沪深A股流通市值的7.51%，占沪深A股总市值的6.14%。公募基金作为资本市场重要的微观主体，话语权日益增大，影响也越发举足轻重。

公募基金是净值化资管产品的先锋。公募基金在发展之初就借鉴海外市场的成熟经验，采用净值化的运作模式，并将保护投资者合法权益放在首要位置。二十多年来，公募基金的运作模式和监管框架不断完善，主动管理能力持续提升，积累了丰富的风险管理经验，在各类资管产品的净值化变革中优势显著。

公募基金是实现普惠金融的重要载体。中国证券投资基金业协会数据显示，截至2019年底，公募基金有效账户数为7.93亿户，其中机构有效账户仅25.22万户，其余均为个人有效账户；从资金来源看，公募基金中来自个人投资者的资金占比为48.31%，来自各类机构资管产品的资金占比为43.38%。这些资管产品大部分是个人投资者资金的集合，可见公募基金的投资者主要是个人。相比其他资管产品，公募基金的信息披露机制更完善，产品透明度更高，有助于个人投资者更便捷地获取产品信息，且公募基金对各类资产的覆盖度较高，场内投资工具也比较丰富，能满足各类投资者的配置和交易需求。凭借优秀的主动管理能力和低投资门槛特征，公募基金已成为个人投资者进行财富管理的首选工具。

三、我国公募基金的业绩表现

长期来看，不同类型的公募基金为投资者提供了多样的资产配置工具，并带来了丰厚的回报。截至 2021 年 6 月 30 日，在近十年的维度上，全市场的 417 只主动偏股权益基金平均实现了累计 229.9% 的净值增长，超越沪深 300 收益率 71.3%。与之相伴的是主动型权益基金的快速发展，目前运作满一年的主动型权益基金数量已经超过 2600 只，大大丰富了投资者的产品选择，在 A 股市场近两年不俗的市场走势带动下，赚钱效应持续提升。

固收类基金（包括二级债基及纯债基金）则提供了更为稳健的回报，成为投资者资产配置的重要组成部分。在近十年的维度上，全市场 55 只二级债基的收益率均值为 93.3%，年化收益率为 6.6%，年化波动率为 3.8%。以近三年、近一年的维度看，在权益市场的带动下，权益资产对二级债基的收益增厚作用显著，年化收益明显提升。纯债基金产品在 2012 年后迅猛发展，数量快速增加，其波动较低、收益稳健的风险收益特征成为组合中的防御型资产。

市场上，包括银华基金在内的老牌基金公司多年来在投研体系搭建、核心人员培养与梯队建设、产品设计与创新、风控管理体系与运营机制设计、客户服务体系构建等多领域持续深耕，为投资者创造了超越市场平均水平的投资收益。银华基金旗下 8 只运作满十年的主动型权益基金实现了 251.5% 的净值增长，超越市场平均水平，全部战胜沪深 300 的收益水平。就近五年、近三年、近一年看，银华基金旗下主动型权益基金也均超越市场平均水平。旗下主动型固收基金在合理控制组合波动的同时获得了更高的收益水平，投资性价比也更优。从相对排名来看，其主动型权益基金最近五年的绝对收益率在 20 家大中型基金公司中排名第 2，在全市场 98 家基金公司中排名第 4，短期业绩亦始终保持在行业前 1/3 的水平；其主动型固收基金的短、中、长期业绩持续保持在行业中上游水平。

表 1.2　全市场公募基金及银华基金旗下产品风险收益表现情况（截至 2021 年 6 月底）

	指标名称	近十年	近五年	近三年	近一年
全市场	主动型权益基金 – 区间收益率	229.9%	110.9%	99.0%	39.0%
	主动型权益基金 – 年化收益率	12.0%	15.2%	24.8%	39.0%
	主动型权益基金 – 样本数	417	1380	2103	2683
	沪深 300 – 区间收益率	71.3%	65.6%	48.8%	25.5%
	主动型权益收益战胜沪深 300 概率	93.5%	70.1%	78.4%	72.9%
银华基金	旗下主动型权益基金 – 区间收益率	251.5%	123.1%	119.4%	40.5%
	旗下主动型权益基金 – 年化收益率	12.5%	16.3%	29.2%	40.5%
	旗下主动型权益基金 – 样本数	8	22	45	59
	旗下主动型权益基金收益战胜沪深 300 概率	100.0%	63.6%	86.7%	74.6%

（续表）

	指标名称	近十年	近五年	近三年	近一年
全市场	二级债基金－区间收益率	93.3%	27.8%	25.8%	9.7%
	二级债基金－年化收益率	6.6%	4.9%	7.8%	9.7%
	二级债基金－样本数	55	158	251	319
银华基金	旗下二级债基金－区间收益率	78.1%	27.6%	25.6%	12.7%
	旗下二级债基金－年化收益率	5.9%	5.0%	7.9%	12.7%
	旗下二级债基金－样本数	2	3	3	4
全市场	纯债基金－区间收益率	55.6%	19.7%	13.6%	2.9%
	纯债基金－年化收益率	4.5%	3.6%	4.3%	2.9%
	纯债基金－样本数	4	240	732	1366
银华基金	旗下纯债基金－区间收益率		19.3%	14.0%	2.3%
	旗下纯债基金－年化收益率		3.6%	4.5%	2.3%
	旗下纯债基金－样本数		5	9	14

资料来源：Wind，银华基金。

表1.3 银华基金旗下主动型权益基金绝对收益率及排名（截至2021年6月底）

时间段	银华权益基金绝对收益率	大中型公司排名	全行业公司排名
最近一年（2020年7月1日—2021年6月30日）	43.68%	7/20	45/141
最近两年（2019年7月1日—2021年6月30日）	115.29%	6/20	29/131
最近三年（2018年7月1日—2021年6月30日）	136.71%	2/20	7/116
最近五年（2016年7月1日—2021年6月30日）	184.83%	2/20	4/98

注：绝对收益率指基金公司管理的主动型基金净值增长率按照期间管理资产规模加权计算的净值增长率。期间管理资产规模按照可获得的期间规模进行简单平均。大、中型公司的划分按照海通证券规模排行榜近一年主动权益的平均规模进行划分，按照基金公司规模自大到小进行排序，将其中累计平均主动权益规模占比达到全市场主动权益规模50%的基金公司划分为大型公司，在50%~70%之间的划分为中型公司。

资料来源：海通证券。

表1.4　银华基金旗下主动型固收基金绝对收益率及排名（截至2021年6月底）

时间段	银华固收基金绝对收益率	大中型公司排名	全行业公司排名
最近一年（2020年7月1日—2021年6月30日）	3.31%	13/30	54/132
最近两年（2019年7月1日—2021年6月30日）	9.11%	9/30	34/117
最近三年（2018年7月1日—2021年6月30日）	17.20%	7/30	27/105
最近五年（2016年7月1日—2021年6月30日）	23.12%	13/29	32/83

资料来源：海通证券。

四、公募基金行业的管理人及投资者结构

鉴于本书的主要目的是研究基金投资者的行为特征，故下文先简要分析当下公募基金行业最重要的两类群体，即基金管理人及基金投资者的结构。

1. 管理人结构

Wind数据显示，截至2021年6月底，公募基金管理机构共有149家，其中内资基金公司90家，中外合资基金公司44家，外商独资基金公司1家，取得公募基金管理资格的证券公司或证券公司资产管理子公司12家，保险资产管理公司2家。

Wind数据显示，剔除货基管理规模来看，截至2021年6月底，银华基金的非货公募基金管理规模位居行业前二十，前二十

名合计管理规模为 8.49 万亿元，占非货币公募基金总规模的 62.16%（表1.5）。

表1.5 我国前二十大公募基金管理人（截至2021年6月）

机构名称	含货币基金 基金规模（亿份）	规模占比	机构名称	不含货币基金 基金规模（亿份）	规模占比
易方达基金	15268.69	6.66%	易方达基金	10327.73	7.56%
天弘基金	10520.85	4.59%	汇添富基金	6121.09	4.48%
广发基金	10471.29	4.57%	广发基金	6042.42	4.42%
南方基金	9834.04	4.29%	华夏基金	5868.55	4.30%
汇添富基金	9491.33	4.14%	富国基金	5508.93	4.03%
华夏基金	9371.87	4.09%	南方基金	5324.65	3.90%
博时基金	8951.07	3.90%	嘉实基金	4305.09	3.15%
嘉实基金	7995.63	3.49%	招商基金	4276.15	3.13%
富国基金	7897.81	3.44%	博时基金	4268.02	3.12%
工银瑞信	7190.06	3.14%	中欧基金	3902.04	2.86%
鹏华基金	6911.61	3.01%	工银瑞信	3868.27	2.83%
建信基金	5834.98	2.54%	鹏华基金	3403.49	2.49%
招商基金	5752.78	2.51%	景顺长城基金	3054.10	2.24%
银华基金	5296.96	2.31%	兴证全球基金	3052.91	2.23%
兴全基金	5279.50	2.30%	交银施罗德	2948.87	2.16%
中欧基金	5197.15	2.27%	华安基金	2885.13	2.11%
华安基金	5162.78	2.25%	中银基金	2651.50	1.94%
景顺长城	4795.77	2.09%	东证资管	2463.72	1.80%
国泰基金	4604.64	2.01%	银华基金	2336.22	1.71%
交银施罗德	4291.34	1.87%	国泰基金	2305.41	1.69%

资料来源：Wind。

2. 投资者结构

图 1.2 是 Wind 数据库提供的 2020 年底我国各类型基金持有者结构。数据显示，截至 2020 年底，披露持有人结构的公募基金中，个人和机构投资者持有规模占比分别为 53.41% 和 46.59%。

从基金类别看，个人和机构投资者的偏好有所不同。个人投资者更偏好高波动的权益基金和 QDII 基金。在主动权益基金、QDII－另类基金、QDII－权益基金、增强股票指数基金持有者中，个人投资者占比分别为 79.13%、97.96%、68.81% 和 72.47%。同时，货币基金仍是个人投资者进行流动性管理的重要工具。在货币基金持有者中，个人投资者的占比也较高，为 83.05%。机构投资者则更偏好固定收益和绝对收益类基金，在债券指数基金、主动债券基金和量化对冲基金持有者中，机构投资者占比分别为 98.08%、84.84% 和 67.22%。

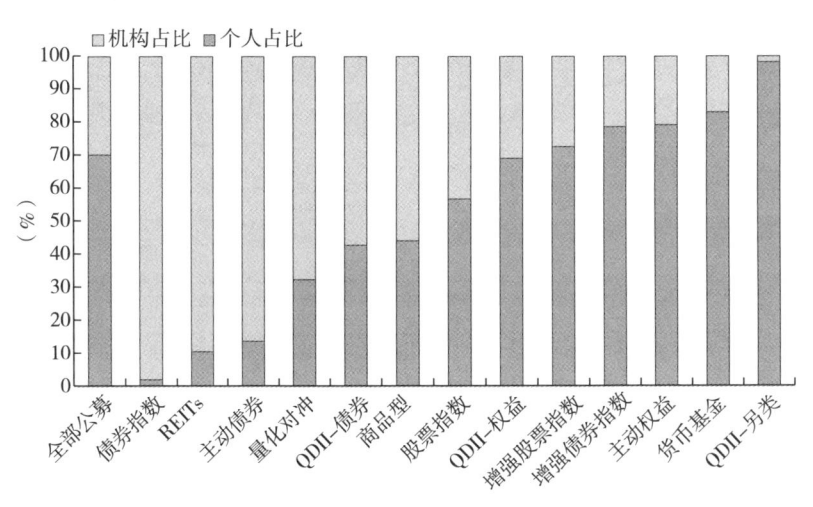

图 1.2 2020 年底我国各类型基金持有者结构
资料来源：Wind。

图1.3是我们基于Wind数据库统计的2004—2020年我国不同类型公募基金个人投资者占比变动。从历史数据看，公募基金个人投资者占比在2015年"股灾"时出现断崖式下降，此后权益、货币和固定收益类基金的个人投资者占比变动有较大差异。受益于A股牛市行情，主动权益基金的个人投资者占比有明显回升，截至2020年底，主动权益基金的个人投资者占比达到79.01%，但仍低于2015年股灾之前的水平。2017年以来，货币基金中的个人投资者占比稳定在60%左右，这在一定程度上与货币基金监管政策持续收紧以及各代销平台限制货币基金的T+0赎回有关。主动债券基金的个人投资者占比则在股灾后保持下滑态势。这主要是因为在2016年以来的资产荒背景下，银行、保险等机构纷纷以委外定制形式参与债券基金投资，机

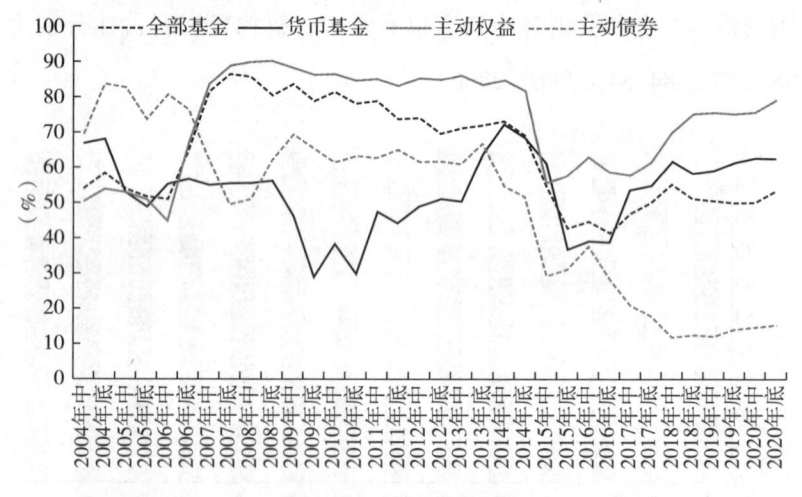

图1.3 2004—2020年我国不同类型公募基金个人投资者占比变动
资料来源：Wind。

构投资者成为推动债券基金规模扩张的主要力量。另一方面，近几年的权益牛市也在一定程度上影响了个人投资者对固定收益类基金的配置需求。截至2020年底，主动债券基金的个人投资者占比降至15.31%。

第二节　公募基金行业的投资者行为变迁

公募基金过去二十余年的发展，既是基金行业产品供给为匹配市场需求不断迭代创新的历程，也是投资者财富管理意识不断觉醒和进化的历程。它见证了公募基金的产品变迁，记录了投资者的行为模式变化，同时也留下了公募基金行业顶层设计不断修补和完善的印记。公募基金的发展可以作为国内资管市场的一个缩影。

一、赎旧买新的背后：单价效应与认知偏差

2020年的新冠疫情未能阻挡公募基金规模扩张的步伐，年初以来公募发行市场上权益基金"首日售罄""比例配售"的场景比比皆是，投资者购买基金的热情可见一斑。这在一定程度上反映了居民理财意识的增强，但也可以看到在权益基金火热发行的背后，相关基金的整体份额增长相对有限，普通股票型基金与偏股混合型基金的份额增量甚至低于新发份额数（见图1.4）。这说明有部分投资者在申购新基金的同时选择赎回老基金。

回溯历史，可以发现基金投资者赎旧买新的现象一直存在，这一方面与渠道端的营销策略有关，另一方面也可以从行为金融学的角度找到一些解释：基金投资者在理财意识增强的同时，

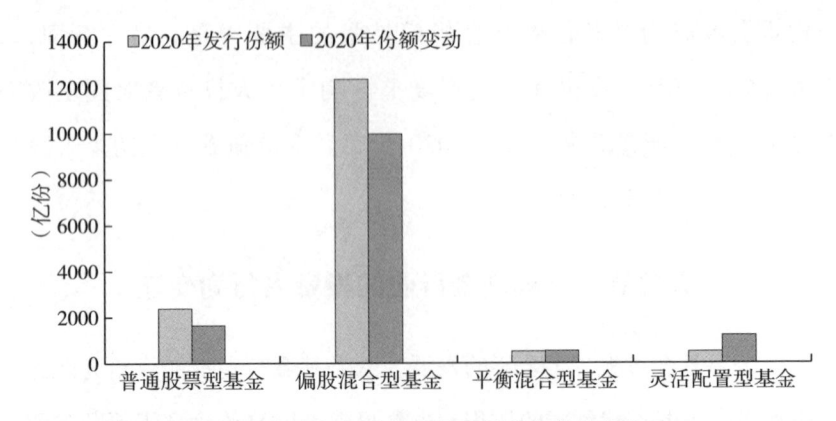

图 1.4　2020 年主动权益基金新发与总份额变动

资料来源：Wind。

对公募基金的认知相对有限，更偏好以股票的投资逻辑买卖基金。典型的代表就是个人投资者在基金投资上存在较显著的单价效应[①]，即类比股票，在基金投资上也更偏好单位价格更低的基金，认为低价基金未来的上涨空间更大，而高价格基金未来的下跌概率更大。对于多数个人投资者而言，相比已持有的单价在1元以上的老基金，新基金首发时1元的价格更便宜、更具有吸引力，因而他们会在新基金发行时选择赎旧买新。

个人投资者在基金投资上的"恐高"基因由来已久，并为基金公司提供了新的基金营销思路。2006年末在新发基金审批暂缓的背景下，基金公司开始发力于存量基金的营销，为了吸引恐高症候群，高净值基金纷纷通过大比例分红、基金分拆等方式实现"净值归1"，渠道也以"便宜基金更容易上涨"作为营销卖点。这种"净值

---

① 参见第五章第一节。

归1"的营销方式一度成为当时存量基金实现规模扩张的利器。直到2007年11月证监会基金监管部下发《关于进一步做好基金行业风险管理工作有关问题的通知》(基金部通知[2007]44号),明确要求基金管理公司和代销机构不得诱导投资人认为低净值基金更便宜,但个人投资者对低价基金的误解与偏爱一直延续至今。对2020年中披露的各类主动权益基金投资者结构进行分析可以发现,个人投资者占比随基金净值的上涨明显下降,这也从侧面说明了个人投资者更偏好低净值基金(见图1.5)。

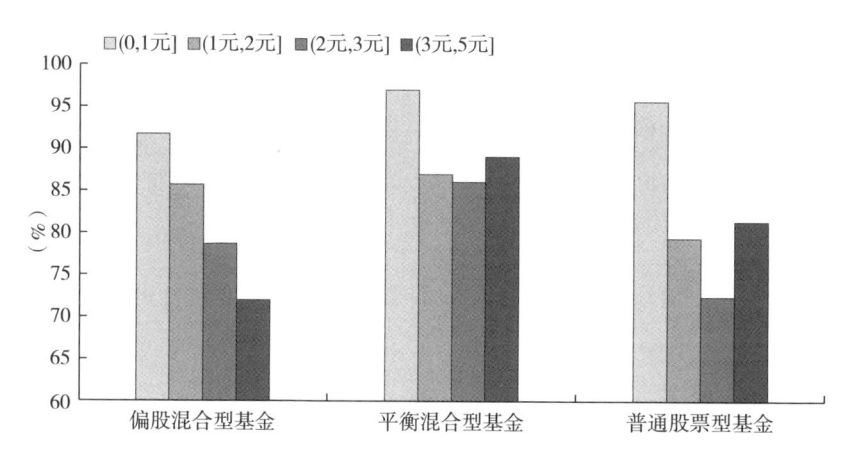

图1.5 2020年中不同净值区间的主动权益基金个人投资者占比
资料来源:Wind。

个人投资者将股票投资逻辑直接复制到基金投资上的另一个直观例证是处置效应(disposition effect)。处置效应最初被用来描述投资者在股票交易中"卖涨不卖跌"的行为。投资者对亏损股票的惜售心理,一方面源于其认为账面浮亏不是真正的亏损,而一旦卖出,相应的损失将变现;另一方面则是因为投资者认为赚钱的股票未来下跌的可能性较大，而亏损的股票未来大概率会触底反弹，即"便宜股票更容易上涨"。[1] 基金投资行为中同样存在处置效应，即部分个人投资者在选择基金时，常常忽略基金经理主动管理能力好坏对基金未来业绩的影响，而单纯认为基金与股票一样，价格低意味着下跌空间小、上涨空间大，所以即便买入的基金持续亏损，仍不愿意卖出或者置换为其他优秀基金经理管理的基金。

二、个人投资者眼中的公募基金：投机或投资

除了直接将股票的投资逻辑复制到基金以外，投资者对公募基金的定位差异也带来了一系列行为偏差。

我们的调研结果显示[2]，10%~20%的投资者在购买基金时从不阅读基金合同或者招募说明书，40%的投资者只是偶尔阅读招募说明书。对这类投资者而言，基金或许只是一种投机，甚至是赌博工具，而行为结果的底层原因来自在缺乏专业认知的前提下，在基金投资中产生了"羊群效应"和"过度自信"。

投资者在公募基金投资上的赌博心理在1998年首批传统封闭式基金发行时就可窥得端倪，并在2015年的分级基金扩张中展现到极致。

1998年封闭式基金的发行正式拉开了资管行业规范化、标准化运作的序幕，当时拟定的基金合同和招募说明书文本也为后续

---

[1] 关于处置效应的内涵及更详细研究，在后文调研及实证研究部分还会涉及，此处暂不展开。
[2] 具体参见第二部分的论述，这里先引用部分研究结论。

公募基金产品的设计提供了范式。首批5只封闭式基金共计发行100亿元,但当时市场认购资金高达5366亿元,平均超额认购倍数为55倍,中签率仅1.5%~2.5%。这一销售热潮一方面源于当时市场上净值化资产管理产品缺失与投资者理财需求的矛盾;另一方面也与投资者对公募基金产品的错误定位有关,投资者更多地将封闭式基金作为投机工具而非投资工具。封闭式基金上市后被投资者当作新股炒作,二级市场溢价一度达到100%以上。但这种投机性的高溢价并不持久,2001年A股市场走低,投资者开始用脚投票,封闭式基金的二级市场溢价大幅收敛。与此同时,开放式基金的出现也弱化了封闭式基金的稀缺性,长封闭期带来的流动性缺失使封闭式基金二级市场进入高折价状态,折价水平最高达到40%。高买低卖之下,不少封闭式基金的投资者黯然离场,封闭式基金也自此进入了十余年之久的低潮期。

2014年下半年开启的A股牛市行情中,分级基金B类份额①超额收益显著,高杠杆优势吸引了大量新手投资者进场。2014年第四季度权益类分级基金B类份额由277亿份增长至542亿份,增长率为95%。2015年上半年权益类分级基金B类份额继续增长2倍以上,达到1892亿份(见图1.6)。但实际上多数个人投资者在买入分级基金B之前并未详细了解分级基金复杂的折算机制,在牛市前期的高收益和低融资成本加持之下,个人投资者对分级

---

① 分级基金是一种结构化产品,将基金拆分为多个具有不同收益风险特征的份额,其中B类份额是带有杠杆收益的一方。

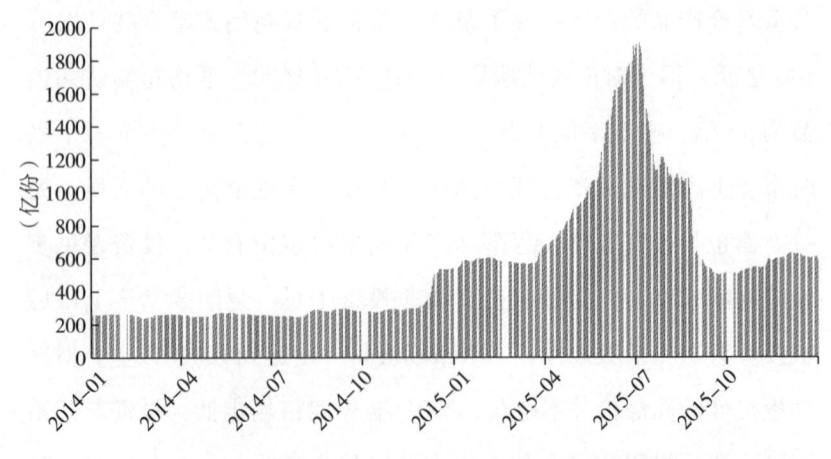

图 1.6　2014—2015 年权益类分级基金 B 总份额
资料来源：Wind。

基金 B 的高风险也视而不见，只想在牛市中充分利用这一杠杆工具博取更多收益。个人投资者的密集进场极大地增加了分级基金 B 市场的博弈强度。在资金的持续涌入之下，分级基金 B 的二级市场溢价一度达到 30% 以上。部分以高溢价买入分级基金 B 的投资者在上折过程中生出"为何市场上涨反而亏钱"的疑惑。在经历牛市持续涨停、上折、规模暴涨的短暂高光时刻之后，分级基金 B 在随后的熊市行情中连续跌停并上演"下折潮"。高杠杆特性加上下折中的亏损变现使分级基金 B 的持有人接连受创，部分损失惨重的投资者只能寄希望于通过维权挽回投资损失。分级基金 B 的高杠杆风险及投资者认知不足的问题在"股灾"中暴露无遗。2015 年 8 月，分级基金暂停审批。2016 年 11 月，上海和深圳交易所分别发布《分级基金业务管理指引》，设立投资者 30 万元证券类资产门槛，并要求强化风险警示措施，该指引自 2017 年

5月起施行。2018年4月,《关于规范金融机构资产管理业务的指导意见》（简称《资管新规》）正式稿明确指出公募基金不得分级,且在过渡期（2020年底）后不得存续。分级基金的高光时刻来也匆匆,去也匆匆。

2015年"股灾"之后,投资者风险偏好降至低点,资本市场整体投资风格开始偏向谨慎。同期货币基金收益率大幅下滑、债券违约事件频发也使投资者对债券型基金心存疑虑。在这一背景下,保本基金凭借其"下有保底,上不封顶"的特性在众多理财产品中脱颖而出,受到投资者的追捧,发行只数和发行份额激增。据Wind统计,2015年第四季度和2016年第一季度,市场上各有25只和48只保本基金发行,总发行份额分别为726.9亿元和1233亿元。在火热申购的同时,部分入场的投资者却未注意保本基金的保本前提：只有在认购期以及基金合同规定的开放期认购或申购保本基金的投资者才能享受保本权利。未仔细阅读产品说明书而提前赎回或中途申购的投资者没能享受保本承诺,最终有苦难言。也有部分投资者虽然持有到期,却因未及时赎回而错失保本权利。下面是一个案例。

某保本基金于2018年5月17日到期,根据基金公告,其到期操作期间为2018年5月17日至31日。在操作期间内,投资者可以选择赎回基金份额、将基金份额转换为基金公司的其他基金份额或继续持有变更后的基金份额。同时公告也明确指出：在到期操作期间内赎回或转换转出基金份额的,保本周期到期日（不含）后至赎回或转换转出实际操作日（含）的净值下跌风险由基

第一章　公募基金行业概述及投资者行为变迁

金份额持有人自行承担；选择或默认选择将基金份额转型为开放式混合型基金的，保本周期到期日（不含）后至新基金合同生效日（不含）的净值下跌风险由基金份额持有人自行承担。也就是说，对在 2018 年 5 月 17 日未赎回的投资者而言，之后基金的净值波动并不享受保本权利。多数投资者未能仔细阅读基金公告，因而没有在 5 月 17 日及时赎回到期后的保本份额。5 月 22 日，该基金净值跌至 0.9060 元，此后赎回的投资者也错失了保本权利。

事后看，如果个人投资者能够仔细阅读基金产品的相关公告文件，对基金的投资策略、投资约束、底层投资标的有所了解，就可以尽可能规避基金投资中一些较为浅显的陷阱，如主投 A 股的港股基金、主题行业实际投资占比较低的行业主题基金等名不副实的基金；也可以规避诸如上述保本基金相关的投资失误，从而改善投资者的基金持有体验。

除了将基金视作投机工具的投资者，也有一部分投资者对基金产品有一定认知，将基金作为实施自身投资策略的底层工具。但是，资本市场择时买入卖出的高难度和过度自信下的频繁交易使投资者理想中的"低买高卖"最终变成现实中的"高买低卖"。

根据中国证券投资基金业协会的统计数据显示，2019 年，约九成投资者实现基金整体盈利。其中，仅有 19.2% 的投资者上年度基金盈利 30% 以上，44.9% 的投资者上年度基金盈利 10%~30%，19.5% 的投资者上年度基金盈利 5%~10%，8.2% 的投资者上年度基金盈利 5% 以内。而其余投资者上年度基金投资的盈亏持平或者出现亏损。而 2019 年偏股混合型基金的平均净值增长率为

36.25%。可以发现，基金产品的净值增长并没有完全转化为投资者的收益。

从银华基金的数据中也可以看出，市场中不乏优秀的基金产品，但投资者的回报并不全如所愿。截至 2020 年 3 月 31 日，中证主动股基指数近 5 年的收益率为 45.48%，代表了在任一时点按规模加权买入市场上的主动权益型基金，持续持有 5 年的平均收益水平。若任一时点按规模加权买入银华基金旗下所有主动管理的权益基金产品，持续持有 5 年，投资者可以获得 90.06% 的平均回报，远超市场平均水平。但实际上，持有银华主动管理权益基金的客户收益仅为 8.66%，并未享受到产品净值增长带来的长期回报。若将目光聚焦在具体的产品之上，银华基金旗下有 14 只主动型权益基金持有 3 年的平均回报超过中证主动股基指数，但客户的实际收益率最高也仅有 17.46%。其中收益率最为亮眼的银华中小盘精选，持续持有 5 年的平均收益率是 216.78%，但其客户的实际持有收益率仅为 12.49%，甚至低于连续持有半年的平均收益率 14.04%。

表 1.6　银华基金旗下基金滚动收益率及客户实际收益率对比

滚动时间	半年	1 年	3 年	5 年	客户的实际持有收益率
中证主动股基指数	3.97%	9.01%	22.63%	45.48%	—
银华主动权益基金指数	5.48%	10.92%	41.38%	90.06%	8.66%
银华中小盘精选	14.04%	28.82%	104.90%	216.78%	12.49%
银华优势企业	7.14%	15.45%	51.09%	85.77%	10.36%

（续表）

滚动时间	半年	1年	3年	5年	客户的实际持有收益率
银华内需精选	6.30%	12.25%	39.86%	85.48%	11.63%
银华富裕主题	9.35%	16.52%	47.89%	80.34%	17.46%
银华领先策略	7.84%	14.60%	36.25%	75.12%	3.53%
银华核心价值优选	11.36%	24.01%	40.76%	74.91%	6.32%
银华和谐主题	5.85%	11.01%	34.99%	72.53%	16.56%
银华优质增长	9.35%	17.93%	32.92%	55.33%	16.73%

注：银华主动权益基金指数按期间季度规模加权合成，每季换仓。
资料来源：Wind，银华基金。

收益偏差的背后是投资者短期持有的行为偏差，核心在于投资者未能正确认知自身的投资能力和所处的投资环境。很多投资者认为，自己比起市场上其他投资者有一定的信息获取优势，并能通过对相应信息的分析赚取超额收益。但实际上个人投资者获取信息的渠道相对有限，做出投资决策的依据相对单薄，往往仅依赖于基金的历史业绩表现，而这种过于简单的投资方法，并不能为投资者带来理想的回报。[①]

三、营销生态进化为理性投资带来曙光

营销作为公募基金行业生态中的重要一环，在公募基金二十余

[①] 在本书的第九章中，我们将以实证分析的方法说明，仅仅依据基金历史业绩或业绩排名的投资方法，并不是一种有效的方法。

年的发展历程中也经历了从无到有的复杂演变，并在潜移默化中影响着基金投资者的行为。早期传统封闭式基金的发售渠道主要有交易所网上销售和承销商销售两种。直到2001年，出于将银行储蓄客户转化为基金投资客户的考量，证监会放开银行的公募基金代销资格。在首只开放式基金华安创新成长混合的发行过程中，建设银行作为首家取得公募代销资格的银行首次大规模代销基金。2002年7月，证监会发布《关于证券公司办理开放式基金代销业务有关问题的通知》，将券商引入基金销售体系。国泰君安和华夏证券率先获得该业务资格。2011年10月，《证券投资基金销售管理办法》正式实施，在规范基金销售活动的同时，放开了第三方机构的基金销售牌照，试图优化基金销售结构。2012年2月，众禄投顾、好买、诺亚、东方财富网（天天基金）四家机构成为首批独立基金销售机构。自此，第三方机构正式进入基金销售市场。

在代销主体不断丰富的同时，公募基金的营销方式也日益多样化，互联网时代的到来和疫情冲击均在公募基金营销业态的塑造上留下了浓墨重彩的印记。2003年"非典"的高传染性使公募基金以大规模集中培训为主的线下销售模式难以为继，基金公司渠道条线转向短信营销，在发送给投资者的基金对账单中增加了新基金的发行信息，报刊、电视也成为基金营销的主要媒介。无独有偶，2020年新冠疫情再次颠覆了基金行业的营销模式，以直播及线上路演为代表的云模式成为基金首发和持续营销的主要方式。在两次疫情期间，随着基金互联网营销时代的到来和第三方代销机构的加入，基金线上营销业态也几经变化，从最初的论坛社区、QQ群演变为近几年的微信公众号、线上直播。不断升级的基金线上营销模式使投资者获取信息的方式更加便捷和多样化。

2013年以来，在互联网模式的加持下，独立基金销售机构在基金销售渠道中的保有量连年增长。证券投资基金业协会披露的数据显示，2019年独立基金销售机构在基金销售渠道中的保有量占比已由2013年的0.13%提升至11.03%，同期商业银行在基金销售渠道中的保有量则由2013年的58.41%降至23.59%。

四、产品创新助力投资者体验提升

在营销模式不断进化的同时，公募基金的主动管理能力和产品丰富度也在不断提升。纵观历史可以发现，公募基金的产品创新主要基于四条主线。

一是基于投资标的不断拓展的外延式创新，如权益基金、债券基金、货币基金、QDII基金、权益主题基金、商品基金、商品期货基金、基金的基金（Fund of Fund，FOF）等。这一条线的产品创新旨在为投资者提供多样化的标的选择。

二是基于特定投资策略的创新，如保本基金、打新基金、定增基金、量化对冲基金等。

三是以改善投资者体验为目标的特色化创新，如发起式基金、浮动管理费基金、定期开放式基金、持有期基金、定期赎回基金等。浮动管理费基金首发于2013年，该品类的推出一方面是为了更好地激励基金经理，缓解公募行业的人才流失问题；另一方面也是为了将基金管理人与投资者的利益绑定，规避基金代理人风险。定期开放式基金、新型封闭式基金和持有期基金的设计则试图通过长期投资使基金投资收益平滑化，优化持有人的投资体验，同时培育投资者的长期投资理念，改善基金投资者的短炒行为。可以说投资者对基金认知的深入和理性程度的上升一方面得益于营销端的投资顾问式服务，另一方面也离不开基金公司在产品端的创新。

四是基于基金运作模式的不同要素组合创新，如开放式基金、指数基金、上市型开放式基金、交易型开放式指数基金、定期开放基金、新型封闭式基金等。这些创新均基于投资者的特定诉求，如开放式基金在标准化投资工具的基础上迎合了投资者的流动性诉求，因而能够替代传统封闭式基金成为主流的公募基金品种，近几年开放式基金规模的持续扩张离不开投资者对超额收益的追求。2017年以来，公募主动权益基金持续跑赢中证全指全收益指数，超额收益显著，公募基金优秀的主动管理能力正在被越来越多的投资者认可。2019年以来，在明星基金经理效应的带动下，公募发行市场频现百亿规模"日光基"，可见市场资金对公募基金主动管理能力的认可和追捧。

在开放式基金蓬勃发展的同时，基金管理人也未放弃对传统封闭式基金的改造。2007年，大成优选针对传统封闭式基金封闭期过长的问题，首次将封闭期设置为5年；同时针对封闭式基金可能存在的二级市场高折价问题，设置了专门的"封转开"条款，也就是说，当基金折价连续50个交易日超过20%，基金管理人可以召开持有人大会审议基金从封闭转为开放事宜。2008年，大成强化收益则首次在债券基金上采用定期开放的运作模式。基金每6个月开放一次，既保留了封闭式基金2倍杠杆的优势，又满足了投资者的流动性需求。此后，定期开放模式主要应用于债券基金和货币基金（短期理财基金），直至2014年，定期开放模式才首次被应用于采用浮动管理费模式的绝对收益型基金品种。2013年以来，封闭式基金的封闭期也进一步缩短至1年、2年，在保本基金、定增基金、打新基金火热发行的同时，新型封闭式基金和定期开放基金的规模迎来阶段性高点。2017年，以东方红系列为代表的新型权益封闭基金在二级市场出现持续高溢价。定增基金和保本基金遭遇严监管之后，债券基金的高杠杆需求和明星基金经理效应为封闭式基金和定期开放基金带来了新的市场空间，"创新封基/定期开放基金＋债券基金""创新封基/定期开放基金＋权益明星基金经理"成为基金公司在封闭式基金品种上的主要创新方向。表1.7梳理了公募基金行业的各类创新产品。

表1.7 公募基金各类创新产品梳理

首推时点	基金类别	创新方向	对应投资者诉求	重要关注点
1998年	传统封基	标准化产品	专业管理能力	长封闭期导致场内高折价；高买低卖
2001年	开放式基金	运作方式	流动性诉求、随时表达态度的权利	行为偏差影响投资收益；基金赚钱，基民不赚钱

(续表)

首推时点	基金类别	创新方向	对应投资者诉求	重要关注点
2002年	债券基金	投资标的	低风险偏好	个券暴雷、行情适应性
2003年	指数基金	管理方式	透明度需求、工具需求	择时风险、行情适应性
	保本基金	投资策略	权益市场熊市投资诉求	刚兑属性
	货币基金	投资标的	低风险偏好、闲置资金管理需求	运作不规范
	灵活配置基金	投资策略	择时诉求	低透明度
2004年	LOF	交易方式	流动性诉求	场内低流动性
	ETF	运作方式、交易方式	透明度需求、流动性诉求	择时难度大、标的流动性取决于做市商和市场
2006年	QDII基金	标的创新	跨境资产投资诉求	汇率波动、市场风险、主动管理能力有限
2007年	分级基金	运作方式	不同风险偏好、杠杆需求	杠杆风险、认知偏差、产品设计过于复杂
	创新型封基	运作方式	改善投资体验	流动性风险
2008年	定期开放基金	运作方式	策略需要、改善投资体验、增加杠杆	流动性风险
2010年	主题型基金	投资标的	细分标的投资诉求、波段工具	择时风险
2012年	短期理财债基	投资标的	银行理财客户的低风险投资诉求	—
	场内货币基金	运作方式	闲置资金管理需求+即时流动性诉求	—
	发起式基金	资金来源	基金管理人约束	—

第一章 公募基金行业概述及投资者行为变迁

（续表）

首推时点	基金类别	创新方向	对应投资者诉求	重要关注点
2013年	浮动管理费基金	收费方式	基金管理人激励	—
	专项打新基金	投资标的	低风险偏好、批量打新诉求	底仓波动、规模约束
	量化对冲	投资策略、投资标的	低风险偏好	规模约束、行情适应性
	商品基金	投资标的	商品投资诉求	行情、产品跟踪误差
2014年	港股通基金	投资标的	港股投资诉求	名不副实、港股投资能力
2015年	定增基金	投资标的	定增项目投资需求	定增项目风险
	委外定制基金	资金来源	机构投资诉求	集中赎回下的流动性风险
2017年	FOF	投资标的	资产配置诉求、基金遴选诉求	主动管理能力
2018年	持有期基金	运作方式	改善投资体验	流动性风险
2020年	定期赎回基金	运作方式	改善投资体验	流动性风险

资料来源：作者整理。

五、政策变迁为投资者保驾护航

政策是影响公募产品创新方向和发展进程的重要因素。基金产品的设计申报及投资运作，经常会受到政策的引导和规范，中国证监会曾多次帮助投资者规避基金规模高速扩张中的潜藏风险。

自2005年起,证监会先后就投资乱象、营销乱象、流动性风险、资金空转套利等问题,针对作为流动性管理工具的货币基金发布了一系列法规。2015年"股灾"之后,证监会暂停分级基金审批。2017年,证监会就公募基金的流动性风险管理出台专门文件《公开募集开放式证券投资基金流动性风险管理规定》,重点关注货币基金的流动性管理问题并对委外基金运作形式做出限制,要求单一投资者占比超过50%的基金采用封闭式运作或定期开放运作,不得向个人投资者发售。这一规定主要是为了规避定制型基金在机构大额赎回时可能出现的净值异常波动问题。同年,保本基金的反担保设计条款引发监管关注,随后即被要求整改。2018年,《资管新规》明确了杠杆型工具分级基金的整改期限,同时刚兑属性的保本基金整改加速,短期理财基金的摊余成本法估值方式也迎来规范。2019年,针对银行理财净值化转型过程中客户的低风险投资诉求,证监会重新放开浮动管理费基金和量化对冲基金等绝对收益型产品的审批。同时,为了更好地发挥公募基金在推动直接融资、助力实体经济发展方面的作用,证监会对基金公司的产品申报和注册进行窗口指导,收紧债券产品和摊余成本法基金的审批,加快权益类产品的审批,明确对股票型基金和混合基金的上报不做限制,并缩短注册流程。2020年以来,在基金公司扎堆申报行业类ETF的背景下,部分细分行业主题类基金的市场容量问题引发监管关注。2020年7月,证监会发布《公开募集证券投资基金运作指引第3号——指数基金指引(征求意见稿)》,从基金管理人专业胜任能力、标的指数质量管理、指数基金投资运作、ETF及连接基金监管要求四个方面对指数基金产品的设计进行规范。

第二章 现代金融学与行为金融学概述

本章主要对现代金融学与行为金融学的发展历程进行概述,并简要分析当下行为金融学的几个重要理论框架,作为本书基金投资者行为研究的理论基础。

第一节 现代金融学的起源与发展

现代金融学兴起于20世纪五六十年代,建立在资本资产定价模型(Capital Asset Pricing Model,CAPM)和有效市场假说(Efficient Market Hypothesis,EMH)两大基石之上。1952年,哈里·马科维茨(Harry Markowitz)发表了著名的《资产组合的选择》(Portfolio Selection)一文,创建了均值-方差框架下的现代资产组合理论,首次应用均值和方差这两个概念,从数学上明确定义了投资者偏好,并以数学化的方式解释投资分散化原理,系统阐述了资产组合和选择问题,用以指导投资者构建最优资产组合,标志着现代资产组合理论的开端。虽然现代资产组合理论的很多假设过于理想化,而且不符合现实,在投资实践中的运用也存在诸多问题，但不可否认的是，它在传统投资回报之外首次提出了风险的概念，认为风险是整个投资过程的核心，并据此提出了投资组合的最优方法。马科维茨也因此获得了1990年诺贝尔经济学奖。[1] 在此基础上，夏普（Sharpe，1964）提出了单因素模型，简化了均值-方差模型的计算过程，使马科维茨模型更能在实际中运用，并进一步提出了著名的资本资产定价模型，该模型在一般均衡的基础上精准解释了资产收益与风险的关系，成为现代金融市场价格理论的支柱，被广泛应用于绩效评价、证券估值等实践领域。1976年，投资组合理论又有了新的进展。斯蒂芬·罗斯（Stephen Ross）在单因素模型的基础上，提出了套利定价理论（APT）。套利定价理论认为，套利行为是均衡市场形成的一个决定因素，如果市场未达到均衡状态，市场上就会存在无风险套利机会。它用多个因素解释风险资产收益，并根据无套利原则，得出风险资产均衡收益与多个因素之间存在线性关系。至此，现代金融学已发展成熟，构建了一个比较完备的理论框架。

另一方面，有效市场假说也在这一时期逐渐发展起来。法国数学家路易斯·巴舍利耶（Louis Bachelier）把统计分析的方法应用于股票收益率的分析，发现其波动的数学期望值总是为零。奥斯本（Osborne，1959）提出了关于股票价格遵循随机游走的主张，认为投资者是根据期望价值或收益率来估计股票的，而期望价值是收益率的概率加权平均，所以奥斯本以无偏的方式设定理

---

[1] 马科维茨认为资产配置是投资市场唯一的免费午餐。

性投资者的主观概率。1965年,美国芝加哥大学金融学教授尤金·法玛(Eugene F. Fama)发表了题为《股票市场价格走势》(The Behavior of Stock Market Prices)的博士毕业论文,并于1970年对该理论进行了深化,正式提出有效市场假说。该理论认为,在法律健全、功能良好、透明度高、竞争充分的股票市场,一切有价值的信息,如企业当前和未来的价值,已经及时、准确、充分地反映在股价走势当中,除非存在市场操纵,否则投资者不可能通过分析历史价格获得高于市场平均水平的超额利润。[①] 有效市场假说是由三个不断弱化的假设组成的:首先,投资者是理性的,可以理性评估资产价值,因此市场是有效的;其次,即使有些投资者不是理性的,但由于交易随机产生,也不会形成系统的价格偏差;最后,即使投资者的非理性行为不是随机的,他们也将遇到理性的套利者,从而保证资产价格回归基本价值。

在现代金融学体系中,资本资产定价模型与有效市场假说相互交织。如马科维茨的组合投资理论,正是结合了奥斯本的期望收益率分布,并以方差度量资产组合风险,得出投资者的最优决策是在某一既定风险水平下,选择有效边界上该既定风险水平下期望收益率最高的资产组合。再如在资本资产定价模型中,假定投资者有相同的收益率预期,以相同的方式解读信息,并由此得出:高风险的资产应有高收益率的补偿,投资者

---

① 有效市场假说有一个备受质疑的前提假设,即参与市场的投资者有足够的理性,并且能够迅速对所有市场信息做出合理反应。

第二章 现代金融学与行为金融学概述

的最优投资决策沿资本市场线进行。如果说有效市场假说回答了已知的信息对获利没有价值的结论，那么资本资产定价模型则说明了市场上的超额回报率是由于承担更大的风险才形成的，因而在一定程度上资本资产定价模型是对有效市场假说理论的完善。

第二节　现代行为金融学发展概述

如前所述，现代金融学是建立在资本资产定价模型和有效市场假说两大基石上的。它承袭经济学的分析方法，其模型与范式局限在"理性"的分析框架中，忽视了对投资者实际决策行为的分析。随着金融市场上各种异常现象的累积，模型和实际的背离使现代金融学的理性分析范式陷入尴尬境地。在此基础上，20世纪80年代行为金融学悄然兴起，它结合博弈论和实验经济学的研究成果，重视对人类个体和群体行为的研究，批判了有效市场理论。行为金融学的逐步发展动摇了资本资产定价模型和有效市场假说的权威地位。

一、行为金融学对有效市场假说的理论挑战

行为金融学从多个维度对有效市场假说发起了理论挑战。

首先，"投资者是完全理性的"这一假设在现实中很难成立。投资者具有某种情绪，并不像理论模型假设的那样理性，在决定自己对资产的需求时往往受到无关信息的影响。正如费希尔·布

莱克（Fischer Black，1986）所说，投资者购买的依据是噪声而非交易，投资者的行为在绝大多数情况下并不符合完全理性的假定。卡尼曼和瑞普（Kahneman and Riepe，1998）认为，人们的行为与标准决策并不一致，而是存在系统性偏差，主要体现为三点。一是个人对风险的判断并不看重最终获得的财富水平，而是基于某一参照标准，而这一标准又不是一成不变的，会因时因地变化，因此投资者的行为并不遵循冯·诺依曼－摩根斯特恩的理性假定。二是投资者往往倾向于采用短期历史数据预测不确定的未来，忽视事件发生的偶然性，从而偏离了贝叶斯法则等概率论基本原则，这就是心理学所述的启发式偏差。三是投资者的决策经常受到问题呈现方式的影响，每个人用不同的方法解决问题。一个经典的例子是关于投资方向的选择，倘若投资者不仅观察到股票短期收益的波动，而且发现投资于股票的长期收益高于债券的话，就会投向股票。

机构投资者如共同基金、养老基金的管理人等，作为普通人，也会产生类似于个人投资者的偏差。更进一步的是，作为出资者投资代理人，机构投资者反而会产生更大的行为偏差。如机构投资者构建的投资组合往往会接近其业绩比较基准中的投资组合，而不完全是基于对标资产的自身价值分析，以降低大幅跑输基准的风险；再如他们也会倾向于持有其他管理人持有的资产标的，以避免跑输同行。另外，豪根和拉克尼肖克（Haugen and Lakonishok，1988）、里特和乔普拉（Ritter and Chopra，1989）发现，公募基金倾向于在季度末特别是年末，买入表现优秀的股票，卖出表现差的股票，以使基金财报中披露的持股业绩看上去好一些，即存在粉饰业绩的倾向。可见，投资者的非理性心理会对有效市场假说形成巨大挑战。

其次，有效市场假说认为，即使市场上存在大量缺乏理性的投资者，但他们之间的交易是随机的，会相互抵消，并不会对价格产生影响。不过，卡尼曼和特沃斯基（Amos Tversky）的研究推翻了这一论点。他们认为投资者对理性的偏离并不是随机的，而是呈现系统性，投资者之间相互模仿，投资者大部分时间的交易行为高度相关，因而非理性交易并不能相互抵消，对市场造成的影响也就比较大。

最后，套利是有限的且有风险。有效市场假说认为，如果套利能够抵消非理性投资者的偏差，那么市场依然有效，但现实中的套利往往是有限的，且有风险。套利是否有效取决于是否存在近似的替代资产。在现实交易中，金融衍生资产如期货、期权等较易获得近似替代资产，但现货资产（如证券）并没有理想的替代资产。这导致即使某一证券标的出现了明显的定价偏差，套利者也无法实施无风险对冲交易策略。当然，套利者可以通过卖出这些高估的资产，并相应买入低估的资产变相实现套利，但这显然不是无风险对冲操作，而是风险套利，因为并没有强有力的机制能够保证被高估或低估的资产一定能够向合理价格水平回归。尤其是当市场情绪主导市场时，高估的资产可能持续上涨，低估的资产则可能持续下跌，从而导致这种形式的套利面临较大风险。此外，即使能够找到可以完全替代的资产，套利者也可能面临着价格回归合理水平不可预知的风险。虽然用于套利的两类资产最终价格会趋向一致，但套利者可能不得不承担价格回归合理水平过程中的暂时性损失，而这又取决于套利者的风险偏好及面临的约束，如追加保证金的资金约束、净值最大回撤的风险控制要求等。

二、行为金融学对有效市场假说的经验挑战

希勒（Shiller，1981）是最早在实证上对有效市场假说提出质疑的学者之一。他发现股票市场的波动率远大于红利贴现这类传统模型所能解释的水平。希勒的研究结果引发了人们对有效市场假说的反思，开拓了一个新的领域。后续学者主要从市场的弱有效性和半强有效性两个维度在实证层面对有效市场理论发起挑战。

德·邦特和塞勒（De Bondt and Thaler，1985）对市场的弱有效性进行了研究。他们将资产组合根据过去3年的业绩表现划分为赢家组合和输家组合，然后比较这两类组合之后5年的表现。他们发现，输家组合的收益要明显高于赢家组合，且这种收益率的差异，并非源自输家组合承担了更高风险，不能用经典的资本资产定价模型解释。他们转而从行为金融学角度的金融资产过度反应理论对这一现象做了合理解释：输家组合往往是过去几年向市场发出利空信息、不被投资者看好的公司，投资者将历史状况推广到未来，导致这些股票的价格被低估；而赢家组合往往是那些被投资者极度看好、持续有利好消息发布的上市公司，导致这

些股票的价格被高估。由于股票的价格在长期大概率要回归其内在价值,输家组合由于价格较低,因而较易获取超额回报。

随后,一些学者又依据资产的历史收益,提出了其他几种预测资产未来表现的方法,其中以杰格迪什和梯特曼(Jegadeesh and Titman,1993)对动量效应的研究最为重要。他们的研究表明,从统计意义上讲,股票价格变化的趋势将在未来 6~12 个月内持续,即在相对短期内,股票价格表现出与以前趋势相同的变化。

半强式有效市场假说也受到挑战。其中最重要的发现是小市值效应,即小盘股的收益远好于大盘股的收益。杰里米·西格尔(Jeremy J. Siegel,1998)的研究发现,在 1926—1996 年,纽约证券交易所份额最大的 10% 股票的年平均复合收益率为 9.84%,而份额最小的 10% 股票的复合收益率为 13.83%,平均而言小盘股比大盘股的年收益率高出 4.7%,而且小公司效应大部分集中在 1月,小公司股票收益平均比大公司股票高出 4.8%,且采用标准的风险测量方法,也很难说明小盘股在 1 月风险更高。由于公司的规模和 1 月的到来都是市场已知信息,这一现象明显违反了半强式有效市场假说。另外,还有研究发现市净率能够预测收益率。高市净率的股票被认为是增长型股票,而低市净率的股票被认为是价值型股票。拉克尼肖克等人(Lakonishok et al.,1994)的研究发现,高市净率的股票比低市净率的股票收益率低得多,而且高市净率的股票风险更大,在大盘下跌和经济衰退时,业绩特别差。市净率与收益率的反向关系对有效市场假说构成严峻挑战,因为这表明已知信息对收益率有明显的预测作用。

价格在无信息时不反应的假设也受到冲击。1987年美国股市崩溃后，许多研究试图找到造成股市崩溃的原因，但并没有获得满意的结果。卡勒特等（Culter et al.，1991）对二战后美国股市50次最大的日波动进行了研究，发现大部分的市场巨幅振动并没有相应的信息公布。这证明除了信息之外还有其他力量在推动股市价格的运动。指数成分股调整的事件也引起许多学者的关注。美国的标准普尔500指数（Standard and Poor's 500，S&P500）包含了全美500家大公司的股票，每年有少数公司因为被兼并从指数中除名并由其他公司替代。一家公司加入指数本身并不增加公司的价值，因此不传递任何有价值的信息。但是，当一家公司加入指数，指数基金将增加对其股票的需求量时，就会引发股价上涨。另外，专业的基金管理人员为了使自己的资产组合和指数接近，也将增加对这种股票的需求。伍格勒和祖拉夫斯卡娅（Wurgler and Zhuravskaya，1999）的统计显示，1976—1996年美国个股加入标普500指数的事件，引发了平均约3.5%的股票价格上涨，表明股票需求变化会引发资产价格变动，而套利的存在并没有消除这种价格偏差。

总之，学术界通过实证研究进一步动摇了有效市场假说的基础，在这个过程中，行为金融学逐渐形成。

三、行为金融学的兴起

早期的行为金融研究可追溯至19世纪，古斯塔夫·勒庞

(Gustave Le Bon)的《乌合之众》(*The Crowd*)以及查尔斯·麦基(Charles Mackay)的《大癫狂：非同寻常的大众幻想与群众性癫狂》(*Exraordinary Popular Delusions and the Madness of Crowds*)是最早阐述行为金融学思想的著作。1936年，凯恩斯(John Maynard Keynes)提出了空中楼阁理论，他认为虽然股票价值理论上取决于其未来收益，但由于投资者是非理性的，其投资行为建立在空中楼阁之上，因而证券价格由投资者心理预期的合力决定，投资者的交易行为充满了动物精神(Animal Spirit)。

现代意义上的行为金融学由伯勒尔(Burrel)最先提出。他于1951年发表了题为《以实验方法进行投资研究的可能性》的论文，认为金融学家在衡量投资者的投资收益时，不仅应建立和应用量化投资模型，还应研究投资者的传统行为模式。文章提出了构造实验检验理论的思路，由此开拓了将量化投资模型与人的行为特征相结合的全新领域。

1972年，心理学家保罗·斯洛维奇(Paul Slovic)发表了一篇具有启发意义的论文《人类判断的心理学研究：对投资决策的影响》(Psychological Study of Human Judgment: Implications for Investment Decision Making)，开启了从行为学角度研究投资决策的历史时期。这一时期的行为金融研究以特沃斯基和卡尼曼为代表人物。特沃斯基的研究主要集中于风险心理方面。他研究了人类行为与经典投资决策模型的基本假设相冲突的三个方面：风险态度、心理账户和过度自信，并将观察到的现象称为认知偏差，这些正是行为金融学的主要论题。1979年，卡尼曼和特沃斯基共同提出了前景理论（Prospect Theory），这在行为金融学研究史上具有里程碑意义。前景理论认为投资者对收益的效用函数是凹函数，对损失的效用函数是凸函数，表现为投资者在投资账面值损失时更加厌恶风险，而在投资账面值盈利时，满足程度的增速随着收益的增加而减缓。前景理论成为行为金融学研究中的代表学说，解释了不少金融市场中的异象。不过，20世纪七八十年代正好是有效市场假说风靡的时期，其理论体系较为完备，又有大量实证结果支持，再加上当时金融界普遍崇尚数学公式，而认为对人的心理与金融关系的研究是不科学的，导致行为金融学研究处于相对弱势的地位。

行为金融学作为新兴金融学说，真正兴起于20世纪80年代后期。1985年，德·邦特和塞勒发表了《股票市场过度反应了吗？》（Does Stock Market Overreact?），引发了行为金融研究的热潮，被学术界视为行为金融研究的正式开端。市场不断出现的异常现象引起了金融学界的注意，且实证表明之前的金融理论并不完善，再加上前景理论被业内不断认可，行为金融学得以兴起。

行为金融学在这一时期取得了重要的突破性进展，塞勒、希勒成为核心人物。塞勒（1987，1999）主要研究股票回报率的时间模式、投资者的心理账户，希勒（1981，1990）主要研究股票价格的异常波动、股票市场的羊群行为、投机价格和人群中流行心态的关系等。除了这两位代表人物，20世纪90年代以后也涌现出一批新的学者。其中，奥登（Odean，1998）对处置效应的研究，里特（Ritter，1991）对IPO异常现象的研究，卡尼曼等人

（1998）对反应过度和反应不足切换机制的研究都得到了广泛关注。他们的研究对行为金融学的进一步发展起到了重要作用。

行为金融学至今还没有形成被学术界公认的严格定义。但是，不少学者提出了自己的看法。塞勒（1993）将行为金融学称为"思路开放的金融研究"（Open-Minded Finance），他认为只要关注现实世界，考虑经济系统中的人有可能不是完全理性的，就可以认为是行为金融学研究。还有学者（Hsee，2000）认为，行为金融学是将行为科学、心理学和认知科学的研究成果运用到金融市场中产生的学科。它的主要研究方法是基于心理学实验结果，提出投资者决策时的心理特征假设，以此为基础研究投资者的实际投资决策行为。

第三节　金融市场的心理及行为偏差

行为金融学的发展基于个人的心理与行为偏差。这是行为金融学研究的基础，本节对此进行梳理。

决策主体的主观认知、决策情境与客观环境的差异，比如认知水平局限（感知和处理信息等能力）、个性因素（心理特征总和的外在表现）、情绪因素（如负面情绪会直接影响人的判断能力等）和情境因素（主体具有的特定观念和行为方式）往往约束着人们，使人们出现心理上或者行为上的偏差，很难做出完全理性的决定。行为偏差有多种分类方式，卡尼曼等人（1982）认为代表性偏差、可得性偏差、锚定与调整偏差是三种典型的行为偏差。陆蓉（2019）依据信息处理阶段不同将偏差分为信息搜集、加工、输出和反馈四个阶段。本章借鉴了这种信息处理的分类方式，依据风险决策过程中的不同阶段（个人风险决策过程包括信息编辑阶段和估值阶段）对偏差分类。人在每个阶段都会因为各方面的原因，产生心理偏差或行为偏差。

一、信息编辑阶段的心理行为偏差

1. 代表性偏差

代表性偏差指决策者在不确定性条件下做决策时，依据已有的代表性事物的特征做判断，参照其代表性事物推断新事物的特征，从而产生的偏差。代表性偏差产生的原因是，虽然事物外部表现相似，但是内部原因不尽相同，另外样本的适用范围和发生概率亦不尽相同，依据代表性事物进行外推容易出现偏差。从比较维度出发，代表性偏差可分为纵向代表性偏差和横向代表性偏差。纵向是将某一事物当前的局部特征做历史的比较，从历史发展轨迹的角度预测事物未来的走势；横向是将某一事物与其他具有相同局部特征的事物归类，将其他事物的发展经验作为判断这一事物未来走向的依据。两种方式都会产生代表性偏差。不同于框架式思维，代表性偏差是启发式思维的表现形式之一，在不确定条件下决策者倾向于依据样本和总体的相似度推断新事物的特征。

代表性偏差在金融市场广泛存在。一方面，过去的投资结果会对投资者的未来预期产生影响，亏损的投资者更消极，盈利的投资者更积极；另一方面，代表性偏差会引发市场的追涨杀跌，加剧动量效应。这些都是依据历史信息引起的纵向代表性偏差。横向代表性偏差则表现为同一板块或者相似股票的带动作用，如某行业内龙头股票出现利好会带动整个行业板块的上涨。

2. 锚定效应

人们对事物进行估测时，会赋予某些特殊值（如股票交易中的股票买入价，代表股票的成本）过多的信息比重，这些特殊值会像锚一样制约着估测值，这就是锚定效应。特沃斯基和卡尼曼（1974）最早发现并描述了锚定效应，他们的研究表明决策结果会受到上述特殊值的干扰。

按照锚定效应的来源，有学者将锚定效应分为内源锚定效应和外源锚定效应（Epley and Gilovich, 2010）。决策者在处理信息时产生的锚为内源锚，影响显著且持续时间较久；外部获得的锚为外源锚，影响较弱且持续时间较短。

锚定效应在金融市场中有着广泛的表现。内源锚定效应的表现之一是投资者往往盯着初始买入价作为锚定值，在资产下跌后要求价格回到开仓时的价格水平才将头寸平仓，因而投资者更倾向于卖出盈利股票而持有亏损股票。外源锚定效应则表现为投资者获得来自外部环境的数值后，例如主流分析师预期主要股票指数的点位将不低于某个数值，倾向于依据这种锚定数值进行相关操作。

3. 框架效应

框架效应指一个问题在逻辑意义上相似的说法导致不同的决策判断。事物的呈现方式、表达方式不同，形成不同框架，影响投资者的决策。框架效应最早由卡尼曼和特沃斯基（1981）通过"亚洲疾病问题"的实验发现并提出。他们的研究表明：正面的信息描述框架引发投资者积极正面的反应，从而产生正框架效应；负面的信息描述框架引发投资者消极负面的反应，从而产生负面框架效应。

金融市场中框架效应发挥着重要作用。投资顾问在给出投资建议时采用的描述框架偏向正面还是负面，会引发投资者积极或消极的反应。

二、信息估值阶段的心理行为偏差

1. 损失厌恶

损失厌恶是前景理论[①]的重要结论之一。损失厌恶指损失比盈利带给投资者的影响更大，即投资者在损失一定金额后的痛苦大于同等金额盈利带来的喜悦。研究表明，这种效用大概相差 2.5 倍，即亏损带来的痛苦约为同等盈利带来喜悦的 2.5 倍。

---

① 鉴于前景理论的重要性，本章第四节会对此做专门分析。

损失厌恶主要来源于对未来遭受亏损的预期恐惧，损失厌恶心理在金融市场中带来的影响是深刻的，即投资者可能过度关注投资组合的短期盈利能力，造成在整个投资周期中的短视现象，并且过分夸大损失的可能性和负面影响，使投资决策片面追求风险规避，降低了未来盈利的可能性。

2. 后悔厌恶

后悔指人们在做出错误决定后产生的懊恼、内疚和自责等负面情绪。后悔对情绪的负面影响较大，且久久难以消除，是一种沉重的思想包袱。后悔是对自己能力的怀疑，使人们感到要为损失承担责任，比损失更让人痛苦。后悔的程度与做决定时的责任感相关。为了避免未来后悔，投资者往往赋予预期后悔程度低的选项较高权重，而赋予预期后悔程度高的选项较低权重，这可能导致高估或低估某些选择，造成偏差。

根据后悔的来源，可将后悔分为两类：作为后悔，即已经做过的事；不作为后悔，即没有做过的事。作为后悔的持续性强于不作为后悔，时间会淡化作为后悔，但会强化不作为后悔。在金融市场中，对于盈利头寸，为了避免未来后悔，投资者倾向于早早锁定盈利，落袋为安；而对于亏损头寸，投资者则倾向于长期持有，以免亏损兑现造成将来后悔。后悔厌恶还容易导致羊群效应，投资者与其他投资者做出相同的投资决策时，即使遭受损失也会减轻痛苦，对错误决策的责任感也相对减轻。

3. 过度自信

人们习惯性地表现为过度乐观。投资者经常高估自己的直觉准确度、逻辑推理能力、判断能力、认知能力、形势控制能力，同时容易低估风险。自我归因偏差和知识经验积累对投资者过度自信有重要影响。投资者取得成功后，往往归功于自己，而遭受损失后，则倾向于找借口推卸责任，这体现了自我归因的偏差。随着知识经验的增长，投资者也往往变得过度自信。

在金融市场中，投资者过度自信主要表现为两个方面：预测的过度自信，即投资者在投资预测时的预测区间过于狭小，导致低估风险；确定性的过度自信，投资者可能会高估自己的择股能力，认为自己掌握了别人没掌握的确定信息，因而对选中的股票过度自信，而对可能遭受的损失估计不足。过度自信也会导致投资者频繁交易（对自己择时能力的高估），即过度交易。有研究指出这种情况存在性别差异，男性较女性更容易过度自信，从而在投资过程中表现出过度交易的倾向。

4. 心理账户

账户是个人或公司用来记录收入和支出的方法，把各种收入和支出归入一定的账户可以便于管理。区别于现实中的金钱账户，在心理上人们根据资金来源和用途等对资金归类，这种现象称为心理账户。

心理账户在经济金融领域普遍存在，对投资决策产生重要影响。心理账户往往由多个隐形账户构成。投资者根据账户的收益和风险评价机制，将账户分为不同风险等级，有些账户风险等级较低，有些账户风险等级较高。不同收入来源的资金，比如工资收入、理财收入和未来收入等，会被置于不同的心理账户中，投资者对这些账户的风险容忍度也不尽相同。人们对于从股票市场获得的收益或意外之财等处置得更随意，风险容忍度更高；对于工资收入则相对谨慎，风险容忍度更低。

5. 处置效应

处置效应指投资者倾向于较早卖出盈利的头寸，而长期持有亏损的头寸。这违反了期望效用理论，是一种典型的行为偏差。经济学家迈尔·斯塔特曼和赫什·舍夫林（Meir Statman and Hersh Shefrin）把处置效应称为"扳平症"，主要是因为投资者很难接受损失，总是期待可以盈亏平衡。前景理论中的价值函数可以解释处置效应。价值函数中的参考点可理解为买入价，投资者在盈利区间表现为风险规避，而在损失区间则表现为风险寻求，因而产生出盈保亏的处置效应。

处置效应会引起市场扭曲，使股价偏离基本面。在金融市场中，处置效应会对投资收益产生显著影响。由于股价存在一定的动量效应，因此过早卖出上涨的股票很难获得长期上涨收益，而持有亏损股票时间越长，下跌造成的损失可能越大。

6. 沉没成本

沉没成本是前期支出且无法收回的投入，包括精力、时间、金钱、情感等。沉没成本是关于过去的支出，但是决策需要考虑的是未来的收益，因而投资者如果关注沉没成本，就会造成行为偏差，因为沉没成本无法收回且不会影响未来收益。沉没成本可以分为有形沉没成本（金钱、资本等可计量的）和无形沉没成本（时间、精力和情感等难以计量的）。不同沉没成本对投资者的影响不尽相同。时间沉没成本的心理影响一般会比金钱沉没成本小一些，因为对一般投资者来说，时间相对于金钱并不稀缺，故随着时间的流逝，投资者对这种沉没成本的主观感知会逐步消失。

不同心理账户的沉没成本效应也不同。工资心理账户的沉没成本效应更显著，因此投资者对这类账户更为谨慎；股票盈利心理账户的沉没成本效应不太显著，因此投资者对这类账户更为随意。沉没成本偏差在金融市场的典型表现为恶性增资，即投资者对于继续运行风险越来越大的项目或者已经存在亏损的项目，因为在意沉没成本，倾向于继续投入资源。这种自我坚持导致的承诺升级忽视了风险，最终可能造成不可挽回的后果。

第四节　行为金融学的探索：前景理论概述

心理学研究发现，人们在不确定条件下会产生不同的风险态度。比如，面对高概率收益和低概率损失，人们会倾向于风险厌恶,比如多数人可能并不喜欢买保险,再如投资决策中普遍存在的"二鸟在林,不如一鸟在手"的落袋为安倾向;面对高概率损失和低概率收益,人们则倾向于风险偏好,比如很多人热衷于买彩票。

实际上,人们在不确定条件下做出判断和决策时依据的是期望。期望是各种风险加权的结果。期望选择遵循特殊的心理过程,不遵循期望效用理论,违背了优势性公理、传递性公理和恒定性公理等。这说明了期望效用理论的局限性。学者纷纷从人类心理和行为角度出发,提出了一些改良模型,主要是对模型的假设前提和偏好的理性逻辑进行了修正。这些模型主要可分为四类:扩展性效用模型、预期比率模型、非传递性效用模型、非可加性效用模型。前景理论就是其中比较成功的模型。前景理论的提出经过几代学者的努力。经过弗里德曼(Friedman)、萨维奇(Savage)、马科维茨等对效用函数的扩展,最终在1979年,卡尼曼和特沃斯基在马科维茨和莫里斯·阿莱(Maurice Félix Charles Allais)的基础上,构造了前景理论。前景理论能很好地解释心理学实验中许多异常现象,因此在行为金融学的理论研究领域影响较大。[1]

前景理论主要包含信息处理视角的风险决策过程描述、价值函数和决策权重函数。前景理论将金融市场异象的解释归为确定性效应(certainty effect)、反射效应(reflection effect)和分离效应(disjunction effect)。确定性效应指相对于收益不确定的事件,

---

[1] 饶育蕾,盛虎. 行为金融学 [M]. 北京:机械工业出版社,2010.

人们更倾向于选择收益确定的事件。反射效应指收益范围内的风险规避倾向通常伴随着损失范围内的风险偏好。分离效应指信息披露与否对决策并不关键，投资者倾向于在信息公开后再做决策。

一、风险决策过程

个人风险决策过程通常包含两个阶段——编辑阶段和估值阶段。编辑阶段包括编码、合成剥离、简化等步骤，个人对事件进行整理和初步分析，得到对事件的期望，并使之以简洁的形式呈现。估值阶段是对编辑过的期望进行评估，选择期望最高的项目。前景理论主要是通过对收益和概率的主观评估来选择收益和风险。前景理论中的期望价值由价值函数和决策权重共同决定，数学表达式为：

$$V = \sum_{i=1}^{n} w(p_i) v(x_i) \quad (2.1)$$

其中，$w(p_i)$是决策权重函数；$v(x_i)$是人在决策时主观感受形成的价值，即价值函数。

二、价值函数

价值函数是带参考点的S形曲线（见图2.1）。价值函数和参考点将人们对财富的态度从由财富的绝对水平决定改为由财富的相对变化量决定。价值函数以参考点偏离为标准，向收益和损失两个方向偏离反射（反射效应）。价值函数具有以下特征：

第一，价值函数以参考点为界，分为盈利和亏损两个区域，参考点以上区域为盈利区域，参考点以下区域为亏损区域。参考点是划分收益和损失的主观评价标准。根据马宗达、拉杰和辛哈（Mazumdar, Raj and Sinha, 2015）的研究，参考点的形成有三种依据，一是可预测的期望，指期望可根据过去经验和当前环境而被预测；二是规范的标准，即公认的可作为参考的依据，比如股票的内在价值，如果股票价格低于其内在价值，则认为当前股价偏低，反之则偏高；三是期望的标准和水平，指一个群体中人们对同样事物的认知水平。

第二，盈利区间上凸，处于盈利状态时，投资者厌恶风险，总是寻求将已经获得的收益（确定性收益）落袋为安（确定性效应）；亏损区间下凸，处于亏损状态时，投资者偏好风险，比起确

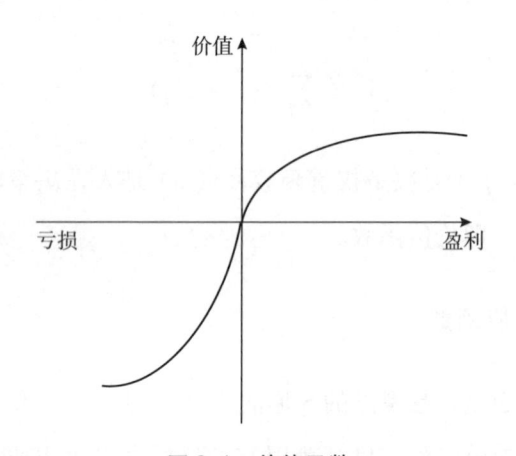

图 2.1 价值函数

资料来源：Kahneman D, Tversky A. Prospect Theory: An Analysis of Decision under Risk [J]. Econometrica, 1979, 47 (2): 263 – 291。

定性损失更偏好非确定性损失。参考点在其中扮演了重要角色，参考点的变化会使决策发生变化，投资者对收益和风险的偏好或厌恶也会相应变化。

第三，亏损区域的斜率大于盈利区域的斜率。价值函数在参考点附近较为陡峭，两个与参考点等距离的损失点和盈利点中，损失点的切线斜率更大。这导致了损失厌恶。

三、决策权重函数

在前景理论中，每一结果的价值都对应决策权重，决策权重不同于客观概率，但与客观概率相联系，可以表示为客观概率 p 的非线性函数 $\pi(p)$，即非线性概率转换。决策权重是通过期望选择推断而来的，且是一个递增函数。人们在处理不确定信息时，从直觉出发而偏离概率推理形式。决策权重存在"类别边际效应"，即极端概率带来的增值效应大于一般概率。也就是说，当某一事件从可能转换为确定或者从确定转换为可能时产生的效用变化，往往大于可能事件概率变化导致的效用变化。概率接近 0 或者 1 时，微小的变化都会引起人们更多的关注。实际表现为人们往往高估小概率事件而低估大概率事件，对中间概率的变化则不太敏感。

根据卡尼曼和特沃斯基（1979）的研究，决策权重函数有如下三个特点：

第一，对小概率事件的评价较高。在小概率区域，决策权重往往高于概率值。对小概率事件的高估会产生截然不同的收益和风险倾向，一方面会放大偶然获利的希望，另一方面也会放大对遭受大幅损失的厌恶，即对小概率的盈利表现出风险寻求，而对小概率的损失则表现出风险厌恶。这可以解释为什么彩民难以抵御买彩票的诱惑。

第二，各互补概率事件的决策权重之和小于确定性事件的决策权重。决策权重函数的斜率，可以看作对偏好变化敏感性的度量。偏好对概率变化的敏感性通常比期望效用理论要求得低。

第三，逼近确定性事件的边界，概率评价往往出现突变。决策权重函数接近确定性事件边界时的端点性质不良，此时决策权重容易被过度放大或缩小，导致概率评价突变。大概率事件对应的权重小于小概率事件对应的权重。

四、前景理论的应用实例

前景理论的应用主要是通过计算价值函数和决策权重函数，得出效用价值。人们主要依赖效用价值做出决策。本章根据卡尼曼和特沃斯基的前景理论，引入价值函数和决策权重函数以计算具体的效用价值。

$$v(x) = \begin{cases} x^{\alpha} & 0 < \alpha < 1, x \geq 0 \\ -\lambda(-x)^{\beta} & \lambda > 1, 0 < \beta < 1, x < 0 \end{cases}$$

$$w(p) = \begin{cases} \dfrac{p^{\gamma}}{(p^{\gamma} + (1-p)^{\gamma})^{1/\gamma}} & x \geq 0, \gamma > 0 \\ \dfrac{p^{\delta}}{(p^{\delta} + (1-p)^{\delta})^{1/\delta}} & x < 0, \delta > 0 \end{cases}$$

其中，$\alpha=0.88$，$\beta=0.88$，$\lambda=2.25$，$\gamma=0.61$，$\delta=0.69$。

为了便于理解，下面举两个简单的例子，说明为什么人们更愿意购买彩票，而不愿意购买保险。

先来看买彩票的情形。众所周知，彩票的中奖率非常低，但为什么还会有很多人热衷于买彩票呢？假定购买彩票有0.0001的概率获得60000元，而不买彩票则可以节省6元，那么二者的期望收益都是6元，但是购买彩票（$V1$）和不购买彩票（$V2$）的效用价值分别为：

$V1=v(60000)\times w(0.0001)=16024.08\times 0.0036=57.84$

$V2=v(6)\times w(1)=4.84\times 1=4.84$

可见，根据前景理论计算所得的购买彩票的效用价值约为确定获得6元效用价值的近12倍，购买彩票对人们的吸引力极大。

再来看买保险的情形。假定有两个选项，第一个选项是有0.0001的概率损失60000元（$V3$），第二个选项则是确定损失6元（$V4$）。同样的，二者的期望收益都是6元，但二者的效用价值分别为：

$V3=v(-60000)\times w(0.0001)=-36054.18\times 0.0017$
$\quad\;=-62.50$

$V4=v(-6)\times w(1)=-10.88\times 1=-10.88$

购买保险的效用价值比不买保险的效用价值低，因此人们倾向于选择不买保险。

总之，前景理论指出投资者在损失区域内寻求风险，但遭受损失的概率较小时，则转为规避风险。这种风险态度表明人们在面对大概率的收益和损失时,分别会表现为规避风险和寻求风险,而面对小概率的收益和损失时,则表现为寻求风险和规避风险。

第五节 行为金融研究与实验经济学

实验经济学是在可控制的环境下对某一经济现象进行实验研究,观察实验者行为并分析实验结果,以检验、比较和完善经济理论或提供决策依据的一门学科。实验经济学与行为经济学常被一并提及,二者均是当前经济学研究的重要分支。实验研究已经成为与规范研究、实证研究并列的第三大经济学研究范式,推动了经济学理论和研究方法的创新与发展,在政策制定及人类行为研究等领域具有十分广阔的应用前景。

一般认为,1948 年爱德华·张伯伦(Edward Chamberlin)在哈佛大学课堂上进行的有关供给和需求的实验正式揭开了实验经济学的序幕,但是真正使实验经济学得以应用的是张伯伦的学生弗农·史密斯(Vernon Smith)。他在 1956 年开始研究实验经济学,1962 年发表了《竞争市场行为的实验研究》(An Experimental Study of Competitive Market Behavior)。史密斯的研究不仅标志着实验方法作为主流经济学方法的一种而崭露头角,而且为实验经济学的后续研究奠定了基础。在其影响下,查尔斯·普洛特(Charles Plott)、埃尔文·罗斯(Alvin Roth)等大量经济学家投入实验经济学的研究,实验经济学得以不断发展完善,成为经济学领域最有潜力的研究分支之一。实验经济学不仅构建了较为完善的理论基础,且其在政策分析、决策和评估上的实用价值也逐步被认识和接受。

当前,经济学家越来越依赖实验来观察经济和研究人类行为。2002年,实验经济学与行为经济学两门学科的开创性人物弗农·史密斯和丹尼尔·卡尼曼获得诺贝尔经济学奖。随后,实验经济学家埃尔文·罗斯和行为经济学家理查德·塞勒(Richard Thaler)又分别于2012年和2017年获得诺贝尔经济学奖,足见这两门学科在西方主流经济学中的地位已经确立。值得一提的是,史密斯获得诺贝尔经济学奖的原因是他说明了为什么、怎么样以及在什么条件下,实验室实验可以被用于研究经济现象。

实验经济学最突出的特色是研究工具的创新,它引入了实验的研究方法,是经济学方法论的重大革新。实验经济学依据科学设计控制市场条件,在实验室环境下构建和区分市场要素,并尽可能剥离情境因素的影响,研究哪些是影响结果的关键要素,实验逻辑清晰,对应关系明确,在市场要素和实验结论之间构筑了连接的桥梁。实验方法越来越受经济学家的青睐,其主要原因在于:实验方法为经济学研究提供了可操作性和可复制性,使经济学更加科学和完善。实验条件的设定可以人为控制,实验方法可重复,因此,其他研究人员可复制实验并独立观察和验证实验结果。

实验经济学与行为金融学有着千丝万缕的联系。二者均以检验新古典经济学理论作为起点,研究人类的经济行为,验证新古典经济学理论的正确和谬误,并探寻其原因。另外,二者均以受控实验方法为重要依托。行为金融学的理论需要通过实验方法，尤其是实地实验方法进行验证。实验经济学为行为金融学提供了一种研究方法，但行为金融学的研究方法又不限于实验经济学的实验方法。两种经济学对理论进行检验的初始目的并不相同，导致二者依托的研究方法也存在差异。因此，行为金融学与实验经济学存在明显的学术分野。

从研究目的看，实验经济学注重考察市场选择结果与新古典经济理论预测结果是否一致，以及哪些市场因素导致了这种不一致。实验经济学暗含的假设是，只要设定合理的市场条件（市场要素能在实验室条件下合理地再现），选择的结果将收敛于理论预测结果。行为经济学则更侧重直接考察微观个体的决策，关注个体行为以及背后的心理原因，注重检验个体行为是否符合理性假定，以及如何构建更符合事实的个体决策模型。从这个角度来说，实验经济学更接近经济学传统，而行为经济学和行为金融学更接近心理学传统。

从研究方法看，实验经济学强调对特定市场条件下的结果进行考察，并与理论预测结果对照。在具体实验过程中控制不同的市场条件，并引入特定的市场交易机制，以剔除情境因素的影响，通过一定时间跨度内的重复性实验过程，研究不同市场条件对结果的影响。行为经济学、行为金融学则更侧重于个体理性，在实验过程中更强调实地实验，即离开实验室，引入情境因素。行为经济学家认为重复实验可能会污染样本，无法反映常态下的真实认知模式。

实验经济学为了构建纯粹的市场要素环境而剥离了外生情境因素的影响，构建了情境中性的实验环境。但是，现实中的情境因素不可忽视，并深刻影响着行为经济学的结论，因此，行为经济学、行为金融学实验对传统的实验经济学有较好的补充。行为经济学、行为金融学从个体理性决策的角度出发，通过实地实验，探讨不同情境下的个体认知差异对选择结果的影响以及对理性选择模型的背离。总之，实验经济学与行为经济学既有学术分野，又有诸多共同点。二者均基于受控实验方法，在构造实验环境以及实验方法上的思路可互为补充和借鉴。例如，实验经济学的纯市场要素环境的构建以及受控实验法可以为行为经济学提供思路，通过控制市场因素和情境因素，分析不同情境因素对个体决策的影响；而行为经济学通过研究个体理性决策模式推导出群体性偏差的方法，也可为实验经济学在更宏观的层面上设定纯市场要素环境提供借鉴。

第二部分

基金投资者行为的调查问卷研究

2019年以来，权益基金投资收益率独领风骚，成为居民资产配置中的一大热门，"炒股不如买基金"的评论不绝于耳，越来越多的投资者投资于公募基金，希望通过配置基金获取更好的投资收益。2014—2019年，中国证券投资基金业协会连续6年发布《基金个人投资者投资情况调查问卷分析报告》，披露了我国基金投资者个人背景资料、金融资产及配置情况、投资行为及基金认知、基金投资者金融知识、基金投资者满意度、年度金融市场热点及未来预期、养老金问题等多方面的情况。协会的报告展现了我国公募基金投资者的"画像"，为了解我国基金投资者的客观信息及配置情况提供了重要的参考依据。不过，2018年基金个人投资者投资情况调查问卷分析报告显示，有43.1%的投资者持有货币市场基金占所有基金比例超过90%。也就是说，超过40%的投资者以投资货币基金为主。货币基金和权益基金在收益率、波动率等投资属性上差别较大，而协会报告是针对整体公募基金品种的，从中无法获取更多关于权益基金投资者的投资偏好和投资决策行为的相关信息。

因此，为了更好地描绘我国权益基金投资者的近况，聚焦权益基金投资者行为研究，探寻权益基金投资者的心理，以考察和验证可能存在的认知偏差和行为偏差，我们通过专业市场调查机构开展了本次调查研究。

了解一个人的真实想法，往往是很难的。通常情况下，尽管我们希望人们的回答是直截了当地反映他们最直接的感受，然而，大脑会下意识地使回答产生偏差。按照卡尼曼在《思考，快与慢》中的解释，大脑有快与慢两种决策方式，常用的无意识的"系统1"依赖情感、记忆和经验做出反应和判断，有意识的"系统2"通过调动注意力分析和解决问题。

那么，在进行权益基金投资的时候，是不是投资者的一些行为偏差导致了"基民的长期平均收益不如基金的平均收益"这个怪圈？

调研方法上，我们采用线上问卷定量分析和线下访谈定性分析的方式，对权益基金投资者的行为特点进行了全面的调查研究。通过问卷获得的样本数据有足够的代表性，能够反映当前时点下权益基金投资者的客观情况。问卷通过一些主观问答和情景模拟题目分别测试投资者的真实想法，可能投资者都没有发现他们自己在考虑问题和实际操作上存在矛盾。我们还在全国各类城市分别举办座谈会，跟投资者面对面交流关于权益基金投资的想法。对于想法和实践前后矛盾的投资者，我们会将矛盾拎出来，让投资者尝试回答是出于什么原因才做出这样的选择。

我们选取2019年7月—2020年6月进行过权益基金投资的全年龄段人群，作为调研样本。我们通过两个线上渠道收集问卷：一是专业市场调研公司，二是国内一家大型的第三方基金销售平台——天天基金网。两个渠道的问卷相同。之所以区分两个渠道，是因为我们在对投资者基金信息获取渠道的调查中发现，投资者主要通过天天基金网这类财经类资讯网站关注基金，这类投资者占总数的50%以上。考虑到当下互联网渠道的重要代表性，我们将天天基金投资者样本与全市场投资者样本的差异信息进行了对比分析。

调研结论部分，我们将专业市场调研公司采集的样本结果记录为全市场投资者样本，代表全国权益基金投资者的平均水平；将天天基金采集的样本结果记录为天天基金投资者样本，代表互联网权益基金投资者的平均水平。结论以全市场平均水平为主要参考，天天基金的数据更多地作为考察互联网渠道差异性的辅助参考。

第三章　权益基金投资者的基础画像

　　了解我国权益基金投资者的基础画像，是开展基金个人投资者行为金融学研究的第一步。决策主体的主观认知、决策情境与客观环境的差异往往影响着人们的最终行为决策。基础画像可以揭示影响我国权益基金投资者决策的一些主客观因素。本章基于调研问卷的数据，描绘了当前我国权益基金投资者的基础画像，包括我国权益基金投资者的人口学分布、投资特点和对基金的认知情况。在数据可比的情况下，本章也将获得的基础画像特征与中基协《全国公募基金投资者状况调查报告（2019年度）》中的相关信息进行对比分析。这为后续研究我国权益投资者的行为偏差和行为特征等内容提供基础信息的支撑。

第一节　我国权益基金投资者的人口学分布

一、权益基金投资是否男女有别？

　　生活中，男女在很多习惯上呈现性别差异。比如在购物时，男性更喜欢买车和表，而女性更喜欢买包和珠宝；男性更关注性价比，而女性更关注外观和体验。在《男人来自火星，女人来自金星》(Men Are from Mars, Women Are from Venus)一书中，约翰·格雷（John Gray）博士表达了他的观点：男性和女性无论在生理上还是心理上、语言上、情感上，都是完全不同的。不同的思维模式使男性和女性的认知存在较大差异，并反映在行为和交流方式上。

在中国的家庭中，男性和女性承担不同的家庭与社会责任。传统观念下，男性更多地履行经济职能，女性更多地打理日常生活。中国经济社会历经跨越式发展，投资理财越来越成为人们生活不可分割的一环。从银行理财到货币基金，从P2P（互联网金融点对点借贷平台）到权益基金，投资方式和投资品类的多元化正在改变着大众的生活模式。那么在权益基金投资上，男性和女性存在多大差异呢？

从两个调研平台获得的权益基金投资者的性别分布较为一致，男女比例大致为6∶4，男性权益基金投资者占比较大。调研所得数据与中国证券投资基金业协会每年公布的《基金个人投资者投资情况调查问卷分析报告》中基金投资者的性别比例得以相互印证：除2015年之外，男性投资者在近5年中的占比居多，长期分布较为稳定（见图3.1）。

关于2015年数据异常波动的原因，一个可能的猜想是：市场的大起大落对女性的影响较大。2014年底到2015年股市大幅下跌前，大幅上涨的行情引发市场投资者关注，使得曾经的投资局外

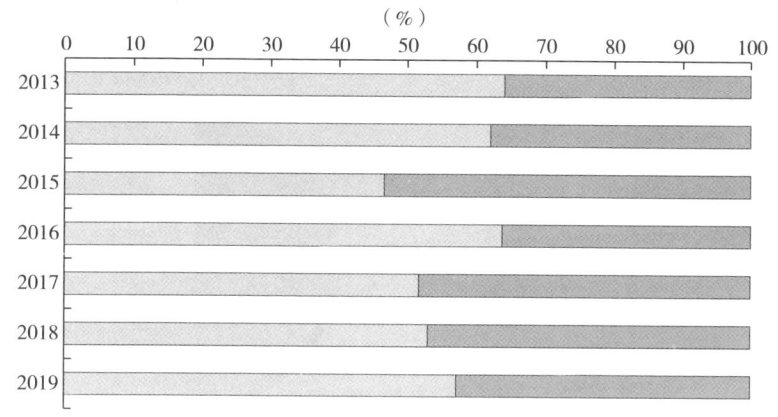

图 3.1 2013—2019 年基金投资者性别分布

资料来源：中国证券投资基金业协会。

人也跟风入场，新增投资者中女性的占比可能较大，导致 2015 年女性投资者的占比显著提升。然而，随着股灾发生，市场回落，投资者结构又回归常态。

二、权益基金投资的主力军

除了男性占比较大外，权益基金投资的主力军还有什么特征呢？下面我们从年龄、学历、月收入水平和职业分布上一探究竟。

1. 30~49 岁的中青年占比较大

图 3.2 展示了权益基金投资者的年龄分布。尽管两个渠道的权益基金投资者年龄分布存在一定差异，但相对一致的是 30~49 岁是权益基金投资的主力军。全市场投资者样本中，30~49 岁权益基金投资者占比为 64%；天天基金投资者样本中，30~49 岁权

第三章 权益基金投资者的基础画像

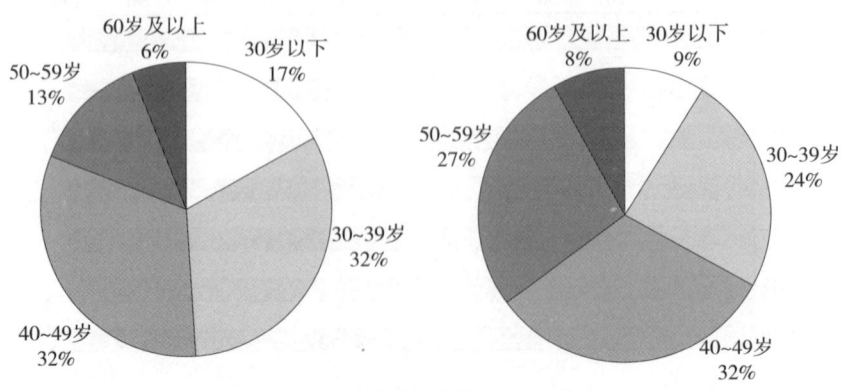

全市场投资者年龄分布　　　　　天天基金投资者年龄分布

- 全市场投资者年龄分布：60岁及以上 6%；50~59岁 13%；40~49岁 32%；30~39岁 32%；30岁以下 17%
- 天天基金投资者年龄分布：60岁及以上 8%；30岁以下 9%；30~39岁 24%；40~49岁 32%；50~59岁 27%

图 3.2　权益基金投资者年龄分布

资料来源：调查问卷。

益基金投资者占比为 56%。

调研数据与大众普遍认为的互联网渠道用户更年轻这一观点有所出入，这有该平台的历史成因：天天基金网成立于 2004 年，其初始用户大多是从东方财富网迁移而来的老用户，年龄较大，这使其整体年龄分布更均衡、更成熟。这也说明，互联网渠道不仅需要重视年轻的新用户，也需要重视年纪稍大的老用户。

30~49 岁的中青年投资者，大多是有一定财富积累和投资经验、即将或者已经组建家庭的人。我们在座谈会中采访的人群也大都在这个年龄段。权益基金投资的目标是什么？在他们的回答中，"稳健增值"被反复提及。虽然每个人对权益基金的收益期待不尽相同，有的投资者要求权益基金投资的年化收益达到 10%，要求更高的投资者期待能达到 20%~30%，但是绝大多数投资者都认为权益基金相对省心、省时，可以通过专业的投资人员投资A股市场，实现财富的稳健增值。

2. 受教育程度良好，本科以上学历占比过半

投资没有门槛，但是能把投资做好的投资者，一定是知识水平高的。无论是否出身于金融专业，投资者想要在变化莫测的权益市场上赚钱，就需要掌握相关金融知识来判断当下的投资机会，而不是盲目跟随、追涨杀跌。虽然学历并不能完全反映投资者的金融专业知识水平，但是通过学历可以大致判断权益基金投资者的学习能力。

图3.3展示了权益基金投资者的受教育程度分布。权益基金投资者以本科学历为主。全市场投资者样本的学历集中度更高，本科学历占比达70%，本科及以上学历占比达75%；天天基金投资者样本的学历分布会更均衡一些，低学历和高学历的分布比全市场投资者样本高，本科学历占比45%，本科及以上学历占比

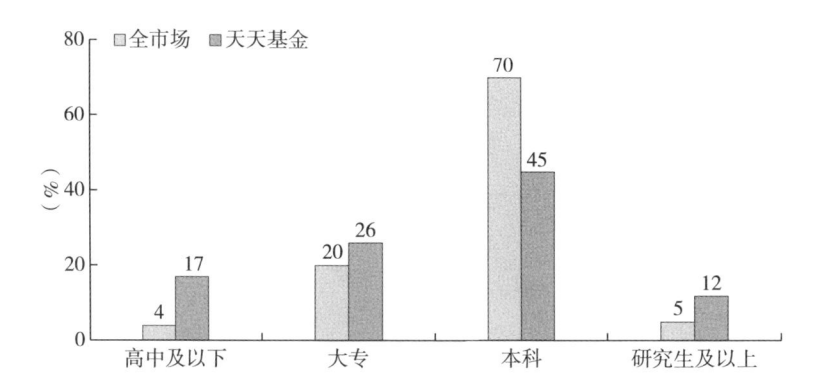

图3.3 权益基金投资者受教育程度分布

资料来源：调查问卷。

57%。中国证券投资基金业协会发布的《全国公募基金投资者状况调查报告（2019年度）》显示，本科以上学历的基金投资者占比达75.3%，较2018年提升16%。高学历占比明显提升，侧面印证权益基金投资者的受教育情况较好。

3. 绝大多数权益基金投资者月收入5000～15000元

图3.4展示了权益基金投资者的月收入水平。中等收入（月收入5000～15000元）人群在两个渠道样本中的占比都超过50%。全市场投资者样本中，中等收入者占比较大，达73%。天天基金投资者样本中，低收入（月收入5000元以下）人群较多，达28%；高收入（15000元以上）人群占比较大，达17%。

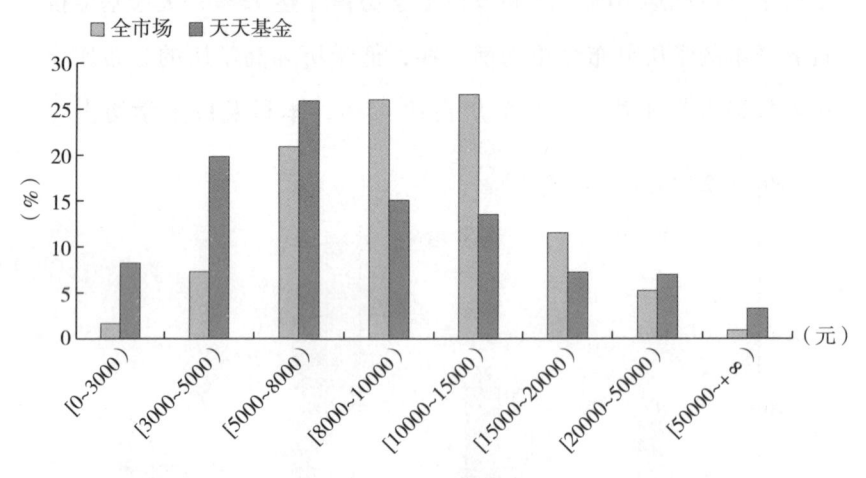

图3.4 权益基金投资者月收入水平

资料来源：调查问卷。

4. 白领较多，其他职业分布相对均衡

图 3.5 展示了权益基金投资者的职业分布。总体上，白领占比较大。全市场投资者样本中，白领占比为 40%，企业管理者占比为 29%。天天基金投资者样本职业分布更均衡，白领占比为 28%，企业管理者为 9%，低于全市场样本，公务员占比达 18%，是全市场样本的两倍。

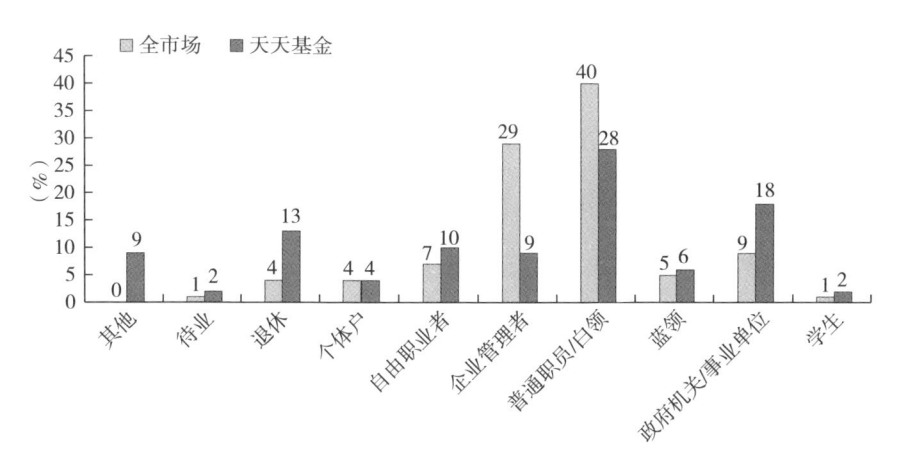

图 3.5　权益基金投资者职业分布

资料来源：调查问卷。

第二节　我国权益基金投资者的投资特点

一、赚到钱还是赚够钱？

"赚到钱"和"赚够钱"是两种不同的投资思路。"赚到钱"是指跟投资初始状态相比，实现收益为正，衡量的是"绝对收

益"的多少。"赚够钱"则是跟自己设定的投资业绩比较基准相比,实现的收益是否跑赢了比较基准,衡量的是相对收益的多少。从"赚到钱"到"赚够钱"的投资思路的演进,隐含了一个重要概念,那就是业绩比较基准。

如果在一段时间内,基金的持有收益率优于同期业绩比较基准,说明该基金获得了正的相对收益,其管理运作是合格的;反之,若基金的持有收益率低于同期业绩比较基准,获得负的相对收益,则该基金运作不合格。因此,业绩比较基准是衡量基金表现是否合格、基金管理人水平高低的一个重要参考指标。

举例来说,如果一只股票仓位不低于80%的权益基金的业绩比较基准设定为"沪深300指数收益率×80%+中债总指数收益率×20%",那么该基金的投资运作目标可以被看作跑赢沪深300指数收益率。假设过去一年内沪深300指数的收益率为42%,中债总指数收益率为3%,那么计算可得其业绩比较基准为34.2%。假设该基金的收益率为80%,则远远高于业绩比较基准,该基金获得了超过45%的超额收益。

我们在跟投资者交流的时候发现,大多数投资者进行基金投资的目标还处于有没有"赚到钱"的阶段。在进一步询问他们对收益是否满意的时候,大多数投资者会将实际收益率和自己设定的预期收益率做比较。他们可能会回答:"我希望我一年能有10%的收益,现在我达到了,我很满意。"小部分投资者会提到业绩比较基准,他们通过产品说明书和基金的分类排名等对所投基金有更多的了解。他们可能会回答,"我这只基金收益率30%，但是没有跑赢业绩比较基准，所以我不是很满意"，或者"我这只基金收益率60%，跑赢了业绩比较基准，尽管相对同类基金排名不是最高的，但我还是满意"。

参与调研的权益基金投资者是"赚到钱"还是"赚够钱"了呢？我们统计了投资者在一段固定时期内的投资业绩。在问卷中，我们让受访者回顾自己前一年（2019年7月—2020年6月）投资股票型基金的收益区间（人们对区间收益的记忆减退较少，更容易准确回忆）。

我们的问题如下：过去12个月内，您投资股票型（包含偏股混合型）基金的业绩如何？

A. 盈利30%及以上

B. 盈利10%~30%

C. 盈利不到10%

D. 盈亏基本持平

E. 亏损不到10%

F. 亏损10%~30%

G. 亏损30%及以上

假定投资者的回答是真实客观的，那么过去一年大多数被调研的权益基金投资者都"赚到钱"。问卷数据表明，过去一年，近九成投资者获得绝对正收益。综合比较而言，在天天基金样本实现绝对正收益的投资者中，收益率为10%~30%和30%及以上的占比都更高（见图3.6）。

虽然调研样本在考察期的投资业绩表现较优，但根据基金业

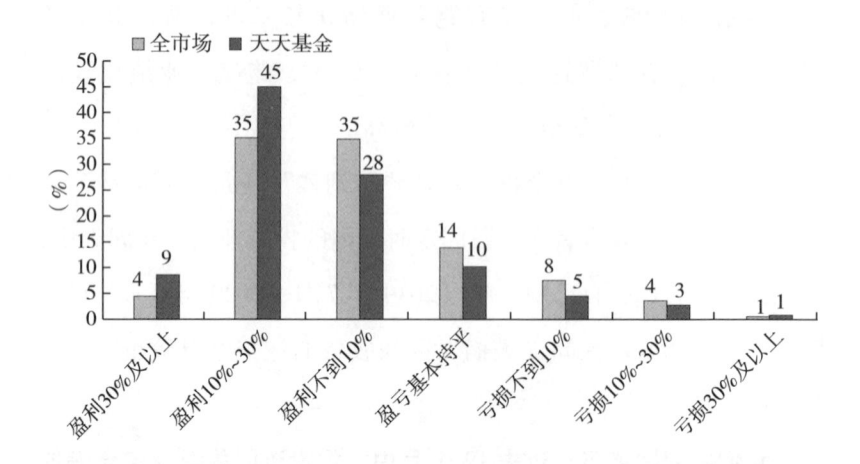

图 3.6 权益基金投资者过去一年（2019 年 7 月—2020 年 6 月）收益情况

资料来源：问卷调查。

协会的报告，2018 年之前历史盈利的基金投资者占比不足 50%（见图 3.7）。不过，从趋势上看，基金投资者盈利比例持续上升，总体盈利情况在不断改善，体现出基金为投资者创造回报的能力。

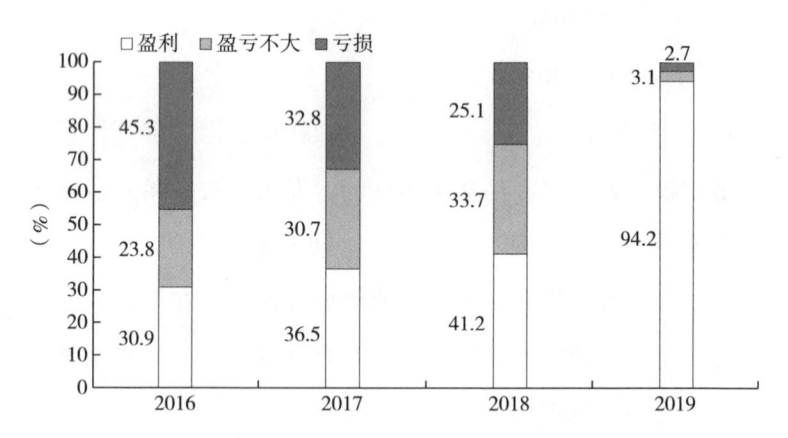

图 3.7　2016—2019 年基金投资者历史盈亏占比

资料来源：中国证券投资基金业协会。

"赚到钱"不代表"赚够钱",尽管获得了绝对正收益,投资者的相对收益却可能为负,即跑输大盘。在考察的时间段内,代表A股大盘收益的沪深300全收益指数涨幅为11.29%,而受访者回答表明,有50%以上的投资者同时段权益基金的绝对收益在10%以下,跑输大盘。值得一提的是,代表主动管理型权益基金表现的中证主动股基指数在相同时段内的涨幅高达45.86%,远超沪深300全收益指数。投资者在因获得正收益而喜悦的同时,不妨冷静思考,自己的权益基金投资收益率与大盘、市场平均收益水平相比,是高还是低。

二、投资经验与投资性格分布

我们用投资年限衡量投资经验。图3.8展示了权益基金投资者的投资年限分布。全市场投资者样本的平均投资年限在5年左右,天天基金投资者样本的平均投资年限在6年左右。全市场和天天基金投资者样本的投资年限分布略有不同,全市场投资者样本的投资年限集中在1~10年,合计占比为84%;天天基金投资者样本中投资年限较短和较长的投资者占比更高,投资年限短于1年的新进投资者占比为14%,投资年限超过10年的投资者占比为30%,这个特点和调研样本的投资者年龄分布存在关联。

不同的投资经验对投资者产生不同的影响。每个人都会在过往的经历中主动或被动地塑造自己的投资性格,这些经历可能是父母教育过程中潜移默化的言传身教,可能是自己投资历史中的成功案例或者惨痛教训。这些不同的经历慢慢形成一个人的价值

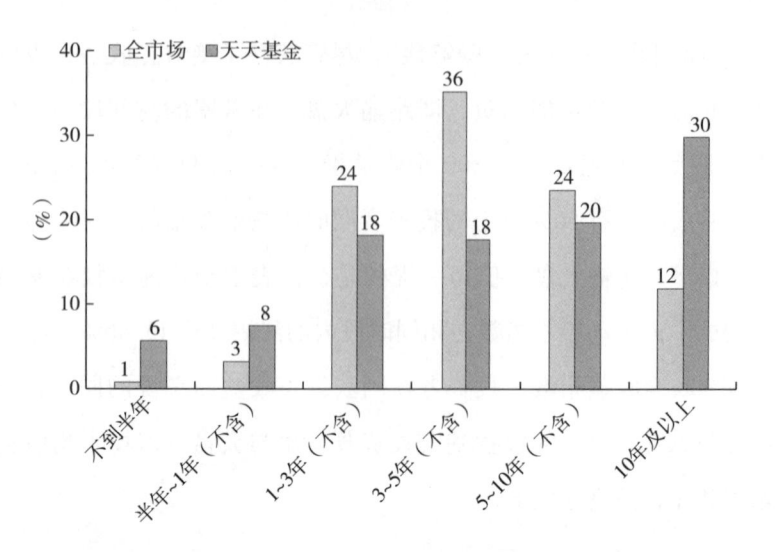

图3.8 权益基金投资者的投资年限分布
资料来源：问卷调查。

判断，再与每个人的性格相结合，使每个人都呈现独特性。于是，不同人在面对相同的投资场景时，就会产生不同的反应，做出不同的决策。

所以，在进行投资属性分析的时候，要具体了解投资者的投资性格。关于这点，我们向投资者提出如下三个问题：

持有的基金出现多大幅度的亏损时，您会明显感到焦虑？

A. 不到5%

B. 5%~10%（不含10%）

C. 10%~20%（不含20%）

D. 20%~30%（不含30%）

E. 30%及以上

F. 不会因为亏损明显感到焦虑

当投资的基金获利并结清收益后，您会如何进行下一笔投资？

A. 尝试更高风险的产品

B. 选择更低风险的产品

C. 投资同样风险的产品

D. 不考虑再做下一笔投资

当投资的基金亏损并割肉赎回后，您会如何进行下一笔投资？

A. 短期内都不想参与投资了

B. 用"要么赢双倍，要么全输"的方式搏一把，选择更高风险的产品弥补之前的亏损

C. 选择更低风险的产品

D. 不受影响，仍然投资同样风险的产品

E. 以后不会再做任何基金投资

为什么要设置这些情景，而不是像大多数投资风险测评问卷那样，直接询问风险要求及收益目标，并据此给出一个风险偏好的结论呢？在回答这个问题之前，我们不妨想想自己在做投资决策的时候是否会有这样的感受：面对盈利，感到欣喜，想要追加投资或者准备止盈；面对亏损，想要赌一把赚回来或者及时止损。

这些都是我们真实投资决策过程中可能出现的心态，心态的变化会影响我们的判断和决策，所以如果只是静态分析一个人的风险偏好，就会与实际情况存在偏差，只有设定了充分的选择场景，投资性格才会更生动地体现出来。

投资性格需要综合考虑投资者在面对"进"和"退"时的选

择。"进"即认购、申购行为,"退"即赎回行为。我们基于投资者在不同情景下的投资选择,为每一个选项赋分,综合评价投资者的投资性格。总分为16分,分数越高代表投资性格越激进。根据综合得分,全市场投资者样本的平均得分为10.22,略低于天天基金投资者样本的10.96。天天基金投资者样本中投资性格为平衡和进取的投资者占比高于全市场投资者样本(见图3.9)。

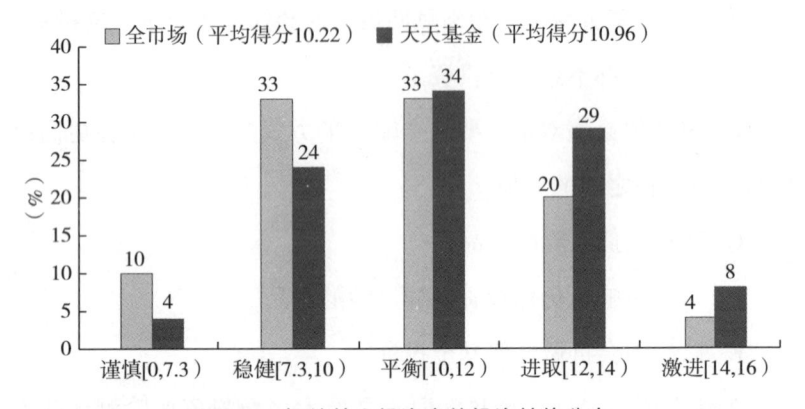

图3.9 权益基金投资者的投资性格分布

资料来源:问卷调查。

三、识别权益基金投资者的波动容忍度

波动容忍是指当基金业绩表现出现亏损时,对亏损幅度的最大可接受程度。波动容忍度和投资性格有什么关系?波动容忍是对投资者在"退",即赎回时投资性格的部分反应。投资者的波动容忍度影响其投资性格。对波动容忍的程度越高,能接受更大幅度的账面亏损,投资性格就越大胆一些。然而,投资性格和波动容忍并不是完全对应的,投资性格由多重投资场景下的投资决策共同决定。

问卷结果显示，有些投资性格偏谨慎的投资者，波动容忍度却很高；有些投资性格偏激进的投资者，波动容忍度却很低。[①]

波动容忍度是触发投资决策的一个重要因素。对于能够严格执行交易纪律的投资者而言，波动容忍度相当于他们的止损线，当承受的亏损超过其预先设定的止损线时，他们便会执行止损的卖出决策。对交易决策迟疑犹豫的投资者来说，波动容忍度可能会由于特殊情况具有弹性空间。例如，当突发事件导致基金净值大幅亏损击穿止损线时，波动容忍度本来在10%的投资者可能实际承受了30%甚至更高的亏损幅度。

我们在问卷中考察了一般情况下投资者的波动容忍度。

当持有的基金出现多大幅度的亏损时，您会明显感到焦虑？

A. 不到5%

B. 5%~10%（不含10%）

C. 10%~20%（不含20%）

D. 20%~30%（不含30%）

E. 30%及以上

F. 不会因为亏损明显感到焦虑

为了更直观地展现和比较投资者的波动容忍度，我们为选项赋分。分数越高代表能容忍的亏损幅度越大，得分依次设置为0.7分、1.3分、2.0分、2.7分、3.3分、4分。从平均得分看，全市

---

① 对于这类波动容忍与投资性格存在较大差异的投资者行为偏差分析，我们将在本书第五章第四节"投资决策考量：投资性格与波动容忍度"具体展开。

场投资者样本的平均波动容忍得分为2.33，低于天天基金投资者样本的2.82。两个渠道的样本数据反映出我国权益基金投资者对持有基金的最大亏损的平均容忍度约为20%~30%。

联系上文提到的5种投资性格，在数据处理和展示时，我们将投资者的波动容忍度分为低、中低、中、中高、高五档，前四档与选项A至D一一对应，选择E和F都归为高波动容忍度一档。从波动容忍度的分布看，全市场投资者样本中，中波动容忍度的占比最高，为39%；天天基金投资者样本中，高波动容忍度的占比最高，为46%（见图3.10）。

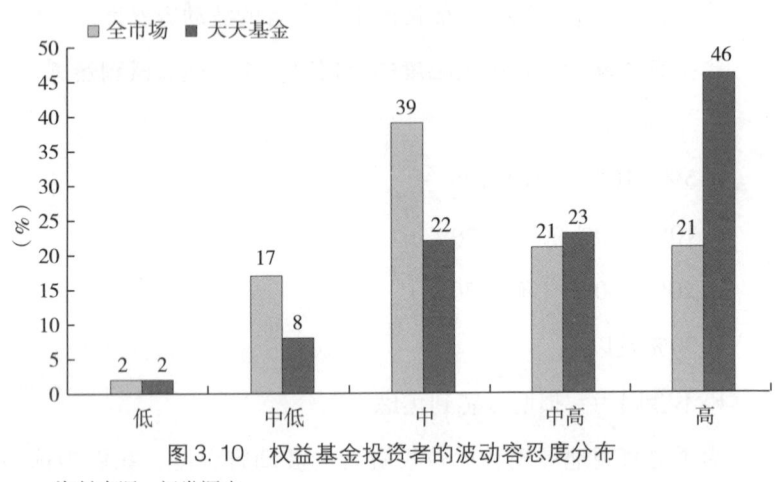

图3.10 权益基金投资者的波动容忍度分布

资料来源：问卷调查。

四、获取投资信息的主要方式

情绪和信息是影响我们投资选择的两大重要因素，上述章节提到的投资性格、投资经验、波动容忍等，影响的多是一个人的内在情绪,而外部的市场氛围、专家评论、新闻报道、资讯媒介等信息渠道对投资选择的影响也不容忽视。

我们将外部信息渠道分为以下 10 个大类供投资者多项选择:

(1) 财经类资讯网站;

(2) 综合类资讯网站和 App;

(3) 互联网基金官方平台和 App;

(4) 银行、证券、基金公司官网和 App;

(5) 行业协会官方渠道;

(6) 搜索引擎;

(7) 银行客户经理、基金投资顾问等专业人士;

(8) 大 V 公众号;

(9) 亲朋好友;

(10) 微信群和 QQ 群等。

前 6 个选项更加"物像",后 4 个选项更加"人像"。"物像"的各类官方网站为投资者提供了查询、比较、分析的资讯平台,而通过"人像"的信息渠道能与投资者对话,实时分享、交流投资信息。从权益基金的销售情况看,银行、券商、互联网平台三足鼎立。银行渠道目前仍占据最大的销售份额。2016 年以来,自媒体逐步发展成熟,财经投资类大 V 公众号吸引了越来越多的投资者关注,成为基金投资的关键意见领袖(Key Opinion Leader,KOL)。愿意知识付费、订阅大 V 文章的投资者数量与日俱增。那么,当前哪个信息渠道最受投资者关注呢?

图 3.11 展示了权益基金投资者各种信息获取方式的比例。东方

财富、雪球等财经类资讯网站是投资者关注基金的主流渠道，占比超过一半；投资者受到客户经理、大 V、亲朋好友等外部人士的影响不可小觑，占比约为 20%~30%。两个渠道的投资者对于外部人士的信息接纳程度存在一定差异：全市场投资者样本对于接受外部人士的基金信息没有明显的偏好，无论是大 V、亲朋好友，还是微信群和 QQ 群，占比均为 20%~30%；而天天基金投资者样本更愿意通过大 V、客户经理等有专业属性的外部人士获取信息，通过亲朋好友、微信群和 QQ 群获取信息的占比不足 10%。

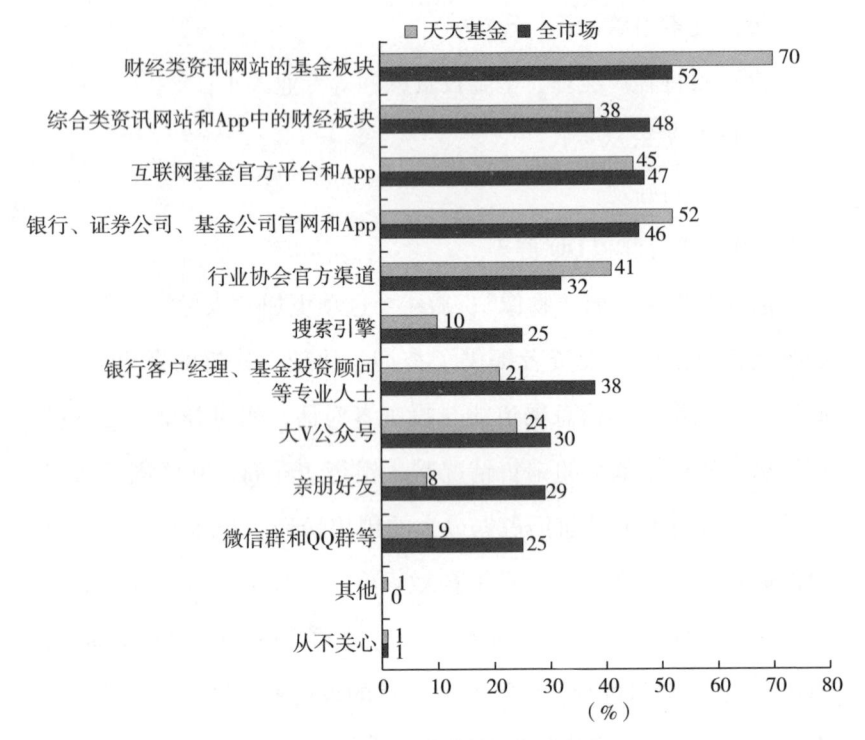

渠道	天天基金	全市场
财经类资讯网站的基金板块	70	52
综合类资讯网站和App中的财经板块	38	48
互联网基金官方平台和App	45	47
银行、证券公司、基金公司官网和App	52	46
行业协会官方渠道	41	32
搜索引擎	10	25
银行客户经理、基金投资顾问等专业人士	21	38
大V公众号	24	30
亲朋好友	8	29
微信群和QQ群等	9	25
其他	1	0
从不关心	1	1

图 3.11 权益基金投资者的信息获取方式
资料来源：问卷调查。

第三节 我国权益基金投资者的基金认知

问卷中的基金认知题目分为两部分：一部分是金融和基金知识题，属于客观题；另一部分是对于基金认知的观点，属于主观题。客观题有对错之分，主观题没有对错之分，更多地考察权益基金投资者的想法和态度。

下面将通过对"主动管理型基金的业绩是否比被动管理型基金好"，以及"基金规模与基金业绩是否有关"两个观点的认知情况，来从一定程度上反映我国权益型基金投资者的整体基金认知情况。

一、主动和被动哪个更好？

按照投资管理方式，权益基金可以分为主动管理型和被动管理型两大类。主动管理型基金就是通过基金经理的主动管理能力进行投资组合配置的基金，根据基金经理的主观判断择时和选股。基金的投资方向、持仓比例、投资策略由基金公司和基金经理决定，基金的投资收益很大程度上取决于基金经理的能力和水平，基金经理的离任和更换会对基金的业绩表现造成较大影响。与主动管理型基金不同，被动管理型基金以拟合、跟踪、复制指数的表现为目的，一般选取特定的指数作为跟踪对象，因此通常又被称为指数型基金。被动管理型基金的投资经理主要负责跟踪指数表现，控制跟踪偏离度，不能随意调整仓位。简单来说，两者的主要区别在于：基金经理是否可以根据自己的主观意志配置基金投资。

在海外资本市场上，被动管理型基金已经发展了数十年，持续的赚钱效应和低费率、透明度高等特性成为其快速发展的原因。美国投资公司协会（The Investment Company Institute，ICI）发布的《2020年美国基金业年鉴》数据显示，2009年，美国主动管理型基金净资产规模占比为82%，指数基金净资产规模占比为10%，ETF净资产规模占比为8%，被动管理型基金合计净资产规模占比为18%；2019年，美国主动管理型基金净资产规模占比为61%，指数基金净资产规模占比为19%，ETF净资产规模占比为19%，被动管理型基金合计净资产规模占比为38%。越来越多的投资者通过被动管理型基金进行投资配置。美国被动管理型基金的蓬勃发展与其资本市场表现密不可分。2008年金融危机后，美国股票市场持续牛市，被动管理型基金的长期业绩表现不输主动管理型基金，甚至更优。这使美国投资者对被动管理型基金的认可度和认知度提高。

在中国市场，被动管理型基金的发展还处于初级阶段。Wind数据显示，截至2020年12月底，被动管理型基金净资产规模仅占全部基金的8.29%。和美国市场相比，我国的被动管理型基金还有较大的发展空间，而A股市场牛短熊长、波动较大的行情表现也使主动管理型基金的表现比被动基金更优。数据表明，在过去十多年间，权益基金的投资收益是能跑赢大盘的。2009—2019年，代表主动管理型基金业绩表现的中证主动股基指数的涨幅为268%，同期代表市场平均业绩表现的中证全指指数的涨幅为241%，主动管理型基金取得了27%的超额收益。

那么我国权益基金投资者是怎么看待主动基金和被动基金的呢？为了简化原因，我们仅考察投资者对主动基金和被动基金业绩表现的观点。

主动管理型基金和被动管理型基金相比，哪种业绩表现更好？

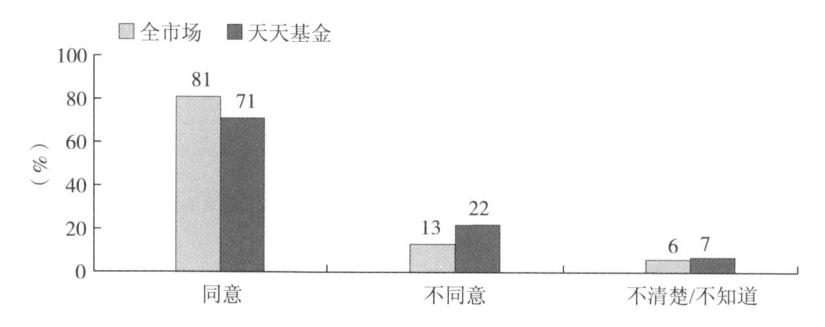

图3.12展示了投资者对"主动管理型基金业绩比被动管理型基金好"的认同情况。尽管不同主动管理型基金的业绩表现存在较大的分化，但绝大多数的权益基金投资者认为主动管理型基金的平均业绩应该比被动基金更好。两类样本相比较，全市场投资者样本对此表示认同的比例更大一些，天天基金投资者样本不认同的比例更大些。

图3.12 投资者对"主动管理型基金业绩比被动管理型基金好"的认同情况

资料来源：问卷调查。

二、基金规模和基金业绩有关吗？

影响基金业绩的因素较多，其中基金经理的选股能力、择时能力和风险控制能力对基金业绩的影响较为重要。在市场的大浪淘沙下，具备优秀管理能力的基金经理脱颖而出，在获得市场关注和认可的同时，其管理的基金规模也水涨船高。但是一个人的能力总有边界，让一位能从容管理几十亿规模的基金经理突然掌管一只百亿规模的基金，可能他的表现就会不如从前。过大的基金规模是否会制约基金业绩表现是人们热议的话题之一。

2020年，公募基金市场迎来爆发性增长，规模与业绩齐飞，权益基金大发展也让基金经理"百亿俱乐部"大幅扩容。Wind数据显示，截至2020年底，管理基金规模超过100亿元的权益基金经理（含指数型产品）有216位。从主动权益基金看，有18位基金经理的管理规模超过400亿元，广发基金刘格菘、易方达基金张坤、南方基金毛炜、汇添富基金胡昕炜、鹏华基金王宗合、景顺长城基金刘彦春、嘉实基金归凯等的管理规模超过了500亿元。资金追捧明星基金经理已成趋势，未来绩优基金经理的管理规模还将继续攀升。于是，一个循环似乎形成了：基金业绩表现好→市场认可度高→投资者积极申购→基金规模增长/新基金发行→业绩长期稳定向好。

图3.13展示了权益基金投资者对"基金规模与其收益能否跑赢大盘的关系"的认知情况。整体来看，全市场投资者样本和天天基金投资者样本对基金规模与业绩相关的认知正好相反：60%的全市场投资者样本认为基金规模和基金业绩有关，而近60%的天天基金投资者样本认为基金规模和基金业绩无关。

在认为两者有关的投资者中，全市场投资者样本更认可"规模越大的基金越容易跑赢大盘，业绩更好"，占比为42%；天天基金投资者样本中，有24%的投资者认为"规模越小的基金越容易跑赢大盘，业绩更好"。

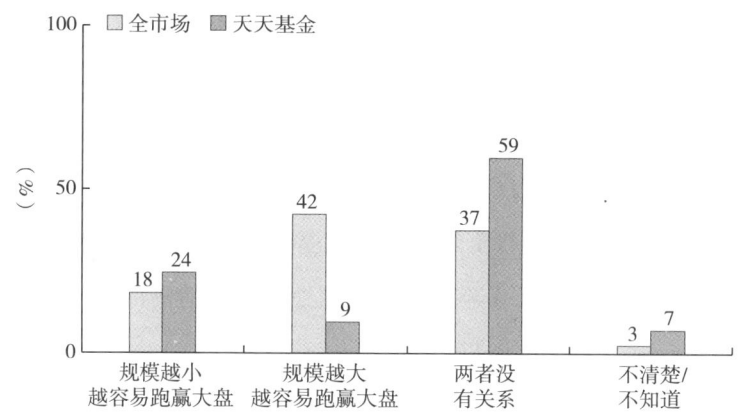

图3.13　权益基金投资者对"基金规模与其收益能否跑赢大盘的关系"的认知情况

资料来源：问卷调查。

三、认识模糊是普遍现象

前面的调查结果已经表明，样本内权益基金投资者有着良好的受教育水平，本科学历占比达一半以上，并且平均投资年限在5年左右。看起来，权益基金投资者既有良好的教育背景又有一定的投资经验，那么这是否意味着投资者对基金的认识也比较清楚呢？

问卷测试了权益基金投资者的基金认知水平。题目涵盖股票定价原理、主动管理型基金业绩与基金经理能力、指数基金成分股等基金投资基础知识，答对得分，答错扣分，分值越高代表投资者基金认知水平越高。

图 3.14 展示了权益基金投资者对基金的认知情况。从得分分布看,权益基金投资者的认知水平较为一般,超半数的投资者认知模糊或者存在认知偏差,仅有 10%~20% 的投资者认知清晰。调研结果与中国证券投资基金业协会 2018 年的调查数据一致:"投资者对股票市场和基金投资性质的了解程度相对较低。"从平均得分看,天天基金投资者样本的基金认知平均水平高于全市场投资者样本。全市场投资者样本中,基金认知模糊的投资者占比最高,为 37%。天天基金投资者样本中,认知清晰的投资者占比为 21%,远高于全市场 8% 的占比。

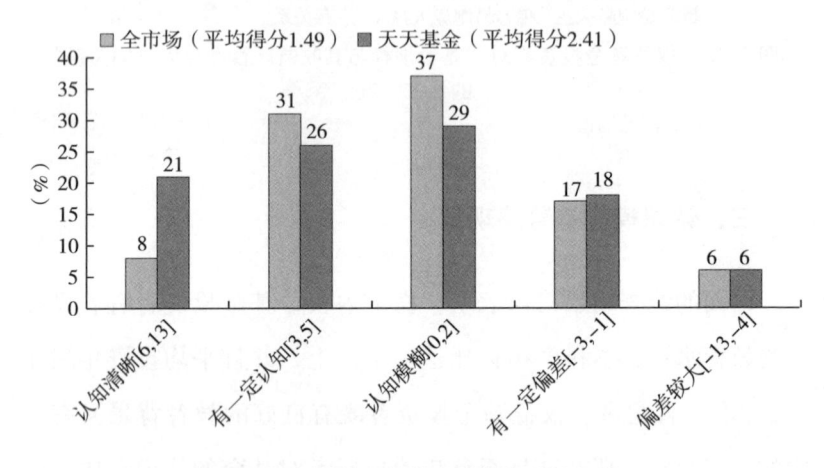

图 3.14　权益基金投资者对基金的认知情况
资料来源:问卷调查。

根据问卷调查结果,投资者对指数基金的认知水平较为薄弱。问卷中有这样一道题:

一只指数基金前一年出现了较大亏损,说明这个基金经理管理能力较差,你同意吗?

这道题考察投资者如何看待指数基金业绩与投资经理管理能力的关系。数据显示，71%的投资者表示同意。他们可能没有意识到要评价指数基金经理的管理能力，应该考察其对跟踪的指数的复制能力，即跟踪误差的大小。如果某一指数基金的跟踪误差较小，但该基金跟踪的指数在一段时间内走低，那么，该指数基金净值必然随着指数走势下跌。该基金出现亏损的原因主要是其跟踪的指数表现差，并不能说明基金经理管理能力差。

问卷中还有一道关于指数基金的多选题：

以下关于指数基金的描述哪些更接近您的想法？

A. 指数基金的费率通常比主动管理型基金高

B. 指数基金跑赢挂钩指数越多越好

C. 中证500指数基金成分股包含沪深300指数基金成分股

D. 以上都不符合我的想法

E. 我不了解指数基金

其实，前3个选项都是故意设置的错误答案。结果表明，那些自认为对指数基金了解而没有选择"我不了解指数基金"的投资者其实对指数基金的认知存在较大偏差。31%的投资者认为"指数基金的费率通常比主动管理型基金高"。32%的投资者认为"指数基金跑赢挂钩指数越多越好"。42%的投资者认为"中证500指数基金成分股包含沪深300指数基金成分股"。仅有13%的投资者能识别并排除所有错误选项，选择了"以上都不符合我的想法"。

这样看来，尽管现在有很多渠道可以获得基金投资信息，但对权益基金认识模糊是普遍现象。这些模糊的、错误的认识可能会造成投资者操作不当、决策判断失误，甚至引发投资纠纷。大众投资者的基金认知水平有待进一步提升，基金投资者教育任重道远。

第四章　权益基金投资者的行为偏差

传统金融学认为，一个理性的投资者会根据当前的市场状态，基于理性判断做出投资决策。然而现实中，投资者的投资决策往往是主观的、感性的，投资者的部分行为习惯和行为方式会损害投资收益，我们将其描述为投资者的行为偏差。这在行为金融学中也可以找到相应的理论解释，比如过度自信、处置效应等。而投资者的另一些行为习惯和行为方式则具有普遍性，如爱买便宜的基金，但这不一定对投资收益造成负面影响，我们将其描述为投资者的行为特征。本章关注权益基金投资者的行为偏差，通过调研的方式，描绘了当前我国权益基金投资者的行为特征及其动因，一方面想要帮助投资者进一步认识自身，另一方面也希望找到投资者易于理解的提升投资能力的方法。

第一节　过度自信

什么是过度自信？过度自信是指人们高估自己对事物了解的一种现象。学者在许多不同领域对过度自信现象做了广泛的研究，并发现这种现象无论在日常生活中，还是在金融投资领域都是普遍存在的。

学者认为，导致过度自信的原因可能是个体专业知识和经验的差异，投资行为中的过度自信则更多是由于对成功与失败行为的错误归因，以及幸存者偏差（成功的投资者更愿意留存在市场里，而失败者更可能会退出）等因素。

如何评判是否存在过度自信？历史研究中，大家普遍认为过高的交易频率是过度自信的一个典型表征，它不但无法提升投资收益，反而增加了交易成本，降低了投资收益。[①]

我们通过调研问卷了解投资者的自我认知评价、实际知识水平以及投资收益情况，再对不同数据进行交叉分析，旨在验证权益基金投资领域是否存在过度自信行为，寻找过度自信的成因，并尝试提出如何能避免和改善过度自信的方法。

一、权益基金投资者的过度自信

股票投资者中常见的过度自信是高估自己成功处理复杂任务的能力，例如选股能力、择时能力、准确和有效分析所掌握信息的能力。权益基金投资有别于股票投资，投资者选择投资权益基金，就是将选股、择时等需要专业能力的决策交给了基金经理，期待通过投资权益基金赚取超额回报。这样看来，基金投资者对

[①] 关于过度自信引起的过度交易对投资收益的影响不在此处展开，将在本书第三部分的实证分析中详细阐述。

权益资产投资的自信程度应该不如"亲自上阵"的股票投资者高。那么，权益基金投资者的过度自信从何体现呢？

1. 过度自信体现在对投资能力的高估

我们认为，过度自信的权益基金投资者对自己的业绩表现评价存在偏差，即过度高估了自己的投资水平。因此，问卷中要求投资者评价自己的投资业绩是否跑赢大盘，超越市场平均水平的收益。

我们的问题如下：你在多大程度上认同"我知道大部分散户很难跑赢大盘，但是我比他们表现好"这一观点？

结果显示，大部分权益基金投资者对自己的投资水平是自信的。在业绩表现方面，全市场投资者样本中的80%、天天基金投资者样本中的59%认为自己能够跑赢大盘，实现超越市场平均水平的收益。如果实际情况与他们的判断一致，则说明这类人是有实力、有底气的自信，反之，则是过度自信。

想要知道实际跑赢大盘与否，只要将过去一年的实际收益率与大盘涨幅进行比较即可。由于受访的投资者多数选择沪深300作为大盘指数的代表，因此，我们选择沪深300全收益指数在考察期的涨幅作为对比对象。Wind数据显示，过去一年对应时段（2019年7月—2020年6月）大盘收益为11.29%。为了降低比较难度，我们将实际投资收益在10%以上的投资者认定为跑赢大盘，否则为跑输大盘。结果表明，在认为自己能跑赢大盘的投资者中，全市场投资者样本中只有43%、天天基金投资者样本中只有63%的投资者真正跑赢了大盘，说明我国权益基金投资者对自己的投资能力确实存在着过度自信（见图4.1）。

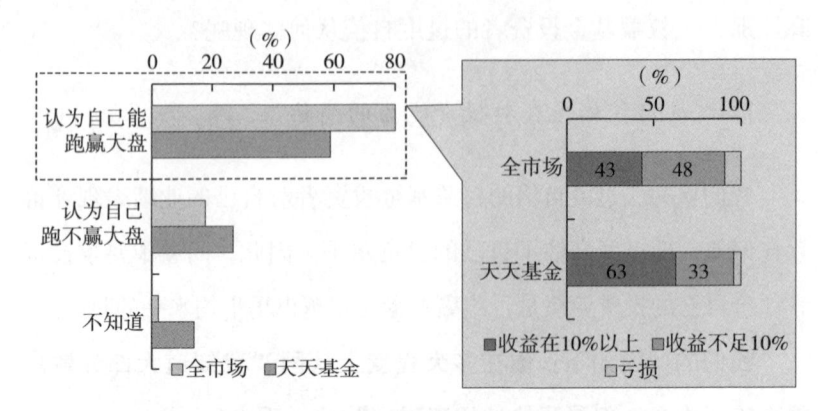

图 4.1 投资者对自身是否跑赢大盘的评价情况
资料来源：问卷调查。

2. 过度自信体现在对认知能力的高估

在既往的学术研究中，学者认为导致过度自信的原因可能来自两个方面：一是知识幻觉，即信息量的增加并不必然提高投资者的知识水平，因为投资者可能并未经过训练，缺乏经验和能力解读收到的信息，而且倾向于关注那些能够证明他们观点正确的信息。二是控制幻觉，即人们认为自己可以控制那些实际上无法控制的事情。

上文已述，全市场投资者样本中近80%的投资者、天天基金投资者样本中59%的投资者存在对投资业绩的过度自信。相比而言，天天基金投资者样本的过度自信程度更弱。这可能是由于两个渠道样本的基金认知水平有差异：天天基金投资者样本的基金认知平均水平高于全市场投资者样本，其中对基金认知清晰的人数比例是全市场投资者样本的两倍有余。通过问卷很难获得控制幻觉的有关信息，但可以通过了解基金投资者的自我认知和实际水平的差距来分析知识幻觉。

我们的问卷一方面测试了投资者的金融和基金知识，以反映投资者的实际认知水平，另一方面也让投资者对自己的基金认知能力进行评估。

您认为自己的金融/基金知识水平与中国投资者平均水平相比怎么样？

A. 更高

B. 更低

C. 差不多

D. 不确定

图4.2展示了认为自己的金融/基金认知水平高于平均水平的投资者的实际认知水平分布。在认为自己认知水平更高的投资者中，有一半以上投资者的实际认知能力都被评估为"认知模糊"甚至"认知存在偏差"，"认知清晰"的只有约30%，这说明我国权益基金投资者对自身基金认知能力存在过度自信。

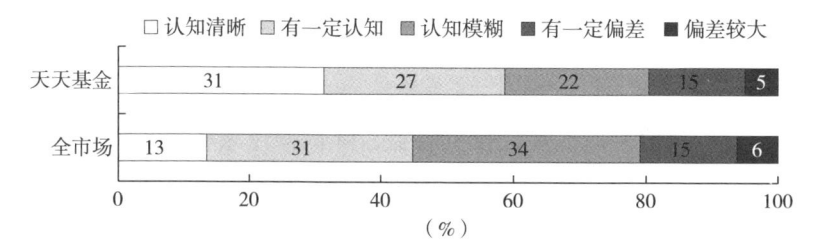

	认知清晰	有一定认知	认知模糊	有一定偏差	偏差较大
天天基金	31	27	22	15	5
全市场	13	31	34	15	6

图4.2　认为自己的金融/基金认知水平高于平均水平的
投资者的实际认知水平分布

资料来源：问卷调查。

3. 过度自信体现在基金操作频率上的过度交易

已有的学术研究表明，过度自信容易引发过度交易，过度交易会损害投资收益。[①] 当投资者过度自信自己的择时能力时，会为了追求波段操作频繁交易。然而，大多数投资者在波段操作中，并不能踏准市场节奏。基金交易有成本，投资者的每一笔基金投资都要承担申购/认购费、赎回费等费用。只有当基金的持有收益超过交易成本时，这笔基金投资才获得了真正意义上正的投资收益。交易越频繁，承担的交易费用越多，实现正收益需要的基金涨幅越大。于是，我们对投资者的基金申赎频率也进行了研究。

图4.3展示了权益基金投资者的基金申赎频率分布。七成以上的投资者过去一年对单只基金的申赎次数在5次以内。全市场投资者样本的操作次数集中在3~5次，而天天基金投资者样本中0~2次操作的比例较高。10%左右的投资者过去一年内对同一只基金进行了超过10次申赎操作，如果将基金定投这个可能因素排除在外，则意味着这些投资者几乎每个月都进行了基金申赎操作。这种较为频繁的基金操作频率很有可能是因为投资者存在过度自信。

过度自信会损害基金投资收益，降低操作频率对投资收益有一定的改善效果。图4.4展示了权益基金投资者的投资收益和操作频率分布。在操作频率低于5次/年的人群中，取得正收益的比

[①] 参见实证部分第八章第二节"过度自信与过度交易实证研究"中的述评。

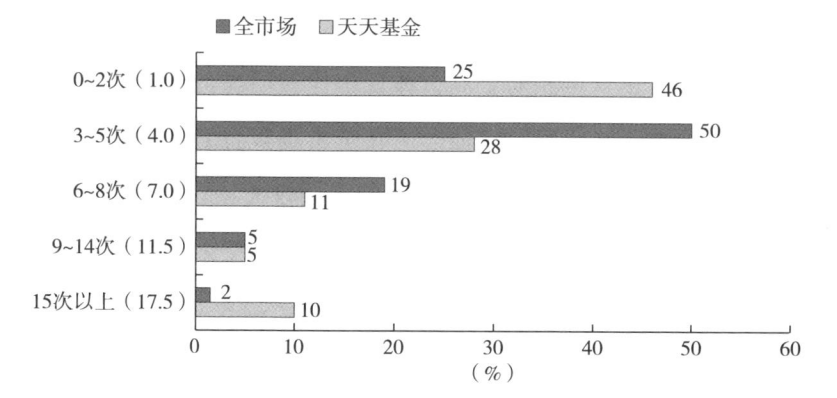

图 4.3 权益基金投资者的基金申赎频率分布

资料来源：问卷调查。

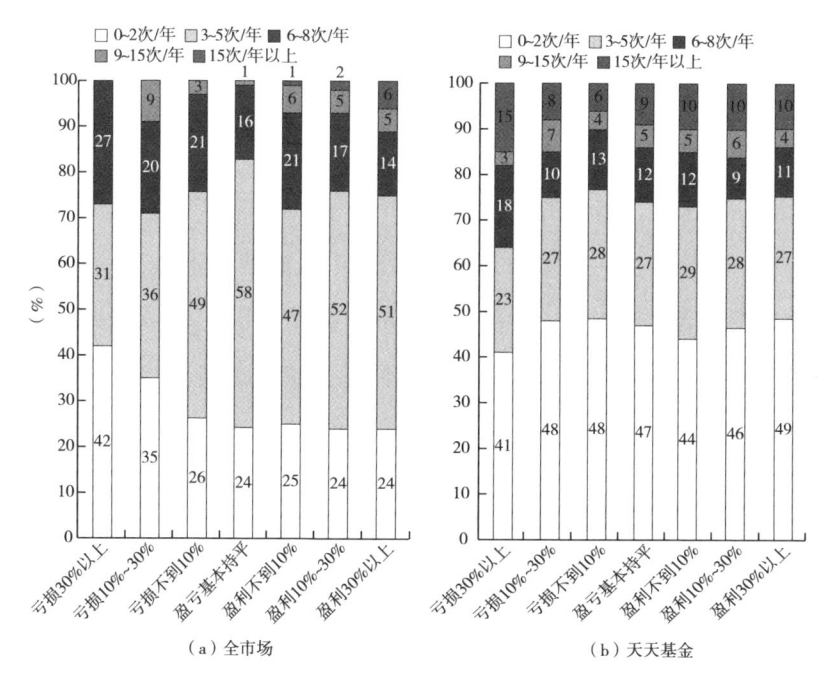

（a）全市场

（b）天天基金

图 4.4 权益基金投资者的投资收益和操作频率分布

资料来源：问卷调查。

第四章 权益基金投资者的行为偏差

例相对更高,而在操作频率为6次/年以上的人群中,亏损(尤其是大幅亏损)的比例相对更高,体现出比较明显的降低操作频率会对投资业绩带来改善的特征。但在全市场投资者样本中大幅亏损的人群中,0~2次/年的低频操作的比例较大。这可能是由投资者长期持有亏损的基金导致的,这一点会在本章第二节的"处置效应"中具体展开。

4. 过度自信对投资的影响

过度自信使人忽视风险,导致过度交易。很多投资者做了不少交易,但没赚到什么钱。在不该买入的时间买入,在不该卖出的时间卖出,从而导致做得越多,亏得越多。频繁的买卖操作会增加手续费,也容易错失市场上涨的机会。

一般来说,基金在申购后7~30天内赎回,会产生一笔0.5%~0.75%的赎回费,而多数投资者对此并不清楚或不敏感。试想,如果投资者在一年内,对单只基金的申赎操作超过10次且每次持有时间都少于30天,其中5次赎回行为造成的费用损失将达到2.5%~3.75%,相当于一年银行理财的收益。

二、过度自信投资者的特点

前文从认知和行为上讨论了是否普遍存在过度自信、过度自信的原因、过度自信对投资的影响、过度自信和过度交易的关系。那么,过度自信的人有什么特点,是否存在共性?

我们筛选了较大概率存在过度自信特征的投资者。筛选条件基于权益基金投资者过度自信的三个表现：认为自己能够跑赢大盘但实际投资收益小于10%；认为自己对基金知识的认知高于平均水平但实际存在认知偏差；过去一年对单只基金的操作频率超过5次。

根据对调研结果的分析，大概率过度自信的人，大部分在投资经验和基金认知两个方面存在典型的特征。

1. 投资年限集中在3~5年

权益基金投资者的平均投资年限为5年左右，而大概率过度自信的投资者的投资年限略低于市场平均水平，主要集中在3~5年。这类投资者有一定的投资经验，但可能还未经历过一个完整的市场牛熊周期，牛市往往导致过度自信，而经历过熊市的投资者比没有经历过熊市的投资者更容易悲观。如果这类投资者在基金投资中赚到钱，他们往往把成功的原因归为自己的实力而非运气，并在这个过程中强化对个人能力的肯定，觉得自己有较强的认知能力、分析能力、决策能力等，因而形成一定程度的过度自信。

2. 基金认知程度有限

具体来说，存在过度自信的投资者对简单金融基金知识的认知相对清晰，但对复杂、专业的金融基金知识的认知相对模糊。他们通常觉得自己有一定的投资经验，懂得较多，但实际上对很多东西都只是一知半解。

下面是一次调研座谈会中关于过度自信的案例。在我们的访谈中，有一位准一线城市的大学老师，她非常认可上课、读书对提升投资能力的作用，也相信通过学习可以提升自己的专业知识和投资能力。她在网络上购买了大量投资课程，并花费数万元采购了一个号称私人数据跟踪的软件。据她表述，该软件提供私密数据，并且能够提前获取会影响市场走势的信息，因而存在很强的投资指导价值。然而，她不了解股票和基金投资的差别，将股票投资的知识（如技术分析）大量应用于基金投资。而她认为的具有特殊价值的数据其实只是整合过的不同渠道的公开数据而已。结果，她的权益基金投资收益远低于大盘涨幅。

这个案例的启发很大，通过它可以看到在真实的投资场景中，存在一些看似顺理成章，实则需要明辨的因素，这些因素可能会加重投资者的过度自信。例如，简单地把投资经验等同于投资能力，过于相信和依赖既往的投资经验，形成一定的投资惯性，不能依据当下的市场环境做出正确的投资判断；把自己在其他领域的教育背景和工作能力等同于投资能力，但金融投资领域的专业知识是其他知识储备无法替代的；相信仅仅通过对股票、基金的研究就可以获得超额信息，却忽略研究方法的正确性与研究能力的强弱。

三、如何更好地避免过度自信

想要更好地避免过度自信的行为偏差，我们建议投资者要做到以下两点。

首先，持续系统地学习基金知识，提升基金认知水平。调研结果显示，过度自信在一定程度上体现为投资者高估自己的认知水平，而受访者的总体认知偏差都比较明显，有很大的提升空间。学习正确的基金投资知识，并在投资实践中运用，不仅可以避免过度自信，还可以有效改善各类行为偏差。全市场投资者样本中有80%的人认为自己能够跑赢大盘，说明大众对大盘实际收益以及个人实际收益的认知，至少有一个是不清晰的，存在较为普遍的过度自信。天天基金投资者样本的过度自信现象相对较弱，并且整体的基金认知水平更高，一定程度上表明提升基金认知水平有助于改善过度自信。

其次，坚持"长期投资"理念。明明是赚钱的投资品种，为什么会出现投资者的基金投资收益不如市场平均收益的现象？很重要的一个原因就是基金投资者的过度交易，未能坚持长期持有，把适合长期投资的基金当作短期投机工具。一个生动的例子是，访谈中有一位投资者表示，他的曾经获得最大盈利的基金是因为工作太忙，而疏于打理投资账户，没想到一年后翻看账户的时候却发现了巨大的惊喜。他还说，如果当时自己频繁查看账户，应该早就止盈卖出了。

坚持长期投资就是无条件地一直持有吗？事实上，长期投资法则也有一定的适用范围和规则，不经筛选的基金如果表现不佳，长期持有亏损的基金便会形成处置效应。因此，长期投资也需要理性分析，以获得更好的投资收益。

第二节　处置效应

处置指买入和卖出的投资决策，处置效应则指"出盈保亏"这类特定的投资现象，即赎回赚钱的资产而持有亏钱的资产。如果投资者过早地赎回了赚钱的基金，则会损失未来潜在的收益；而如果持有的亏损基金长期不涨甚至继续下跌，则会造成直接损失。

处置效应是行为金融学的一个重要研究方向，国内外有大量文献研究并解释这一现象，主流的观点有损失厌恶、反转效应等。损失厌恶理论认为，由于股票投资需要自己做买卖决策，一旦出现亏损，投资者需自己承担损失责任，自己的失误带来的痛苦会让投资者选择逃避，从而继续持有亏损的股票并期待扭亏为盈。有学者认为，基金投资作为间接投资股票的一种方式，部分投资者会把亏损的原因归咎于基金经理，转嫁亏损带来的自责、失落等负面情绪，从而减少处置效应的发生。反转效应认为处置效应与投资者采取反向投资策略有关。当资产价格上涨时，投资者可能降低价格进一步上涨的预期，售出该资产也在情理之中；当资产价格下跌时，投资者预期价格反转的可能性增加，也有理由继续持有亏损资产。

那么，在中国的权益基金投资中，是否存在处置效应？日常与特殊情境下的赎回决策是否存在差异？不同的人赎回不同收益的基金的原因是什么？这些都是本节要研究的问题。

一、权益基金投资者中的处置效应

在设计问题考察处置效应的时候,我们遇到了一些困难。如果大家仔细回忆自己曾经做过的各种选择,一定会发现,很多时候你以为自己会这么想,但真正面对的时候,可能会做出完全不同的决策。所以"我认为我会选择的"和"我实际选择的"经常存在矛盾和偏差,我们将这种现象称为"知行不合一"。通过调查进行的行为研究,不可避免地会出现"知行合一"的偏差,我们试图通过题目设计来尽量缩小这个偏差,或找到偏差背后的原因。

因此,在设计问卷时,我们对投资者的买入和卖出分别设置了两类问题,即主观选择题和情景模拟题,以观察在不同环境下,投资者行为的特点以及差异。

1. 基金投资中存在弱处置效应

主观选择的第一题旨在了解:在日常情景下,当投资收益在心理预期或可承受范围内,投资者是否倾向于出盈保亏?

您手中持有两只基金,其中一只快达到预期收益,另一只快跌至止损线,在急需用钱且只能赎回一只基金的情况下(均够用),您会选择赎回哪一只?

调查结果显示,在日常情景下,如果急需用钱,选择赎回快达到预期收益的基金(出盈保亏)和快达到止损线的基金的比例大致相同,选择前者的比例略高一些,约为55%,呈现温和的处置效应(见图4.5)。

| | 快达到预期收益的基金(出盈保亏) | 快跌至止损线的基金 |

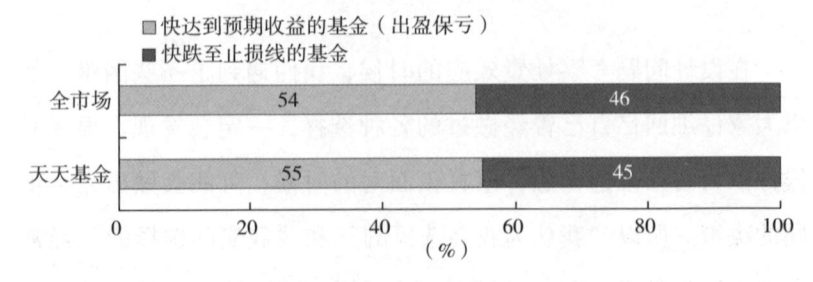

全市场	54	46
天天基金	55	45

图4.5 日常情景下投资者赎回基金的选择
资料来源:问卷调查。

影响投资者赎回决策的因素很多,其中一些原因是普遍的、共性的,另外一些原因是特殊的、个性的。根据调研结果,我们归纳出以下可能影响投资者选择赎回盈利基金或者赎回亏损基金的普遍性因素。

多数选择赎回盈利基金的投资者都有比较明确的"止盈"目标。首先,投资者认为盈利总比亏损好,本着落袋为安的想法,在有盈有亏的情况下,把盈利部分及时兑现能给投资者带来满足感和幸福感。其次,当基金投资收益达到目标收益率,说明先前选择该基金是正确的,印证了自己的投资能力,止盈赎回更是理所当然。

与此同时,也存在一些特殊的影响因素,比如有投资者信奉"止盈不止损"的投资策略。在他们看来,基金投资有别于股票投资,股票可能会发生暴雷事件导致价格急剧下跌,甚至有退市风险,但基金经理会通过他们的投资能力让基金"起死回生",因此认为基金不可能一直跌,只要不卖出亏损基金,那亏损永远只是账面浮亏,总有一天会涨回来,只要等到基金盈利再卖出,便可使每一笔投资都能盈利。更有投资者认为，下跌基金反弹的概率大于上涨的基金进一步上涨的概率，基金下跌可能是投资方向与当前市场热点不符，但市场风口轮转，保留亏损基金有望迎接后期的反弹上涨。

相对于赎回盈利基金的投资者，选择赎回快到止损线基金的投资者给出的理由体现了相对更加理性的投资逻辑。不止一位受访者提出，如果一只基金在考察期内达不到预期收益，只能说明该基金的基金经理能力不行，不如"留下会下蛋的鸡，杀掉不下蛋的鸡"。

2. 短期内的大幅亏损会增强处置效应

在日常情景下，投资者来得及对投资收益率的变化做出反应，如通过评估是否快达到预期收益或止损线，从而进行基金赎回操作。但有时行情变化太快，投资者来不及反应。比如在突发事件下，当浮亏短时间内超过心理能承受的最大损失，快速击穿心理承受范围时，投资者是否会改变决定呢？[①] 为此，我们设置了主观选择的第二题：

您购入一只基金，不久后由于新冠疫情引起了市场波动，导致几天内的浮亏超过了您能承受的最大损失，您会继续持有这只基金而不是止损赎回吗？

---

① 我们不关心长时间击穿，是因为默认从长期看投资者有足够时间在还未达到心理预期时做出决策。

我们使用2020年初的新冠疫情作为突发事件的模拟环境。问卷调研在2020年6月进行，大部分投资者对该事件印象深刻，能够较为准确地回忆并回答当时的基金投资决策。在特殊情况下，当"突发事件造成短期内大幅亏损突破止损线"时，近80%的投资者会选择"保亏"，即继续持有亏损状态的基金，从而呈现比日常情景下更强烈的处置效应（见图4.6）。

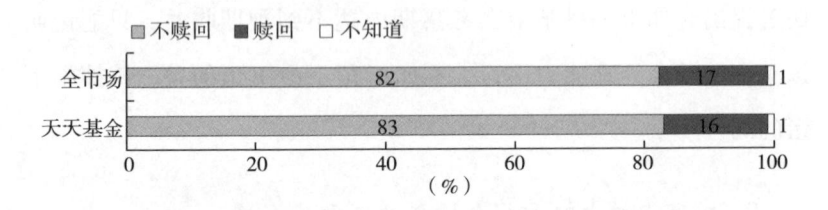

	不赎回	赎回	不知道
全市场	82	17	1
天天基金	83	16	1

图4.6 新冠疫情造成大幅亏损突破止损线后投资者的赎回选择
资料来源：问卷调查。

在特殊情况下，更多的投资者做出不赎回的选择，主要是基于对历史经验的总结、对基金经理的信任和对基金投资的判断。首先，大多数人基于经验总结出事件性冲击对大盘的影响是暂时的，风波总会过去。2020年2月，市场经历新冠疫情后大幅反弹；3月，市场经历国际疫情暴发后再次反弹。两次反弹让投资者从中学习并总结了近期的投资经验，调整投资决策，于是大多数人都选择不赎回，等待"危险"转变为"机会"。其次，投资者信任基金经理，认为他们作为专业的投资管理者，具备危机处理能力，能够尽可能降低突发事件对基金净值的负面影响。最后，部分投资者会对基金投资设定一个固定的业绩观望期，他们认为过短的波动没有达到观望期的长度，因此会继续持有而不赎回。

3. 投资者在两种情况下的赎回选择并不完全一致

调研数据显示，在遇到突发情况造成基金快速跌穿止损线时，日常情景下选择赎回"快跌至止损线的基金"的投资者中，接近80%的人选择不赎回而是持有观望，仅有20%的人在两种情况下的行为保持一致。

在大部分人遇到急跌都选择不赎回并保持亏损仓位的情况下，那些决定赎回基金的投资者是什么样的？调研数据显示，在日常情况下，面对特殊情况决定赎回的投资者中，40%的人选择赎回快达到预期收益的基金，60%的人选择赎回快跌至止损线的基金。特殊情景下都能根据自己的亏损容忍度坚定执行赎回决策的投资者，在日常情景下的选择一致性程度更高。

4. 投资者面对不同收益率基金时的赎回决策分布

前文的调研结果体现的是主观选择中投资者的赎回决策，那么，投资者在真实投资状态下的赎回决策情况是怎样的？这就需要通过情景模拟题来了解。

您在不同的平台分别持有共6只同一主题的权益型基金，当前账面收益如下表所示。

基金	A	B	C	D	E	F
收益率	-50%	-25%	-5%	5%	25%	50%

现在有一个新的较好的投资标的可以替换，需要赎回其中一只基金，您会选择赎回哪只基金？

在情景模拟中，投资者要在6只不同收益率的基金中选择一只赎回。问题中设置的基金收益率跨度较大，并且收益率的间隔较大，这是为了更加突出收益率之间的差异，并将极端收益情况也纳入考察范围。

图4.7展示了投资者面对不同收益率基金的赎回决策分布。调研结果显示，权益基金投资者面对不同收益率基金的赎回决策，总体上呈现两个分布特征：一是选择赎回亏损基金的投资者更多，近60%的基金投资者选择赎回亏损基金；二是赎回极端收益率基金的投资者占比较大，全市场投资者样本中近50%的人、天天基金投资者样本中70%的人选择赎回±50%收益率的基金。具体看，选择赎回亏损基金的投资者中，选择赎回极端亏损幅度50%的占比较大。全市场投资者样本中有29%的人、天天基金投资者样本中有40%的人选择了赎回亏损幅度达到50%的基金。在情景模拟中，没有发现显著的出盈保亏的处置效应。

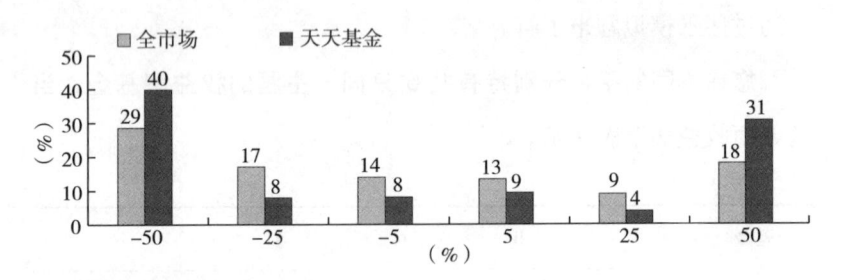

收益率(%)	全市场	天天基金
-50	29	40
-25	17	8
-5	14	8
5	13	9
25	9	4
50	18	31

图4.7 投资者面对不同收益率基金的赎回决策分布
资料来源：问卷调查。

为什么投资者的赎回决策会集中在极端收益率的基金呢？要回答这个问题，需要结合基金投资者的历史业绩进行综合分析。

根据银华基金提供的基于真实交易记录的投资者历年收益率情况（见图4.8），2010—2019年，投资者的平均收益率约为 −30% ~ 30%。−50%和50%的收益率超出了投资者的心理预期范围，这可能是极端收益的赎回选择较为集中的原因。

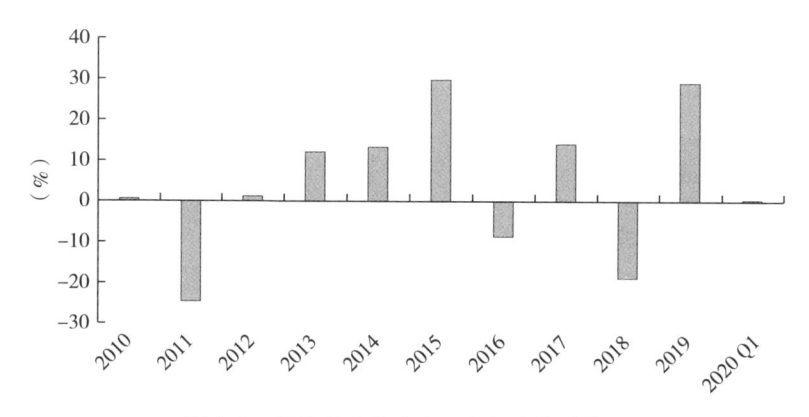

图4.8 银华基金投资者历年投资收益情况
资料来源：银华基金。

二、基金投资中处置效应造成的影响

1. 处置效应有可能损害了投资者收益

我们对较大概率存在处置效应的人群的投资收益和全市场投资者样本的平均投资收益做了比较。从投资结果看，这类人群投资业绩的亏损比例更大，处置效应也可能损害了收益。这个结论在后文的实证分析中将得到验证。①

受访者中有一个在一线城市从事个体经营的 40 多岁的女性。她的资产总量及收入都比较可观，且有十几年的投资经验。她很热衷于向身边一些她认为比较专业的亲朋好友请教投资经验和知识。由于经历过投资亏损，她将自己的指数基金投资全部转为混合基金。她亏损的股票变成 ST 股还没有卖出，仍在持有。对于基金，她曾经无论涨跌都不操作，结果前期上涨赚钱，最后却下跌亏损。她目前的习惯是，基金投资赚到一定程度，就卖出，而跌到一定程度就加仓，因为她相信，基金跌久了一定会涨。

这位受访者的投资心路历程不禁引人思考：基金止盈不止损究竟是不是优质的投资策略？

对于投资者而言，止盈不止损的操作方式十分简单且便于执行。但是，投资者忽略了其中隐含的两个投资误区：一是忽略资金的时间成本。长期持有亏损的基金，即使最后实现账面盈利，但综合测算下来很有可能发现这笔投资并不合算。二是没有所谓的跌久必涨之说。基金经理水平参差不齐，如果判断基金亏损的原因短期不会发生改变，且投资的基金经理管理能力相对较弱，那及时止损更换投资标的可能会带来更好的收益。

---

① 参见第八章第一节中"处置效应为什么是非理性的？"部分。

2. 处置效应的存在给基金投资经理带来困惑

基金投资者的处置效应也造成了基金经理的困惑。由于投资者倾向于赎回盈利基金，尤其是会更大概率赎回超高业绩基金（如年收益率30%以上的基金），优秀的基金经理在管理产品的时候可能会发现，投资业绩做得越好反而越遭遇赎回。在没有营销造势的情况下，基金经理可能会面临基金规模不能稳定增长、流动性管理难度增大等问题，这会制约其下一步投资策略的实施，以至于造成难以持续提升业绩的尴尬局面。

对于基金经理来说，面对潜在的投资者赎回，应该如何延续良好的基金业绩表现？是应该发行新的基金还是继续管理老的基金？当基金业绩创新高时，如何教育投资者避免处置效应的发生？这些都是基金经理在投资管理中需要面对的现实问题。

三、长期投资与处置效应

在上一节关于过度自信的研究中，我们提出长期投资的投资理念，因为长期投资可以避免过度自信导致的过度交易。但同时，我们也发现另一现象，有一部分受访者在很低的申赎操作频率（0~2次/年）下并没有获得较好的投资收益。通过与实际交易数据做比较，我们认为，其中一个很重要的原因是处置效应下长期"保亏"的影响。

需要提醒投资者注意的是，虽然长期投资理念很重要，但是因为亏损而被动长期持有并不是我们鼓励的长期投资。当基金表现不及预期时，首先需要判断业绩亏损是市场整体波动导致的，还是基金经理能力差导致的，单纯采取止盈不止损的基金投资策略可能会使投资陷入误区。部分基金投资者认为基金涨多了就会跌，跌多了就会反弹，这在基金投资里并不一定成立。要知道，持续表现较差的基金大部分是基金经理能力有限导致，业绩反转的可能性较低。长期表现好的基金反而是基金经理投资能力强的证明，历史上的长期上涨并不会制约未来上涨的空间。因此，在贯彻长期投资理念的时候，投资者需要注意自己的长期投资逻辑是否基于对未来发展空间和基金经理管理能力等价值因素的判断，避免因为处置效应被动地进行无效的长期投资。

四、如何更好地避免处置效应

其实，减少处置效应，改变出盈保亏的行为特征，是有基本路径的，首要的就是做好自我认知和情绪管理，有针对性地调整盈利时的满足感和亏损时的后悔感。当然管理情绪是反人性的，大多数人很难做到。不过有另一种路径，可以从客观上帮助大家管理情绪，这就是组合投资。

如果把每一只基金当作一笔单独的投资，就会有大量盈亏信息持续冲击着投资者，影响投资者的情绪，促使投资者做出出盈保亏的决定。但如果把所有投资的基金当作一个投资组合，投资者就只会接收到一个组合的盈亏信息，信息量大幅减少的同时，还可以降低投资者对单一品种的敏感程度，减少单品种处置效应的负面影响。

所以我们的第一个建议是：采取组合投资的思路投资基金。组合投资还对应着分散投资，可以降低投资风险。

第二个建议是：理性赎回，做正确的长期投资。对优秀的基金经理和产品，不因涨多了就赎回，也不因大盘下跌的回撤而离场；而对不具备上涨潜力的基金，不因亏损而继续期待反弹，果断赎回并换成更优秀的产品。

第三节 处置效应在股票和基金投资中的差异

在对处置效应的分析中，我们发现基金投资者整体呈现弱处置效应，而这与以往关于股票市场的研究并不一致。为什么股票投资和基金投资在处置效应上存在差异？前文我们已有探讨：从资产性质看，股票是基础资产，由投资者自己做出投资决策；基金是由投资经理管理的资产管理产品，由投资经理做投资决策。基金投资的责任是可以转嫁的，如果可以将投资损失的一部分责任转嫁到基金经理身上，人们的后悔感会减轻，而这种责任的转嫁在股票投资上很难实现。

那么，股票和基金的赎回决策有怎样的差异？上一节中的情景模拟题展示了投资者对不同收益率基金的决策分布情况。我们在问卷中不相邻的位置还设置了一道关于不同收益率股票赎回决策的问题。两道题问法一致，仅题干中描述的投资对象不同，分别为"基金"和"股票"。通过这两道题，我们可以观察投资者决策的差异。同时，我们也希望通过与投资者的访谈，寻找基金和股票投资决策一致性和差异性背后的原因。

为了方便阅读比较，我们将这两道问题和对应的调研结果放在一起，看看投资者对待股票和基金的投资决策有什么不同。

您分别持有共6只同一主题的权益型基金，当前账面收益如下表所示：

基金	A	B	C	D	E	F
收益率	-50%	-25%	-5%	5%	25%	50%

现在有一个新的较好的投资标的可以替换，需要赎回其中一只基金，您会选择赎回哪只基金？

您分别持有共6只上市公司的股票，当前账面收益如下表所示：

股票	A	B	C	D	E	F
收益率	-50%	-25%	-5%	5%	25%	50%

现在有一个新的较好的投资标的可以替换，需要卖掉其中一只股票，您会选择卖掉哪只股票？

一、对股票和基金的卖出决策分布呈现较明显的一致性

图4.7和图4.9分别展示了投资者面对不同收益率的基金或股票的赎回决策分布。调研结果显示，在卖出决策分布上，投

资者对不同收益率的股票和基金的选择呈现一定的一致性。决策分布有两个特点：(1) 投资者选择赎回极端收益率±50%的基金或股票的比例较大；(2) 选择赎回亏损基金或股票的比例较大。

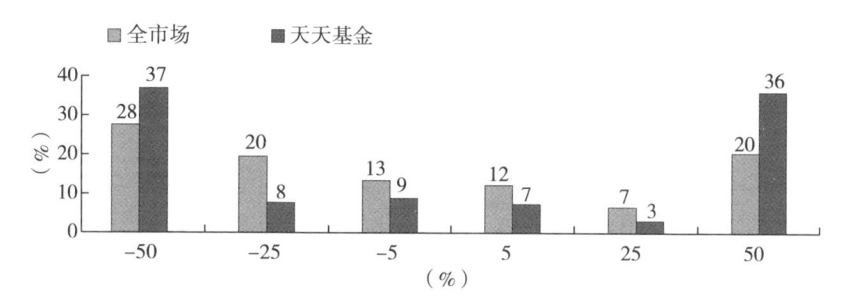

图4.9 投资者面对不同收益率股票的卖出决策分布
资料来源：问卷调查。

二、选择极端收益率的股票和基金的一致性较高

我们对全市场投资者股票卖出和基金赎回决策的数据进行了交叉分析，得出选择卖出某一收益率股票的投资者在赎回基金时的决策分布情况（见表4.1）。调研数据显示，在-50%和50%两个极端选项中，股票和基金的投资决策体现最强的一致性。当需要用一只新标的替换已持有标的时，选择卖出±50%收益率的股票的投资者更多（74%/59%）地选择赎回相同收益率的权益基金。

除了极端收益率选项外，大约一半（40%~60%）的投资者对股票和基金的处置决策一致。

表 4.1 卖出某一收益率股票的全市场投资者样本在赎回基金时的决策分布

	-50% A股票 (a)	-25% B股票 (b)	-5% C股票 (c)	5% D股票 (d)	25% E股票 (e)	50% F股票 (f)
-50% A基金	74% bcdef	27% cde	12% d	7%	11%	23% cde
-25% B基金	4%	44% acdef	13% adef	5%	5%	4%
-5% C基金	3%	13% aef	41% abdef	9% af	7% a	5% a
5% D基金	2%	5% a	14% abf	58% abcef	13% abf	6% a
25% E基金	1%	3% a	4% af	8% abcf	47% abcdf	3% a
50% F基金	15% b	9%	14% b	14% b	16% b	59% abcde

注：灰色方框所在列选项相对灰色方框内的小写字母所在列选项存在显著性。
资料来源：问卷调查。

通过访谈我们发现，用交易股票的方法交易基金是很多人在股票和基金处置决策上表现出一致性的重要原因。这类投资者对基金投资的认知大多来自股票交易，他们把自己定位成了投资经理。部分投资者在观察基金净值时，会根据 K 线理论做基金投资的决策，并认为一只基金跌多了就会反弹，涨多了就会回调。这类人群大多会在亏损状态下继续持有，而不进行赎回操作。

第四节　补仓行为

补仓指投资者通常在已持有的股票或基金下跌的时候，再次买入所持标的资产的行为。投资者普遍认为，在资产价格下跌时，以更低的价格补仓可以降低该笔投资的持有成本。

在投资者教育活动中，微笑曲线经常被作为定投策略的参考：微笑曲线刻画的是市场先跌后涨的一段过程，呈 U 形，即类似微笑的行情走势。营销人员通常会告诉投资者：如果能在 U 形行情中定时定额投资，那么当市场下跌时，投资者可以获得更多的低价筹码，逐渐摊薄持有成本，待市场恢复上涨后，赚取较高的投资收益。类似的，不少金融机构会建议投资者在下跌的时候补仓，以降低平均持有成本，等到后期反弹上涨时，即可增加投资收益。于是，很多投资者把补仓与降低成本、增加收益联系在了一起。

事实上，基金投资者在每个时点做出的每个投资决策[1]都应该是独立的行为，最优策略应当是在每一个时点都选择投资更优质的、更具上涨前景的基金。然而，大多数权益基金投资者经常将目光放在历史成本而非未来上涨空间上。

一、绝大多数人选择补仓已持有而非更抗跌的基金

为了确认权益基金投资者是否确实倾向于补仓，问卷中设置

---

[1] 这里的决策既包括投资新基金，还包括对已持有基金的操作。

了一道场景模拟题。

在市场大幅下跌的情况下，当前持有的一只科技基金也下跌了 30%。现有另一只相似的科技基金同样时间内下跌了 20%。如果现在需要加仓，您会选择哪一只基金？

A. 已持有的基金

B. 另一只基金

其实题干给了受访者一定的背景信息：两只基金的主题相同，但是跌幅不一。已持有基金的跌幅更大，意味着在当前市场下，未持有的另一只基金业绩表现更好，而表现更好的原因可能来自基金经理更好的回撤控制、更及时的调仓行为、更抗跌的标的选择。一只是自己手上的基金，另一只是市场上表现更好的基金，投资者会如何选择呢？

调研结果显示，绝大多数人还是选择加仓已持有的基金。75% 的全市场投资者样本和 68% 的天天基金投资者样本选择加仓已持有的基金，而非另一只表现更好的基金（见图 4.10）。

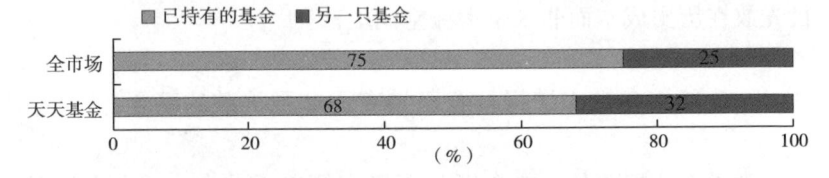

	已持有的基金	另一只基金
全市场	75	25
天天基金	68	32

图 4.10 投资者面对已持有的和另一只表现更好的基金时的加仓决策分布
资料来源：问卷调查。

二、补仓已持有基金的决策考量

1. 摊薄成本可能是投资者补仓已持有基金的重要原因

从经验看,投资者补仓的重要原因是认为低位补仓可以摊薄成本。所以,我们首先通过问卷确认投资者是否会在基金下跌时通过补仓摊薄成本。

我们的问题如下:买入的基金出现下跌,您是否会选择在更低的价格再次买入这只基金以摊薄成本?

调研结果显示,约90%的投资者选择补仓已持有的基金以摊薄成本(见图4.11)。当然,这个题目没有给他们更多的选择,仅仅是为了了解持有的基金下跌时他们的想法。

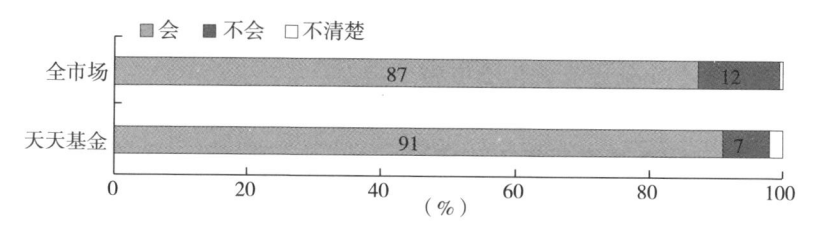

	会	不会	不清楚
全市场	87	12	
天天基金	91	7	

图4.11 投资者在持有的基金下跌时的补仓决策分布
资料来源:问卷调查。

2. 投资者把补仓和投资放在了不同的心理账户

人们会把现实中客观等价的支出或收益划分到不同的心理账户中。绝大多数人会受到心理账户的影响,以不同态度对待等值的金钱,并做出不同的决策。对于大部分基金投资者来说,已持有的亏损基金和可能带来更高收益的其他基金属于不同的心理账户。投资者自然也会认为补仓和投资是两件不同的事情。

3. 投资者习惯操作自己熟悉的基金

在访谈中，一些投资者表示，摊薄成本是他们选择补仓已持有基金的最主要原因，另一方面，他们也更倾向于操作自己熟悉的基金。

因为熟悉所持有基金而选择补仓，存在合理的解释。从行为金融学角度看，人们具有注意力偏差，更倾向于购买自己熟悉、容易理解的东西。投资熟悉的事物能够让投资者从心理上获得舒适感。举例来说，投资者往往更喜欢买入国内或者本地区的股票，这些股票一般是耳熟能详的上市公司，与自己的生活息息相关，投资者熟悉这类标的可能是因为其信息较易获得、身边亲朋好友推荐或者是当地媒介宣传力度较大。

三、补仓选择的优化路径

很多投资者并没有意识到我们在问题中设置的隐含信息，而是把目光更多地局限在如何弥补损失上。其实，无论是股票投资还是基金投资，补仓行为都非常普遍，在补仓时人们更看重摊薄成本，而常常忽略了投资标的本身的价值是否值得再次投入。

因此，我们提出以下两个建议。首先，投资者在做补仓决策时，要把自己从亏损的状态中拉出来，以第三者的视角去分析、判断当下的投资机会，选择更值得投资的基金，不要把目光局限在自己的投资篮子里。其次，明确自己的心理账户，采取组合投资的方式。在前面避免处置效应的建议中，我们提出了组合投资的方法，组合投资对于补仓行为同样大有裨益。

很多投资者没有明确自己的心理账户是基金组合的单账户，还是独立基金的分账户。需要说明的是，是否拆分心理账户没有绝对的对错，但是从组合投资理论的角度讲，将基金放在一个组合账户里，可以综合考虑相关性造成的波动特征。在补仓的时候，如果把已持有的基金看作唯一的账户，就很容易陷入局限，忽略其他的潜在投资机会；而如果把新标的也纳入同一个心理账户进行管理，综合评价由多个标的组成的投资组合的收益情况，对于做好投资具有事半功倍的效果。

第五章　权益基金投资者的行为特征

除了第四章分析的权益基金投资者的行为偏差外，还有很多共性的、有趣的，但是并不一定会对投资结果产生明显不利影响的投资习惯。这些习惯在影响投资者的同时，也影响基金市场。本章主要描述我们在调研中发现的我国权益基金投资者的一些共性行为特征。这些特征包括：爱买"便宜"基金、知行不一，以及与自身性格和波动容忍不对应的动态投资风险选择。

第一节　爱买"便宜"基金的投资者

2020年是新基金发行的超级大年。Wind数据显示，2020年共发行基金1435只，合计募集资金约3.16万亿元，较2019年分别增长38%和122%，创下公募基金成立以来的历史新高。其中权益类基金发行927只，数量占比超过60%。对比过去三年，2020年新发基金的规模已经超过2017—2019年新发基金规模的总和。一方面，基金发行规模的暴增反映出资本市场的吸金效应；另一方面，多款百亿新基金成立、爆款基金销售首日售罄等情况反映出投资者对新基金的追捧。

首发基金指新发行募集的、单位净值为1元的新基金，通常在完成募集后，会有6个月的建仓期。为什么2020年新发基金会有如此火爆的市场行情？是不是1元的"便宜"价格吸引了投资者？

一、确实存在爱买"便宜"基金的投资者

2015年以前，很多基金都会在净值上涨一段时间后就大比例分红，通过分红将单位净值重新降到1元左右，再推出申购优惠活动，刺激基金销售。这一轮基于营销需求的基金分红潮，在受到监管指导后最终降温。分红潮背后的核心原因其实是投资者对价格的"恐高"心理。

时至今日，是否还存在爱买"便宜"基金的投资者呢？考虑到"恐高"心理的历史性和普遍性，如果给定两只其他条件都一致、只有净值不同的基金，人们大概率会选择低价的一只，所以问卷中的问题给出了历史收益率不同的两只基金。

您准备申购1000元的公募基金，有两只主题风格相似的基金，A基金过去一年涨幅20%，基金单位净值1元，可以购买1000份；B基金过去一年涨幅25%，单位净值4元，可以购买250份，您更可能购买哪只基金？

调研结果显示，约一半的投资者选择涨幅低、单位净值低的基金，全市场投资者样本中，选择涨幅低、单位净值低的基金的比例为58%，天天基金投资者样本中，这一选项的比例为46%（见图5.1）。

	涨幅低、单位净值低	涨幅高、单位净值高
全市场	58	42
天天基金	46	54

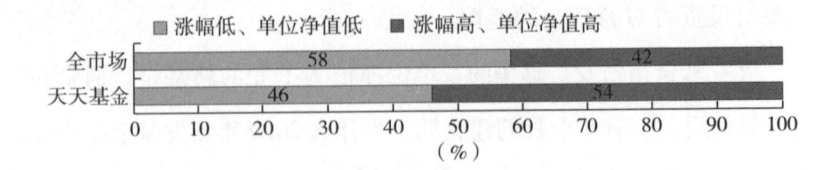

图 5.1　投资者对涨幅低、单位净值低的基金和涨幅高、
单位净值高的基金的选择分布

资料来源：问卷调查。

同样一笔钱，买净值高的基金则购买的份额少，买净值低的基金则购买的份额更多，但题目给出的背景是价格高的基金历史涨幅更大。部分投资者会更看重基金净值和能购买到的份额数，而忽视了涨幅隐含的信息：基金净值高可能是因为其持续较好业绩的积累。

二、偏爱低价基金的原因

1. 认为低价基金风险低，高价基金风险高

"恐高"究竟是恐什么？是风险吗？基于这个设想，问卷考察了投资者对两只净值不同、挂钩同一个指数的被动型基金[①]的看法，看看他们是否会认为高价基金的风险更高。

你是否认同一只单位净值 3 元的沪深 300 指数基金比单位净值 1 元的沪深 300 指数基金的风险更高？

调研结果显示，对于这一观点，不同渠道的样本呈现较大

---

① 这样做是为了尽可能降低管理能力差异的影响。

的差异，全市场投资者样本中同意"高单位净值的基金风险更高"的占比过半，为67%；天天基金投资者样本对此的观点正好相反，仅有24%表示认同（见图5.2）。这与两个样本的人口学分布（如年龄等）以及投资特点（如基金认知水平等）的差异有关。

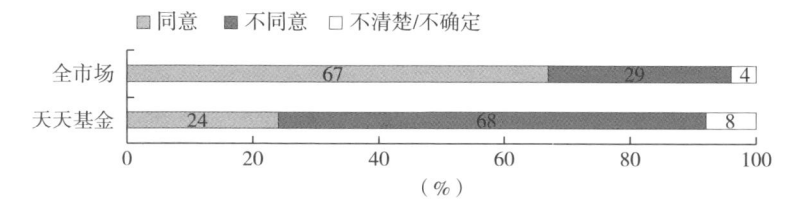

■同意　■不同意　□不清楚/不确定

	同意	不同意	不清楚/不确定
全市场	67	29	4
天天基金	24	68	8

（%）

图5.2　投资者是否同意"高单位净值的基金风险更高"
资料来源：问卷调查。

在访谈中，有投资者解释了他们为什么认为高单位净值的基金风险高。在他们看来，单位净值低的基金，比如1元基金不太容易再跌，但是单位净值高的基金和股票一样，跌的可能性更大。

反对"高单位净值的基金风险更高"的投资者的解释听起来似乎更加合理一些。他们表示，评价净值高低与否要看其真正的成因是什么，比如单位净值低的基金是不是因为分红或者进行了拆分。他们还认为，基金上涨不同于股票，它更能反映基金经理的投资实力，有着较好历史业绩积淀的基金更符合他们的投资选择标准。他们不会过度关注净值高低，而是更多关注基金经理和投资方向。

2. 高价的基金不常见

心理学认为，因为"易得性偏差"的存在，人们认为容易联想到的事情发生的概率比不容易联想到的事情发生的概率更大。联想的难易程度会跟一个人的性格、经历和记忆有关。回到低价的基金，我们得到了一个有意思的猜想：常见的基金单位净值更容易被联想到。常见的基金单位净值分布在2.5元以下，单位净值高于2.5元的基金"不常见"，这就容易给人一个错觉，即高净值基金"难涨"。

为了验证这个想法，问卷中设置了一道问题，看看投资者对这一观点是否认可：

您是否认同申购价格更低的基金（如1元比3元）获得同等涨幅（如增长为2元比增长为6元）更加容易？

调研结果显示，对于"低单位净值的基金获得同等涨幅更容易"这一观点，不同渠道的样本同样呈现较大的差异，天天基金投资者样本中同意这一观点的占比只有37%，而全市场投资者样本认同这一观点的占比达到71%（见图5.3）。

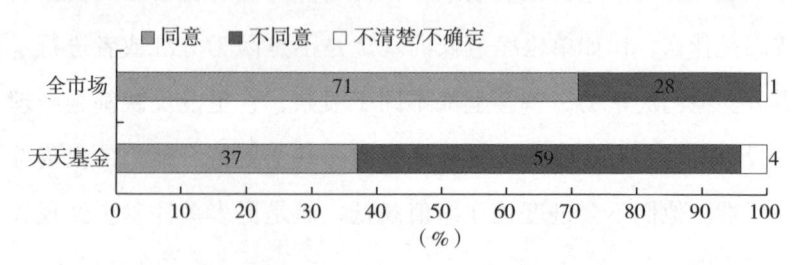

	同意	不同意	不清楚/不确定
全市场	71	28	1
天天基金	37	59	4

图5.3 投资者是否同意"低单位净值的基金获得同等涨幅更容易"
资料来源：问卷调查。

我们发现，部分投资者基于个人经历形成的感性总结使他们产生"低单位净值的基金获得同等涨幅更容易"这一认识。在访谈中，一位认同这一观点的男性投资者表示，买基金跟工作赚钱一样，赚小钱容易，赚得多就很难。他认为，同样是翻倍的涨幅，从3元涨到6元的跨度比从1元涨到2元大，所以更难，就像月工资从10000元翻倍到20000元容易，但是要从20000元翻倍到40000元就很难了。这很能代表一部分投资者的观点。但在这个类比过程中，这些投资者忽略了不同的增长数字背后不同的商业逻辑。除此以外，也有投资者表示，单位净值高的基金很多已经是头部基金，后期的投资策略可能偏保守，不太会出现极端操作来博取收益，这也是限制单位净值高的基金获得涨幅的原因。

不认同这一观点的投资者认为，在判断基金未来涨幅空间时，分析的落脚点应在于基金投资的主题、行业和策略。他们认为，涨得多且持续时间长的基金已经用业绩证明了基金经理和公司的投资管理能力，更具备投资价值。他们指出，同样的涨幅不存在容不容易一说，评价涨幅不能只看表面。

第二节　知行不一的权益基金投资者

生活中，我们经常强调言行一致，但实际上，知行不一的现象广泛存在。社会学和心理学对这一现象有几种理论解释。瑞士心理学家卡尔·古斯塔夫·荣格（Carl Gustav Jung）提出了人格面具理论。他认为，一个人公开展示的一面是为了给大众留下好印象，以得到社会的认可，实现个人目的，人在不同环境中可能会戴上不同的面具。行为金融学中的"羊群效应""从众心理"解释说，人们会选择跟从大多数人的做法，却不深究自己随大流行为的合理性。

在调研中，我们把对知行是否一致的问题具体化、简单化，通过投资者如何看待和选择前一年出现亏损的基金来测试投资者的知行一致性。

基金历史业绩是投资者进行基金投资决策的重要参考指标之一。基金业绩反转指基金净值从底部提升，实现业绩增长的过程。基金业绩反转投资策略便是通过寻找那些业绩将发生积极改变并且可以持续的基金，以获得正收益，是投资者偏好的一种投资策略。

面对不同业绩的基金，前一年亏损的基金接下来会继续亏损还是会出现业绩反转？投资者对基金业绩反转的认知如何？在这样的认知水平下投资者会做出怎样的投资选择？

问卷中设置了两道问题，一道用于考察投资者对于业绩反转的认知，另一道通过投资者对存在业绩反转基金的选择，考察投资者的认知和选择是否一致，以及导致不一致的可能原因。

您购买的基金上一年出现较大的亏损，您认为这会对下一年业绩有什么影响？

A. 下一年更容易亏损

B. 下一年更容易出现业绩反转

C. 两者没有关系

D. 不清楚/不知道

调研结果显示，有至少一半的投资者认为基金历史业绩与未来业绩无关。认为前一年业绩对下一年业绩有影响的人群中，认为前一年亏损的基金下一年更容易出现业绩反转的人更多（见图5.4）。大多数投资者能够理智地看待基金历史业绩和未来业绩的关系。

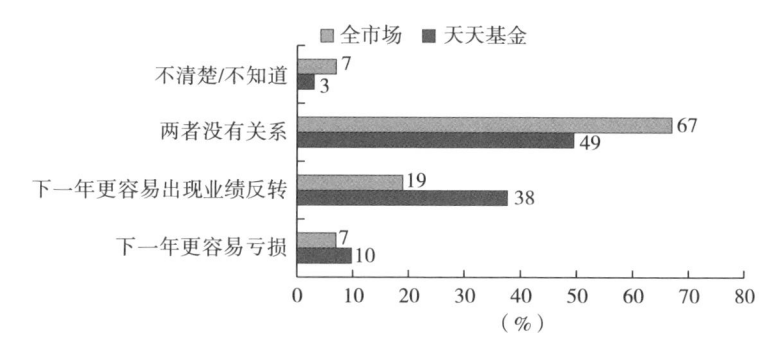

```
                  ■ 全市场    ■ 天天基金
不清楚/不知道          7
                    3
两者没有关系                                    67
                                      49
下一年更容易出现业绩反转    19
                         38
下一年更容易亏损         7
                     10
              0  10  20  30  40  50  60  70  80
                            （%）
```

图5.4　投资者认为前一年基金亏损对下一年业绩的影响
资料来源：问卷调查。

如果面临真实的投资场景，投资者会如何选择呢？是否会保持知行合一呢？问卷中设置了如下问题。

两只策略一样的基金，A 基金前 4 年大幅盈利，第 5 年（前一年）出现亏损，B 基金前 4 年小幅盈利，第 5 年（前一年）仍然盈利，购买基金时，您更倾向于哪只基金？

问题中有两只历史表现不同的基金，并给出了它们前 5 年的历史业绩。A 基金综合来看长期业绩表现更好，但是就在前一年发生了亏损；B 基金虽然表现不如 A 基金，但是 5 年来没有发生过亏损，且前一年的收益为正。

按照之前的调研结果，倘若大多数人认为前一年的亏损对下一年的业绩不造成影响，那么长期表现更优的 A 基金应该获得更多投资者的青睐。实际选择情况是否如此呢?

调研结果显示,那些认为"前一年亏损的基金下一年更容易业绩反转"的人,有大约一半在这一题中选择了投资 B 基金,即前一年盈利的基金(见图5.5)。当然,仅仅通过这两个问题的回答,我们不能得出非常有意义的结论,因为5年业绩呈现的,不仅有前一年业绩亏损,还包括过去5年的业绩波动特征、盈利持续性等可供解读的其他信息,会干扰投资者的选择。所以我们就这个问题,与所有受访者做了深入交流。

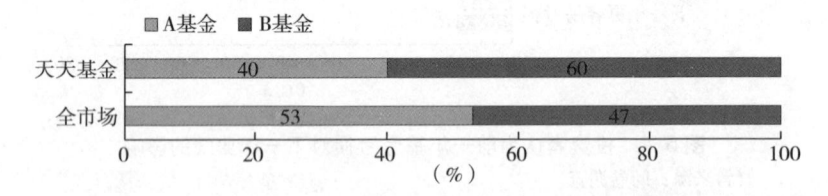

	A基金	B基金
天天基金	40	60
全市场	53	47

图5.5 认为"前一年亏损的基金下一年更容易业绩反转"的投资者对 A 基金和 B 基金的投资选择

资料来源:问卷调查。

一类知行不一的投资者认为"前一年亏损的基金下一年更容易业绩反转",但实际还是选择了长期稳定盈利的 B 基金。其中一部分人做出这样的选择,仅仅是因为对他们而言,长期稳定的业绩比前一年的业绩更重要。而另一部分投资者被问及还记不记得自己选择过认同"前一年亏损的基金下一年更容易业绩反转"时,做了短暂的停顿和思考。随后,他们有的改为选择另一只前一年亏损的 A 基金;有的则表示不确定是否坚持之前的观点了。

另外一类知行不一的投资者认为"前一年亏损的基金下一年更容易亏损",但实际上选择了历史业绩好但前一年出现亏损的 A

基金。与上一类不同，这些投资者都考虑到了前一年的亏损问题，但是他们中的一部分人将关注点放在了更早的历史业绩上，认为虽然在最后一年亏损，但是前面业绩一直很好，反映了基金经理的实力，整体问题不大，愿意再给机会。也有一部分投资者，在被提示了他们此前认同"前一年亏损的基金下一年更容易亏损"后，犹豫或修改了自己的选择。

第三节　动态的投资风险选择

前景理论认为人们会因为前景的性质，改变对风险的态度。前景理论的基础源自对人们决策的观察，并归纳总结为决策行为的三要素：（1）人们会因为前景的性质不同，在收益域内规避风险，在损失域内寻求风险；（2）人们不仅看重财富的绝对水平，更加看重财富的变化量，通常会把当前的财富水平作为参考点，根据财富相对于参考点的增减变化，评判优劣；（3）对大多数人而言，损失造成的影响大于收益的影响。[①]

由此也引出了一个问题：前一笔投资的盈亏是否会影响投资决策，如果会，它又是如何对投资决策产生影响的？

一、前一笔投资的盈亏感受影响下一笔投资决策

盈亏后的投资决策为什么很重要？很多金融机构困惑于如何

---

① 具体参见第二章第四节对前景理论的论述，此处不再赘述。

将客户的风险偏好、收益需求等一系列特征和自己发行的产品相匹配，以做好投资者适当性管理，并提升销售规模。为了做到这些，他们就要意识到，上一笔投资的盈亏情况对投资者下一笔投资的心态影响很大。

投资的风险选择是动态的。我们发现，其实客户对不同风险特点的产品的偏好除了受到市场热点、大盘走势等外部因素影响外，很大程度上也受到投资者当下感受的影响。而改变个人感受的一个核心因素，就是上一笔投资成功与否。

我们通过盈利了结和亏损割肉后下一步的投资选择来查看投资者心态的变化情况（见图5.6）。调研结果显示，超过一半的人会在前一笔投资结算后调整下一笔投资的风险。无论是盈利了结还是亏损割肉之后，都有50%的投资者选择投资不同风险的产品。

在盈利了结后，大约半数的投资者会选择投资同样风险的产品，愿意尝试更高风险产品的占比约为15%，剩下的投资者会选择更低风险的产品。在亏损割肉后，选择投资同样风险产品的投资者比例较盈利情形少，10%左右的投资者会选择在短时间内不投资，更极端的会选择以后都不再做基金投资。

有意思的是，原本盈利了结后选择投资同样风险产品的人群，在亏损割肉后，出现了分化，一部分人选择更低风险的产品，另一部分人则选择更高风险的产品。

赌场中，一般有两种容易下大赌注的人：一种是已经赢了很多钱的人，这类人心想反正赢来的本就不是自己的，下大赌注不会造成成本损失，说不定还能赚更多的钱。另一种则是亏了很多

■ 投资同样风险产品　■ 投资更高/更低风险产品

天天基金　63　37
全市场　48　52

（a）获利了结后下一步投资选择

■ 投资同样风险产品　■ 投资更高/更低风险产品

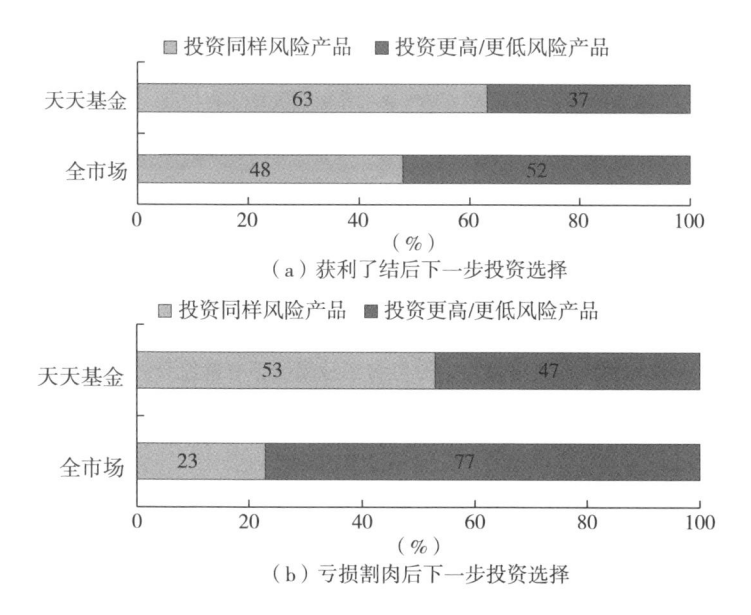

天天基金　53　47
全市场　23　77

（b）亏损割肉后下一步投资选择

图5.6　投资者在盈利了结和亏损割肉后下一步的投资选择
资料来源：问卷调查。

钱的人，他们想的是，反正已经亏了钱，再不翻本就都亏光了，不如搏一把，因而呈现高风险偏好。

二、盈利了结和亏损割肉后的选择比较

我们已经知道，超过一半投资者的投资风险决策会受到前一笔投资结算的影响，那么，在盈利了结和亏损割肉后的选择存在多大差异呢？

1. 盈利后提升风险的人中，有30%会在亏损后降低风险

调研结果显示，在盈利了结后选择更高风险的受访者中，有

第五章　权益基金投资者的行为特征　137

30%左右的人会在亏损割肉后选择更低风险的产品（见图5.7）。

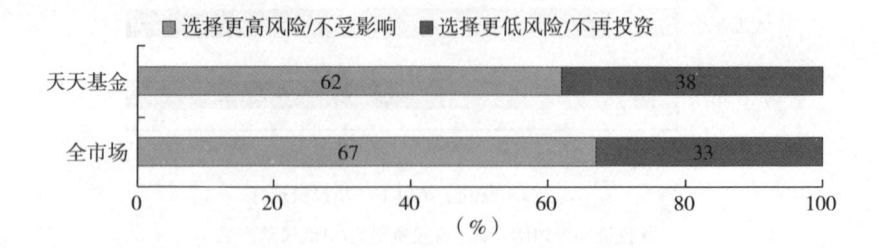

	选择更高风险/不受影响	选择更低风险/不再投资
天天基金	62	38
全市场	67	33

图5.7 盈利后选择更高风险的投资者在亏损后下一笔投资的风险决策分布
资料来源：问卷调查。

2. 盈利后降低风险的人中，有小部分反而在亏损后提高风险

调研结果显示，在盈利了结后选择更低风险的受访者中，10%左右的人会在亏损割肉后选择更高风险的产品（见图5.8）。

	选择更高风险	不受影响/选择更低风险
天天基金	15	85
全市场	9	91

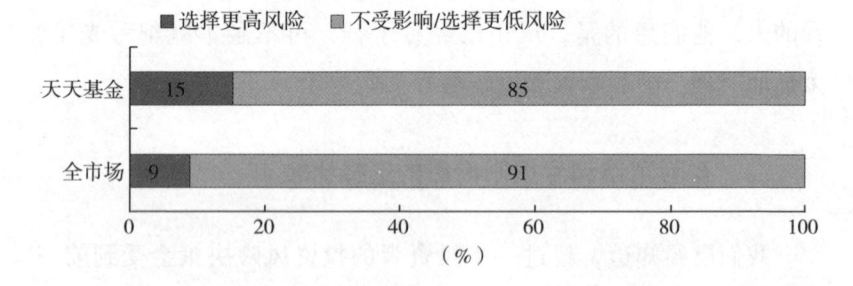

图5.8 盈利后选择更低风险的投资者在亏损后下一笔投资的风险决策分布
资料来源：问卷调查。

3. 盈亏后的风险决策存在一致性，但程度不高

我们对两个问题的结果进行交叉分析，根据盈利了结后的不同投资决策把投资者分成四类:"选择更高风险""选择同样风险""选择更低风险""不考虑下一笔投资",观察这四类人群在亏损割肉后会如何选择。

表5.1展示了盈利了结后风险决策不同的投资者亏损后的风险决策分布。调研数据显示,盈亏后的风险选择存在一定程度的一致性:盈利了结后的风险决策与亏损割肉后的风险决策一致的情况,比不一致更普遍。但一致性的程度并不高,两次选择一致的人只有50%左右。

表5.1 盈利了结后风险决策不同的投资者亏损后的风险决策分布

		盈利了结后采取的下一步措施			
		尝试更高风险的产品(a)	选择更低风险的产品(b)	投资同样风险的产品(c)	不考虑再做下一笔投资(d)
亏损割肉后采取的下一步措施	短期内都不想参与投资了	6%	10% a	12% a	50% abc
	用"要么赢双倍,要么全输"的方式搏一把,选择更高风险产品弥补之前的亏损	46% bcd	28% cd	13%	7%
	选择更低风险的产品	26%	55% acd	35% a	20%
	不受影响,仍然投资同样风险的产品	22% bd	6%	39% abd	4%
	以后不会再做任何基金投资		1%	1%	18% abc

注:灰色方框所在列选项相对灰色方框内的小写字母所在列选项存在显著性。
资料来源:问卷调查。

第四节　投资决策考量：投资性格与波动容忍度

本书第三章展示了目前我国权益基金投资者的投资性格和波动容忍度分布，接下来具体展开分析。

为什么要区分投资性格和波动容忍度两个概念？投资性格体现的是在完整的投资场景中，投资者面对经历盈利、亏损或经济压力增大等情况时，如何安排下一笔投资，它反映的是投资者的动态风险决策。对调研结果进行分析时我们发现，投资者对不同投资品种体现出不同的投资性格；投资者在不同情景下体现出不同的投资性格。波动容忍度则描述了投资者某次决策之后面对净值下跌时的静态心理感受和状态。

提出投资性格和波动容忍度是为了帮助我们更好地理解投资者的投资决策。比如，上文提及的认为"前一年亏损的基金下一年更容易业绩反转"却选择了长期稳定盈利的基金的投资者，他们做出这样的选择更多是出于自己对"稳健"的偏好。"稳健"不仅仅是他们对基金的预期，更是他们自身投资性格和波动容忍度的展现。

把波动容忍与投资性格放在一起讨论，主要是为了对"风险偏好"这一概念做深度剖析。我们认为，买入时的投资性格和持有期对净值回撤波动的容忍能力，都真实、直观地体现了投资者的风险偏好。

我们认为，现有的很多风险偏好测评无法反映投资者真正的风险偏好。金融机构通常会通过风险偏好测评对投资者做风险分级，再根据分级匹配合适的产品。通常这些测评会涉及投资历史、投资经验、个人对自己风险偏好的认知、收入水平等。但我们清楚，风险承受力和风险偏好其实是两个层面的概念，承受力更多反映投资者的财务状况能否在不影响生活的前提下负担损失，而风险偏好更多反映一个人内心对风险的容忍能力。因此，这些风险偏好测评存在改进的空间。

一、不完全对应的投资性格与波动容忍度

我们认为投资者在投资过程中的风险偏好体现在两个方面，一是面对波动和浮亏时的心态，二是在不同投资经历和个人状况下投资风险决策的变化。因此，问卷在测试投资性格时，给了盈利了结（盈利）、亏损割肉（损失）以及固定支出占收入的比重提升（经济压力提高）三个情景，以此测试投资者对产品风险的选择变化。

当投资的基金获利并结清收益后，您会如何进行下一笔投资？

A. 投资更高风险的产品

B. 投资更低风险的产品

C. 投资同样风险的产品

D. 不考虑再做下一笔投资

当投资的基金亏损并割肉赎回后，您会如何进行下一笔投资？

A. 短期内都不想参与投资了

B. 用"要么赢双倍，要么全输"的方式搏一把，选择更高风险产品弥补之前的亏损

C. 不受影响，仍投资同样风险的产品

D. 以后不会再做任何基金投资

当您的固定支出占收入的比例提升时，哪种情况更符合您的基金投资选择？

A. 增加权益基金的投资

B. 减少权益基金的投资

C. 保持权益基金投资比例不变

D. 不清楚/不知道

选项的风险偏好是递减的。我们认为，在三种状态下都选择更高风险或增加权益投资比重的人群，比其他选择组合的人群的投资性格更加激进。前文已述，我们将投资性格分为"激进""进取""平衡""稳健""谨慎"五档。然后，我们查看了不同波动容忍度人群的投资性格分布。

图5.9展示了不同波动容忍度的投资者的投资性格分布。调研结果显示，投资性格和波动容忍度的总体分布较为相似，但并不完全对应。从各类人群的占比数值看，通常30%的波动容忍度在普通问卷中已经被认定为风险偏好很高，但是这些人中投资性格为激进的占比不足10%；而波动容忍度仅有5%的人群中，也存在着投资性格为进取的投资者。因此，我们有理由相信，现行的大量风险测评问卷，并不能真实反映投资者购买净值型产品的适当性。风险偏好的识别需要更加精细化，风险测评的科学性需要进一步提升。

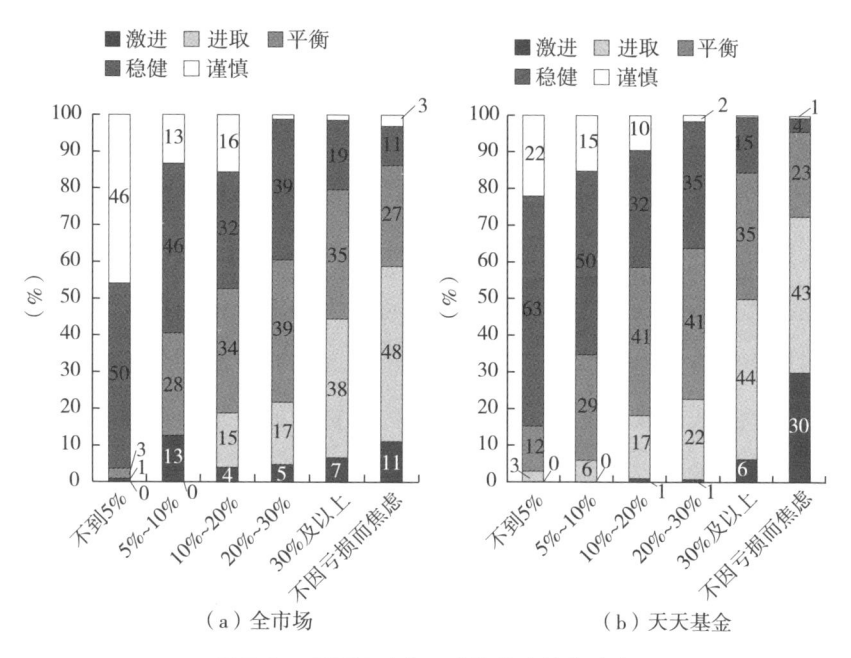

图 5.9 不同波动容忍度的投资性格分布

资料来源：问卷调查。

二、高波谨慎和低波大胆的投资者

我们对不同投资性格和不同波动容忍的样本做了交叉统计分析，发现存在两类具有代表性特征的人群：对基金净值波动的容忍度很高但投资性格体现为谨慎保守的人群，和对基金净值波动的容忍度很低但投资性格体现为激进或进取的人群。

为了表述方便，我们将上述第一类人群简称为"高波谨慎"的投资者，将上述第二类人群简称为"低波大胆"的投资者。

通过访谈，我们对低波大胆投资者有了一定了解。我们发现，低波大胆投资者存在一定的共性，我们把他们称为新生代投资者。

他们在基金投资决策上更加理性。他们大都认为基金作为一种投资组合，加上基金经理的风险管理能力，回撤的概率理应较小，因此对于基金投资的波动容忍度较低。另一方面，他们是大胆的投资者，敢于在不同盈亏场景或者固定支出占比提升的情况下追加投资，并会根据自己的投资逻辑进行基金筛选和判断。相反，高波谨慎的投资者体现出更多的投资行为偏差，他们在投资选择时谨小慎微，但在投资之后面对基金较大的向下波动却不会及时止损。从投资收益上看，低波大胆的投资者的平均收益率也高于高波谨慎的投资者。

第三部分

基金投资者行为的实证研究

实证分析是行为金融领域重要的研究方法。实际上，行为金融学正是通过实证分析，对经典金融理论中的有效市场假说不断发起挑战而发展壮大的。

本部分基于银华基金投资者的真实交易流水数据，采用实证分析的方法，研究基金投资者的行为特点及行为偏差。本部分首先考察了基金个人投资者在交易度、买入规模、卖出规模、主动择时交易等方面的行为特征。然后，本文又重点考察了年龄、性别、投资年限等不同群体特征下的个人投资者真实投资水平如何，是否可以挑选出好的基金，获取好的投资业绩，即"聪明钱"（smart money）效应。这是本部分实证研究的主要内容。因为倘若投资者存在"聪明钱"效应，投资业绩优异，也就无须对投资者进行过多的教育与引导，只需要营造良好的环境，进一步鼓励投资者的现有投资行为。从实证研究结果看，多数基金投资者并不存在"聪明钱"效应，即并不具备较好的基金投资能力。接下来，我们要探究为什么会存在这种情况？一个直观认识是：投资者是非理性的，在基金投资中存在众多的行为偏差。这是导致投资者并没有"聪明钱"效应的根源。本部分重点检验了处置效应、过度交易以及羊群效应是否存在，分析了不同人口学标签下各行为偏差的特点，并与机构投资者的行为偏差进行了比较。实证研究对调查问卷分析的结论是一个有效补充。

我们还分析了基金业绩、基金经理能力、市场情绪、市场营销、基金投资顾问等内外部不同因素是如何影响投资者交易决策的。这一研究的价值在于可以更好地理解投资者行为，弄清楚投资者行为决策中关注哪些因素，受哪些因素影响较大。这样便于我们有针对性地教育、引导投资者，完善基金行业的生态环境，提出改善投资者行为偏差、提升理性水平的对策。比如，我们通过实证研究发现个人投资者在买卖基金时更多关注基金的绝对历史回报或相对排名，但并未认识到过去好的历史业绩可能只是因为这个基金产品的风格恰好契合了过去的市场行情，并不是基金经理管理能力优秀的结果。这种单纯基于基金收益的简单粗暴的基金挑选方式不仅违背了"选基金就是选人"的理念，还可能是过度交易的一个重要原因。历史收益、历史排名随市场行情因素而剧烈变动，这可能导致投资者为了追逐热点频繁更换基金。基于这种深层次的实证研究与剖析，我们就可以有针对性地改善投资者的认知偏差，如向投资者传输更加客观评价基金产品与基金经理的知识。显然，这比只是抽象地告诉投资者"买基金要坚持长期持有"更有说服力。

第六章　基金个人投资者交易行为特征

本章从基金个人投资者每日交易数据的角度出发，以高频数据为基础汇总展示个人投资者在权益及混合基金投资方面的行为特征。

本章采用的交易数据涵盖银华基金直销个人投资者在 2017 年 1 月至 2020 年 12 月所有涉及股票型基金和混合型基金的、确认成功的基金交易；交易类型包括基金认购、基金申购（含定期定额申购）、基金转换（基金转出及基金转入）和基金赎回（不含强制赎回）。为排除非一般性投资目的的基金交易，从全部个人投资者的交易申请中剔除了申请确认金额低于 100 元（不含）的低额交易。

本章将"认购"定义为"一级交易"，其余交易类型定义为"二级交易"；将"定期定额申购"（即定投）定义为"被动交易"，其余交易类型定义为"主动交易"。因此，"主动二级买入"包括"申购"交易及"基金转入"交易，"主动二级卖出"包括"赎回"交易及"基金转出"交易。

第一节 交易频繁程度——时间维度上的脉冲式集中

从个人投资者个体维度的平均交易时间间隔的角度看（详见表6.1所示），样本时间区间内没有观察到个人投资者存在主动交易中表现出一般性的"高频交易"倾向。2019年以来，半数以上的个人投资者，其个人平均交易时间间隔在30天以上。

表6.1 个人投资者平均交易时间间隔分布情况——主动交易（单位：%）

交易时间间隔	2017年	2018年	2019年	2020年
小于7天	19.81	12.54	14.19	12.90
7~14天	17.15	19.40	9.41	13.54
14~30天	23.48	32.09	13.82	20.33
30~90天	27.44	25.05	20.81	27.55
90~180天	8.65	6.09	12.24	12.35
180~360天	3.48	3.60	12.93	6.59
大于360天	0.00	1.23	16.61	6.74

注：计算方式为，对于客户i来说，计算其两笔连续交易的间隔时间，并对该客户的连续交易时间取算数平均数，以个人平均情况为基础呈现时间间隔分布。

资料来源：银华基金。

在大量投资者教育活动中，被机构和媒体关注的关于个人投资者高频交易的情况，可能源自个人投资者在主动交易中存在时间维度上的脉冲式集中。个人投资者倾向于在一个较短的时间周期（例如超过50%的交易申请发生在距上一笔交易一周以内）内集中进行交易；在时隔较长时间后，在另一个较短的时间区间内再次集中进行交易（具体分布情况详见表6.2），从而出现了个体平均交易时间间隔并不短而单笔交易维度上的时间间隔却主要集中于一周以内的情况。

表6.2 总样本连续交易时间间隔分布情况——主动交易 （单位：%）

交易时间间隔	2017年	2018年	2019年	2020年
小于7天	59.37	50.57	52.87	57.23
7～14天	13.06	14.50	12.24	12.29
14～30天	12.39	17.62	11.43	11.28
30～90天	10.90	13.20	10.98	11.27
90～180天	3.08	2.56	4.25	4.67
180～360天	1.19	1.23	3.54	1.68
大于360天	0.00	0.32	4.69	1.59

注：计算方式为，对于客户i来说，计算其连续两笔交易的间隔时间，以全样本交易为基础呈现时间间隔分布。

资料来源：银华基金。

第二节 小买大卖——买入规模和卖出规模存在差异

从交易的确认金额和份额两个角度看，个人投资者在主动买入股票、混合型基金时的平均交易规模显著小于卖出时的平均交易规模（见表6.3），且主动买入和卖出的平均交易规模差距，无法用基金价格在长期时间维度下的上涨来解释（以下简称"小买大卖"倾向）。

从个人买入类交易平均金额的角度看，不同交易规模的个人投资者群体的"小买大卖"倾向存在着一定的程度差异（见表6.4）。个人买入类交易平均金额较高的投资者群体中存在相对更为明显的"小买大卖"倾向,这对于基金管理人来说更具挑战性。

虽然从交易规模的角度看,个人投资者存在着"小买大卖"倾向,但在交易方向上个人投资者也进行了更多的买入类交易,且个人主动买入类交易数量平均值显著高于卖出类交易数量平均值(置信区间为99%)。个人投资者买入卖出交易行为的差异(买入交易平均交易规模小、交易数量多)以及在较短时间内连续同方向交易,可能体现了个人投资者在主动买入决策中对自身决策能力的"不自信",通过较小金额的连续买入交易来平滑"持仓成本"和"心理感受"的倾向。

表6.3 股票、混合型基金交易确认金额及份额人均情况(按年度)

人均单笔规模	交易类型	2017年	2018年	2019年	2020年
确认金额***	主动二级买入	27677.51	35117.88	33759.98	33727.62
	主动二级卖出	42228.56	55790.43	46405.39	52204.89
确认份额***	主动二级买入	14704.28	19852.92	19255.57	13684.23
	主动二级卖出	28226.35	35758.24	29424.23	24725.05

注:*** 买入和卖出均值异方差检验显著不同置信区间为99%。
资料来源:银华基金。

表6.4 不同交易规模的个人投资者群体中的"小买大卖"倾向

个人平均交易金额: 以买入类交易分类	占总入池客户 比例(%)	其中有"小买大卖" 倾向客户占比(%)
低于200元	1.74	72.91
200~500元	4.04	53.63
500~1000元	5.00	59.48
1000~5000元	21.26	55.62

(续表)

个人平均交易金额：以买入类交易分类	占总入池客户比例（%）	其中有"小买大卖"倾向客户占比（%）
5000~10000元	14.19	58.21
10000~20000元	17.24	61.78
20000~30000元	8.89	60.70
30000~40000元	6.17	63.86
40000~50000元	4.07	62.64
高于50000元	16.33	61.32

资料来源：银华基金。

第三节 影响个人投资者交易的市场因素

本部分将主要分析市场整体表现与个人投资者基金交易决策之间的相关关系。考虑到个人在信息处理过程中，对过往信息的记忆能力有限，在本部分的分析中，分别对向前追溯2、3、4、5、10、20个交易日的市场变现与交易申请数量之间的变动情况进行回归分析。

另外，从个人决策过程中对于外部信息搜集和处理能力的角度出发，假设个人投资者对于复杂金融数据的处理能力有限，因此在其决策过程中优先采用可以低成本采集、易于理解分析的信息数据，并对这类信息给予较高的决策权重。本部分的"市场表现"是指沪深300指数在特定时间区间内的表现情况，通过以下三个指标评价特定时间区间内的市场表现：

1. 沪深 300 指数区间收益率（MR_{T-N}）：以交易申请日 T 日（不含当日）向前追溯 N 个交易日的沪深 300 指数的收益情况。

2. 沪深 300 指数区间振幅（Vol_{T-N}）：以交易申请日 T 日（不含当日）向前追溯 N 个交易日的沪深 300 指数的区间振幅；用以表示该区间内市场表现的不确定性的高低。

3. 沪深 300 指数区间单位不确定性收益补偿（CUC_{T-N}）：$CUC_{T-N} = \dfrac{MR_{T-N}}{Vol_{T-N}}$；另外，本指标可以在一定程度上体现市场表现的"单边性"，即 CUC（正数）越大市场越可能在区间内呈现单边上行，CUC（负数）越小市场越可能在区间内呈现单边下行。

总交易申请数量变动率 $\left[\Delta NoT = \lg\left(\dfrac{NoT_t}{NoT_{t-1}}\right)\right]$ 与交易申请前市场表现之间的关系，分别用方程（1）$\Delta NoT = \alpha_1 + \beta_1 MR_{T-N} + \beta_2 Vol_{T-N} + \Delta$ 和方程（2）$\Delta NoT = \alpha_2 + \beta_3 CUC_{T-N} + \Delta$ 进行 OLS 回归分析。在 $T-2$ 追溯时间区间回归的拟合度最好（表 6.5），表 6.6 中报告该追溯时间区间的回归结果。

根据前景理论以及心理账户理论，个人投资者"卖出"的投资决策过程与"买入"的投资决策过程可能存在差异；因此对买入类交易申请数量变动率 $\left[\Delta NoB = \lg\left(\dfrac{NoB_t}{NoB_{t-1}}\right)\right]$ 和卖出类交易申请数量变动率 $\left[\Delta NoS = \lg\left(\dfrac{NoS_t}{NoS_{t-1}}\right)\right]$ 与市场表现之间的关系，分别进行了回归分析。

对于 ΔNoB 来说，被检验的方程（1）为 $\Delta NoB = \alpha_3 + \beta_4 MR_{T-N} + \beta_5 Vol_{T-N} + \Delta$、方程（2）$\Delta NoB = \alpha_4 + \beta_6 CUC_{T-N} + \Delta$，在 $T-2$ 追溯时间区间回归的拟合度最好（表6.5），表6.6中报告该追溯时间区间的回归结果。

对于 ΔNoS 来说，被检验的方程（1）为 $\Delta NoS = \alpha_5 + \beta_7 MR_{T-N} + \beta_8 Vol_{T-N} + \Delta$、方程（2）$\Delta NoS = \alpha_6 + \beta_9 CUC_{T-N} + \Delta$，在 $T-4$ 追溯时间区间回归的拟合度最好（表6.5），表6.6中报告该追溯时间区间的回归结果。

表6.5 回归分析结果汇总的收益

市场区间指标 向前追溯历史表现	总交易申请 数量变动率	买入交易申请 数量变动率	卖出交易申请 数量变动率
区间收益	正相关*** 短期系数更高、相关性更显著、拟合度更高	正相关*** 短期系数更高、相关性更显著、拟合度更高	负相关** 短期系数显著、长期系数不显著
区间波动率	负相关*** 短期系数更高、相关性更显著、拟合度更高	负相关*** 短期系数显著、长期系数不显著	负相关*** 短期系数更高、相关性更显著、拟合度更高
区间不确定性补偿	正相关*** 短期系数更高、相关性更显著、拟合度更高	正相关*** 短期系数更高、相关性更显著、拟合度更高	负相关** 短期系数显著、长期系数不显著

注：*** 置信区间为99%，** 置信区间为95%。
资料来源：银华基金。

表6.6 最佳拟合方程汇总结果

变量	ΔNoT ($T-2$)	ΔNoB ($T-2$)	ΔNoS ($T-4$)
方程（1）			
截距	0.0601***	0.0500***	0.0687***
(t-statistic)	(5.2072)	(3.5419)	(4.4339)
MR_{T-N}	0.0254***	0.0358***	-0.0064**
(t-statistic)	(7.8713)	(9.0722)	(-2.1486)
Vol_{T-N}	-0.0284***	-0.024***	-0.0208***
(t-statistic)	(-6.0484)	(-4.1801)	(-4.8842)
adj. R^2	0.0853	0.0855	0.0227
方程（2）			
截距	-0.0031	-0.0047	0.0031
(t-statistic)	(-0.554)	(-0.6792)	(0.4256)
CUC_{T-N}	0.0726***	0.1024***	-0.0303**
(t-statistic)	(8.1937)	(9.5343)	(-2.5254)
adj. R^2	0.0573	0.0763	0.0049

注：*** 置信区间99%，** 置信区间95%。
资料来源：银华基金。

在低波动、单边趋势强的市场条件下，个人投资者会倾向于"做些什么"，或者买入或者卖出基金。如果从个人对市场表现情况的主观"感知"激发投资决策过程的角度来看，短期的市场表现（收益、振幅、行情单边趋势）与基金投资者买入、卖出的相关性更为显著是具有合理性的。但是短期刺激下的决策执行，特别是在快思维决策流程下进行的决策执行，可能是缺乏"理性"的、不那么"有效"的。

从主动买入类交易行为存在"小步慢跑"的倾向角度来说，相对长周期的市场历史表现与主动买入交易活动有相关性，但与卖出交易活动不相关，具有合理性。相对于卖出交易行为，个人投资者的基金买入行为可能隐含了更复杂的情绪因素。虽然市场的短期表现与个人投资者决策的相关性更为明显，有可能影响个人投资者对基金交易"时机"的判断，但个人投资者主动"择时"却不一定有效。个人投资者主动交易的效果，将在下一部分分析讨论。

第四节　主动择时交易的效果不如定投交易的效果

在本节的分析中，作者假设被动投资策略是个人投资者进行主动投资的机会成本，以沪深 300 指数同区间的收益情况作为衡量机会成本的标准，判断一笔交易决策是否"正确"：

1. 主动买入类交易及定投申购的决策正确，即买入后基金的收益表现优于沪深 300 指数同期收益表现。

2. 卖出类基金交易的决策正确，即卖出后基金的收益表现劣于沪深 300 指数同期收益表现。

本部分将从多个时间周期，对个人投资者交易决策执行后的基金收益表现进行评价分析。对于一笔基金交易来说，以基金交易申请日为 T 日，评价交易决策是否正确的期限分别为交易申请日后的 5、10、15、30、60、90、120、150 个交易日（$T+N$ 交易日）。为了辅助判断个人投资者的"择时"是否有效，个人投资者基金交易的正确率将与样本中包含的全部基金自身的随机胜率[①]进行对比。

在各类市场环境下，个人投资者主动类交易的择时效果不佳（见表6.7），个人投资者为了"择时"而付出的各类成本，客观上并没有为他们带来明显的效益。从战胜"机会成本"的角度来说，"持有"比"择时"更有效。

表6.7 决策正确的概率（以后续基金表现是否优于沪深300指数为标准）

（单位：%）

		随机胜率-买入	主动二级买入***	随机胜率-卖出	主动卖出***
2017	T+5	58.1068	58.4685	46.6671	41.7449
	T+10	58.1344	57.7033	48.2928	44.6856
	T+15	61.1412	57.8490	46.9046	44.2095
	T+30	67.3055	57.6243	44.1941	45.1477
	T+60	70.9565	62.4825	43.0119	43.6213
	T+90	73.2233	62.5251	41.0236	39.5883
	T+120	79.4955	72.5512	36.8575	37.2497
	T+150	88.5140	88.5468	29.4767	27.9653
2018	T+5	48.4908	44.1007	51.2922	49.7537
	T+10	51.4157	48.9487	49.1735	49.7902
	T+15	54.2901	50.6972	46.9815	46.2872
	T+30	52.1176	48.3876	47.0044	43.0943
	T+60	47.5512	46.0617	51.7709	47.1264
	T+90	52.2801	52.9687	50.9394	44.0066
	T+120	48.9893	48.1044	54.3736	47.8015
	T+150	55.7193	53.5461	50.3798	46.4331

---

① 随机胜率：于某一年中发生交易的所有基金，根据其在样本中的交易量权重构成一个资产组合。假设每个交易日买入（卖出）该组合，分别以T+N交易日为区间判断该组合每日买入（卖出）的决策是否正确，全年正确率计为该组合的随机胜率。

(续表)

		随机胜率-买入	主动二级买入***	随机胜率-卖出	主动卖出***
2019	T+5	57.3267	52.0637	44.1292	43.6956
	T+10	61.4498	54.9445	40.1960	39.6886
	T+15	66.5826	59.0170	35.8650	36.1389
	T+30	77.0185	70.0114	25.5159	24.0963
	T+60	87.4762	81.7858	15.4785	15.5379
	T+90	91.8442	89.5739	11.2496	11.6180
	T+120	97.2710	96.4606	6.3608	5.3136
	T+150	97.8811	97.1936	5.2014	4.3336
2020	T+5	66.2167	59.0294	37.3155	37.1264
	T+10	68.3361	64.0376	36.0547	37.5403
	T+15	63.1874	67.1780	41.8886	36.3828
	T+30	70.6608	65.8844	35.9094	34.5096
	T+60	74.4845	71.6679	31.7473	29.8022
	T+90	74.2374	74.7169	33.2544	28.9287
	T+120	73.3388	74.6193	35.4822	27.6624
	T+150	76.6874	70.0136	31.7568	29.1708

注：*** 主动二级买入胜率低于随机胜率、主动卖出胜率低于随机胜率，置信区间为99%。

资料来源：Wind，银华基金。

相比于主动二级买入交易来说，定投交易的胜率更接近样本对应的随机胜率（表6.8）。个人投资者偏爱的"定投"基金和偏爱的主动交易基金，存在一定的差异。这一差异导致了评价被动买入和主动买入交易效果的锚"随机胜率"，在2017年和2018年存在比较明显的差异。在2019年和2020年这两个锚相对可比的情况下，定投交易的胜率高于主动二级买入交易的胜率。

表6.8 主动二级买入 vs 定投正确率（以后续基金表现是否优于沪深300指数为标准） （单位：%）

		随机胜率－买入	主动二级买入	随机胜率－定投	定投
2017	T+5	58.1068	58.4685	53.1619	52.3777
	T+10	58.1344	57.7033	51.1199	48.3677
	T+15	61.1412	57.8490	52.8072	48.1621
	T+30	67.3055	57.6243	55.8420	45.1204
	T+60	70.9565	62.4825	56.4766	45.3689
	T+90	73.2233	62.5251	59.0953	48.9333
	T+120	79.4955	72.5512	63.2600	52.4891
	T+150	88.5140	88.5468	69.9196	60.4404
2018	T+5	48.4908	44.1007	45.6414	44.8671
	T+10	51.4157	48.9487	47.6373	46.5876
	T+15	54.2901	50.6972	48.8640	47.8594
	T+30	52.1176	48.3876	46.8509	46.0755
	T+60	47.5512	46.0617	40.2527	40.4017
	T+90	52.2801	52.9687	40.1959	40.8217
	T+120	48.9893	48.1044	37.7203	37.7201
	T+150	55.7193	53.5461	43.6543	43.1983
2019[***]	T+5	57.3267	52.0637	56.0977	54.1606
	T+10	61.4498	54.9445	60.2504	59.1264
	T+15	66.5826	59.0170	64.7734	63.0368
	T+30	77.0185	70.0114	76.5896	75.1403
	T+60	87.4762	81.7858	85.9838	84.2362
	T+90	91.8442	89.5739	91.0716	90.2269
	T+120	97.2710	96.4606	96.0422	95.8150
	T+150	97.8811	97.1936	97.5172	97.3768

第六章 基金个人投资者交易行为特征

（续表）

		随机胜率－买入	主动二级买入	随机胜率－定投	定投
2020***	T+5	66.2167	59.0294	65.9927	64.2102
	T+10	68.3361	64.0376	68.6282	68.6563
	T+15	63.1874	67.1780	62.6644	70.5833
	T+30	70.6608	65.8844	69.3347	73.4690
	T+60	74.4845	71.6679	72.5090	79.0854
	T+90	74.2374	74.7169	71.1782	79.8421
	T+120	73.3388	74.6193	70.8799	78.7000
	T+150	76.6874	70.0136	74.8437	76.2326

注：*** 主动二级买入胜率低于定投申购胜率，置信区间为99%。
资料来源：Wind、银华基金。

对于个人投资者这一群体来说，参与定投的方式并不是单一的。在整个样本时间区间，大部分参与定投的个人投资者（54.69%）采取了每月定投一笔资金的方式，少部分参与定投的个人投资者（11.92%）采取了每个月定投多笔的方式。个人投资者更愿意在以混合型基金和股票型基金为目标的定投计划中，采取每个月定投多笔的方式。

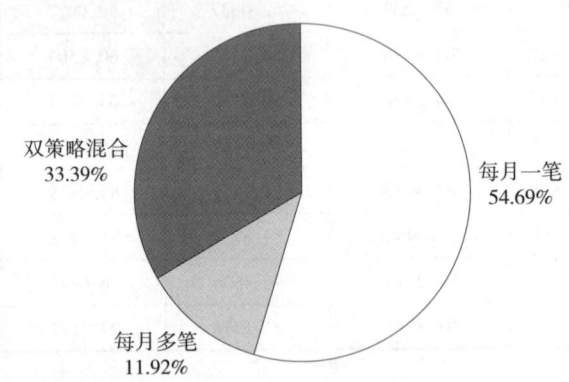

图6.1 个人投资者定投策略分布情况
资料来源：银华基金。

另外，个人投资者参与定投的方式，也不是一成不变的。部分个人投资者（33.39%）定投策略的选择会发生转变，但绝大多数的转变方向为由"每月定投一笔"变为"每月定投多笔"。从定投买入的投资效果看，每月定投多笔策略的效果略好于每月定投一笔的策略。从组合投资理念的角度出发，对于资产类型（数量）"多样化"的重要性，投资者较为熟知；但是，对于"买入时间点多样化"的重要性，个人投资者则容易忽视。从"买入时间点多样化"的角度出发，"每月定投多笔"的方式是具有合理性的。

在权益及混合基金投资方面，不仅个人投资者的主动交易决策效果不如定投交易的效果，而且个人投资者长期坚持定投计划也存在一定困难。在样本区间内，自2017年2月（含当月）开始以权益及混合基金为标的进行定投的个人投资者共有1781名，其中过半数的客户无法坚持定投计划超过1年的时间。[①]

表6.9 两种定投交易策略胜率（以后续基金表现是否优于沪深300指数表现为标准） （单位：%）

持有周期	定投全样本	每月定投一笔	每月定投多笔
5 TD	54.4301	53.2362	55.0404
10 TD	56.5542	55.2037	57.2342
15 TD	58.1392	56.8930	58.6823
30 TD	61.7297	59.5098	62.7124
60 TD	62.8518	60.6459	62.7268
90 TD	64.6654	62.5737	64.7762

---

① 如果客户参与多只基金的定投，则以客户退出全部基金的定投计划为标准，识别客户结束定投计划的时间。

（续表）

持有周期	定投全样本	每月定投一笔	每月定投多笔
120 TD	66.5011	64.7069	67.4810
150 TD	69.8275	68.5724	70.3772

注：*** 每月一笔定投胜率低于每月多笔定投胜率，置信区间为99％。
资料来源：Wind，银华基金。

表6.10　2017年2月（含）后开始定投计划的投资者坚持定投的时间长度分布

坚持月数区间	频率（单位）	占比（%）	累计占比（%）
1个月（含）以内	322	18.08	18.08
1~3个月（含）	170	9.55	27.62
3~6个月（含）	238	13.36	40.99
6~9个月（含）	188	10.56	51.54
9~12个月（含）	201	11.29	62.83
12~18个月（含）	222	12.46	75.29
18~24个月（含）	91	5.11	80.40
24~36个月（含）	149	8.37	88.77
大于36个月	200	11.23	100.00

资料来源：银华基金。

第五节　小结和讨论

对于投资股票型基金和混合型基金的个人投资者来说，"高频交易"主要体现在他们倾向于在短期内集中交易，形成时间维度上的脉冲式集中，但脉冲的波与波之间并没有高频的倾向。在主动买入行为中，平均交易规模小、交易数量多、在较短时间内连续同方向交易（"小步慢跑"倾向），可能体现了个人投资者在主动买入决策中对自身择时能力的"不自信"，通过较小金额的连续买入交易来平滑"持仓成本"和"心理感受"的倾向。

市场的收益表现、波动、单边行情趋势均与个人投资者的交易频繁程度有显著的相关关系。在低波动、单边趋势强的市场条件下，个人投资者会倾向于"做些什么"，或者买入或者卖出基金，短期的市场表现（收益、振幅、单边行情趋势）与基金投资者买入、卖出的相关性更为显著。但是短期市场表现刺激下的决策执行，特别是在快思维决策流程下进行的决策执行，可能是缺乏"理性"的、不那么"有效"的。

个人投资者在进行主动的交易决策和执行过程中，比起被动策略来说，要承担更多的显性和隐性成本。显性成本，例如交易手续费等，相对直观，但绝大多数交易手续费的绝对金额往往难以对个人投资者形成明显的决策压力，例如超过80%的卖出交易的手续费金额不足5元。与之相对，隐性成本，例如投资的机会成本、为了做出投资决策进行信息搜集和分析所付出的各类成本等，很难直观地被个人投资者感受和度量，因而更难以进入个人投资者的投资决策流程。理性地说，个人投资者应该对其主动交易策略要求更高的收益回报。但从个人投资者整个群体的角度看，主动交易，无论是买入还是卖出，客观上都未能为个人投资者带来更好的回报，更为省时省力的定投策略的投资效果要优于主动交易。

波动和周期是资产价格的固有属性，良好的择时能力、及时的止盈，对于追求超额收益的主动交易策略和定投策略来说，都具有非常重要的积极意义。然而，个人投资者应当理性、客观评价自身和提供投资建议方的"择时"能力，避免对自己、对他人的过度自信。对于没有穿越周期的良好择时能力的个人投资者来说，选择适合自身风险收益要求的标的、进行被动投资或定投，可以改善长期的投资收益表现。

第七章 基金市场的"聪明钱"效应研究

"聪明钱"指投资者有能力根据某种特定信息,判断股票、基金等资产价格的未来表现,并通过交易行为(对于基金市场,就是申购、赎回)获取收益。"聪明钱"效应本质上是衡量投资者的理性程度的,"聪明钱"效应越明显,越可以直观地理解为投资者理性。

本章主要基于银华主动权益型基金投资者的日频交易流水与持仓数据,从不同的人口学分类来检验基金市场上是否存在"聪明钱"效应,并分析哪类投资者更理性。

第一节 海外对"聪明钱"效应研究的历史概述

从20世纪80年代开始,美国的共同(公募)基金经历了飞速增长,对公募基金的研究也层出不穷。1996年之前,对公募基金的研究主要集中在基金经理的管理能力上。格鲁伯(Gruber,1996)首次对公募基金投资者选择基金的能力进行了研究,虽然没有直接提及"聪明钱"效应,但是他为后续研究提供了一种标准化方法。格鲁伯发现基金过去的业绩可以同时用来预测基金的未来业绩以及净资金流。也就是说，公募基金存在业绩延续（performance persistence）现象，精明的投资者意识到这一点，他们的资金流会追随以往表现好的公募基金。为了进一步研究这些新资金流能否因此受益，格鲁伯使用了一种基金层面的方法（fund level approach）进行检验。他发现，新资金流的风险调整后收益比主动基金和被动基金的平均收益都要高。根据这篇文章的结论，在美国的共同（公募）基金投资者中，"聪明钱"效应是存在的。

1999年，郑璐发表了第一篇专门研究"聪明钱"效应的论文。这篇文章使用了多种方法，验证"聪明钱"效应以及信息效应（information effect）。信息效应是指公募基金投资者的资金流信息能否被用来赚取超额收益。郑璐发现，在美国的共同（公募）基金投资者中，"聪明钱"效应虽然存在，但是持续时间较短，并且主要是由流入或流出小规模基金的资金流造成的，投资者很难利用资金流的信息获取超额收益。

格鲁伯和郑璐的两篇文章是"聪明钱"效应研究的开山之作。之后，不少研究对他们的观点提出了挑战。特拉维斯和阿希什（Travis and Ashish，2004）发现，格鲁伯和郑璐检验到的"聪明钱"效应可以被卡哈特（Carhart，1997）四因子模型中的动量因子解释，在三因子模型中加入动量因子后，"聪明钱"效应就消失了。特拉维斯和阿希什接着论证了投资者并不能识别出动量风格的基金，他们只是简单地追随近期业绩表现好的基金。弗拉齐尼和拉蒙特（Frazzini and Lamont，2008）利用共同基金的资金流数据作为投资者情绪的代表，发现高情绪往往意味着未来的低收益，这意味着共同基金的资金流存在"愚蠢钱"效应。[①] 他们提出了一个可能的解释：个人投资者对基金的过度买入会迫使基金经理买入已经高估的股票，在短时间内推高股价，但是长期看，股价还是会回归正常估值范围。而且，个人投资者大量申购基金份额时，该基金的持仓个股会借此机会发行更多股份，占个人投资者的便宜。

以上研究都是针对美国的共同（公募）基金的。克斯瓦尼和斯托林（Keswani and Stolin，2008）首次使用英国的公募基金数据对"聪明钱"效应进行了检验。他们使用四因子模型中的 α 作为绩效检测标准[②]，发现在英国公募基金市场上存在"聪明钱"效应。该文章的一个亮点是采用了投资者真实的月频资金流入流出数据，而之前文献中使用的资金流都是用公开数据估算的，并且频率为季度。由此我们可以看到，更高质量的数据可能会带来不一样的研究结果。

本章主要基于银华主动型权益基金的真实资金流数据，检验基金市场是否存在"聪明钱"效应，得益于高质量的研究数据，得出的研究结论也是比较客观的。

[①] 这一发现未必和郑璐（1999）提到的"聪明钱"效应相矛盾，因为郑璐论文中的"聪明钱"效应只在短期内存在。
[②] α 可以用于衡量基金经理的能力，具体见本章第四节的论述。

第二节　基金及投资者样本的描述统计分析

由于实证检验采用的样本较大，为了使读者对我们的研究有更加清晰的认识，本节先描述采用的样本及数据特征。

一、基金样本简介

海外关于"聪明钱"效应的研究，大多数都只选取了权益基金，排除了行业主题型基金以及国际基金。排除这些基金的主要原因是分析它们需要使用额外的风险因子，会大大增加研究的复杂程度。除此之外，有些文献还排除了规模小、成立时间较短的基金，这么做的主要目的是让数据更加稳定。

为了与业内研究保持一致，我们以银华基金发行的主动型权益基金为样本，具体包括普通股票型基金、偏股混合型基金、灵活配置型基金以及平衡配置型基金。样本数量分布如表7.1所示。

表7.1　检验"聪明钱"效应的基金样本

基金类型	数量（只）
偏股混合型基金	19
平衡混合型基金	4
普通股票型基金	19
灵活配置型基金	32

资料来源：银华基金。

1. 样本基金的数量和规模

我们统计了样本基金从 2010 年底到 2020 年第一季度的数量和规模变化。银华主动型权益基金的数量整体呈现上升趋势，特别是从 2015 年开始有显著增长（见图 7.1）。主动型权益基金的净资产规模，则经历了先降后升的过程，先是从 2010 年的 500 亿元跌落至 2014 年的 270 亿元，随后又逐渐恢复到 2017 年的 400 亿元左右。截至 2020 年 3 月底，样本基金净资产规模合计为 405 亿元（见图 7.2）。

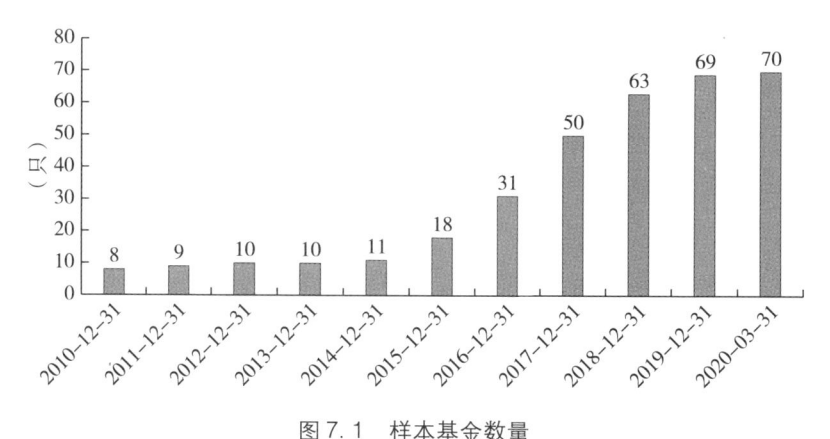

图 7.1 样本基金数量

资料来源：银华基金。

2. 样本基金业绩

我们统计了样本基金逐年的业绩分布情况，并将其与沪深 300 指数做比较（见表 7.2）。总体看，银华的主动型权益基金业绩表

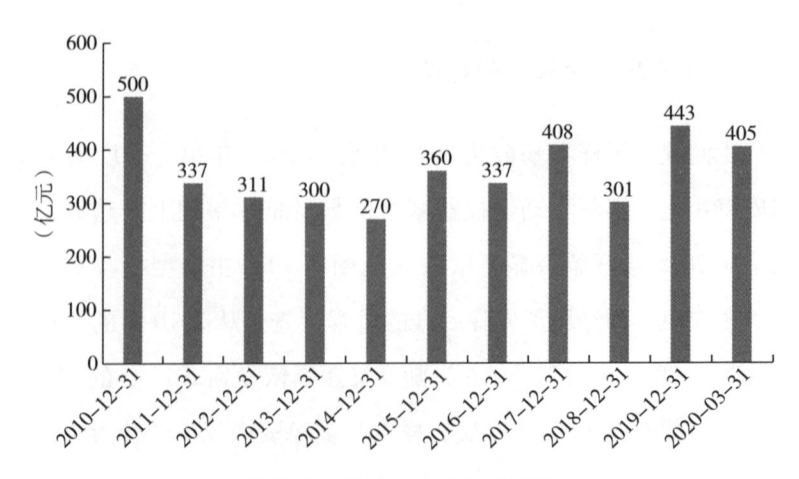

图 7.2 样本基金净资产规模

资料来源：银华基金。

现优异。2010 年至 2020 年第一季度，除了 2011 年、2012 年和 2014 年，规模加权收益率均显著高于沪深 300 指数同期的收益（见图 7.3）。2015 年以来，银华主动型权益基金更是持续跑赢沪深 300 指数。

表 7.2　2010—2020 年一季度样本基金与沪深 300 指数收益对比　（单位：%）

年份	沪深300指数	样本基金平均收益（规模加权）	样本基金平均收益（等权）	样本基金收益标准差	样本基金最小值	样本基金25分位	样本基金50分位	样本基金75分位	样本基金最大值
2010	-12.51	4.58	3.23	7.85	-9.31	-0.32	4.11	6.39	15.67
2011	-25.01	-26.48	-26.22	7.91	-41.78	-28.64	-26.79	-21.01	-15.31
2012	7.55	2.61	2.04	4.30	-4.35	-0.44	2.22	4.85	7.43
2013	-7.65	17.14	18.53	7.82	8.87	13.64	17.90	23.74	32.32

理性之外

（续表）

年份	沪深300指数	样本基金平均收益（规模加权）	样本基金平均收益（等权）	样本基金收益标准差	样本基金最小值	样本基金25分位	样本基金50分位	样本基金75分位	样本基金最大值
2014	51.66	19.19	24.89	9.30	11.17	18.69	25.02	34.00	37.73
2015	5.58	50.15	46.43	26.33	11.43	36.62	40.11	55.50	90.58
2016	-11.28	-6.81	-9.10	12.26	-31.68	-15.76	-8.91	1.78	7.51
2017	21.78	24.92	14.49	16.09	-10.09	4.63	9.51	19.99	53.09
2018	-25.31	-25.06	-21.06	12.22	-36.99	-29.96	-23.31	-17.61	6.55
2019	36.07	57.16	41.94	19.50	7.56	27.35	44.54	55.27	100.36
2020Q1	-10.02	1.23	0.52	5.66	-8.47	-2.01	-0.44	2.79	17.42

注：沪深300指数年度收益率由沪深300指数日频收盘价计算得到。
资料来源：Wind。

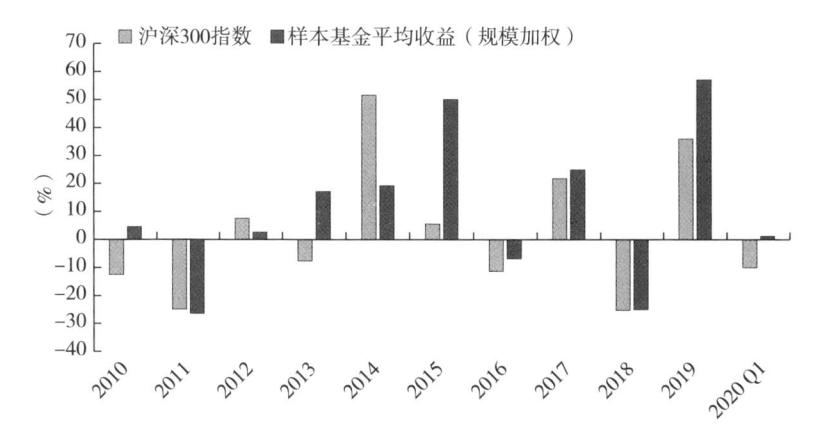

图7.3 2010—2020年第一季度样本基金加权平均收益与沪深300指数收益率对比

资料来源：根据Wind数据计算。

二、基金交易流水数据简介

我们将数据检验的样本周期设定为 2009 年 12 月 31 日—2020 年 3 月 31 日。我们提取了其间交易过上述样本基金的个人和机构投资者的交易流水,以及 2009 年 12 月 31 日和 2020 年 3 月 31 日两个时间点的客户持仓明细。

样本中共有 8910762 位个人投资者以及 13757 位机构投资者,总共产生超过 1 亿条交易流水。[①] 对个人投资者,我们获取了他们的性别以及年龄数据,还有 184108 位投资者的投资年限、收入以及风险等级等信息。[②] 基于这些特征标签,我们可以做更加细致的分类实证研究。

三、基金投资者样本特征统计

1. 个人投资者样本特征

图 7.4 至图 7.9 分别描述了各类投资者在样本中所占的比重。从性别看,男性略多于女性(见图 7.4)。从年龄看,30~50 岁的投资者占比超过 50%(见图 7.5)。从收入看,年收入在 15 万元以下的投资者占多数(见图 7.6)。鉴于 2019 年中国人均可支配收入刚刚超过 3 万元,这一收入分布仍是高于全国平均水平的。从投资经

---

① 研究中,我们对投资者的 ID 做了加密处理,以保护投资者的隐私。
② 具有这部分信息的投资者以直销客户居多。

验看，86.79%的客户在购买银华基金的份额前，或多或少有一些投资经验（见图7.7）。从风险等级看，大部分直销客户都被归为稳健型（R3）和积极型（R4）（见图7.8）。[①] 风险等级是银华基金根据直销客户的问卷得分加权得到的，用于衡量投资者的风险承受度。

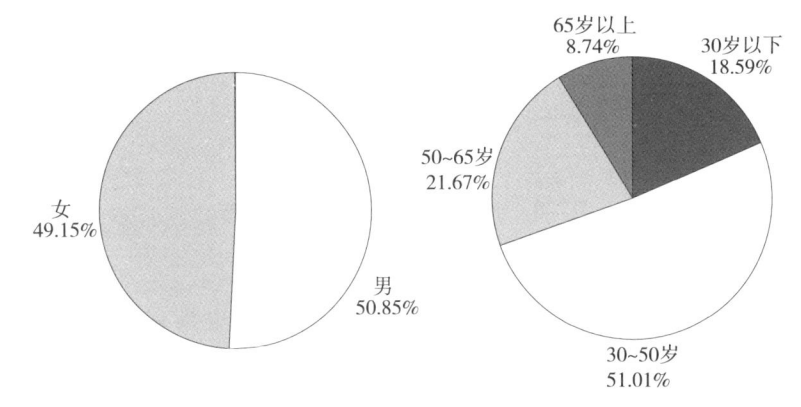

图7.4 个人投资者性别情况分布
资料来源：银华基金。

图7.5 个人投资者年龄情况分布
资料来源：银华基金。

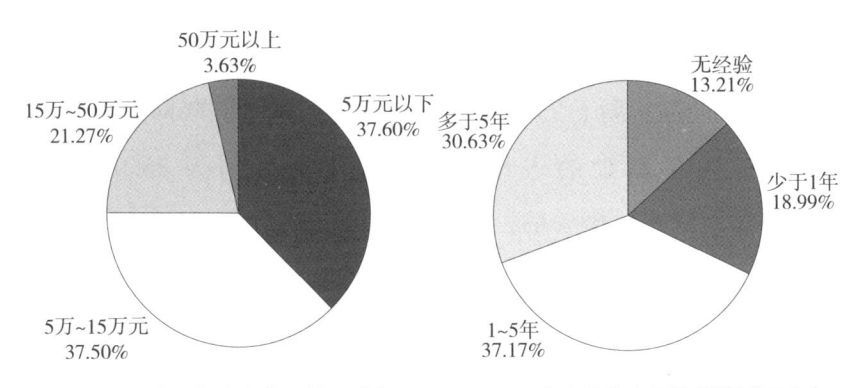

图7.6 个人投资者收入情况分布
资料来源：银华基金。

图7.7 个人投资者投资经验情况分布
资料来源：银华基金。

---

① 风险等级划分为5档，安全型对应R1风险等级，保守型对应R2风险等级，稳健型对应R3风险等级，积极型对应R4风险等级，进取型对应R5风险等级。

第七章 基金市场的"聪明钱"效应研究

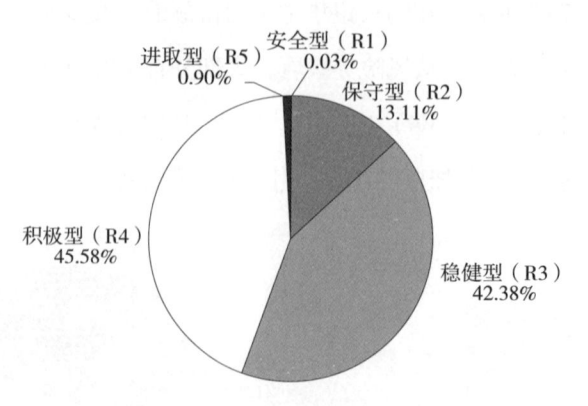

进取型（R5） 安全型（R1）
0.90% 0.03%
保守型（R2）
13.11%
积极型（R4）
45.58%
稳健型（R3）
42.38%

图7.8 个人投资者风险等级情况分布

资料来源：银华基金。

除了上述维度之外，客户购买基金的渠道也具有研究价值。由于直销渠道可以提供更低的费率，我们认为通过基金公司的直销渠道购买基金的投资者对基金更熟悉。对于第三方渠道，我们又将它分为银行、互联网、券商和其他第三方渠道。统计数据表明，6.26%的投资者通过两种或两种以上的渠道交易过银华基金产品；剩下93.74%的投资者中，通过互联网渠道和银行渠道购买基金的占绝大多数，比例分别为35.96%和34.88%；只有0.63%的投资者使用银华基金直销渠道进行投资（见图7.9）。

另外，男性投资者占总投资者的比重有逐年上升趋势。从图7.10可以看出，2016年之前，银华基金的女性投资者数量多于男性；2016年，男女投资者的数量基本持平；2016年之后，男性投资者数量反超女性投资者。

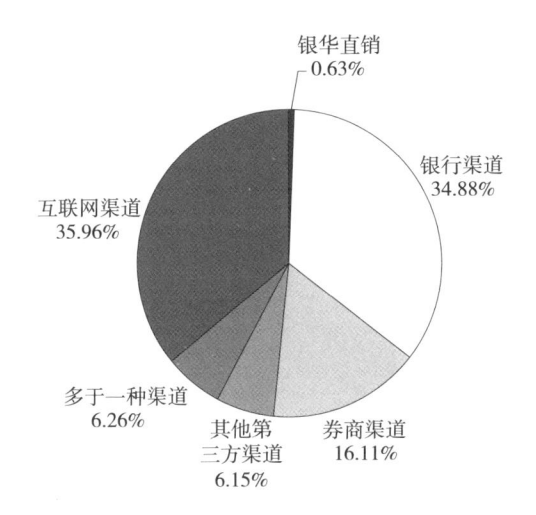

图7.9 个人投资者购买基金的渠道情况分布

资料来源：银华基金。

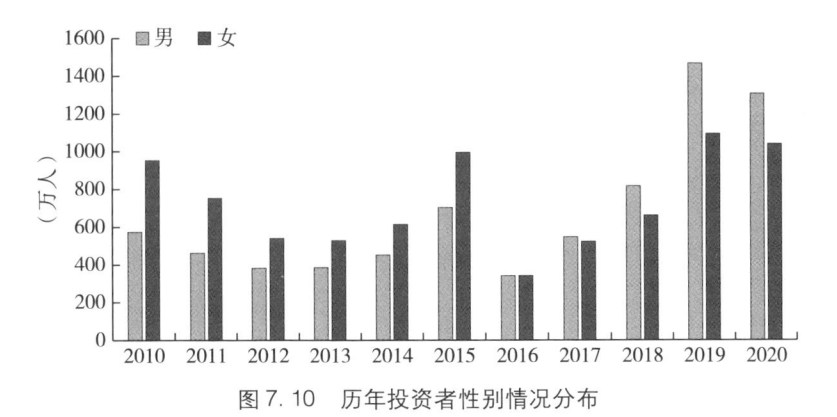

图7.10 历年投资者性别情况分布

资料来源：银华基金。

2. 机构投资者样本特征

机构投资者的分类标签较少，我们主要以不同的机构类型进行区分。在1万多个机构投资者样本中，只有26.83%的机构投资

第七章 基金市场的"聪明钱"效应研究　　175

者有类别标签。其中，私募机构占比最大，达到32.32%；其次是非金融机构和非银金融机构，分别为29.94%和14.25%，银行机构的数量相对较少（见图7.11）。①

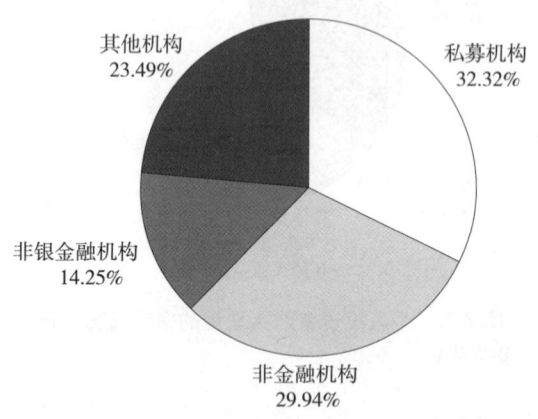

图 7.11 机构投资者构成情况分布

资料来源：银华基金。

第三节 基金投资者行为特征的描述分析

在正式研究基金投资者的"聪明钱"效应之前，我们先对基金投资者的基本行为特征做一点简单描述，以便读者大致了解中国基金投资者的基本行为特点。②

---

① 这是因为银行类机构的风险偏好相对较低，以固定收益类资产投资为主，本书主要研究相对风险偏高的股票型基金与混合型基金。
② 本节关于投资者行为特征的分析不同于第六章，本节更侧重于描述统计分析，主要是为了便于后文对聪明钱效应的分析。当然，读者也可以把本节的内容看作对第六章分析结果的补充。

一、基金投资者的持仓特征分析

1. 个人投资者的持仓特征分析

1.1 持有基金数量

表7.3展示了个人投资者持有银华基金的数量。总体上看，超过80%的银华基金投资者只交易过1只银华的基金，只有不到2.5%的投资者购买3只及以上，这可能是因为基金投资者分散持有不同公司基金标的所致。这说明投资者的基金持有集中度较高。从投资渠道看，直销渠道投资者明显持有过更多的银华基金产品。这或许是因为使用直销渠道的投资者本身就对银华基金有更大的兴趣，而银华基金也有更多机会对直销渠道客户做营销宣传，增加了客户黏性。从性别看，男性和女性持有基金的数量没有太大差别。从其他维度看，年龄大、收入高、投资经验丰富、风险等级高的投资者购买银华基金的数量都显著高于其他组别，这基本符合一般的认知。

表7.3 个人投资者持有银华基金的数量　　　　（单位：%）

类别		1只基金	2只基金	3只基金	3只以上
个人投资者整体		80.27	11.38	5.87	2.48
渠道	银华直销	73.70	16.75	5.19	4.36
	银行	85.23	10.80	2.39	1.57
	券商	85.71	9.18	3.88	1.23
	互联网	86.75	8.69	2.28	2.27

(续表)

类别		1只基金	2只基金	3只基金	3只以上
性别	男	80.15	10.98	6.11	2.76
	女	80.45	11.79	5.59	2.16
年龄	30岁以下	87.00	8.41	3.25	1.34
	30~50岁	79.87	11.37	6.11	2.65
	50~65岁	77.41	13.02	6.80	2.76
	65岁以上	76.73	12.97	7.32	2.98
收入	5万元以下	48.51	22.60	19.32	9.57
	5万~15万元	39.52	22.08	24.56	13.84
	15万~50万元	34.14	19.90	28.25	17.71
	50万元以上	29.70	16.88	31.28	22.14
投资年限	无经验	56.29	21.18	15.48	7.04
	小于1年	46.30	20.74	21.12	11.84
	1~5年	42.13	22.93	22.68	12.26
	多于5年	33.26	20.36	28.70	17.68
风险等级	稳健型	47.53	21.11	20.30	11.07
	积极型	36.63	22.02	26.20	15.16
	进取型	20.06	13.68	37.73	28.53

注：由于收入、投资年限和风险等级这三个维度的样本数量小于总样本数量，并且这三个样本大多为银华直销投资者，因此不宜将这三个维度的投资者和其他维度的投资者做比较，但这三个维度的投资者可以在内部进行比较。下同。

资料来源：银华基金。

1.2 持有基金类型

根据基金权益资产仓位的不同，可以为其划分风险等级。一般来说，普通股票型基金的风险最高，而在混合型基金中，风险等级也有高低之分。混合型基金分为偏股混合、平衡混合、灵活配置和偏债混合四种。在表7.4中，我们定义"混合型基金（高风险)"为偏股混合型基金,"混合型基金(中风险)"包括平衡混合和灵活配置型基金。

通过统计不同人群投资各类基金的比例,我们可以看出他们的风险偏好以及风险承受能力,这一方面可以初步验证我们对投资人群的一些假设,另一方面也为后续的研究打下基础。

统计结果基本支持我们的假设。收入高、投资经验丰富、风险承受能力强的投资者确实持有了风险更高的基金。从性别和年龄看,男性和30岁以下投资群体持有的基金风险等级更高。从渠道看,互联网渠道投资者的风险偏好程度要高于其他渠道的投资者。

表7.4 个人投资者持有基金类型 (单位:%)

类别		股票型基金	混合型基金（高风险）	混合型基金（中风险）
个人投资者整体		7.32	82.09	19.20
渠道	银华直销	1.65	86.05	22.95
	银行	2.95	80.16	23.01
	券商	1.77	65.21	36.13
	其他第三方	3.63	88.27	11.20
	互联网	11.32	83.38	13.62
性别	男	8.81	82.23	18.15
	女	5.82	81.95	20.24
年龄	30岁以下	11.45	81.55	13.77
	30~50岁	7.29	82.81	18.94
	50~65岁	4.51	81.94	22.84
	65岁以上	3.57	79.63	25.96

(续表)

类别		股票型基金	混合型基金（高风险）	混合型基金（中风险）
收入	5万元以下	4.25	87.93	28.26
	5万~15万元	6.80	86.45	34.42
	15万~50万元	9.91	83.42	41.87
	50万元以上	11.74	82.39	46.45
投资年限	无经验	3.65	86.78	26.00
	小于1年	8.00	82.29	36.93
	1~5年	5.55	87.16	31.66
	多于5年	8.84	86.09	39.43
风险等级	稳健型	7.10	83.67	34.60
	积极型	6.72	87.02	35.09
	进取型	18.25	86.91	52.29

资料来源：银华基金。

2. 机构投资者的持仓特征分析

和对个人投资者的统计一样，我们也从数量和类别上对机构投资者的持仓特征做了分析（见表7.5、表7.6）。对比个人投资者，机构投资者平均持有的基金数量更多，这初步体现出机构投资者更具有组合管理的理念。这也可能是因为机构投资者的资金体量较大，内部的风控措施要求机构投资者必须分散化投资。

表7.5　机构投资者持有基金数量　　　　　　　　　　（单位：%）

类别	1只基金	2只基金	3只基金	3只以上
所有机构	62.16	14.31	11.62	11.90

(续表)

类别	1只基金	2只基金	3只基金	3只以上
私募机构私募基金	67.48	9.64	5.95	16.93
非金融企业	66.33	7.51	18.37	7.78
非银行业金融机构	49.62	13.12	9.70	27.57

资料来源：银华基金。

表7.6 机构投资者持有基金类型 （单位：%）

类别	股票型基金	混合型基金（高风险）	混合型基金（中风险）
所有机构	2.14	70.18	37.45
私募机构私募基金	0.60	69.05	41.07
非金融企业	6.11	73.36	27.51
非银行业金融机构	8.61	61.07	63.11

资料来源：银华基金。

二、基金投资者的投资业绩状况

1. 投资者业绩分组比较

我们对银华基金投资者的收益情况做了分类统计，下列图表展示了各类银华投资者在整个样本区间（2010年1月—2020年3月）的时间加权年化收益率。时间加权收益率即简单的日收益率连乘。我们用公式（7.1）计算年化收益率。

$$R_{年化} = (1 + R_{总})^{1/t} - 1 \qquad (7.1)$$

其中，$R_{年化}$为年化收益率，$R_{总}$为区间总收益率，t为区间长度（单位为年）。

总体看，个人投资者在样本区间内的平均年化收益率为6.66%，机构投资者为8.87%。

接下来看分组统计的结果。需要说明的是，对于收入、投资经验和风险等级这三个维度，图7.6、图7.7、图7.8的分组方式较细，若直接采用这种分组方式统计日收益率，并不能发现明显的规律。因此，我们考虑简化分组方式。我们将年收入在15万元以下的投资者定义为低收入组，年收入在15万元以上的投资者定义为高收入组；将投资年限在1年以下的投资者定义为少经验组，投资年限在1年以上的投资者定义为多经验组；将风险等级为稳健型的投资者定义为低风险承受度组，风险等级为积极型和进取型的投资者定义为高风险承受度组。

表7.7和表7.8分别展示了个人投资者和机构投资者的投资收益率。在个人投资者中，高收入、经验丰富、风险承受能力高的投资者收益水平也更高。从渠道看，互联网渠道投资者的年化收益显著更高，其原因一方面可能是互联网渠道的投资者投资水平更高（这一点我们在后文的"聪明钱"效应分析中会做更加审慎的检验）；另一方面可能是由于互联网渠道投资者大部分是在2019年之后入场的，而这段时间恰好是公募基金业绩的高光时刻。从年龄和性别看，年轻投资者和男性投资者的收益水平相对较高。在机构投资者中，非银金融机构的收益率最高。

表7.7 个人投资者投资收益率　　　　　　　　　　（单位：%）

类别		年化收益
个人投资者整体		6.66
渠道	银华直销	1.14
	银行	0.01
	券商	0.59
	其他第三方	0.69
	互联网	13.37
性别	男	8.59
	女	5.22
年龄	30岁以下	14.73
	30~50岁	6.62
	50~65岁	4.47
	65岁以上	3.30
收入	高收入	6.10
	低收入	0.69
投资经验	经验多	3.28
	经验少	-1.07
风险等级	风险承受度高	3.24
	风险承受度低	0.13

资料来源：根据银华基金数据计算。

表7.8 机构投资者投资收益率　　　　　　　　　　（单位：%）

类别	年化收益
所有机构	8.87
私募机构私募基金	8.08
非金融企业	7.52
非银行业金融机构	9.95

资料来源：根据银华基金数据计算。

2. 投资者收益 vs 基金收益

基金行业内有一句话叫作"基金赚钱,基民不赚钱"。根据中国证券投资基金业协会发布的《2017年度基金个人投资者投资情况调查问卷分析报告》,自投资基金以来有盈利的投资者占比仅为36.5%,而中证偏股型基金指数(选取基金合同中明确股票投资范围下限在60%以上的开放式基金作为成分基金)自发布以来(2007年12月31日),截至2020年6月30日,已经取得了50.47%的收益。

为了验证这一现象在银华基金的投资者中是否也存在,我们逐年对比了个人投资者和样本基金的平均收益率。我们发现,除了2011年和2018年,其余年份个人投资者的收益均跑输样本基金的净值增长率(见图7.12)。也就是说,"基金赚钱,基民不赚钱"的现象在银华基金的投资者中也是存在的。

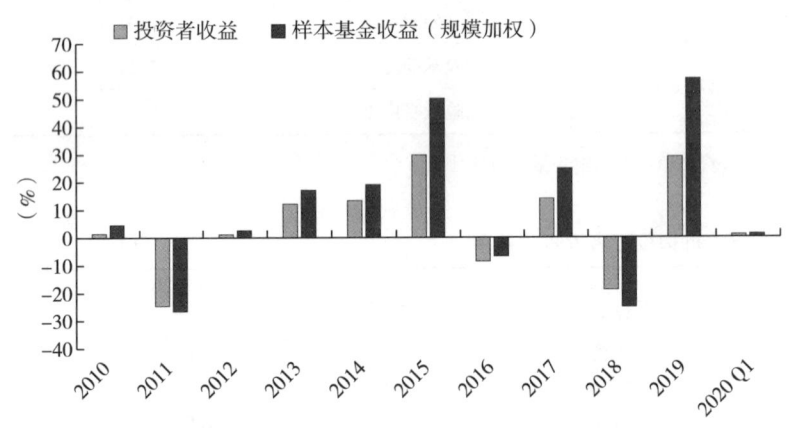

图7.12 2010—2020年第一季度个人投资者与基金逐年收益率对比

资料来源:根据银华基金数据计算。

三、基金投资者的分红方式选择

公募基金有两种分红方式，一种是现金分红，另一种是红利再投资。同时，公募基金的投资者拥有选择分红方式的权利。然而，由于在投资者申购基金份额时，分红方式通常被默认设置为现金分红，加上许多投资者并不十分了解基金分红的细节，因而大部分投资者的分红方式一直是现金分红。

我们统计了不同类型个人投资者更改分红方式的比例（见表7.9）。我们猜测，如果一位投资者有更改分红方式的行为，那么这位投资者应该是对公募基金有一定了解的，故这一统计实际可以反映基金投资者对基金的认知水平。这一猜测在一定程度上得到了统计结果的支持——经验丰富的投资者更改分红方式的比例更高。直销渠道的客户更改分红方式的比例要显著高于其他渠道的客户，这似乎也印证了直销渠道的客户普遍对基金投资更加了解。从性别看，女性比男性更改分红方式的比例要高。从年龄看，30岁以下年龄组更改分红方式的比例要显著低于其他年龄组别，比例最高的是30~50岁的客户。从风险等级看，更改分红方式的比例随着风险承受能力的提升而增加。

表7.9　个人投资者更改分红方式的比例　　　　　　（单位：%）

类别		比例
个人投资者整体		12.93
渠道	银华直销	41.98
	银行	20.78

（续表）

类别		比例
渠道	券商	2.35
	互联网	12.34
	其他第三方	6.72
性别	男	11.99
	女	14.03
年龄	30 岁以下	9.44
	30~50 岁	14.14
	50~65 岁	13.60
	65 岁以上	13.47
收入	5 万元以下	42.50
	5 万~15 万元	45.28
	15 万~50 万元	42.51
	50 万元以上	40.58
投资年限	无经验	39.96
	小于 1 年	34.77
	1~5 年	43.88
	多于 5 年	47.99
风险等级	稳健型	33.25
	积极型	49.46
	进取型	51.52

资料来源：银华基金。

我们还考察了机构投资者对分红方式的选择（见表 7.10）。机构客户似乎对红利再投资不太感兴趣，只有 4.27% 的机构投资者选择将分红方式从现金分红变成红利再投资。显然，不能因此认为机构投资者对基金的了解程度还没有个人投资者深。一个可能的解释是：机构投资者追求更高的自由度，红利再投资让机构投资者失去了对分红资金的支配权，所以它们更倾向于选择现金分红。

表7.10 机构投资者更改分红方式的比例　　　　　　　（单位：%）

类别	比例
所有机构	4.27
私募机构私募基金	1.34
非金融企业	5.75
非银行业金融机构	11.28

资料来源：银华基金。

四、基金投资者的定投方式选择

定投是公募基金的一种特色投资方式，它指根据客户的设置，在固定的时间，以固定的金额申购某只基金。定投在基金投资中被广泛使用，因为其具有"长期储蓄"的功能，十分贴合大多数投资者财富获取的节奏。对于大部分上班族来说，工资是在每月固定日期发放的，那么月频的定投就是一种省时省力的投资方式。此外，定投与基金长期投资的理念也较为契合。基金投资，特别是对主动管理型基金的投资，本质上是委托一位专业的投资经理管理自己的资产。定投则淡化了择时操作，可以一定程度削弱投资者对市场主观判断失误而对自身资产的影响,从而使基金投资更加具有委托的属性。

通常认为,定投客户对自身的投资水平不是很自信,风险偏好程度较低,投资经验较少。但实际情况是怎样的呢?我们统计了不同类型的个人投资者采用定投策略的比例(见表7.11)。统计结果表明并非如此。投资经验越丰富、风险承受能力越强的投资者,定投的比例反而越高。一种可能的解释是,经验丰富的投资者认识到自身的行为偏差,并且发现是难以克服的,因而选择了定投。这就导致采用定投的投资者并不完全是投资小白。除此之外,我们观察到银行渠道客户的定投比例要显著高于其他渠道。这个现象或许和客户经理的引导有关。银行渠道的基金申购收费一般高于其他渠道,客户之所以会选择银行,在很大程度上是看重客户经理的服务价值,而站在客户经理的角度,也有动机引导客户定投基金。[①] 从性别看,女性定投的比例高于男性,这符合人口学上的性别特征,即女性投资者更加追求稳健投资,而定投较之一次性投资,收益曲线更加平缓。从年龄看,30岁以下的投资者定投的比例要显著低于其他年龄组别,这也符合人口学上的不同年龄段风险特征。总体看,定投的投资者和更改分红方式的投资者在标签特征上有一定的共性。

---

① 对于客户经理而言,客户选择定投可以持续为该客户经理带来营销收入。

表 7.11　个人投资者选择定投策略的比例　　　　　　　　（单位：%）

类别		选择定投的比例
个人投资者整体		17.47
渠道	银华直销	10.72
	银行	39.63
	券商	1.23
	互联网	1.03
	其他第三方	22.59
性别	男	12.63
	女	22.43
年龄	30 岁以下	4.61
	30～50 岁	21.00
	50～65 岁	20.12
	65 岁以上	17.06
收入	5 万元以下	19.53
	5 万～15 万元	22.86
	15 万～50 万元	21.48
	50 万元以上	20.57
投资年限	无经验	18.55
	小于 1 年	19.37
	1～5 年	21.98
	多于 5 年	22.13
风险等级	稳健型	17.04
	积极型	24.28
	进取型	25.04

资料来源：银华基金。

机构投资者使用定投的比例非常低（见表7.12）。由于机构投资者有更强的基金投研实力，所以它们不选用定投这一简单的投资方式也是可以理解的。

表7.12　机构投资者选择定投策略的比例　　　　　　　　（单位：%）

类别	选择定投的比例
所有机构	0.70
私募机构私募基金	0.45
非金融企业	1.43
非银行业金融机构	0.00

资料来源：银华基金。

五、基金投资者的认购行为分析

基金认购指投资者在一只基金处于募集期时购买基金份额。新发行的基金通常有更多的营销推广活动，使该基金有更多机会走入投资者视野。这可能是促使投资者认购基金的主要原因。

我们统计了个人投资者的认购行为特征（见表7.13）。其中，银行渠道的投资者比其他渠道的投资者参与认购的比例较大，这或许和客户经理对新基金的营销有关。

当投资者认购基金后，他们会倾向于继续加仓还是赎回呢？从统计结果看，只有8%的投资者在开放赎回后会继续加仓，大多数还是在持有一段时间后选择赎回。我们发现了一个很有趣的现象：在渠道、年龄和性别维度上，认购比例最大的组别在开放赎回后继续加仓的比例反而是最小的。在收入、投资年限和风险等级维度上，认购比例和继续加仓的比例是正相关的。

对这个现象一种可能的解释是：参与认购但后续不加仓，代表这类人群可能对自己认购的基金并不了解，未经过深思熟虑，而是受客户经理或基金公司营销推广的影响较大。当基金进入正常运作后，营销活动减少，这些投资者也就缺乏继续购买该基金的原因和动力。相较之下，互联网渠道的投资者参与认购的比例较少，但开放赎回后继续加仓的投资者比例反而是最高的。这或许是因为互联网渠道的投资者受客户经理的影响较少，虽然他们参与认购的比例少，但可能对新发基金的了解程度比其他渠道更高，故一旦选择认购某只新基金，对该基金的未来表现可能更有信心，因此加仓也比较积极。

表7.13 个人投资者认购特征

类别		参与认购的比例（%）	开放赎回后继续加仓比例（%）	开放赎回后持有时长（天）
个人投资者整体		8.05	8.14	314.87
渠道	银华直销	6.82	7.70	219.97
	银行	8.90	5.93	342.61
	券商	12.34	3.76	250.77
	互联网	4.06	19.86	225.01
	其他第三方	8.09	7.13	216.47
性别	男	7.20	9.12	276.29
	女	8.93	7.56	339.04
年龄	30岁以下	5.02	11.10	202.26
	30~50岁	7.43	9.68	290.42
	50~65岁	10.26	7.03	348.58
	65岁以上	11.73	4.88	358.34

(续表)

类别		参与认购的比例（%）	开放赎回后继续加仓比例（%）	开放赎回后持有时长（天）
收入	5万元以下	7.15	13.56	232.33
	5万~15万元	11.63	17.06	307.53
	15万~50万元	16.14	19.44	318.88
	50万元以上	19.06	21.93	344.95
投资年限	无经验	6.33	9.54	230.13
	少于1年	10.61	14.81	273.47
	1~5年	9.27	13.38	260.29
	多于5年	15.59	21.89	340.55
风险等级	稳健型	9.14	14.41	279.54
	积极型	12.72	18.99	310.92
	进取型	25.74	25.11	356.93

资料来源：银华基金。

我们统计了不同性别和年龄的投资者购买基金渠道的差异（见表7.14）。结果表明，女性和年龄较大的投资者使用银行渠道的比例要显著大于男性和年轻投资者，男性仅有24.77%通过银行渠道投资银华基金，而女性的比例高达45%。这解释了她们和银行渠道投资者在认购行为上的相似性。另外，年轻的投资者绝大多数通过互联网渠道投资银华基金，占比接近85%，而老年投资者几乎不怎么使用互联网渠道，占比不足5%。[①]

[①] 这里的年轻投资者是指30岁以下的投资者，老年投资者是指65岁以上的投资者。

表7.14 各类投资人群使用银行和互联网渠道的比例　　　（单位：%）

类别		银行	互联网
性别	男	24.77	46.33
	女	45.00	25.68
年龄	30岁以下	5.71	84.74
	30~50岁	32.52	35.82
	50~65岁	53.25	11.10
	65岁以上	58.09	4.33

资料来源：银华基金。

表7.15展示了机构投资者的认购特征。机构投资者参与认购的比例要大于个人投资者，但是主要为非银行金融机构，私募机构参与基金认购的比例则很小。机构投资者持有所认购基金的时长要比个人投资者短不少，后续继续加仓的意愿也非常弱。

表7.15　机构投资者的认购特征　　　　　　　　　　　（单位：%）

类别	参与认购的比例（%）	开放赎回后继续加仓比例（%）	开放赎回后持有时长（天）
所有机构	20.33	2.60	163.78
私募机构私募基金	0.89	0.00	339.00
非金融企业	17.31	0.00	282.32
非银行业金融机构	34.80	0.00	166.79

资料来源：银华基金。

第四节　基金市场"聪明钱"效应检验

个人基金投资者的行为是不是理性的？他们的资金是不是

"聪明钱"？这是学术界、投资界普遍关注的问题。仅仅依靠上文关于投资者行为特征描述的统计分析，似乎还不能判断投资者理性与否。但从其投资业绩看，个人投资者的收益普遍跑不赢同期的基金产品。

从学术严谨性的角度考虑，对投资者行为理性的进一步分析，需要采用规范的实证建模方法。学术界对"聪明钱"效应的研究通常是统计新资金流在未来一段时间的表现，如果"聪明钱"效应存在，那么那些资金净流入的基金未来表现应该更好，而资金净流出的基金未来表现则要相对差一些。

一、"聪明钱"效应的检验方法

检验"聪明钱"效应的主流思路是用规模以及不同类型的资金流作为权重构建投资组合，再比较这些投资组合之间的风险调整后收益。如果某一类资金流的风险调整后收益显著高于用规模作为权重的投资组合[1]，那么就可以认为这类资金是"聪明钱"。在学术界，对这一思路的实现主要有两种方法：基金层面法和投资组合层面法（portfolio level approach）。这两种方法各有优劣，因此许多研究会同时使用它们，以确保实证检验的稳定性。在详细介绍这两种方法前，我们先简单描述早期研究中用到的一个测量方法：GT Measure，它是基金层面法的前身。

---

[1] 这里规模加权组合代表基准组合，资金流加权组合则代表资金流入的组合，后文会对两个组合的含义进行详细分析，此处暂不展开。

1. GT Measure

GT Measure 是由格林布拉特和梯特曼（Grinblatt and Titman，1993）提出的。最开始，它被用来研究基金经理的选股能力。郑璐（1999）首次使用 GT Measure 对基金投资者的选基能力进行检验，公式为：

$$\text{GT Measure}_t = \sum_{j=1}^{N} R_{j,t+1}(w_{jt} - w_{j,t-1}) \quad (7.2)$$

其中，$R_{j,t+1}$ 是基金 j 在时间 t 到 $t+1$ 的收益率，w_{jt} 是基金 j 在时间 t 的权重（也就是基金的规模除以所有基金的规模之和），$w_{j,t-1}$ 是基金 j 在时间 $t-1$ 的权重。格林布拉特和梯特曼指出，如果投资者没有选择能力，那么 GT Measure 应该没有序列相关性，并且平均值为 0。通过计算，郑璐发现平均值显著大于 0，并因此判断"聪明钱"效应存在。

2. 基金层面法

基金层面法首先由格鲁伯提出，在此之后，郑璐以及克斯瓦尼和斯托林（2008）也都使用过这个方法。基金层面法的具体步骤如下。

（1）在每一季度末，对每一只基金用过去 36 个月的月度数据拟合一个因子模型，再将当前的数值代入此模型中，算出风险调整后收益。

（2）用不同的权重（资金流、规模等）对风险调整后收益求横截面平均值，得到不同投资组合的风险调整后收益的时间序列。

（3）对风险调整后收益的时间序列求平均值，即可得到每个投资组合的平均风险调整后收益。同时，用该时间序列求出一个经 Newey – West 调整的统计检验概率值，即 p 值。

（4）对不同投资组合的表现进行比较。首先，通过 p 值判断风险调整后收益是否显著大于 0。其次，我们会关注用资金流作为权重的投资组合是否显著好于用规模作为权重的投资组合。如果某一类资金流同时满足上述两个条件，那么该资金流就被认为是"聪明钱"。

3. 投资组合层面法

郑璐首次使用了投资组合层面法，并把得到的结果和基金层面法进行比较，以此检验结果的稳定性。和郑璐一样，克斯瓦尼和斯托林（2008）也同时使用了基金层面法和投资组合层面法进行比较。特拉维斯和阿希什（2004）则只用了组合层面法。

组合层面法具体如下：每季度末，根据各组合的权重计算出组合收益率。用收益率的时间序列拟合一个因子模型，因子模型中的截距项即为风险调整后收益。接下来的分析步骤与基金层面法基本相同。

和基金层面法相比，投资组合层面法有一个劣势，就是它需要假设模型中各因子的系数在更长的时间上保持不变。但投资组合层面法避免了基金层面法中存在的前瞻性偏差问题，两种方法各有优劣。

基金层面法得出的加权收益率在不同组合之间可以互相比较，其结果更直观一些，而投资组合层面法与基金层面法在结果上是基本一致的，限于篇幅，下文仅展示了基金层面法的分析过程和结果。

二、基金业绩衡量标准

检验"聪明钱"效应要用到基金业绩，这就涉及衡量标准的问题。采用不同的业绩衡量标准，得到的检验结果可能相差甚远。对普通投资者来说，最常见的业绩衡量标准就是基金收益率。对一些更有经验的投资者来说，他们会关注基金跑赢或跑输大盘的幅度（即超额收益）或该基金在同类中的排名。以上两种业绩衡量方式虽然简单直观，却没有考虑基金收益率还来源于一些风险因子的暴露，单纯用收益率或者超额收益率评价一只基金的好坏并不公平，因为某只基金的收益率高，可能是因为承担了过多的风险，而风险不仅来源于市场本身的涨跌，还可能源自某种风格的变化，如大小盘风格、价值成长风格、动量反转风格等。

学术界主要采用因子模型提取出真正能体现基金经理选股能力的风险调整后收益，以度量基金业绩。如格鲁伯使用资本资产定价模型和一个在三因子模型的基础上增加了债券超额收益率因子的四因子模型，郑璐使用了资本资产定价模型和三因子模型，他们发现了短期的"聪明钱"效应。特拉维斯和阿希什（2004）同时尝试了三因子和卡哈特的四因子模型，他们发现"聪明钱"效应在使用三因子模型时是存在的，换成四因子模型时却消失了。

在此之后，为了消除股票动量对基金收益的影响，克斯瓦尼和斯托林（2008），冯绪南、周明山和陈锦昌（Feng, Zhou and Chan, 2014）都只用了卡哈特的四因子模型。

常见的几个因子模型如下。

资本资产定价模型：

$$R_{it} - R_{ft} = \alpha_i + \beta_i(R_{mt} - R_{ft}) + e_{it} \qquad (7.3)$$

法玛－弗伦奇三因子模型（Fama-French 3-factor model）：

$$R_{it} - R_{ft} = \alpha_i + \beta_{1i}(R_{mt} - R_{ft}) + \beta_{2i} SMB_t + \beta_{3i} HML_t + e_{it}$$
$$(7.4)$$

卡哈特四因子模型（Carhart 4-factor model）：

$$R_{it} - R_{ft} = \alpha_i + \beta_{1i}(R_{mt} - R_{ft}) + \beta_{2i} SMB_t + \beta_{3i} HML_t + \beta_{4i} UMD_t + e_{it}$$
$$(7.5)$$

法玛－弗伦奇五因子模型（Fama-French 5-factor model）：

$$R_{it} - R_{ft} = \alpha_i + \beta_{1i}(R_{mt} - R_{ft}) + \beta_{2i} SMB_t + \beta_{3i} HML_t + \beta_{4i} RMW_t$$
$$+ \beta_{5i} CMA_t + e_{it} \qquad (7.6)$$

在资本资产定价模型里，$R_{mt} - R_{ft}$ 是市场因子，法玛－弗伦奇三因子模型在资本资产定价模型的基础上增加了一个规模因子（SMB）和一个价值因子（HML），卡哈特四因子模型又在三因子模型的基础上增加了一个动量因子（UMD）。法玛－弗伦奇五因子模型则在三因子模型的基础上增加了一个盈利因子（RMW）和风格因子（CMA）。在使用构建好的因子对基金收益率进行回归后，得到的截距项 α 就是基金的风险调整后收益率。

在本章对"聪明钱"效应的检验中，分别使用了原始收益率、超额收益率以及上面四个因子模型中的风险调整后收益率作为业绩衡量标准。通过观察"聪明钱"效应在不同业绩衡量标准上的变化，或许可以找到一些可以解释"聪明钱"效应的变量。

三、新钱 vs 旧钱的衡量方法

在有了业绩衡量标准后，我们需要对不同基金的业绩做横截面加权平均。通常，我们将最近一期的资金流定义为"新钱"（new money），而把基金规模作为"旧钱"（old money）。如果新钱加权的基金业绩显著大于旧钱，那么就可以认为新钱要比旧钱更加聪明，也就是说"聪明钱"效应存在。资金流可以根据投资者群体的不同进一步区分。同时，我们还有投资者的逐笔交易数据，可以进一步区分资金的流入、流出和净流入。需要注意的是，由于净流入可以为负，用净流入作为权重意味着需要做空一部分基金。虽然这在现实中是无法操作的，但它可以用于衡量不同资金流下的相对收益，而这是对"聪明钱"效应进行实证研究的核心思路。

对比过往学术界对"聪明钱"效应的研究，我们有以下几个优势。第一，我们有真实的资金流数据，而大部分学术研究都是通过公开披露的基金份额和净值估算净流入，数据上的优势使研究结果更加客观。第二，公开的份额数据是季频公布的，因此估算净流入也只能是季频,而我们有更高频率的资金流数据,操作空间更大。第三,我们可以将净流入进一步分解为流入和流出,这是用公开数据也无法做到的。

我们参照郑璐使用的基金层面法,具体操作步骤如下。

(1)在每月末,对每一只基金用过去 36 个月的月度数据拟合一个因子模型,再将当前的数值代入此模型中,算出风险调整后收益。

(2)用不同的权重(资金流、规模等)对风险调整后收益求横截面平均值,得到不同投资组合风险调整后收益的时间序列。后面所有的显著性检验都在此时间序列上操作。

(3)对风险调整后收益的时间序列求平均值,即可得到每个投资组合的平均风险调整后收益。

在下文的假设检验中,H0 和 H1 分别如下。

H0:净流入加权收益率 $\alpha \leqslant 0$。

H1:净流入加权收益率 $\alpha > 0$。

若 H0 被拒绝,代表该净流入的资金流存在"聪明钱"效应。

四、"聪明钱"效应检验结果

1. 基于银华月频资金流数据的检验结果

表 7.16 详细展示了个人投资者"聪明钱"效应的统计结果。横向为业绩衡量标准,纵向为加权方式。业绩衡量指标中,除了资本资产定价模型、法玛-弗伦奇三因子模型、卡哈特四因子模

型、法玛－弗伦奇五因子模型的 α 外，还包括了收益以及超额收益（超额收益对应的基准是沪深 300 指数）。

在加权方式上，假设流入和规模加权皆为正权重，在这两种加权方式下，加权收益率即为简单的加权平均值；流出则全部是负权重，流出组合的加权收益率相当于一个空头组合的平均收益率。净流入加权是一个多空组合。对于所有类型的权重，都可以用以下公式计算加权平均收益率。

$$R_{weighted} = \frac{\sum_{i=1}^{k} pw_i \times r_i + \sum_{j=1}^{l} nw_j \times r_j}{\sum_{i=1}^{k} |pw_i| + \sum_{j=1}^{l} |nw_j|} \quad (7.7)$$

其中，pw_i 是第 i 个正权重，nw_j 是第 j 个负权重，r_i 和 r_j 是权重对应的基金收益率。需要注意的是，时间 t 的基金收益率对应的是时间 $t-1$ 的权重。

表 7.16 中的数字即为平均月度收益率（或者是风险调整后的收益率）。带星号数字代表该收益率在统计上显著不等于 0。首先观察净流入加权的收益，我们发现个人投资者净流入加权的收益率皆不显著大于 0，也就是说，个人投资者作为一个整体是没有"聪明钱"效应的。从细分投资者类别看，互联网渠道投资者的净流入加权的超额收益率、资本资产定价模型 α、卡哈特四因子 α，以及风险等级为进取型的投资者净流入加权的法玛－弗伦奇五因子 α 显著大于 0。因此，互联网渠道和进取型投资者存在一定的"聪明钱"效应。除此之外，在其他细分组别上，我们没有发现任何的净流入加权收益率是显著大于 0 的。

通过进一步观察流入和流出加权组合的收益率，我们发现净流入加权组合表现不佳，主要是受到流出组合的拖累。可以看到，个人整体的资金流入组合的各项业绩指标都好于规模加权组合，但流出组合的收益也不低[1]，最终导致净流入组合的收益率不仅没有跑赢基准组合，甚至在统计上与 0 无差异（无法拒绝组合收益率小于等于 0 的原假设）。

我们再对流入加权的收益率做进一步分析。由于流入加权相当于一个纯多头的组合，因此，可以将其与规模加权的收益率比较。若流入加权的收益率显著大于规模加权的收益率，那么我们至少可以说这类投资者的申购行为是"聪明"的。

另一个假设检验设定如下。

H0：流入加权 α - 规模加权 $\alpha \leqslant 0$。

H1：流入加权 α - 规模加权 $\alpha > 0$。

若 H0 被拒绝，则代表申购的资金流存在"聪明钱"效应。

在表 7.16 中，加粗的流入加权收益率即代表该收益率显著（10% 的显著性水平）高于对应的规模加权收益率。在所有细分组别中，只有互联网渠道投资者流入加权的 α（包括资本资产定价模型、法玛-弗伦奇三因子模型、卡哈特四因子模型、法玛-弗伦奇五因子模型中的 α）显著高于规模加权的 α。我们再次从资金流入的角度发现互联网渠道的客户存在"聪明钱"效应。

---

[1] 流出组合是按照空头构建的，若收益率为负，则意味着该组合是上涨的，做空该组合则意味着投资失败。

表7.16 个人投资者"聪明钱"效应检验结果　　　　　　　　（单位：%）

类别			收益率	超额收益率	CAPM α_{CAPM}	三因子 α_3	四因子 α_4	五因子 α_5
规模加权			1.08**	0.38	0.46**	0.51***	0.40***	0.33**
个人投资者整体		净流入	-0.08	-0.02	0.07	-0.08**	0.02	0.00
		流入	1.23**	0.77**	0.86***	0.79***	0.67***	0.56***
		流出	-1.13**	-0.57	-0.68***	-0.73***	-0.60***	-0.49***
渠道	银华直销	净流入	-0.09	-0.03	-0.03	-0.20	-0.21*	-0.13
		流入	1.33**	0.60*	0.81***	0.68***	0.50***	0.53***
		流出	-1.50***	-0.53	-0.64***	-0.58***	0.46***	0.41***
	银行	净流入	-0.27	-0.27	-0.26	-0.42**	-0.28**	-0.25*
		流入	1.01*	0.61**	0.67***	0.64***	0.53***	0.45***
		流出	-1.02**	-0.41	-0.52**	-0.58***	-0.44***	-0.38***
	券商	净流入	-0.20	-0.11	-0.12*	-0.27	-0.21*	-0.12
		流入	1.35***	0.56**	0.87***	0.80***	0.67***	0.56***
		流出	-0.81*	-0.30	-0.44**	-0.57***	-0.46***	-0.33***
	互联网	净流入	0.37	0.70**	0.49**	0.37	0.37*	0.33
		流入	1.65***	1.02**	1.23***	1.09***	0.93***	0.90***
		流出	-1.65***	-0.86	-1.16***	-1.03***	-0.84***	-0.84***
	其他第三方	净流入	-0.47	-0.24	-0.20	-0.29*	-0.23	-0.15
		流入	1.06*	0.66**	0.78***	0.75***	0.64***	0.53***
		流出	-1.14*	-0.52	-0.65**	-0.74***	-0.59***	-0.48***
性别	男	净流入	-0.39	-0.09	0.02	-0.10*	0.00	-0.04
		流入	1.25**	0.77**	0.87***	0.81***	0.69***	0.59***
		流出	-1.18**	-0.60	-0.71***	-0.77***	-0.64***	-0.54***
	女	净流入	0.08	-0.09	0.06	-0.06**	0.04	0.03
		流入	1.22**	0.75**	0.84***	0.77***	0.65***	0.54***
		流出	-1.09**	-0.54	-0.64***	-0.70***	-0.56***	-0.45***

(续表)

类别			收益率	超额收益率	CAPM α_{CAPM}	三因子 α_3	四因子 α_4	五因子 α_5
年龄	30岁以下	净流入	0.05	0.16	0.15	0.08	0.09	0.05
		流入	1.30**	0.95***	0.90***	0.86***	0.74***	0.61***
		流出	-1.17**	-0.56	-0.74***	-0.82***	-0.70***	-0.60***
	30~50岁	净流入	0.00	-0.04	0.02	-0.14	-0.06	-0.06
		流入	1.23**	0.75***	0.83***	0.79***	0.67***	0.57***
		流出	-1.16**	-0.59	-0.71***	-0.77***	-0.64***	-0.54***
	50~65岁	净流入	0.21	0.04	0.13	-0.06*	0.04	0.01
		流入	1.26**	0.79***	0.89***	0.80***	0.68***	0.57***
		流出	-1.11**	-0.56	-0.65***	-0.71***	-0.57***	-0.47***
	65岁以上	净流入	-0.34	-0.10	-0.01	-0.06	-0.04	-0.01
		流入	1.25**	0.62*	0.78***	0.63***	0.47***	0.48***
		流出	-1.38***	-0.47	-0.58***	-0.54***	-0.42***	-0.36**
投资年限	无经验	净流入	0.01	0.05	0.20	0.14	0.11	0.18
		流入	1.32**	0.54	0.77***	0.83***	0.69***	0.61***
		流出	-1.15	-0.55	-0.62**	-0.70***	-0.59***	-0.44**
	少于1年	净流入	0.00	0.05	0.09	0.05	0.12	0.09
		流入	1.45**	0.78**	0.92***	0.86***	0.75***	0.66***
		流出	-1.34**	-0.69*	-0.81***	-0.78***	-0.62***	-0.54***
	1~5年	净流入	-0.13	0.09	-0.05	-0.12	-0.06	0.01
		流入	1.49**	0.84**	0.98***	0.90***	0.76***	0.67***
		流出	-1.37**	-0.76*	-0.91***	-0.93***	-0.81***	-0.64***
	多于5年	净流入	0.05	-0.11	0.06	0.01	0.06	0.05
		流入	1.47**	0.83**	0.98***	0.89***	0.74***	0.64***
		流出	-1.37**	-0.72*	-0.77***	-0.79***	-0.65***	-0.54***
收入	5万元以下	净流入	-0.69	-0.15	-0.11	-0.17*	-0.12	-0.10
		流入	1.24**	0.63	0.80***	0.81***	0.67***	0.58***
		流出	-1.24**	-0.62	-0.72***	-0.81***	-0.68***	-0.58***
	5万~15万元	净流入	-0.15	0.21	0.13	0.01	0.06	0.07
		流入	1.46**	0.86***	0.95***	0.88***	0.75***	0.65***
		流出	-1.25**	-0.64	-0.78***	-0.81***	-0.68***	-0.55***

(续表)

类别			收益率	超额收益率	CAPM α_{CAPM}	三因子 α_3	四因子 α_4	五因子 α_5
收入	15万~50万元	净流入	-0.30	-0.24	-0.09	-0.06	0.03	0.05
		流入	1.43**	0.78*	0.96***	0.91***	0.76***	0.67***
		流出	-1.39**	-0.74*	-0.80***	-0.81***	-0.68***	-0.54***
	50万元以上	净流入	-0.02	-0.04	0.00	0.00	0.03	0.05
		流入	1.51**	0.86*	1.02***	0.85***	0.72***	0.63***
		流出	-1.38**	-0.77*	-0.89***	-0.85***	-0.72***	-0.61***
风险等级	稳健型	净流入	0.25	0.02	0.11	-0.01	0.06	0.06
		流入	1.47**	0.87*	0.97***	0.94***	0.81***	0.74***
		流出	-1.25**	-0.66	-0.77***	-0.79***	-0.66***	-0.55***
	积极型	净流入	-0.16	-0.11	0.02	-0.07	0.01	-0.01
		流入	1.49**	0.83*	0.99***	0.89***	0.76***	0.65***
		流出	-1.36**	-0.73*	-0.83***	-0.85***	-0.72***	-0.59***
	进取型	净流入	-0.05	-0.05	0.05	0.05	0.02	0.06*
		流入	1.34**	0.73*	0.89***	0.80***	0.65***	0.60***
		流出	-1.36**	-0.75*	-0.82***	-0.79***	-0.66***	-0.52***

注：* $p<0.10$，** $p<0.05$，*** $p<0.01$，如无特殊说明，本书关于显著性水平均按此标准设定。加粗数值表示该收益率在10%显著性水平下显著大于规模加权的收益率。下同。

资料来源：根据银华基金数据计算。

仅从数值看，还可以发现：性别上，女性净流入加权的业绩表现略高于男性；收入上，高收入人群净流入加权的业绩表现高于低收入人群；风险等级上，低风险等级人群净流入加权的业绩表现高于高风险等级人群。不过，需要说明的是，这些结果仅是描述性统计结果，并未通过显著性检验，统计结果的可信度不强。

我们也尝试从时间维度检验"聪明钱"效应是否存在。对表格中的每一个业绩标准和权重的组合，我们将其分割成牛市、熊市、2015年前和2015年后。受篇幅限制，我们不对统计过程做展示，但从结果看，并没有哪一个时间切片展现出"聪明钱"效应。

我们也对机构投资者做了相同的检验（见表7.17）。通常认为机构投资者比个人投资者有更强的投研能力，因此也应该更加"聪明"。从检验的结果看，机构净流入加权收益率似乎并不理想，无论是看哪一个业绩基准，收益率都为负。但细分看，私募基金似乎有一定的"聪明钱"效应。从数值上看，在所有的业绩基准下，流入组合的业绩都要高于流出组合，并且除了四因子 α 和五因子 α，其他的业绩基准下净流入加权的业绩都大于0。虽然统计学上并不显著，但这可能是由于私募基金从2014年才开始有资金流数据导致的。另外，非金融企业流入加权的三因子 α、四因子 α 和五因子 α 显著高于对应的规模加权 α，表明非金融企业在资金流入上存在"聪明钱"效应。

表7.17　机构投资者"聪明钱"效应检验结果　　　　　（单位：%）

类别		收益率	超额收益率	CAPM α_{CAPM}	三因子 α_3	四因子 α_4	五因子 α_5
规模加权		1.08**	0.38	0.46**	0.51***	0.40***	0.33**
所有机构	净流入	-0.51	-0.09	-0.01	-0.05	-0.08	-0.02
	流入	1.27**	0.49	0.76***	0.62***	0.42***	0.46***
	流出	-1.44***	-0.52	-0.65***	-0.57***	-0.44***	-0.40**
私募基金	净流入	0.90	0.01	0.20	0.16*	-0.01	-0.04
	流入	1.47	1.50*	1.71*	1.28	0.99	0.88
	流出	-0.15	-0.81	-0.74	-0.77	-0.69	-0.80
非金融	净流入	0.54	-0.08	0.26	0.42	0.37	0.29
	流入	0.88	0.69	1.12**	1.32***	1.11***	1.12***
	流出	-0.78	-1.14	-1.13*	-1.15***	-1.04***	-1.02***

（续表）

类别		收益率	超额收益率	CAPM α_{CAPM}	三因子 α_3	四因子 α_4	五因子 α_5
非银	净流入	-0.62	-0.38	-0.27	-0.38*	-0.37*	-0.22
	流入	1.48**	0.66	0.88***	0.60***	0.42**	0.49**
	流出	-1.45**	-0.87**	-1.02***	-0.92***	-0.77***	-0.67***

注：* $p<0.10$，** $p<0.05$，*** $p<0.01$，加粗的数值表示该收益率在10%显著性水平下显著大于规模加权的收益率。

资料来源：根据银华基金数据计算。

2. 稳健性检验：基于全市场季频公开数据的检验结果

通过上述研究，我们只在极少数的细分组别上找到了"聪明钱"效应。但这里采用的是银华一家公司的样本，如果拓展至全市场，这一结论是否仍成立呢？

为了进一步验证上述结果是否稳健，我们参照冯绪南、周明山和陈锦昌（Feng, Zhou and Chan, 2014）的做法，进一步使用公开的全市场数据对"聪明钱"效应做了检验。需要注意的是，公开数据有两个缺点：一是净流入是估算而来，不是准确的；二是估算净流入时要用到的基金资产数据每季度才会披露一次，频率要比使用真实数据更低。公开数据来源于Wind。

净流入的估算公式如下。

$$净流入_{it} = TNA_{it} - TNA_{i,t-1} \times (1 + R_{it}) - MGTNA_{it} \quad (7.8)$$

$$机构净流入_{it} = TNA_{it} \times Inst_{it} - TNA_{i,t-1} \times Inst_{i,t-1} \times (1 + R_{it}) - MGTNA_{it} \quad (7.9)$$

$$个人净流入_{it} = TNA_{it} \times Indi_{it} - TNA_{i,t-1} \times Indi_{i,t-1} \times$$
$$(1 + R_{it}) - MGTNA_{it} \qquad (7.10)$$

其中，TNA 是总资产、R 是基金在 $t-1$ 到 t 之间的收益率、MGTNA 是基金总资产中因为合并而增加的部分、Inst 是机构投资者的持仓占比、Indi 是个人投资者的持仓占比。由于机构和个人投资者的持仓占比每半年才披露一次，我们假设持仓占比的变化是线性的，并由此推算出季频的机构和个人投资者持仓占比。

为了增强和前述检验结果的可比性，我们将检验区间设为 2010 年—2020 年 3 月。在基金池的选择上，包含了公募基金 Wind 二级分类中的普通股票型基金、偏股混合型基金、均衡配置型基金和灵活配置型基金。在此基础上，我们剔除了该基金自成立以来平均权益仓位小于 60% 的基金，以及有多个份额时的非 A 类份额基金。共有 1893 只基金满足这些条件。

表 7.18 展示了分别用原始收益率、超额收益率、资本资产定价模型 α、三因子 α、四因子 α 和五因子 α 作为业绩衡量标准，检验用不同的权重加权后的收益情况。可以看到，无论用哪一个模型，新钱加权的收益率都没有显著大于 0，也未显著大于旧钱加权的收益率。进一步将净流入分为机构和个人的净流入，结果发现机构净流入加权的资本资产定价模型 α、三因子 α、四因子 α 和五因子 α 是显著大于 0 的，而用个人投资者净流入加权的 α 则不显著大于 0。我们似乎在机构投资者身上找到了一定的"聪明钱"效应，这和冯绪南等人（2014）的结论一致。

然而，冯绪南等人（2014）对机构投资者占比的处理并不一定是合理的。在他们的论文中,机构投资者占比的变化情况被假设为线性的,并以此为基础推导出季频的机构投资者占比。假定某只基金的机构投资者占比在2015年6月30日和2015年12月31日分别为40%和20%,那么根据假设,2015年9月30日该基金的机构投资者占比为30%。这种假设会带来一定的数据泄露风险(可能会用到未来数据)。如果该基金在2015年第四季度表现非常糟糕,导致机构投资者大幅撤离,机构投资者占比的下降都在第四季度发生,将2015年9月30日该基金的机构投资者占比设置为30%,相当于把一部分第四季度的降幅分摊到第三季度。在这种情况下,我们能更加容易地统计到"聪明钱"效应,因为根据推算而来的数据,第三季度末机构投资者的占比下降,紧接着第四季度该基金的表现就变糟了。但事实上,机构投资者的"聪明钱"效应可能只说明了机构投资者对基金业绩的反应更加敏感。

表7.18 "聪明钱"效应公开数据检验:基于季频数据的估算净流入

(单位:%)

	收益率	超额收益率	CPAM α_{CPAM}	三因子 α_3	四因子 α_4	五因子 α_5
规模加权	2.77	0.99	0.41	0.96	0.65	0.41
等权	3.19	1.42	0.62	1.17	0.87	0.62
估算净流入	-0.83	-0.13	0.97	0.81	0.91	0.97
估算净流入为正	3.33	1.57	1.20	1.75	1.39	1.20
估算净流入为负	-2.84	-0.98	-0.37	-0.89	-0.57	-0.37
机构估算净流入	-0.87	-0.15	1.34***	1.33***	1.36***	1.34***
个人估算净流入	-1.54	-0.10	0.64	0.39	0.51	0.64

资料来源:根据Wind数据计算。

为排除冯绪南等人（2014）对机构投资者占比的处理带来的数据泄露问题，我们进一步用半年频率的资金流检验"聪明钱"效应。中国公募基金需要在半年报和年报中披露过去半年申购和赎回的金额总量，因此若将时间频率放宽到半年，我们不仅可以获取真实的净流入金额，还可以获取真实的流入和流出数据。

机构（个人）投资者资金流＝资金流×期初和期末机构（个人）投资者持仓占比的平均值

虽然这样做也存在不准确的因素，但至少排除了数据泄露的问题。表7.19展示了检验结果，虽然机构投资者净流入加权的 α 从数值上看高于个人投资者，却不显著大于0，因此无法认定机构投资者整体存在"聪明钱"效应。这一结论和用银华数据分析得出的结论一致。

表7.19 "聪明钱"效应公开数据检验：基于半年报和年报的真实净流入

（单位：%）

		收益率	超额收益率	CPAM α_{CPAM}	三因子 α_3	四因子 α_4	五因子 α_5
	规模加权	4.15	1.96	0.84	1.92	1.33	0.84
所有投资者	净流入	-0.77	-1.41	1.04	0.56	0.76	1.04
	流入	4.50	2.35	1.44	2.32	1.71	1.44
	流出	-4.28	-2.13	-1.15	-2.08	-1.53	-1.15
机构投资者	净流入	0.52	-0.27	1.37	1.27	1.25	1.37
	流入	6.37	2.41	1.71	2.66	2.15	1.71
	流出	-6.25	-2.30	-1.68	-2.64	-2.17	-1.68

(续表)

		收益率	超额收益率	CPAM α_{CPAM}	三因子 α_3	四因子 α_4	五因子 α_5
个人投资者	净流入	-1.93	-1.16	0.81	0.24	0.50	0.81
	流入	5.41	1.55	1.34	2.19	1.53	1.34
	流出	-5.16	-1.29	-0.95	-1.86	-1.28	-0.95

资料来源：根据 Wind 数据计算。

第五节 结论

总之，从银华基金的样本看，个人投资者没有"聪明钱"效应。细分看，互联网渠道投资者和进取型投资者的净流入资金（对应的是投资者的净申购行为）存在一定的"聪明钱"效应。对于其他组别的个人投资者，虽然流入资金加权的收益率很多显著大于0，但流出资金几乎侵蚀了流入资金的所有收益，导致净流入加权的收益几乎都不显著大于0。从流入资金看，只有互联网渠道的投资者的流入资金加权收益显著大于规模加权收益。因此，我们可以认为互联网渠道的投资者的流入资金（对应的是投资者的申购行为）也存在"聪明钱"效应。

机构投资者作为一个整体不存在"聪明钱"效应，无论用银华基金的高频数据还是全市场公募基金的低频数据检验，均显示这一结果。不过，在具体机构层面，私募基金净流入加权收益率和非金融企业流入加权收益率展现了一定的"聪明钱"效应。

下一章的研究将重点关注几个常见的投资行为偏差，对行为偏差的研究或许可以揭示不存在"聪明钱"效应的原因。

第八章　基金市场投资者行为偏差的实证研究

本章主要采用实证分析的方法，基于银华基金个人与机构投资者的高频申赎数据，研究基金投资者的行为偏差，分析不同类型投资者的行为偏差程度及特点。本章重点研究了处置效应、过度自信与过度交易以及羊群效应等金融市场广泛存在且对市场影响较大的行为偏差。

第一节　处置效应实证研究

一、处置效应在基金市场的表现

基金交易中的处置效应具体是如何表现的呢？我们可以通过一位银华投资者的真实交易流水，更直观地感受这一效应。该投资者在2017年10月26日分别申购了1500元的银华富裕主题、100元的银华优质增长混合和200元的银华中小盘混合。2018年2月7日，该投资者又申购了1000元的银华富裕主题。至此，该投资者完成建仓，后复权的持仓平均成本如下：银华富裕主题5.6532元、银华优质增长混合5.1302元、银华中小盘混合4.3304元。后面一段时间，该投资者经历了2018年漫长的熊市，持有的三只基金均经历了不同程度的浮亏，直到2019年上半年才陆续回本。2019年5月23日，该投资者做出了第一笔赎回，他赎回的是唯一回本的银华富裕主题，而继续持有处于亏损状态的另外两只基金。到了2019年8月23日，他又赎回了刚刚回本不久的银华中小盘混合，继续持有处于亏损状态的银华优质增长混合。在2019年11月20日，他终于等来了最后一只基金的回本，并迅速出场止盈。这位投资者的交易行为体现了强烈的处置效应。首先，在2018年的熊市中，他一直按兵不动，拒绝出场止损，而当基金回本实现小幅盈利后，又迅速止盈出局。其次，当面临多只基金的赎回决定时，他优先选择赎回处于浮盈状态的基金。显然，从这个案例中我们也发现，由于处置效应的存在，该投资者其实并没有赚到多少钱，因为稍有盈利他就全部赎回了，而在随后的2020年，基金市场迎来了一波大行情。

在接下来的研究中，我们将沿用上述案例中的分析思路，并使用更加严谨的方法检验处置效应。

二、检验方法与筛选样本说明

1. 检验方法

我们采用奥登（Odean，1998）提出的方法度量处置效应。

该方法的核心是通过对比投资者赎回盈利资产和赎回亏损资产的概率,判断某一投资者群体是否具有处置效应。[①] 具体做法如下:

根据奥登的定义,盈利和亏损分别包括两种形式:一种是已实现盈利(realized gain, RG)和已实现亏损(realized loss, RL),另一种则是账面盈利(paper gain, PG)和账面亏损(paper loss, PL)。已实现盈利和已实现亏损是针对基金的赎回行为(如果研究的是股票就是卖出行为)而言的。在奥登的论文中,如果股票卖出价格大于平均买入价格,那么该笔卖出就会被记录为一笔已实现盈利,反之如果卖出价格小于平均买入价格,该笔卖出就会被记录为一笔已实现亏损。平均价格指的是当前该股票持仓的成本价。在基金中,份额是按照先进先出的方式赎回的。然而对大多数基金投资者来说,在判断一笔赎回有没有赚钱时,通常还是会把赎回价格与均价做比较。因此,我们依然沿用平均价格的方式计算成本。由于流水数据中包含了每一笔交易支付的手续费,在计算成本价和赎回价时,我们将手续费也考虑进去,使结果更加真实。

账面盈利和亏损指的是持有某只基金时,该基金当天是处于浮盈还是浮亏的状态。由于股价在一天中是变化的,并且投资者有机会在当天的任何价格卖出持有的股票,如果该股票的成本价是在当天的最高价和最低价之间,那就很难判断投资者当天是处于浮盈还

[①] 虽然奥登最初使用该方法是用来检验股票市场的,但在稍做改进之后,对公募基金市场也同样适用。

是浮亏的状态。因此在奥登（1998）的研究中，只有成本价在当日最低价以下时，才判断该股票当日处于浮盈状态，反之如果成本价在当日最高价以上，该股票在当日处于浮亏状态。相比之下，由于公募基金每日只会有一个价格（即当日净值），我们只需要对比平均成本价和当日净值的高低即可知道持仓是处于浮盈还是浮亏状态。需要注意的是，只有在当天某一投资者有赎回行为发生时，我们才会统计账面盈利和账面亏损。

另外，投资者选择的分红方式也会影响所持基金的收益。为了让统计出的盈利和亏损更加真实，我们设定如下：如果该投资者获得了现金分红，那么在赎回基金份额时需要按照相应的比例摊薄成本。如果该投资者选择了红利再投资，那么通过红利再投资获取的基金份额成本为0。

用上述方法，可以统计出在某一时间区间内，某一类人群已实现盈利的次数（N_{rg}）、已实现亏损的次数（N_{rl}）、账面盈利的次数（N_{pg}）和账面亏损的次数（N_{pl}），进而可以计算出已实现盈利的比例（*PGR*）、已实现亏损的比例（*PLR*）和它们的差值（*DE*）。

$$PGR = N_{rg} / (N_{rg} + N_{pg}) \tag{8.1}$$

$$PLR = N_{rl} / (N_{rl} + N_{pl}) \tag{8.2}$$

$$DE = PGR - PLR \tag{8.3}$$

通过对比 *PGR* 和 *PLR* 的大小，即可检验出处置效应是否存在。如果 *DE* 显著大于0，则代表投资者有更大的概率赎回盈利的基金，也就是说处置效应是存在的。如果 *DE* 不显著大于0，则代表没有发现处置效应。假设检验如下。

H0：$DE \leq 0$。

H1：$DE > 0$。

若 H0 被拒绝，则代表存在处置效应。

对于统计检验，我们用以下公式来计算 DE 的标准误：

$$SE = \sqrt{\frac{PGR(1-PGR)}{N_{rg}+N_{pg}} + \frac{PLR(1-PLR)}{N_{rl}+N_{pl}}} \qquad (8.4)$$

如果我们想要对比1和2两类人群 DE 的差别，标准误的计算公式为：

$$SE = \sqrt{SE_1^2 + SE_2^2} \qquad (8.5)$$

2. 样本筛选

由于需要统计账面盈利和账面亏损，该方法的一个潜在假设是我们可以获取投资者所有的基金持仓，但样本数据只包含了投资者在银华基金的交易信息。这会导致账面盈利和账面亏损被少算，进而导致 PGR 和 PLR 被高估。为了缓解这一问题，在检验处置效应时，我们只保留了同时持有过一只以上基金的投资者。当投资者有实现的盈利或亏损时，我们也可以同时记录到该投资者账面的盈利和亏损。另外，我们排除了样本区间内没有任何主动赎回行为的投资者，因为只有赎回发生时，才会记录已实现盈利和亏损以及账面盈利和亏损。

计算盈利或亏损需要知道持仓成本。对于期初有持仓的投资者，我们无从得知这些份额的成本价。因此在使用奥登（1998）

的方法检验处置效应时需要排除期初有持仓的投资者。除此之外，为了防止规模较小的投资者对检验结果造成影响，我们排除了样本区间交易少于 5 笔、最大一笔交易金额小于 1000 元的投资者。筛选后，各个维度上不同类型投资者的占比和全样本差异不大，因此筛选后的样本仍旧具有代表性。共有 237774 位投资者满足上述所有条件。

三、检验结果

1. 人口学维度

表 8.1 详细展示了在不同维度下，各类投资者处置效应的程度。在所有个人投资者中，赎回盈利基金的概率比赎回亏损基金的概率高 12.16%，也就是说，个人投资者作为一个整体存在显著的处置效应。另外，在所有的分类中，DE 都显著大于 0，这说明处置效应在个人投资者中是普遍存在的。

从渠道看，直销渠道和互联网渠道投资者的处置效应最弱，DE 都小于 8%。银行渠道投资者和券商渠道投资者的处置效应最明显，DE 超过 20%。

从性别和年龄看，女性投资者的处置效应明显强于男性，年龄大的投资者处置效应显著大于年龄小的投资者。我们认为，这可能和投资者对损失的厌恶程度有关。不少研究都发现，女性比男性更加厌恶损失，而对年纪大的人来说，其大部分财富已经积累完毕，若投资出现损失，再赚回来的可能性比年轻人要小，因此他们也会更加厌恶损失。

在收入、投资年限和风险等级维度上,我们并没有发现各组别之间有显著差异。

表8.1 个人投资者处置效应实证结果——人口学维度

类别		PGR(%)	PLR(%)	DE(%)	p值	组别间处置效应是否有显著差异
个人投资者整体		51.23	39.07	12.16	0.0000	—
渠道	银华直销	50.77	43.37	7.40	0.0017	直销显著小于第三方渠道
	银行	59.31	37.05	22.26	0.0000	
	券商	61.37	34.36	27.01	0.0000	
	互联网	48.15	40.54	7.60	0.0000	
性别	女	54.49	37.00	17.49	0.0000	女性显著大于男性
	男	49.24	40.56	8.68	0.0000	
年龄	30岁以下	49.72	41.11	8.61	0.0000	30岁以下显著小于65岁以上
	30~50岁	50.62	39.43	11.19	0.0000	
	50~65岁	53.75	37.40	16.35	0.0000	
	65岁以上	54.99	36.34	18.65	0.0000	
收入	低收入	50.49	40.74	9.75	0.0000	无显著差异
	高收入	48.88	38.14	10.73	0.0001	
经验	短	50.89	43.14	7.75	0.0068	无显著差异
	长	49.53	38.68	10.85	0.0000	
风险等级	低	49.27	40.23	9.04	0.0004	无显著差异
	高	50.19	39.84	10.35	0.0000	

注:显著性水平设定为10%,下同。
资料来源:根据银华基金数据计算。

2. 时间维度

除了人口学维度，我们还在时间维度上检验了处置效应。具体有两个维度：一个是市场处于牛市或熊市时，另一个是最近几年和之前几年的比较。

2.1 牛熊市

我们以沪深300指数为基准，把持续长度超过60个交易日，涨跌幅超过25%的一波行情划分为牛/熊市。[①] 表8.2展示了样本区间内A股市场牛熊市的划分结果。根据我们的划分，在样本区间内总共有1166个交易日的牛市和1324个交易日的熊市。

表8.2 牛熊市划分

起始日期	结束日期	牛熊市	交易日天数	沪深300指数涨跌幅（%）
2009年12月31日	2010年7月5日	熊市	122	−33.65
2010年7月5日	2010年11月8日	牛市	82	41.23
2010年11月8日	2014年3月20日	熊市	815	−41.19
2014年3月20日	2015年6月8日	牛市	298	156.53
2015年6月8日	2016年1月28日	熊市	159	−46.70
2016年1月28日	2018年1月24日	牛市	486	53.83
2018年1月24日	2019年1月3日	熊市	228	−32.46
2019年1月3日	2020年3月31日	牛市	300	24.33

资料来源：根据Wind数据计算。

[①] 样本数据截止日为2020年3月31日。

我们发现市场环境的好坏确实会对投资者的处置效应产生一定影响，熊市时期的处置效应显著强于牛市。当市场处于熊市时，投资者会将自身的损失和市场联系起来，认为"牛市总会来的"，只要等待市场行情反转，持有的基金就可以扭亏为盈。若市场已经处于牛市，而基金仍然亏损，那么投资者对这笔投资的信心就不会很强，赎回止损的概率就会更大。

2.2 时间切片

除了区分牛熊市之外，我们还统计了处置效应在时间序列上的变化情况（见表8.3）。我们发现处置效应随着时间推移不断削弱。这说明了基金投资者在成长，在一定程度上可以归功于投资者教育。

表8.3 个人投资者处置效应实证检验——时间维度[①]

	类别	PGR	PLR	DE	p值	组别间处置效应是否有显著差异
牛熊市	牛市	50.08	37.76	12.31	0.0000	熊市显著强于牛市
	熊市	57.91	41.17	16.74	0.0000	
时间切片	2010年前	54.29	29.63	24.66	0.0000	处置效应随着时间推移逐渐减弱
	2010—2015年	60.10	39.68	20.42	0.0000	
	2016年后	50.02	38.84	11.18	0.0000	

资料来源：根据银华基金数据计算。

[①] 我们还获取了银华基金2010年之前的交易流水数据，为了更加客观地分析基金投资者的理性程度在不同时间阶段的动态演变特征，这里我们加入对2010年之前的统计，具体时间段为2004年1月—2009年12月。

3. 基金价格维度

我们将基金按照单位净值分割成不同的区间,并分别检验处置效应在每个区间中的大小。实证检验结果表明当基金单位净值小于1元或者大于3元时,处置效应都显著强于1~3元时的情况(见表8.4)。

进一步分析可以发现,净值小于1元的基金实现亏损的比例最小,仅有33.74%。这说明对于净值过低的基金,投资者有明显的惜售心理,这与证券市场的低价股效应一致。净值大于3元的基金实现盈利的比例最大,为51.86%。这又表现出投资者对高价基金易于抛售的心理。

表8.4 个人投资者处置效应实证检验——基金价格维度

基金单位净值	PGR(%)	PLR(%)	DE(%)	p值
小于1元	48.23	33.74	14.48	0.0000
1~2元	51.04	39.47	11.57	0.0000
2~3元	51.76	42.72	9.04	0.0000
大于3元	51.86	37.54	14.32	0.0000

资料来源:根据银华基金数据计算。

4. 明星基金 vs 非明星基金

对于一只基金来说,能够被权威机构评为明星基金可以大大提高该基金的知名度,并吸引大量新增资金申购。我们认为,当一只基金被评为明星基金后，随之而来的投资者更多抱有的是一种委托投资的心态。他们或许不会对明星基金的投资理念、投资者风格做太多研究，只是希望该明星基金能替其做投资决定，并且愿意为此支付一定的费用，而不是把基金当作一种工具化产品（如被动指数型基金就是一种典型的工具化产品）。若明星基金后续确实给投资者带来了不错的盈利，就会加深委托型投资者对该基金的信任，这些投资者可能会更加拿得住持仓；而当其出现亏损时，委托型投资者可能更倾向于将错误归结为基金经理的失误，自己只是看走眼，所以赎回也可能会更加果断。我们推测，由于明星基金的投资者中存在更多委托性质的投资者，因此他们当中的处置效应会弱于非明星基金。

我们通过 Wind 获取了 2010—2020 年所有主动权益型银华基金的获奖情况（见表 8.5）。一共有 4 只银华基金被《证券时报》《上海证券报》《中国证券报》评为明星基金。

表 8.5　银华基金获奖情况

获奖基金	获得奖项
银华盛世精选	2017 年《证券时报》一年平衡混合型明星基金奖
银华汇利	2018 年《上海证券报》三年期灵活配置型金基金奖 2018 年《证券时报》三年持续回报绝对收益明星基金奖
银华富裕主题	2018 年《证券时报》五年持续回报积极混合型明星基金奖 2018 年《中国证券报》三年期开放式混合型持续优胜金牛基金 2018 年《上海证券报》十年期偏股混合型金基金奖 2019 年《中国证券报》三年期开放式混合型持续优胜金牛基金

（续表）

获奖基金	获得奖项
银华中小盘	2015年《中国证券报》三年期开放式混合型持续优胜金牛基金 2016年《中国证券报》三年期开放式混合型持续优胜金牛基金 2016年《证券时报》三年持续回报积极混合型明星基金奖 2017年《证券时报》五年持续回报积极混合型明星基金奖 2017年《中国证券报》五年期开放式混合型持续优胜金牛基金 2018年《中国证券报》五年期开放式混合型持续优胜金牛基金 2019年《中国证券报》七年期开放式混合型持续优胜金牛基金 2019年《证券时报》五年持续回报积极混合型明星基金奖

资料来源：Wind。

我们统计了这些基金获奖三年后的处置效应程度，并且与非明星基金做了对比。实证结果证明了我们的猜测，交易明星基金的投资者的 DE 值为 8.90%，显著小于交易非明星基金投资者的 13.20%，明星基金的处置效应确实显著弱于非明星基金（见表 8.6）。

表 8.6　个人投资者处置效应实证检验——明星基金维度

	PGR (%)	PLR (%)	DE (%)	p 值	两组的处置效应是否有显著差异
明星基金	49.83	40.93	8.90	0.0000	明星基金的处置效应要显著小于非明星基金
非明星基金	51.79	38.59	13.20	0.0000	

资料来源：根据银华基金数据计算。

5. 处置效应检验拓展——基于持有时间长度的方法

我们尝试检验机构投资者是否具有处置效应，但奥登（1998）的方法在此并不适用，因为该方法对样本的要求较为苛刻，它要求统计期间投资者必须持有一只以上的基金,而可利用的机构投资者样本数量本来就不多,根据该条件剔除后,样本数量更少,这可能会导致检验结果不客观。

为此,我们尝试了一种新方法,该方法从持仓时长的维度检验处置效应。由于该方法不需要投资者同时持有一只以上的基金,样本数量得以扩大,检验也更加准确。在放松筛选条件后,共有1287位机构投资者满足条件。另外,用两种方法检验处置效应也能提升结论的稳健性。

该方法是我们基于夏皮拉和韦内齐亚(Shapira and Venezia, 2001)的方法改进而来的。他们定义了一个"往返"(round trip)的概念。一个简单的往返包括一笔买入和一笔对应的卖出,并且在卖出后仓位归零;而一个复杂的往返则包括多笔买入和多笔对应的卖出,同样在最后一笔卖出后仓位归零。该文献用亏损往返的时长和盈利往返的时长之差衡量处置效应的程度。对于一个复杂的往返,持续时长就是每一笔卖出的持有时长的加权平均。

我们对此方法做了一些改进。首先,用整个往返的时长衡量投资者对浮盈或浮亏的忍耐度并不十分合理。假设有一个场景:某一投资者买入一只基金并从第二天开始承受亏损。接下来的很长一段时间,该投资者一直承受亏损,直到某一天该基金随着市场行情的回暖终于扭亏为盈,该投资者在盈利的第一天就卖出所有持仓并实现了盈利。在这个虚拟场景中,这位投资者其实展现出了非常强的处置效应。但是根据夏皮拉和韦内齐亚的做法,这是一个盈利的往返,该投资者长时间承受亏损的行为反而被当作拿得住盈利的体现。因此，我们提出一个更合理的时间长度统计方法。若某个往返是盈利的，我们只统计这个往返赎回前持续盈利的时长；反之若某个往返是亏损的，我们就只统计这个往返赎回前持续亏损的时长。在刚才的虚拟场景中，赎回前只有连续1天的盈利，那这个盈利的往返对应的时长就是1天。

其次，夏皮拉和韦内齐亚使用亏损时长和盈利时长之差衡量处置效应也不是非常合理。如果某一类投资者本身就更拿得住基金，那么就算处置效应并不大，差值也会被放大。一种更妥当的测量方法是使用平均盈利时长和平均亏损时长的比值。该比值越小，代表处置效应越强。

最后，对于处置效应的统计检验，我们并不是单纯地检验比值是否显著小于1。在一波总体向上的行情中，如果进行完全随机的投资，平均盈利时长应该长于平均亏损时长。因此，我们使用bootstrap方法做统计检验。具体来说，对投资者的每一笔交易，随机选取一笔新交易的起始时间，但保持其持仓的时长不变，再用和之前一样的方法统计平均盈利时长和平均亏损时长的比值，这样得出的比值即为一个随机样本。重复该做法1000次，即可得到1000个比值。真实的比值在随机样本中所处的分位数即可作为统计检验中的 p 值。

使用改进后的方法，我们重新检验了机构投资者的处置效应。结果发现，机构在赎回前的平均浮盈天数为151.64天，平均浮亏天数为117.93天，两者的比值为1.29。单纯从天数的比较看，似乎机构更拿得住盈利的基金，存在反处置效应。然而，如前文提到的，

第八章 基金市场投资者行为偏差的实证研究

我们并不知道在随机情况下，浮盈和浮亏的天数是如何分布的。假设这些机构投资者投资的基金表现十分亮眼，很少出现回撤，那么，即使在没有处置效应的情况下，浮盈天数也会显著多于浮亏天数。因此，我们使用 bootstrap 方法检验在没有处置效应的情况下，浮盈和浮亏天数的分布情况。在运行 1000 次模拟交易后，我们发现在没有处置效应的情况下，平均浮盈天数为 177.49 天，平均浮亏天数为 67.76 天，浮盈和浮亏天数之比的平均值为 2.62。而从真实数据中统计出来的天数之比仅为 1.29，处于 1000 次模拟里最低的分位数。因此，机构投资者仍然存在一定程度的处置效应。表 8.7 展示了不同类型的机构投资者浮盈和浮亏的持有天数。

表 8.7 机构投资者处置效应实证检验——基于持仓天数

类别	平均持有天数	赎回前连续浮盈天数	赎回前连续浮亏天数	比值	赎回前连续浮盈天数（1000次模拟均值）	赎回前连续浮亏天数（1000次模拟均值）	比值（1000次模拟均值）	p 值
所有机构	246.45	151.64	117.93	1.29	177.49	67.76	2.62	0.000
私募机构私募基金	80.61	44.29	34.15	1.30	41.84	34.17	1.24	0.000
非金融企业	299.05	98.11	157.98	0.62	119.49	48.51	2.57	0.000
非银行业金融机构	456.18	297.82	168.81	1.76	292.04	93.04	3.18	0.000

资料来源：根据银华基金数据计算。

同时，为了和机构做对比，我们用新方法重新检验了个人投资者的处置效应（见表8.8）。这可以被视为对之前方法的稳定性检验。由于投资者数量较多，我们随机选择10000名个人投资者做检验。我们发现，机构投资者的比值显著大于个人投资者，验证了机构投资者处置效应的程度远小于个人投资者。在渠道、性别与年龄这几个显著的维度中，检验结果都和之前基本保持一致，这意味着我们关于处置效应的研究结论是稳健的。

表8.8 个人投资者处置效应实证检验——基于持仓天数

类别		平均持有天数	赎回前连续浮盈天数	赎回前连续浮亏天数	比值	赎回前连续浮盈天数（1000次模拟均值）	赎回前连续浮亏天数（1000次模拟均值）	比值（1000次模拟均值）	p 值
个人投资者整体		252.41	71.48	151.78	0.47	177.49	69.17	2.57	0.000
渠道	银华直销	255.06	105.51	114.76	0.92	89.27	70.87	1.27	0.000
	银行	526.64	101.62	360.69	0.28	355.45	116.65	3.05	0.000
	券商	323.09	75.14	178.18	0.42	159.51	78.26	2.07	0.000
	互联网	121.67	43.50	42.23	1.03	85.65	51.63	1.66	0.000
性别	男	185.55	56.26	116.75	0.48	171.84	83.68	2.08	0.000
	女	332.51	89.6	196.2	0.46	138.41	60.24	2.30	0.000
年龄	30岁以下	93.64	43.9	38.46	1.14	237.95	83.91	2.84	0.000
	30~50岁	271.75	79.19	149.64	0.53	76.43	46.13	1.66	0.000
	50~65岁	373.86	83.13	266.67	0.31	174.09	71.15	2.45	0.000
	65岁以上	435.85	93.93	326.25	0.29	243.10	84.00	2.90	0.000

资料来源：根据银华基金数据计算。

四、处置效应为什么是非理性的?

以上检验表明处置效应普遍存在。那么,为什么说处置效应是一种非理性行为呢?为了回答这个问题,我们将银华基金投资者盈利的赎回推迟一段时间、亏损的赎回提早一段时间,并观察投资者的收益率是否能因此提升。表8.9展示了在不同情况下,投资者收益率的提升情况。我们发现,不管是推迟盈利的赎回还是提早亏损的赎回,收益率都有显著提升。因此,处置效应确实会损害投资收益,这也就说明了处置效应是一种非理性行为。

表8.9 改善处置效应是否能够增加投资者的收益 (单位:%)

	推迟盈利的赎回	提早亏损的赎回	推迟盈利的赎回+提早亏损的赎回
10天	0.58	0.94	1.35
20天	0.79	0.91	1.47
30天	1.33	0.97	1.96

资料来源:根据银华基金数据计算。

五、小结

在本节中,我们非常细致地检验了处置效应。总的来说,处置效应普遍存在于个人投资者中。从人群分类看,女性的处置效应强于男性;年长投资者的处置效应强于年轻投资者;第三方渠道投资者的处置效应强于直销渠道,并且主要来自银行投资者。从时间维度看,处置效应在熊市中更强。此外,我们还发现,随着时间推移，处置效应逐渐削弱，这在一定程度上体现了投资者教育对提升投资者理性的作用。

除了使用奥登（1998）的方法，我们基于持仓时长提出了一种检验处置效应的新方法。使用该方法，我们检验了机构投资者的处置效应，并将之与个人投资者做了对比，结果发现机构投资者的处置效应显著弱于个人投资者。

最后，我们通过推迟盈利的赎回以及提早亏损的赎回，验证了处置效应的存在，这确实损害了投资者的利益。

第二节　过度自信与过度交易实证研究

一、过度自信、过度交易的内涵与关联

历史上对过度自信的研究有很多。巴伯、奥登和郑璐（Barber, Odean and Zheng, 1999）总结了这些研究，他们认为过度自信程度随着任务难度提高、事件可预测性下降以及反馈明确度下降而变得更强。在投资领域，判断资产价格的未来走势就具有上述特征。金融资产价格难以预测是一个共识，然而就算是站在事后的角度，人们在总结自己的投资行为时，也通常会为自己的成功或者失败做错误归因。因此我们有理由相信，过度自信在投资领域中是存在的。另外，幸存者偏差也助长了投资领域中的过度自信行为。一方面，有过度自信特质的人更倾向于选择从事投资交易这种高难度高回报的工作；另一方面，成功的投资者大概率

会留在市场内继续交易，由于过往业绩亮眼，这部分投资者会变得更加过度自信，失败的投资者则会陆续退出市场。

过度交易指投资者过于频繁的买卖行为。存在过度交易行为的投资者普遍有两个特征：一是会有更高的换手率，二是过于频繁的交易让自身收益遭受了损失。过往对过度交易的研究集中在股票上，但其实公募基金中的过度交易行为对投资者造成的损失往往更大。与股票买卖不同，公募基金的赎回费用是按照持有时长分段收取的，持有时间越长，费率就越低。以银华中小盘混合为例，若持有时间小于 7 天，赎回费率为 1.5%，但若持有时间超过 2 年，则不收取赎回费用。如果交易频繁，不仅收取费用的次数变多了，单次的费率也会更高，给投资者带来损失。

过度自信和过度交易之间被认为存在紧密联系。巴伯、奥登和郑璐（1999）提出了一个关于过度自信和过度交易的假设，理性的投资者只会在期望净收益大于 0 时交易，而过度自信的投资者高估自己的投资能力，他们会在期望净收益小于 0 时也交易。因此过度自信的投资者换手率更高。

巴伯、奥登和郑璐指出，在过往心理学领域的研究中，男性被广泛认为比女性更容易受过度自信的影响。如果这个假设成立，那么男性交易的频率就会更高，并且损失也会更大。通过实证检验，这一假设得到了证明。

我们通过一个真实的投资者交易案例直观地展示过度交易对投资收益带来的损害。某投资者在 2018 年 10 月 10 日—2019 年 12 月 25 日申购和赎回了一只基金各 4 次，平均每次持有 2—3 个月，每两个持仓周期之间有 1 个月左右的间隙。显然，该投资者是在尝试通过择时赚取更大的收益。然而从结果看，频繁操作对收益造成了损害。该投资者的区间累计收益率为 35.7%，但该区间内基金的净值增长率为 49.4%，他少获取了 13.7% 的收益。这当中一部分是额外的手续费，一部分是平仓时机不佳造成的损失。

在本节的实证研究中，由于我们只有交易流水数据，只能检验投资者的过度交易程度，但好在我们对投资者进行了人口学维度的分类（性别、年龄等）。巴伯、奥登和郑璐指出男性比女性更易过度自信，而根据常识判断，我们也可以在某些人口学维度上区分出更加过度自信的组别。① 通过观察这些更易受过度自信影响的投资者分组的过度交易情况，我们也可以检验巴伯、奥登和郑璐的理论。②

二、检验方法

根据巴伯、奥登和郑璐的做法，若要证明某类投资者过度交易的行为更加严重，那么首先需要证明该类投资者交易更加频繁，其次需要证明频繁的交易对该类投资者带来了更大的损失。因此，我们的假设检验如下。

H0：群体 A 的交易频率 $\leqslant$ 群体 B 的交易频率，或群体 A 因频

---

① 丹尼斯和沃纳（Dennis and Werner, 2005）指出，在做投资决策时，年轻的投资者比年长的投资者更加过度自信。雷努和克里斯蒂（Renu and Chrstie, 2019）指出，相比低收入群体，高收入群体更容易受到过度自信的影响。
② 即越是过度自信的投资者，过度交易的程度也越强。

繁交易受到的损失≤群体 B 因频繁交易受到的损失。

H1：群体 A 的交易频率 > 群体 B 的交易频率，且群体 A 因频繁交易受到的损失 > 群体 B 因频繁交易受到的损失。

若 H0 被拒绝，说明群体 A 的过度交易行为相比群体 B 更加严重。

交易频率可以用换手率代替。换手率的计算公式参照廖理等人（2013）的论文。日换手率是日买入换手率和日卖出换手率的平均值，计算公式如下。

$$\text{投资者 } i \text{ 在交易日 } d \text{ 的买入换手率} = \sum_{k=1}^{N_{i,d}} w_{i,d}^k \frac{B_{i,d}^k}{H_{i,d}^k} \quad (8.6)$$

$$\text{投资者 } i \text{ 在交易日 } d \text{ 的卖出换手率} = \sum_{k=1}^{N_{i,d}} w_{i,d-1}^k \frac{S_{i,d}^k}{H_{i,d-1}^k} \quad (8.7)$$

其中，$w_{i,d}^k$ 表示投资者 i 在交易日 d 末持有资产 k 的市值占投资组合总市值的比例，$B_{i,d}^k$ 和 $S_{i,d}^k$ 分别表示投资者 i 在交易日 d 末买入资产或卖出资产 k 的数量，$H_{i,d}^k$ 表示投资者 i 在 d 日末持有资产 k 的总数量。

对于投资者因过度交易受到的损失，我们使用巴伯、奥登和郑璐（1999）提出的"自身基准"（own benchmark）方法：对于每一位投资者，在每年的年初记录他的持仓情况，并且假设该投资者持有年初的仓位在一年内不做任何交易，直到下一年的年初再进行调仓。通过此方法生成资产组合的收益即为投资者的自身基准。再将每一位投资者的真实收益和自身基准做比较，如果真实收益没有跑赢自身基准，或者跑赢的幅度没有打败交易费率，那么就说明频繁的交易损害了投资者的收益。

我们在此基础上做了一些改进。巴伯、奥登和郑璐用每月的持仓数据估算投资者的真实收益，交易费用也只是通过估算得到一个平均费率。由于我们获取了投资者的逐笔交易数据，并且每一笔交易的准确交易费用也有记录，因此我们得以精确计算出投资者的真实收益，并且手续费对收益的侵蚀也被包含在内。因此，在和自身基准做比较时，不用再考虑手续费的问题。另外，受限于基金样本较小（仅有银华一家公司的基金样本，而非全市场），很多投资者在年初没有任何持仓。如果投资者年初没有持仓，我们就将该投资者当年的第一笔申购作为其自身基准。

收益率的计算参考了廖理等人（2013）的方法，并在其基础上增加了现金分红和红利再投资两个变量。交易日 i 的收益率计算公式如下。

$$交易日\ i\ 的收益率 = \frac{V_i + S_i + Reinv_i \cdot Nav_i + CashDiv_i - SFee_i}{V_{i-1} + B_{i-1} + Reinv_{i-1} \cdot Nav_{i-1} + BFee_i}$$

(8.8)

其中，V 表示继续持有部分的收盘市值（只包括当日没有做过交易的部分，不包括当日买入的部分），S 表示不包括手续费的卖出总金额，$Reinv$ 表示红利再投资份额，Nav 表示当日净值，$CashDiv$ 表示现金分红金额，$SFee$ 表示卖出手续费，B 表示不考虑手续费的买入总金额，$BFee$ 表示买入手续费。

我们排除了交易总笔数少于 5 笔，最大一笔交易金额小于 1000 元的投资者。由于没有了检验处置效应时至少同时持有两只基金的要求，样本变大了很多。因此在检验时随机抽取了10000个投资者进行检验。

三、检验结果

1. 人口学维度

1.1 换手率

我们首先检验了银华基金投资者的换手率情况（见表8.10）。样本中个人投资者的平均日换手率为1.75%，机构投资者的平均日换手率为1.87%。从数值看，机构投资者的换手率略高，但在统计学上不显著。从渠道看，互联网渠道投资者的日换手率高达3.49%，显著高于其他渠道的投资者；银行渠道投资者的日换手率仅有0.79%，显著低于其他渠道的投资者。互联网渠道投资者交易频繁可能与互联网购买基金的便捷性有关，而银行渠道的投资者由于有客户经理的引导，不容易频繁操作。从性别看，男性投资者的日换手率为2.36%，显著高于女性投资者1.29%的日换手率，该结论与巴伯、奥登和郑璐（1999）的检验结果一致。在年龄维度上，换手率随着年岁增长逐渐降低，30岁以下的投资者日换手率达到3.87%，显著高于其他年龄组别。从收入和风险等级看，各组别间换手率并无显著差异。从投资年限看，投资年限为0~1年的投资者日换手率为1.93%，显著高于其他组别；无经验和经验丰富的投资者日换手率都约为1.6%。

表8.10 日换手率——人口学维度

类别		日换手率（%）	组别间换手率对比
性质	个人	1.75	无显著差异
	机构	1.87	
渠道	银华直销	1.95	互联网渠道投资者的换手率显著高于其他渠道投资者
	银行	0.79	
	券商	1.54	
	互联网	3.49	
性别	男	2.36	男性投资者换手率显著高于女性
	女	1.29	
年龄	30岁以下	3.87	30岁以下投资者的换手率显著高于其他年龄组投资者
	30~50岁	1.78	
	50~65岁	1.09	
	65岁以上	0.85	
收入	5万元以下	1.61	无显著差异
	5万~15万元	1.60	
	15万~50万元	1.70	
	50万元以上	1.79	
投资年限	无经验	1.59	投资年限为0~1年的投资者换手率显著高于其他组别投资者
	少于1年	1.93	
	1~5年	1.57	
	多于5年	1.60	
风险等级	稳健型	1.80	无显著差异
	积极型	1.56	
	进取型	1.73	

注：组别间检验显著性水平设定为10%。
资料来源：根据银华基金数据计算。

1.2 自身基准

表 8.11 展现了对自身基准的检验结果。所有类别投资者的收益率都显著跑输自身基准，个人投资者平均每月跑输自身基准 0.4 个百分点，机构投资者平均每月跑输自身基准 0.27 个百分点。机构投资者受到频繁交易的损害要小于个人投资者。这一结论基本符合我们对机构投资者的认知，即机构投资者比个人更理性。

从渠道看，银行渠道的投资者平均每月跑输自身基准 0.13%，跑输的幅度要显著小于其他渠道。为了进一步研究这一差异，我们计算了不同渠道投资者每笔交易的平均持有天数，结果发现银行渠道的投资者平均每笔交易的持有时长达到了 526.64 天（参见表 8.8），显著长于其他渠道的投资者。也就是说，银行渠道投资者交易的频率比其他投资者低，这就解释了为何他们跑输自身基准的幅度较小。另外，互联网渠道投资者跑输自身基准幅度最大，互联网操作的便捷性使投资者更容易频繁交易。

从性别看，男性比女性跑输自身基准的幅度更大。这与巴伯、奥登和郑璐（1999）的结论是一致的。从年龄看，年龄越小的投资者跑输自身基准的幅度越大，可谓"初生牛犊不怕虎"。其余维度上，高收入、投资经验丰富以及风险承受能力高的投资者跑输自身基准的幅度更大。

表 8.11 自身基准——人口学维度

		平均超额月收益（%）	p 值	组别间换手率对比
性质	个人	−0.40	0.0000	机构显著小于个人
	机构	−0.27	0.0000	

(续表)

		平均超额月收益（%）	p 值	组别间换手率对比
渠道	银华直销	-0.33	0.0000	互联网渠道显著高于银行渠道
	银行	-0.13	0.0000	
	券商	-0.29	0.0000	
	互联网	-0.90	0.0000	
性别	男	-0.57	0.0000	男性显著高于女性
	女	-0.28	0.0000	
年龄	30 岁以下	-1.07	0.0000	30 岁以下显著高于 65 岁以上
	30~50 岁	-0.36	0.0000	
	50~65 岁	-0.26	0.0000	
	65 岁以上	-0.24	0.0000	
收入	5 万元以下	-0.18	0.0000	收入 50 万元以上的显著高于 5 万元以下
	5 万~15 万元	-0.22	0.0000	
	15 万~50 万元	-0.36	0.0000	
	50 万元以上	-0.44	0.0000	
投资年限	无经验	-0.11	0.0000	投资年限多于 5 年显著高于无经验
	少于 1 年	-0.30	0.0000	
	1~5 年	-0.21	0.0000	
	多于 5 年	-0.32	0.0000	
风险等级	稳健型	-0.26	0.0000	进取型显著高于稳健型
	积极型	-0.23	0.0000	
	进取型	-0.60	0.0000	

注：组别间检验显著性水平设定为 10%。
资料来源：根据银华基金数据计算。

综上，我们可以总结出存在过度交易的投资者的人口学特征。30 岁以下、通过互联网渠道交易基金、男性这三个组别的投资者不仅换手率显著高于同维度的其他组别，而且跑输自身基准的幅度更大，说明这些投资者因频繁交易造成的损失更大。因此，有这三个特征的投资者更有可能存在过度交易行为。另外，从常识的角度看，年轻、男性、通过互联网渠道投资这些标签通常被认为与过度自信是正相关的，特别是巴伯、奥登和郑璐（1999）的研究提到许多心理学文献证实了男性比女性更容易过度自信。我们的实证检验也进一步支持了过度自信导致过度交易的猜想。

2. 时间维度

和处置效应中的做法类似，除了牛熊市外，我们还将时间分为了 2006 年之前、2006—2010 年、2010—2015 年和 2015 年后这四个区间。在自身基准的检验中，由于自身基准是用月频的收益率进行比较的，在划分牛熊市区间的时候，如果当月跨越了牛市和熊市，则不将该月包括在牛市或者熊市中。

表 8.12 和表 8.13 分别展示了换手率和自身基准在时间维度上的检验情况。就换手率而言，牛市中投资者的日换手率达到了 2.11%，显著高于熊市中的 1.24%。从时间切片看，2015 年后，换手率较之前有显著提升，这可能是互联网渠道兴起的结果。

就自身基准而言，投资者在牛市中跑输自身基准，在熊市中反而跑赢了自身基准。我们对此的解释是：交易频繁的投资者在牛市中会因为拿不住基金而错失部分牛市的收益，而在熊市中又会因为频繁交易躲过部分亏损。这也是自身基准方法必然出现的结果。而在时间维度上，我们并没有找到非常显著的规律，但是2015 年之后投资者跑输自身基准的幅度处于历史高位。

因此，我们发现投资者在牛市中比在熊市中展现出更强烈的过度交易行为，并且2015年以来基金投资者过度交易的程度较之前有所提升。

表8.12 换手率——时间维度

		日换手率（%）	组别之间有无显著差异
牛熊市	牛市	2.11	牛市中换手率显著高于熊市
	熊市	1.24	
时间切片	2006年之前	0.49	2015年后换手率显著高于其他时间区间
	2006—2009年	1.31	
	2010—2015年	0.88	
	2015年之后	2.49	

注：组别间检验显著性水平设定为10%。
资料来源：根据银华基金数据计算。

表8.13 自身基准——时间维度

		平均月超额收益（%）	p值	组别之间有无显著差异
牛熊市	牛市	-1.30	0.0000	牛市中过度效应显著强于熊市
	熊市	0.34	0.0000	
时间切片	2006年之前	-0.25	0.0000	无明显规律
	2006—2009年	-0.75	0.0000	
	2010—2015年	-0.02	0.0524	
	2015年之后	-0.70	0.0000	

注：组别间检验显著性水平设定为10%。
资料来源：根据银华基金数据计算。

四、长期持有一定能提升收益吗？

通过前面的研究，我们已经看到过度交易对收益带来的危害，那么长期持有一定对投资者更有益吗？为了回答这个问题，我们根据平均每笔交易的持仓时长将投资者等分为持仓时间长和持仓时间短两组（以半年作为持仓时间长短的分界线），并统计了他们的收益情况（见表8.14）。若统计累计收益率，持仓时间较长的投资者确实打败了持仓时间短的投资者，但若统计年化收益，结论则发生了反转，长期持有的投资者收益率反而变低了（以上结论都通过了10%水平的t检验）。我们猜测，这可能是因为长期持有的投资者中很多是由于亏损被套而被动长期持有基金的，持仓时间较短的投资者中则包括了很多获利出局的投资者。

表8.14 长期持有和短期持有的收益率　　　　　　　　　　（单位：%）

	持仓时间长的投资者	持仓时间短的投资者
累计收益率	10.92	7.62
年化收益率	4.99	11.37

资料来源：根据银华基金数据计算。

若上述猜测成立，那么持仓时间长的投资者的处置效应应该要显著高于持仓时间短的投资者。检验结果证实了我们的猜测，长期持有的投资者的DE值为14.63%，显著高于持有时间短的投资者（见表8.15）。

表8.15 处置效应——长期持有 vs 短期持有

	PGR（%）	PLR（%）	DE（%）	p 值	两组处置效应是否有显著差异
持有基金时间长	51.40	36.77	14.63	0.0000	长期持有的投资者处置效应高于短期持有的投资者
持有基金时间短	48.13	40.67	7.46	0.0000	

注：组别间检验显著性水平设定为10%。
资料来源：根据银华基金数据计算。

根据上述分析，长期持有确实能够让投资者在基金投资上获得更多的累计收益，但折合为年化收益率却非如此，这是由于处置效应的存在。因此，鼓励长期投资，是应该建立在正确的止盈止损观念以及持有优异的基金产品基础之上，而不是套牢导致被动地长期持有，一旦稍有盈利就快速卖出。

五、小结

整体来看，和处置效应一样，过度交易也是一种普遍存在于基金投资者群体中的行为偏差。我们发现，男性、年轻人、互联网渠道的投资者，过度交易的程度更高一些，这与这类人群的性格特征有密切关联。男性、年轻人、互联网渠道的投资者通常被认为是过度自信程度更高的投资群体，他们展现出的过度交易行为可以被巴伯、奥登和郑璐（1999）提出的猜想所解释。本节的实证结论也进一步验证了他们关于过度自信和过度交易的理论。

从时间看，牛市中投资者过度交易的程度更高，2015年以来基金投资者过度交易的程度较之前有所提升。

第三节 羊群效应实证研究

一、羊群效应的内涵

羊群效应，即从众效应，指行为上的一致性和模仿性。该词源于生物学对动物群聚特征的研究，延伸到金融市场，指投资者在交易过程中存在相互学习与模仿的现象，导致他们在某段时期内买卖相同的股票，其结果是投资决策的趋同化。

羊群效应的原因可以归纳为以下几个方面。

（1）投资者信息不对称、不完全，通过模仿他人的行为以节约自己搜寻信息的成本。

（2）推卸责任的需要。后悔厌恶心理使决策者为了避免个人决策失误可能带来的后悔，选择与其他人相同的策略，或听从他人的建议，因为这样的话，即使决策失误，决策者也能从心理上把责任推卸给别人，减轻自己的后悔。

（3）减少恐惧的需要。人类属于群体动物，偏离大多数人往往会产生孤单和恐惧感。

（4）缺乏知识经验以及其他一些个性方面的特征，如知识水平、信息接受能力、思维灵活性、自信心等都是羊群效应的影响因素。一般有较高社会赞誉需要的人比较重视社会对他的评价，希望得到他人的赞许，容易表现出从众倾向；具有高焦虑心态的人以及女性的从众心理也比较强。

羊群效应既不利于个人的投资收益，也不利于金融市场的稳定。对投资者而言，从众的投资者在市场上获得的收益率比较低；而对整个金融市场而言，群体一致性行为会促使资产价格的趋势性走势形成一种正反馈机制，导致股票市场的非理性繁荣与恐慌，加剧股票市场的系统性风险。

学术界对羊群效应的研究，大多针对股票投资，对投资者基金申赎交易中的羊群效应的研究并不多见，这可能是受制于研究数据难以获得。我们获取了公募基金投资者的交易流水数据，才得以展开下面的分析，这也是对国内这方面研究的有效补充。

羊群效应是一种集体行为，我们很难通过观察单个投资者的交易行为发现羊群效应对投资者的影响。为此，我们对银华基金投资者整体的日频资金流情况进行分析，寻找羊群效应。图8.1是所有银华基金个人投资者的日频净流入数据的自相关函数图。可以看到，银华基金个人投资者的资金流高度自相关。在滞后1天的情况下，相关性系数达到0.4，直到滞后达到20个交易日后，自相关才逐渐变得不显著。也就是说，银华基金个人投资者的投资行为会受到银华基金前一段时间其他投资者申赎情况的影响，且该影响是正向的，即呈现跟随行为，这种跟随行为就是羊群效应的一种体现。

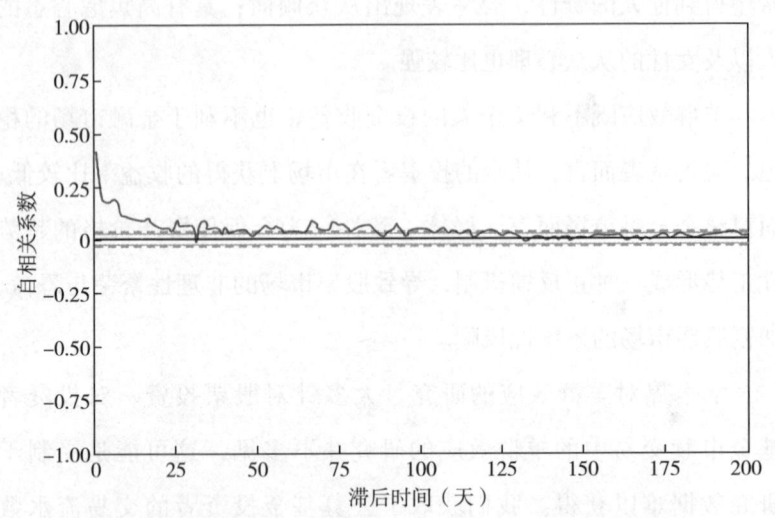

图 8.1 银华基金个人投资者日频净流入自相关函数图
资料来源：根据银华基金数据计算。

二、检验方法

我们借鉴了拉克尼肖克等人（Lakonishok et al., 1992）提出的 LSV（Lakonishok, Shleifer, Vishny）方法测算羊群效应。该方法定义了一个被称为 HM 的羊群效应测度，资产 i 在时间 t 上的 HM 值计算公式如下：

$$HM_{i,t} = |p_{i,t} - E[p_{i,t}]| - E|p_{i,t} - E[p_{i,t}]|$$

$$p_{i,t} = \frac{B_{i,t}}{B_{i,t} + S_{i,t}}$$

其中，$B_{i,t}$ 代表时间 t 买入资产 i 的人数，$S_{i,t}$ 代表时间 t 卖出资产 i 的人数，$p_{i,t}$ 表示了在时间 t 买入该资产的投资者占所有交易

该资产投资者的比重，$E[p_{i,t}]$代表了这一比重的期望值。在实际应用中，我们通常使用在时间 t 某类投资者在所有资产上的买入比重作为$p_{i,t}$的期望值。$E|p_{i,t}-E[p_{i,t}]|$是一个调整项，它代表在没有羊群效应的情况下，$|p_{i,t}-E[p_{i,t}]|$的期望值应该是多少。假设在完全随机的状态下，$B_{i,t}$服从二项分布（$B_{i,t}+S_{i,t}$，$E[p_{i,t}]$），我们用这个分布计算$|p_{i,t}-E[p_{i,t}]|$的期望值。① 需要注意的是，对于某一类人群来说，$E[p_{i,t}]$ 和 $E|p_{i,t}-E[p_{i,t}]|$都是基于这类人群的数据计算的。

$$E|p_{i,t}-E[p_{i,t}]| = \sum_{k=0}^{B_{i,t}+S_{i,t}} |\frac{k}{B_{i,t}+S_{i,t}} - p_{i,t}| C_{B_{i,t}+S_{i,t}}^{k} E[p_{i,t}]^{k}$$
$$(1-E[p_{i,t}])^{B_{i,t}+S_{i,t}-k}$$

其中，$C_{B_{i,t}+S_{i,t}}^{k} = \frac{k!}{(B_{i,t}+S_{i,t})!(B_{i,t}+S_{i,t}-k)!}$。$C_{B_{i,t}+S_{i,t}}^{k} E[p_{i,t}]^{k}$ $(1-E[p_{i,t}])^{B_{i,t}+S_{i,t}-k}$是二项分布的概率分布公式。

通过上述公式算得的羊群效应测度无法区分买入羊群和卖出羊群。韦默斯（Wermers，1999）提出可以通过一个简单的分类方法区分买入羊群和卖出羊群：

$$BHM_{i,t} = HM_{i,t} \mid p_{i,t} > E[p_{i,t}] \quad (8.9)$$

$$SHM_{i,t} = HM_{i,t} \mid p_{i,t} < E[p_{i,t}] \quad (8.10)$$

---

① $E|p_{i,t}-E[p_{i,t}]|$还有其他计算方法，其中包括$E|p_{i,t}-E[p_{i,t}]|$的均值、$E|p_{i,t}-E[p_{i,t}]|$的均值减1倍标准差、$E|p_{i,t}-E[p_{i,t}]|$的均值减1.96倍标准差。许年行，于上尧，伊志宏. 机构投资者羊群行为与股价崩盘风险 [J]. 管理世界，2013（7）：31-43.

在得到$HM_{i,t}$、$BHM_{i,t}$和$SHM_{i,t}$后,我们可以简单地对它们做横截面平均,算出每一时刻 t 的HM_t、BHM_t和SHM_t,再对它们做时间序列平均,即可算出每一类人群的 HM、BHM 和 SHM。统计检验则是时间序列层面的。如果它们显著大于 0,就代表羊群效应存在。假设检验如下。

H0:$HM \leq 0$。

H1:$HM > 0$。

三、检验结果

表 8.16 展示了各个类别的投资者总体、买入和卖出羊群系数。除了进取型投资者的买入羊群系数不显著大于 0 外,其他类型投资者的羊群系数都大于 0,也就是说与处置效应以及过度交易的行为偏差一样,羊群效应也普遍存在于投资者当中。个人投资者的羊群效应更明显一些,HM 的数值达到 16.30%,而机构投资者仅为 6.96%。

表 8.16 羊群效应实证检验结果

	类别	羊群系数	数值(%)	p 值
性质	个人	HM	16.30	0.0000
		BHM	9.21	0.0000
		SHM	16.78	0.0000
	机构	HM	6.96	0.0000
		BHM	14.82	0.0000
		SHM	6.04	0.0000

(续表)

类别		羊群系数	数值（%）	p 值
渠道	银华直销	HM	14.16	0.0000
		BHM	9.42	0.0000
		SHM	16.72	0.0000
	银行	HM	10.37	0.0000
		BHM	12.68	0.0000
		SHM	8.99	0.0000
	券商	HM	10.04	0.0000
		BHM	11.87	0.0000
		SHM	8.69	0.0000
	互联网	HM	10.11	0.0000
		BHM	2.92	0.0000
		SHM	11.79	0.0000
性别	男	HM	15.59	0.0000
		BHM	8.49	0.0000
		SHM	16.30	0.0000
	女	HM	15.99	0.0000
		BHM	9.22	0.0000
		SHM	16.44	0.0000
年龄	30 岁以下	HM	10.05	0.0000
		BHM	6.18	0.0000
		SHM	10.07	0.0000
	30~50 岁	HM	16.24	0.0000
		BHM	8.50	0.0000
		SHM	16.93	0.0000
	50~65 岁	HM	13.77	0.0000
		BHM	9.93	0.0000
		SHM	13.78	0.0000

(续表)

类别		羊群系数	数值（%）	p 值
年龄	65 岁以上	HM	13.47	0.0000
		BHM	11.39	0.0000
		SHM	13.93	0.0000
投资年限	无经验	HM	11.67	0.0000
		BHM	7.27	0.0000
		SHM	15.79	0.0000
	少于 1 年	HM	11.79	0.0000
		BHM	5.46	0.0000
		SHM	16.29	0.0000
	1~5 年	HM	14.11	0.0000
		BHM	6.65	0.0000
		SHM	18.01	0.0000
	多于 5 年	HM	14.13	0.0000
		BHM	5.14	0.0000
		SHM	19.31	0.0000
收入	5 万元以下	HM	12.04	0.0000
		BHM	6.50	0.0000
		SHM	15.58	0.0000
	5 万~15 万元	HM	13.57	0.0000
		BHM	6.67	0.0000
		SHM	16.90	0.0000
	15 万~50 万元	HM	14.57	0.0000
		BHM	5.13	0.0000
		SHM	21.03	0.0000
	50 万元以上	HM	12.71	0.0000
		BHM	3.99	0.0000
		SHM	19.95	0.0000

(续表)

类别		羊群系数	数值（%）	p 值
风险等级	稳健型	*HM*	13.19	0.0000
		BHM	6.17	0.0000
		SHM	16.79	0.0000
	积极型	*HM*	14.98	0.0000
		BHM	6.86	0.0000
		SHM	19.40	0.0000
	进取型	*HM*	9.92	0.0000
		BHM	0.32	0.5676
		SHM	20.20	0.0000

资料来源：根据银华基金数据计算。

进一步观察可以发现，个人投资者和机构投资者的羊群效应存在不少差异。首先，机构投资者的羊群效应总体小于个人投资者。其次，个人投资者的羊群效应主要是由卖出羊群主导的，这意味着个人投资者更倾向于恐慌性杀跌，而机构投资者的买入羊群更加强烈，即更倾向于抱团买入。

分渠道看，互联网渠道投资者的买入羊群相对较小。从性别看，男性和女性之间的羊群系数非常接近。从年龄看，30 岁以下投资者的羊群效应最低，而 30～50 岁投资者的羊群效应最高。从投资年限看，羊群效应随着投资经验的增长而变强，无经验的投资者 *HM* 值为 11.67%，而投资年限多于 5 年的投资者 *HM* 值达到了 14.13%。从收入和风险等级看，羊群效应都呈现中间高、两头低的态势。

在表 8.17 中，我们检验了羊群效应在时间维度上的变化。可以看到，羊群效应在牛市和熊市中都是明显存在的，且无论是机构还是个人投资者，牛市的羊群效应都比熊市要大。进一步的，我们发现一个有意思的现象：个人投资者在牛市中的卖出羊群效应比买入羊群效应要更明显，而在熊市中差别不大。也就是说，个人投资者的恐慌性杀跌主要发生在牛市。一种可能的解释是因为存在处置效应，当有盈利时，市场行情稍有风吹草动，就会恐慌性杀跌出局，反倒是在熊市中，由于仓位被套牢，并没有明显的卖出羊群效应。机构投资者无论是在牛市还是熊市中，都表现为买入羊群效应大于卖出羊群效应，即机构投资者更倾向于抱团买入。

表8.17 羊群效应实证结果——时间维度

类别		羊群系数	牛市 (%)	牛市 p 值	熊市 (%)	熊市 p 值
性质	个人	HM	19.90	0.00	12.70	0.00
		BHM	7.75	0.00	10.38	0.00
		SHM	21.91	0.00	11.66	0.00
	机构	HM	8.67	0.00	5.53	0.00
		BHM	13.69	0.00	16.81	0.00
		SHM	9.65	0.00	2.55	0.0761
渠道	银华直销	HM	15.30	0.00	13.05	0.00
		BHM	9.24	0.00	9.84	0.00
		SHM	18.79	0.00	14.51	0.00

(续表)

类别		羊群系数	牛市（%）	牛市 p 值	熊市（%）	熊市 p 值
渠道	银行	HM	12.04	0.00	8.44	0.00
		BHM	13.95	0.00	11.01	0.00
		SHM	10.89	0.00	6.90	0.00
	券商	HM	11.79	0.00	8.29	0.00
		BHM	11.72	0.00	11.59	0.00
		SHM	11.20	0.00	6.56	0.00
	互联网	HM	11.63	0.00	7.19	0.00
		BHM	4.20	0.00	0.77	0.57
		SHM	12.98	0.00	9.23	0.00
性别	男	HM	18.85	0.00	12.32	0.00
		BHM	6.64	0.00	10.14	0.00
		SHM	21.03	0.00	11.44	0.00
	女	HM	19.78	0.00	12.20	0.00
		BHM	8.57	0.00	9.68	0.00
		SHM	21.59	0.00	11.30	0.00
年龄	30 岁以下	HM	12.15	0.00	7.86	0.00
		BHM	4.01	0.00	8.07	0.00
		SHM	13.97	0.00	6.12	0.00
	30~50 岁	HM	19.99	0.00	12.53	0.00
		BHM	6.36	0.00	10.30	0.00
		SHM	22.60	0.00	11.39	0.00
	50~65 岁	HM	16.40	0.00	10.88	0.00
		BHM	9.58	0.00	10.09	0.00
		SHM	17.35	0.00	9.82	0.00
	65 岁以上	HM	16.21	0.00	10.76	0.00
		BHM	11.75	0.00	11.19	0.00
		SHM	17.27	0.00	10.36	0.00

(续表)

类别		羊群系数	牛市(%)	牛市 p 值	熊市(%)	熊市 p 值
投资年限	无经验	HM	13.62	0.00	9.29	0.00
		BHM	4.56	0.00	9.86	0.00
		SHM	20.46	0.00	10.53	0.00
	少于1年	HM	13.60	0.00	10.07	0.00
		BHM	5.59	0.00	5.69	0.00
		SHM	18.72	0.00	13.57	0.00
	1~5年	HM	16.25	0.00	12.30	0.00
		BHM	5.57	0.00	7.77	0.00
		SHM	20.66	0.00	15.52	0.00
	多于5年	HM	16.46	0.00	11.94	0.00
		BHM	5.01	0.00	5.29	0.00
		SHM	22.48	0.00	16.15	0.00
收入	5万元以下	HM	13.88	0.00	10.09	0.00
		BHM	4.89	0.00	8.03	0.00
		SHM	18.45	0.00	12.51	0.00
	5万~15万元	HM	15.36	0.00	11.75	0.00
		BHM	5.40	0.00	7.99	0.00
		SHM	19.55	0.00	13.96	0.00
	15万~50万元	HM	17.08	0.00	12.24	0.00
		BHM	5.14	0.00	5.15	0.00
		SHM	23.91	0.00	18.23	0.00
	50万元以上	HM	14.46	0.00	11.13	0.00
		BHM	2.74	0.00	5.27	0.00
		SHM	23.44	0.00	16.60	0.00
风险等级	稳健型	HM	15.32	0.00	11.15	0.00
		BHM	5.56	0.00	6.83	0.00
		SHM	19.75	0.00	13.76	0.00

（续表）

类别		羊群系数	牛市（%）	牛市 p 值	熊市（%）	熊市 p 值
风险等级	积极型	HM	17.16	0.00	12.96	0.00
		BHM	6.03	0.00	7.75	0.00
		SHM	22.25	0.00	16.60	0.00
	进取型	HM	11.33	0.00	8.29	0.00
		BHM	-0.03	0.97	0.30	0.72
		SHM	21.74	0.00	18.38	0.00

资料来源：根据银华基金数据计算。

第四节 基金市场投资者行为偏差实证研究总结

根据本章的实证分析，个人投资者普遍存在非理性行为，总结如下：

第一，在处置效应、过度交易和羊群效应方面，机构投资者的非理性行为整体弱于个人投资者，这符合我们对机构投资者的预期。

第二，性别特征决定了不同行为偏差上的区别。女性更保守、稳健，故在处置效应上比男性更明显，而男性一般对自己的能力较之女性更加自信，从而过度自信导致的过度交易行为偏差较女性更强，但两者在羊群效应上并没有证据表明有明显的差异。

第三，年龄方面，年轻的投资者对亏损的厌恶度低，对自己的投资决策也更有自信，因此他们的处置效应较弱，而过度交易的程度更强。除了这些特征之外，年轻投资者的投资决策相对独立，受从众心理影响相对较小，体现为羊群效应相对较小。随着年龄的增长，投资者的操作频率也会随之下降，但处置效应会随之变强。这可能是因为投资者对亏损的厌恶度也随着年龄的增加而增强。

第四，我们在基金购买渠道上也发现了投资行为偏差上的显著差异。银行渠道的投资者有着非常高的处置效应（DE值高达22%），即银行渠道的投资者更加厌恶亏损的风险，出盈保亏的特征更明显。而且，银行渠道的投资者整体持有基金的时间更长，从而在过度交易上不是很强烈。这一方面可能与银行渠道中的投资经理对投资者的引导有关；另一方面则可能因为其他渠道（如互联网、直销）基本以网上交易为主，而不少银行渠道的投资者出于习惯，仍以柜台交易为主，交易便捷性的差异导致了银行渠道投资者的过度交易偏差更少。此外，银行渠道中女性、年长的投资者居多，人口学特征也在一定程度上解释了这一现象。

第五，基金投资年限并没有成为改善投资者理性的重要因素。我们分析其有两个原因：一是部分基金投资者错误地将股票投资技巧应用在基金投资中，导致交易过于频繁。二是基金投资中的学习效应不如股票投资明显，因为投资者可能认为基金投资的知识相对于股票投资更简单（投资者可能只是简单地认为选基金就是找个人替自己管钱，却忽略了基金投资一样涉及选基、选时、组合管理等一系列正确投资理念与投资技能的培育），导致投资者虽然基金投资年限较长，但实际上并未掌握多少有效的基金理财知识。

第六，风险等级和收入两个维度在处置效应、过度交易和羊群效应方面都没有展现出明显的差异性，这进一步说明了基金市场非理性行为是普遍存在的。

第九章 基金投资者行为的影响因素分析

本章主要分析影响投资者申赎行为的因素。广义的影响因素分为内部因素和外部因素。内部因素指与基金个体紧密相关的因素，如业绩、波动率、规模、成立年限等，其中基金业绩最为关键。外部因素指除基金自身情况外的其他因素，如市场情绪、基金营销、基金投顾引导等。对于外部因素，本章主要研究投资者情绪，后续章节则专门研究基金营销、基金投顾与投资者行为的关联。

第一节 基金业绩、基金经理能力与基金投资者行为

一、基金业绩与基金申赎行为关系的研究回顾

在研究影响投资者申赎行为的内部因素时，基金业绩是十分重要的指标。早期学术界及投资界较为看重的是基金的原始业绩，如斯皮茨（Spitz，1970）发现基金的资金流与基金的业绩存在一

定的正向关系。基斯（Keith，1978）根据1966年到1975年的基金数据，分别测试两种资金流入率（基金净资产增长率与基金份额增长率）与两种基金业绩（基金本身业绩与风险调整后的业绩）的关系，得到的结论是根据基金份额计算的资金净流入率与经过风险调整后的基金业绩表现存在较强的正相关关系。伊波利托（Ippolit，1992）的研究发现业绩好的基金有较大的净流入量，但业绩差的基金没有对等的净流出量，二者呈现一定的非对称性，即基金业绩与资金流正相关且具有凸性。罗斯顿（Roston，1997）不只分析了基金业绩好坏对资金流的影响，还分析了基金业绩稳定的重要性。他认为投资者对长期绩优的基金的容错率较高，即使某期亏损赎回的概率也比较低，而长期绩差的基金出现超预期业绩收入后，往往面临着赎回风险。西里和图法诺（Sirri and Tufano，1998）用超过20年的数据进行分析，得出大部分投资者会竞相申购绩优基金的结论，但是不愿意及时赎回业绩差的基金，也印证了海外市场基金业绩与资金流的凸性关系。纳冯（Navone，2002）对资金流量与基金业绩的研究表明，业绩排序比业绩本身的解释力度更强。

随着中国基金行业的兴起，国内学者也开始涉足基金投资者的行为研究。陆蓉等人（2007）对中国14只开放式基金进行研究，得到了与海外市场相反的结论。研究发现绩优基金面临的净赎回压力明显大于绩差基金，基金业绩与资金流量表现出负相关关系，而且存在凹性，称为"赎回异象"。肖峻和石劲（2011）则对我国基金市场存在赎回异象提出了质疑，研究中将基金季度业绩回报替换为年度回报,发现投资者仍然是追求绩优基金的,赎回异象只是一种假象。他们还将基金季度回报与年度回报都纳入回归模型,发现基金的季度回报对资金流的影响不再是显著的。左大勇和陆蓉(2013)从不同类型投资者角度研究了赎回异象存在与否,他们将投资者分为机构与个人,认为两类投资者的理性程度差异会导致投资行为的差异,个人通常存在不理性行为,因此有赎回异象,而机构投资者的投资决策往往更趋理性,基金业绩与资金流整体还是正相关的。

二、基金经理能力与基金投资者行为

从早期学术界对于基金资金流与基金业绩关系的探讨中可以发现,学术界对基金业绩的关注,主要是基金的收益率或收益率的排名,即把基金业绩当作整体看待,但在基金收益率中,有很大一部分来自对风险暴露的收益补偿,如市场暴露以及动量、规模、价值等风险暴露。然而,市场及风险是易于变化的,并不稳定,倘若某个基金过去的优异收益主要来源于对市场及风险的暴露,那么未来能否继续保持优异收益将很难判断,即收益的可持续性可能不强。再者,证券投资基金的定义,是依照利益共享、风险共担的原则,将分散在投资者手中的资金集中起来,委托专业投资机构进行证券投资管理的工具。可见,证券投资基金的本质是委托专家理财,因而从理性的角度看,投资者投资基金,更应关注管理人的专业投资能力,因为基金经理能力在一段时间内是相对稳定的,具备优异管理能力的基金经理,其业绩的可持续性在理论上更强一些。

费尔森和夏德特（Ferson and Schadt，1996）认为基金经理的投资能力对基金业绩的实现有很大作用，并从基金经理的个人经历出发，试图寻找基金经理个人教育、工作经历与其管理的基金业绩是否有一定关系。巴伯等人（Barber et al.，2016）则从基金业绩分离出不同的风险因子，以得到由于基金经理管理而产生的收益。他们分别对资本资产定价模型与法玛-弗伦奇模型进行拆解，以分离出市场、规模、价值、动量等风险因子以及 α 收益，然后对从不同模型分离出来的 α 进行检验，最终得出的结论是：资本资产定价模型的 α 与资金申赎流量的关系更为显著，从而认为大部分投资者只是将市场涨跌当作风险因子，并不认为基金的动量、规模、价值等也同样是风险因子。此外，他们还对比了几类风险因子对资金流的影响，发现市场风险因子的影响最小，而规模、价值等风险因子对资金流的影响虽然不及 α 收益，但也有一定关系。总体来说，资本资产定价模型的 α 收益排序能更好地衡量基金业绩的好坏与持续性。阿加瓦尔等人（Agarwal et al.，2018）基于美国对冲基金市场，采用类似方法也得到了相似结论，他们发现资本资产定价模型的 α 能更好地预测基金的资金流。曹杰等人（2018）同样发现资本资产定价模型可以更好地预测基金的资金流动，且当聪明贝塔（smart-β）ETF种类多、交易量大时，资本资产定价模型的 α 优势下降，投资者会更加关心三因子、五因子模型的 α。

随着国内对中国基金市场投资者行为研究的深入，也有学者如李志冰和刘晓宇（2019）对基金经理能力与基金申赎行为的关系进行了研究。他们分别采用资本资产定价模型、法玛-弗伦奇三因子模型与五因子模型提取不同类型的 α 进行分析，结论表明通过资本资产定价模型得到的 α 与基金资金流更相关，投资者仅将市场风险作为风险因子，而将其余因子都归结为基金经理的能力。相比于巴伯等人（Barber et al.，2016）的研究，他们发现中国公募基金市场风险收益与资金流量的相关度远高于 α，市场风险补偿收益对资金流量的影响则更为显著，投资者对市场风险收益更敏感。

不过，他们采用的是中国公募基金市场的公开数据，一方面数据频率是季频，另一方面基金净流入是根据基金规模估算的，并不是真实的资金流。本章在前人研究的基础上，采用银华基金内部高频申赎数据，构建真实资金流指标进行研究。

三、基于基金经理能力的基金投资，可以提升投资绩效吗？

前文分析表明，之所以要基于基金经理能力，即 α 进行基金投资，是因为从逻辑上看，能力较业绩更加稳定，可持续性更强，从而基于 α 的基金筛选与基金投资，能获取更好的投资业绩。这是否在实证上可以得到支持？我们对此进行研究。

为了对比 α 和整体业绩对基金的筛选效果，我们以中国公募基金市场的主动权益型基金为样本，具体包括普通股票型基金、偏股混合型基金、灵活配置型基金和平衡混合型基金。我们根据 α 指标与业绩指标，每期筛选 α 较高（业绩较高）的基金构建组合,进行比较。①

1. 构建组合

我们关注法玛-弗伦奇三因子、卡哈特四因子、法玛-弗伦奇五因子模型和资本资产定价模型计算的 α。资本资产定价模型的 α,只剔除了基金业绩中对于市场风险的补偿。法玛-弗伦奇三因子模型的 α 则剔除了公司市值、公司账面市值比和市场风险的补偿。卡哈特四因子模型的 α 则在三因子模型的基础上,再将动量风险补偿剔除。法玛-弗伦奇五因子模型对风险的拆分更为细致,在三因子模型的基础上还剔除了公司盈利能力和投资水平的风险补偿。

对于 α,我们对过去三年的数据进行回归,从而得到每个月的 α 数据。由于利用 α 筛选基金时,隐含了基金成立三年以上的条件,因此在用业绩指标筛选时,为了提高回测结果的可比性,我们也要求基金成立满三年。

我们基于季度 α 和年度 α 对公募基金市场的主动权益型基金进行筛选,每期选择 α 较高的基金进行配置,构成组合。其中,基于季度 α 筛选组合的换仓频率为季度,即每个季度筛选一次;基于年度 α 筛选组合的换仓频率为年度,即每年筛选一次。季度 α 由过去 3 个月的月度 α 累乘计算得到,年度 α 则由过去 12 个月的月度 α 累乘得到。每期在基金池中选择指标排序处于前 10% 的

---

① 基于历史业绩构建基准组合,进行组合业绩比较。

基金，等权配置。由于换仓频率不高，且 α 作为筛选指标，是根据过去 3 年数据回归所得，季度推移变化不大，每期换手率也比较低，因此手续费暂不考虑。此外，α 回归需要用到过去三年的数据，而历史数据有限，故将回测时间设定为 2011 年 1 月到 2020 年 3 月。

我们主要从收益、风险和收益风险比三个方面对回测结果进行比较。收益指标选取累计收益率（本章不做特殊说明均为简单收益率，非对数收益率）、年化收益率指标。风险指标选取历史最大回撤、年化波动率指标。收益风险比指标选取卡玛比率（Calmar ratio）、夏普比率（Sharpe ratio）、信息比率和索提诺比率（Sortino ratio）四个指标。其中，卡玛比率衡量的是基金每承受一单位最大损失获得的收益；夏普比率衡量的是超额收益与波动率的关系；信息比率衡量的是超额风险带来的超额收益；索提诺比率类似夏普比率，但衡量的是下行风险而非总体风险。由于超额收益与超额风险均为与基准的对比，在横向对比时，对比效果与基于基金自身的收益和风险指标计算的结果类似，故不将其纳入收益指标与风险指标进行分析。

2. 季度换仓频率回测结果

为了进行对比，即验证 α 筛选基金的有效性，我们设置了比较基准，即前文所述的根据基金整体业绩进行筛选的组合。筛选方法与根据 α 的筛选一致，同时采用季度与年度频率。与 α 的计算频率一致，当 α 频率为季度时，基准组合的业绩筛选指标为季度收益率；当 α 频率为年度时，基准组合的业绩筛选指标为年度收益率。同样每期选择收益率最靠前 10% 的基金进行配置。我们将这一组合称为业绩筛选组合（基准组合）。先来看收益情况，不同模型的 α 指标中，只有法玛-弗伦奇五因子模型 α 筛选组合的收益不及业绩筛选组合，而资本资产定价和法玛-弗伦奇三因子、卡哈特四因子模型的 α 筛选组合累计收益均高于业绩筛选组合（基准组合，下同）近 20% 的收益。因此从收益看，利用 α 指标进行筛选是有效的。

再来看风险情况，在最大回撤和年化波动率方面，几个组合基本一致。收益风险比层面，卡玛比率和夏普比率的五因子模型 α 组合表现略差，而剩余 α 组合均好于业绩组合，信息比率方面，则所有的 α 组合均优于业绩组合，最后索提诺比率差异较大，五因子模型 α 组合的值非常高，而资本资产定价模型 α 组合的值最低。对比索提诺比率与夏普比率的差异，说明五因子模型 α 组合的波动主要来自收益向上的波动，而资本资产定价模型生成的组合整体波动相对不高，但收益向下的波动略大，相较于其他组合没有优势。

表 9.1 展示了不同模型 α 与业绩指标的回测结果（季度换仓），图 9.1 展示了不同模型 α 与业绩指标回测净值（季度换仓），图 9.2 展示了不同模型 α 与业绩指标回测历年收益（季度换仓）。

整体看，季度换仓的 α 组合要好于基准组合。

表9.1 不同模型α与业绩指标的回测结果（季度换仓）

	α_3	α_4	α_5	α_{CAPM}	Yield
累计收益率	114.0%	114.5%	88.8%	117.8%	96.2%
最大回撤	-49.7%	-50.3%	-49.9%	-50.4%	-50.5%
年化收益率	8.5%	8.6%	7.1%	8.7%	7.5%
年化波动率	22.7%	22.6%	22.2%	22.4%	21.6%
卡玛比率	0.52	0.57	0.44	0.56	0.49
夏普比率	0.31	0.31	0.25	0.32	0.28
信息比率	0.26	0.25	0.25	0.23	0.19
索提诺比率	1.40	1.33	1.42	0.86	1.26

注：1. α_3、α_4、α_5、α_{CAPM}分别代表通过法玛-弗伦奇三因子、卡哈特四因子、法玛-弗伦奇五因子模型和资本资产定价模型回归计算出的α指标组合；Yield代表业绩筛选组合。

2. 2020年收益截至2020年3月底，下同。

资料来源：根据Wind数据计算。

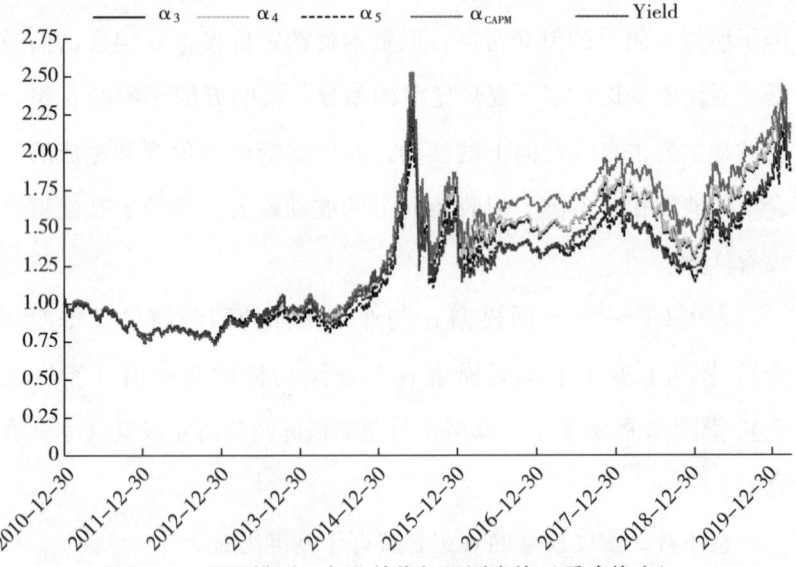

图9.1 不同模型α与业绩指标回测净值（季度换仓）

资料来源：根据Wind数据计算。

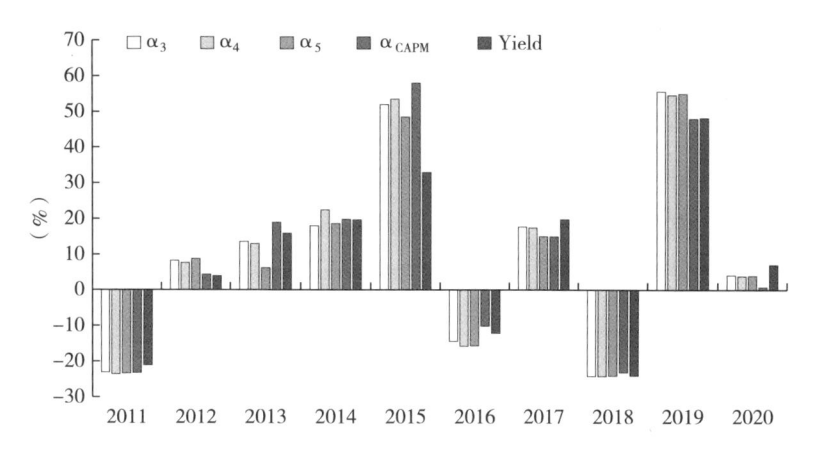

图9.2 不同模型α与业绩指标回测历年收益（季度换仓）

资料来源：根据Wind数据计算。

3. 年度换仓频率回测结果

回测结果表明季度换仓的α组合要好于业绩基准组合。如果替换成年度换仓，结果是否会有变化？为此，我们将调仓时间替换为每年年底。

表9.2展示了不同模型α与业绩指标的回测结果（年度换仓），图9.3展示了不同模型α与业绩指标回测净值（年度换仓），图9.4展示了不同模型α与业绩指标回测历年收益（年度换仓）。从回测结果看，最大回撤和年化波动率等风险指标在几个组合间相差不大，但是收益差别较大，所有α组合的收益均高于业绩组合50%左右，卡玛比率、夏普比率和信息比率中α组合同样远高于业绩组合，只有索提诺比率中资本资产定价模型的α组合略差。

表9.2 不同模型 α 与业绩指标的回测结果（年度换仓）

	α_3	α_4	α_5	α_{CAPM}	Yield
累计收益率	91.8%	87.7%	87.8%	80.1%	34.6%
最大回撤	-48.5%	-48.8%	-48.8%	-48.9%	-46.6%
年化收益率	7.3%	7.0%	7.0%	6.5%	3.3%
年化波动率	22.2%	22.0%	21.6%	22.1%	21.4%
卡玛比率	0.46	0.48	0.48	0.42	0.20
夏普比率	0.26	0.25	0.26	0.23	0.08
信息比率	0.25	0.25	0.26	0.23	0.10
索提诺比率	1.20	1.17	1.22	0.68	0.88

资料来源：根据 Wind 数据计算。

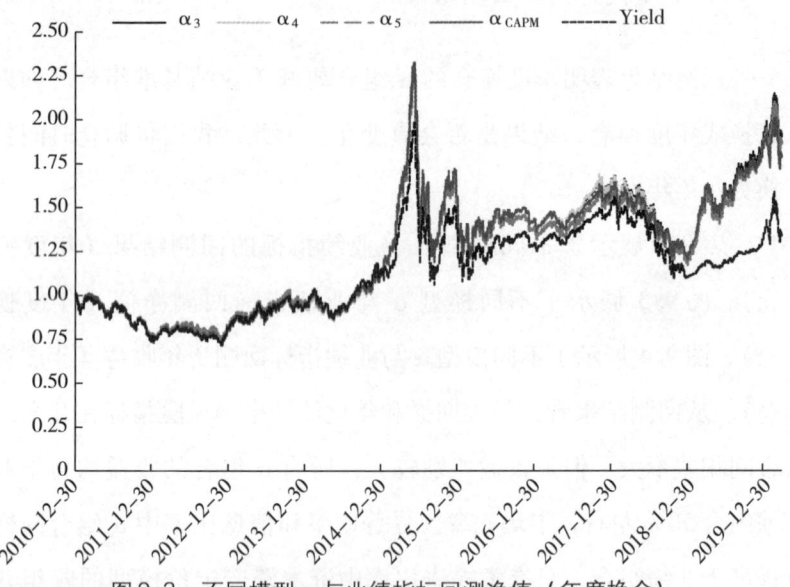

图9.3 不同模型 α 与业绩指标回测净值（年度换仓）
资料来源：根据 Wind 数据计算。

图9.4　不同模型α与业绩指标回测历年收益（年度换仓）
资料来源：根据 Wind 数据计算。

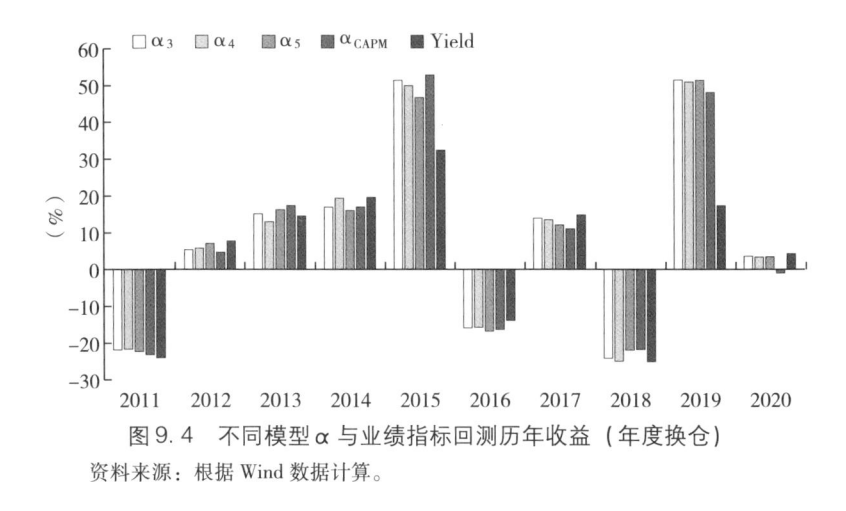

上述结果与前文季度换仓结果一致，而且α组合的收益相对于业绩组合提升也更高，这一方面表明将α指标作为挑选基金的依据是可行的；另一方面，年度换仓的α组合收益提升明显高于季度换仓的α组合，也表明了α组合挑选的基金更具有可持续性。基于业绩筛选的组合，包含了如市场风险、动量、市值等诸多风险因子补偿，由于短期风格具有一定的延续性，因此业绩组合短期效果或许会比较好，但长期看风格不会持续不变，而代表了基金经理能力的α则能在长期保持稳定。

第二节　基金经理能力对基金投资者行为的影响分析

前文分析表明，基于基金经理能力（即α指标）投资基金是一种理性行为，因为比起采用基金原始业绩筛选基金①，这样做会获取更好的投资绩效。那么在实践中，投资者是否关注基金经理能力呢？进一步的，倘若关注，不同投资人群更倾向于关注哪种方式衡量的基金经理能力，即 α？此外，除了业绩指标，从已有的研究看，基金规模、基金成立年限、基金净值水平等其他指标，也会影响投资者的申赎行为。本节我们采用银华基金投资者的月频真实申赎数据对此进行实证研究。本节的主要研究结论如下。②

首先，我们着重分析了个人投资者与机构投资者对不同方式衡量的基金经理能力以及相应的市场风险理解与重视程度。结果发现个人投资者虽然已经有了风险补偿的意识，但仍只是将市场的涨跌作为风险项，还不能识别市值、价值、动量等其他市场风险。也就是说，个人投资者只是简单地以基金业绩相对于市场的超额收益衡量基金经理的能力；而机构投资者对于风险的识别以及基金经理能力的认知要更充分一些，他们不仅不会把市场的贡献当作基金经理能力，也不会将大小盘、价值、动量等市场风格的贡献，认为是基金经理的能力。具体表现为：个人投资者对基金本身的规模和波动率更为关注，更喜欢上个月波动较大以及成立时间比较短的基金。我们认为这可能是由于近年来新发基金增多，而各营销渠道对新基金的营销推广力度较大，导致投资者赎旧买新现象普遍。在对不同 α 的反应上，个人投资者更关注拆解

---

① 即上一节的业绩筛选组合，将该组合当作基准。
② 考虑到本节采用的实证模型较多且相对复杂，为便于阅读，我们先给出结论。

出市场涨跌的资本资产定价模型回归所得的α，而对更细致地拆解其他风险因子的α关注不多；机构投资者则有所不同，他们对基金的规模、波动率等因素并不敏感，但是对各种α都比较关注。我们认为出现个人投资者与机构投资者关注点有差别的原因一方面可能是机构投资者确实更专业，投资更加理性，另一方面或许是因为我国的smart-β指数基金发展还不足，个人投资者对这些风险的认识还较为有限。

此外，我们还将个人投资者根据不同标签进行了详细划分，包括性别、年龄、收入等要素，然后进行实证研究。性别方面，我们发现男性对风险的认知相比女性更成熟一些，他们的投资行为与对各种基金经理能力的衡量，即α更相关；女性投资者则没有表现出比较明显的关注，且对于新发基金更为偏爱，这可能与女性投资者更容易受到营销，尤其是银行渠道的营销引导所致，关于基金营销的影响将在第十章详细介绍。投资年限方面，不同投资年限的投资者对α都没有明显的关注，说明投资者对于风险识别和基金经理能力的认知，并不会随着投资年限的增长而自然增长。年龄方面，30岁以下和65岁以上的投资者似乎对各种α都比较敏感，30岁以下的投资者可能由于接受的金融知识普及更多，更认同投资基金即为投资基金经理的理念；65岁以上的投资人似乎更容易受到基金营销的影响，而基金营销一般着重于明星基金经理，他们的管理能力较强，从而在实证结果上相应表现为这类基金的α对投资者的申赎有影响。收入方面，只有收入在50万元以上的投资者对法玛-弗伦奇五因子模型拆解的α比较关注，

其余收入群体对 α 的关注都不高，这是因为 50 万元以上的收入跨度算是比较大的，一般属于各家机构的核心客户，可能会有专门的投资顾问服务，因此行为偏差有所降低，投资行为看起来更为理性。

下面进行详细分析。

一、基金经理能力对不同类型基金投资者行为的影响

我们选择银华基金发行的，且目前仍处于存续状态的股票型、混合型基金，并剔除 ETF 基金和偏债混合型基金[①]，以月度频率构建实证模型。回归时间设定为 2010 年 1 月到 2020 年 3 月。

1. 实证模型设定

我们以个人投资者的基金净流入量作为因变量，自变量包括基金规模、基金波动率、成立年限、原始业绩，以及不同多因子模型计算出的基金经理能力即 α 指标，并采用这一研究领域常用的面板数据模型进行建模。

基金净流入（$flow$）：我们用投资者的资金净流入量来衡量投资者的申赎行为，即月度计算的不同类型投资者整体申购金额减去赎回金额，单位设定为亿元。类似研究中，有学者采用的是净流入率指标，即用基金净流入除以基金规模。这一指标隐含的假

---

① 与第八章采用的基金样本及数据样本一致，此处不再赘述。

设是基金规模越大，基金的流入流出越大，但实践中并不总是规模大的基金拥有更多的资金净流入，两者的关系并非线性的，故我们采用净流入指标，因为这一指标衡量的是基金的真实资金流。①

对于基金业绩，我们采用原始业绩以及不同因子回归模型下计算出的 α 作为代表，分别构建模型。具体业绩指标如下。

原始业绩（$yield$）：原始业绩为样本基金每个月的复权净值收益率。

法玛-弗伦奇三因子 α（α_3）：法玛-弗伦奇三因子模型回归计算的 α，即不能被市值、账面市值比和市场风险因子补偿解释的部分。

卡哈特四因子 α（α_4）：卡哈特四因子模型回归计算的 α，即不能被市值、账面市值比、动量和市场风险因子补偿解释的部分。

法玛-弗伦奇五因子 α（α_5）：法玛-弗伦奇五因子模型回归计算的 α，即不能被市值、账面市值比、盈利能力、投资水平和市场风险因子补偿解释的部分。

资本资产定价模型 α（α_{CAPM}）：资本资产定价模型回归计算的 α，即不能被市场风险因子补偿解释的部分。

除了业绩指标外，我们在模型中进一步引入控制变量，避免模型存在变量遗漏问题。控制变量设定如下。

---

① 为了进一步让基金净流入在横截面与时间序列上具有可比性，后文在自变量中会引入规模变量与时间序列虚拟变量进行控制。

基金规模（ln$Scale$）：通常认为基金规模是投资者选择基金的一个重要参考指标，基金规模大表明该基金更受投资者的青睐，规模太小的基金一方面表明投资者对其不太认可，另一方面也有清盘风险。这里规模（基金净资产）的单位取亿元，与基金净流量指标单位保持一致。为避免极端值影响，我们采用其他研究的通用做法，对基金规模取对数。引入规模变量还有一个好处，就是剔除了规模对基金净流入的影响，从而达到了其他研究中因变量采用基金净流入率指标的相似效果。

基金年化波动率（std）：这里计算的是基金复权单位净值月度波动率的年化值，基金的波动率也是投资者关注的重要指标之一。

基金成立年限（ln$AgeYear$）：基金的成立年限同样与基金规模指标有类似的问题，即基金达到一定年限后，投资者对成立年限的关注度可能也会减弱。因此，对于成立年限指标，我们同样取对数后再放入模型中。

时间虚拟变量（$dummyYear$）：加入该变量是为了进一步提升因变量净流入量数据在时间序列维度上的可比性。随着时间的变化，基金市场整体的净流入量可能也会有所变化，因此，加入该变量可以使模型的回归结果更稳健。这里我们以年度为单位设置虚拟变量，分别代表不同的年份。

模型的观测数据共有 2149 条，是一个包括时间维度和基金维度的面板数据。变量描述统计分析如表 9.3 所示。

表9.3 个人投资者回归变量样本情况

变量	观察值	平均	标准差	最小	最大
flow	2149	−0.3622	2.2859	−55.5815	19.7665
lnScale	2149	2.1016	1.7285	−2.8359	5.5134
std	2149	0.0543	0.0314	0.0000	0.2057
lnAgeYear	2149	1.6933	0.5644	0.6931	2.8560
yield	2149	0.0076	0.0608	−0.2882	0.3076
α_3	2149	0.0027	0.0076	−0.0419	0.0275
α_4	2149	0.0028	0.0078	−0.0388	0.0267
α_5	2149	0.0019	0.0072	−0.0336	0.0275
α_{CAPM}	2149	0.0025	0.0079	−0.0300	0.0288

资料来源：根据银华基金数据计算。

利用上述数据构建模型如下：

$$flow = \beta_0 + \beta_1 \cdot \ln Scale + \beta_2 \cdot std + \beta_3 \cdot \ln AgeYear + \beta_4 \cdot yield + \sum_i \lambda_i \cdot dummyYear_i \qquad (9.1)$$

其中，自变量均采用滞后一期，虚拟变量为年度时间变量。这一公式为研究基金原始业绩与个人投资者申赎行为的回归方程，研究 α 指标时，将 yield 替换成要研究的 α 即可。

采用面板数据时，我们首先要确定数据中是否存在个体效应和随机效应。个体效应即回归模型的误差项与基金个体相关，不同组的误差项存在区别。随机效应即回归模型的误差项与基金个体无关，每个组的误差项都是随机变动的。如果存在个体效应，则需要采用面板数据模型进行建模，然后再通过豪斯曼检验（Hausman test）确定使用固定效应模型还是随机效应模型。如果不存在个体效应，则进行简单线性回归即可。

2. 实证分析结果：个人与机构投资者

根据对模型的个体效应与随机效应的联合显著性检验，即分别通过 LM 检验和 F 检验，判断随机效应与个体效应是否显著，来决定是否需要使用面板数据模型。检验得知 yield、$α_3$、$α_4$ 和 $α_5$ 均存在个体效应，需使用面板数据模型，而 $α_{CAPM}$ 不能拒绝原假设，因此不需要使用面板数据，用简单的 OLS（普通最小二乘法）模型回归即可。在豪斯曼检验中，几个模型均不存在随机效应，因而采用固定效应模型。由于时间的虚拟变量较多且不是我们研究的重点（仅用于剔除基金净流量整体的年度变化），所以表格中并未将时间虚拟变量的结果列出。

表 9.4 展示了个人投资者申赎行为的回归分析结果。从中可以看出，资金净流入与规模和波动率的关系是显著的，与基金成立年限的关系并不显著。资金净流入与规模负相关，可能是因为对于规模较大的基金，投资者或许会担心基金经理的管理难度增加，影响未来业绩，从而赎回了规模大的基金。此外，这还可能与近些年来新基金大量发行有关，大量资金从老基金中撤出并投入新发基金中。资金净流入与波动率正相关，可能是由于这里用的是过去一个月波动率的年化值，投资者不喜欢过去一个月业绩过于平稳的基金，而是喜欢其有一定波动，从而预估未来上涨幅度可能更可观。再来看业绩指标，从显著性看，个人投资者并不关注 $α_3$、$α_4$、$α_5$，而关注 $α_{CAPM}$。原始业绩的回归系数不显著，可

能源于这部分影响主要表现在时间序列维度，而这已经被年度虚拟变量解释了。从符号看，资金流与α_{CAPM}正相关，而其他模型α的回归结果并不显著，表明个人投资者仅仅将市场涨跌看作风险因子，对于其他因子如市值、价值等的接受度还不高，因而只对α_{CAPM}比较关注。

表9.4 个人投资者申赎行为回归分析结果

变量	FE – yield	FE – 三因子	FE – 四因子	FE – 五因子	OLS – CAPM
L.lnScale	-0.445*	-0.474*	-0.477*	-0.484*	-0.294***
	(-1.81)	(-1.78)	(-1.80)	(-1.79)	(-4.18)
L.std	2.727	4.730*	4.819*	4.733*	5.386**
	(0.93)	(1.82)	(1.82)	(1.81)	(2.07)
L.lnAgeYear	-1.016	-1.221	-1.166	-1.280	0.0347
	(-1.54)	(-1.59)	(-1.66)	(-1.67)	(0.34)
L.yield	-2.305	—	—	—	—
	(-1.23)				
L.α_3	—	21.45	—	—	—
		(1.03)			
L.α_4	—	—	16.40	—	—
			(0.96)		
L.α_5	—	—	—	30.55	—
				(1.28)	
L.α_{CAPM}	—	—	—	—	27.75*
					(1.77)
截距	2.773	2.970	2.859	3.069	0.396**
	(1.50)	(1.51)	(1.57)	(1.58)	(2.03)
N	2100	2100	2100	2100	2100
adj.R^2	0.068	0.068	0.067	0.071	0.090

注：*$p<0.10$，**$p<0.05$，***$p<0.01$，括号中为t统计量。FE 代表所用模型为固定效应模型；OLS 代表所用模型为最小二乘回归，adj.R^2 代表调整后的拟合优度。

资料来源：根据银华基金数据计算。

通常认为，个人投资者和机构投资者的投资思路有差异。机构投资者表现得相对理性一些，所以体现在影响资金流的因素上也会有一定差异。为对此进行验证，我们还分析了机构投资者的申赎行为。

表9.5是对机构投资者相关数据的描述分析。各变量特征与个人投资者数据基本一致，但机构投资者资金净流入标准差比个人投资者更小，这在一定程度上说明机构投资者的资金进出不如个人投资者频繁。回归方法和模型选择流程与前文一致，这里不再赘述。在进行个体效应与随机效应检验后，发现所有模型均不能拒绝原假设，所以使用普通OLS模型即可。

表9.5 机构投资者回归变量样本情况

变量	观察值	平均	标准差	最小	最大
$flow$	2116	−0.0468	1.7186	−28.0601	15.9939
$\ln Scale$	2116	2.1556	1.6857	−2.8359	5.5134
std	2116	0.0540	0.0312	0.0000	0.2057
$\ln AgeYear$	2116	1.7070	0.5577	0.6931	2.8560
$yield$	2116	0.0075	0.0608	−0.2882	0.3076
α_3	2116	0.0027	0.0076	−0.0419	0.0275
α_4	2116	0.0028	0.0078	−0.0388	0.0267
α_5	2116	0.0020	0.0072	−0.0336	0.0275
α_{CAPM}	2116	0.0025	0.0079	−0.0300	0.0288

资料来源：根据银华基金数据计算。

表9.6展示了机构投资者申赎行为回归分析结果。回归结果表明，机构投资者的申赎行为与个人投资者确实有一定差异。控制变量方面，机构投资者没有明显关注基金的波动率和成立年限，且机构投资者也不关注基金的原始业绩。机构投资者比较关注α_3、α_4、α_5和α_{CAPM}，这些α剔除了风险因子的补偿收益，更能体现基金经理的投资能力。

从个人投资者和机构投资者的资金流分析看，个人投资者已经有了风险补偿的意识，但只是将市场的涨跌作为风险项，还未能识别市值、价值、动量等其他市场风险，而机构投资者则更进一步，他们对于风险的识别更充分，并不把风险因子视为基金经理的能力。之所以呈现这一结果，一方面可能是因为机构投资者更专业，投资更加理性，另一方面或许是因为我国的 smart-β 指数基金发展不足，个人投资者对这些风险的认识有限。

表9.6 机构投资者申赎行为回归分析结果

变量	OLS-yield	OLS-三因子	OLS-四因子	OLS-五因子	OLS-CAPM
L.ln$Scale$	-0.0458***	-0.0588***	-0.0615***	-0.0546***	-0.0572***
	(-2.93)	(-3.41)	(-3.44)	(-2.82)	(-3.61)
L.std	1.407	1.353	1.299	1.354	1.280
	(1.20)	(0.78)	(0.75)	(0.79)	(0.75)
L.ln$AgeYear$	-0.0399	-0.0498	-0.0479	-0.0523	-0.0438
	(-0.40)	(-0.48)	(-0.46)	(-0.49)	(-0.42)
L.$yield$	-0.0389	—	—	—	—
	(-0.05)				

（续表）

变量	OLS – yield	OLS – 三因子	OLS – 四因子	OLS – 五因子	OLS – CAPM
L. α_3	—	11.71** (2.17)	—	—	—
L. α_4	—	—	12.73** (2.65)	—	—
L. α_5	—	—	—	16.10* (1.78)	—
L. α_{CAPM}	—	—	—	—	10.97** (2.09)
截距	−0.192 (−1.06)	0.145 (0.85)	0.148 (0.88)	0.166 (0.87)	0.108 (0.68)
N	2073	2073	2073	2073	2073
adj. R^2	—	0.001	0.002	0.003	0.001

注：* $p<0.10$，** $p<0.05$，*** $p<0.01$，括号中为 t 统计量。
资料来源：根据银华基金数据计算。

3. 实证研究拓展：不同类型个人投资者基金投资影响因素分析

前面对个人投资者申赎行为影响因素的分析，是把个人投资者当作一个整体看待的，但个人投资者是一个宽泛的概念，投资偏好、风格特征可能在不同群体间，如不同性别之间、不同年龄段之间相差迥异，影响因素也会有所不同。因此，我们还将个人投资者依据性别、投资年限、年龄、收入和风险等级五个维度分类，进行更加详细的分析。

3.1 性别划分

首先看男性投资者。在模型选择上，只有原始业绩数据存在个体效应，使用固定效应模型（表格中展示为 FE - yield），其余均使用 OLS 回归即可。表 9.7 展示了男性投资者申赎行为回归分析结果。回归结果表明，男性投资者对基金规模的关注度比较高，与对全部个人投资者的分析结果一致，但是对业绩的关注度却有所不同，他们对于拆解出来的 α 更为关注。

表9.7 男性投资者申赎行为回归分析结果

变量	FE - yield	OLS - 三因子	OLS - 四因子	OLS - 五因子	OLS - CAPM
L. ln$Scale$	-0.241	-0.161***	-0.161***	-0.156***	-0.164***
	(-1.67)	(-3.23)	(-3.28)	(-3.18)	(-3.31)
L. std	1.547	2.797*	2.768*	2.810*	2.663*
	(1.09)	(1.93)	(1.89)	(1.96)	(1.88)
L. ln$AgeYear$	-0.473	0.0875	0.0907	0.0848	0.0922
	(-1.26)	(1.25)	(1.26)	(1.20)	(1.25)
L. $yield$	-0.970	—	—	—	—
	(-1.01)				
L. α_3	—	13.84*	—	—	—
		(1.75)			
L. α_4	—	—	12.46*	—	—
			(1.83)		
L. α_5	—	—	—	17.69*	—
				(1.83)	
L. α_{CAPM}	—	—	—	—	16.67*
					(1.90)
截距	1.341	0.195	0.188	0.216	0.160
	(1.28)	(1.60)	(1.60)	(1.39)	(1.51)

(续表)

变量	FE – yield	OLS – 三因子	OLS – 四因子	OLS – 五因子	OLS – CAPM
N	2100	2100	2100	2100	2100
adj. R^2	0.046	0.064	0.063	0.066	0.066

注：$^*p<0.10$，$^{**}p<0.05$，$^{***}p<0.01$，括号中为 t 统计量。
资料来源：根据银华基金数据计算。

相比男性投资者，女性投资者的数据普遍存在个体效应，因而选择固定效应模型。表9.8展示了女性投资者申赎行为回归分析结果。回归结果表明，对于基金规模和波动率，男性与女性的关注度基本一样，但是女性对基金业绩拆解出来的 α 并不敏感，这意味着女性投资者对基金经理能力的认知不及男性投资者。此外，女性投资者更关注基金的成立年限，且系数为负值，即女性投资者更偏好新成立的基金。原因可能是女性投资者更易受营销渠道，尤其是银行渠道影响所致。①

表9.8 女性投资者申赎行为回归分析结果

变量	FE – yield	FE – 三因子	FE – 四因子	FE – 五因子	FE – CAPM
L. ln*Scale*	-0.196*	-0.209*	-0.210*	-0.214*	-0.209*
	(-1.92)	(-1.89)	(-1.90)	(-1.91)	(-1.92)
L. *std*	1.182	2.352*	2.391*	2.340*	2.363*
	(0.77)	(1.75)	(1.78)	(1.73)	(1.77)
L. ln*AgeYear*	-0.522*	-0.601*	-0.577*	-0.634*	-0.622*
	(-1.82)	(-1.83)	(-1.88)	(-1.94)	(-1.96)

---

① 详见第十章关于基金营销行为的分析。

(续表)

变量	FE-yield	FE-三因子	FE-四因子	FE-五因子	FE-CAPM
L.yield	-1.276	—	—	—	—
	(-1.31)				
L.α_3	—	8.489	—	—	—
		(0.86)			
L.α_4	—	—	6.270	—	—
			(0.72)		
L.α_5	—	—	—	13.13	—
				(1.22)	
L.α_{CAPM}	—	—	—	—	12.60
					(1.13)
截距	1.375*	1.411*	1.362*	1.469*	1.409*
	(1.70)	(1.68)	(1.72)	(1.77)	(1.77)
N	2100	2100	2100	2100	2100
adj. R^2	0.085	0.083	0.082	0.085	0.085

注：*$p<0.10$，**$p<0.05$，***$p<0.01$，括号中为t统计量。
资料来源：根据银华基金数据计算。

3.2 投资年限划分

我们依据投资年限将投资者分为四类：无经验、投资年限少于1年、1~5年和多于5年。表9.9展示了依据投资年限分类的个人投资者申赎行为回归分析结果。回归结果表明，个人投资者的资金净流入与规模的关系，在不同投资年限的群体间并无本质差异，均呈负相关，但基金成立年限对不同投资经验的投资者的影响有所不同。投资年限较长的投资者，更关注新成立的基金，这可能是随着投资经验的积累，投资者对基金的认识更加深刻全面，对于基金经理的认可度更高，从而更有意愿尝试接受基金经理新发的基金产品；投资年限尚短的投资者，仍然停留在基金产品本身的层面，出于稳妥考虑，可能一开始投资的基金还是存续时间相对较长的、有业绩参照的老基金产品。

此外，我们还发现，无经验投资者的资金流与原始业绩有负相关关系，这意味着处置效应更明显一些，而不同投资年限的人都不关注 α，这说明至少在风险识别和基金经理能力认知方面，并不会随着投资年限的增长而自然增长，还是需要额外的投资者教育。

表9.9 依据投资年限分类的个人投资者申赎行为回归分析结果

依据投资年限分类	模型选择	系数显著且符号为正的自变量	系数显著且符号为负的自变量
无经验	全部为OLS模型	Std（该因子在检验 yield 因子的模型中不显著）	ln$Scale$, $yield$
少于1年	全部为OLS模型	—	ln$Scale$, ln$AgeYear$
1~5年	全部为OLS模型	—	ln$Scale$
多于5年	全部为固定效应模型	Std（该因子不稳定，仅在检验 α_3、α_4 和 α_{CAPM} 因子的模型中显著）	ln$Scale$, ln$AgeYear$（该因子在检验 $yield$ 因子的模型中不显著）

注：统计检验的显著性水平设定为10%。
资料来源：根据银华基金数据计算。

3.3 年龄划分

我们依据年龄将投资者分为四类：30岁以下、30~50岁、50~65岁和65岁以上。表9.10展示了依据年龄分类的个人投资者申赎行为回归分析结果。30岁以下的投资者对原始业绩以及拆解后的α都比较关注，而且不同于整体，他们的资金流与原始业绩正相关，这可能是因为30岁以下的投资者接受的金融知识普及更多，更认同投资基金即为投资基金经理的理念。一个比较有意思的结果是65岁以上的投资者在各个α变量上的回归系数也是正的，且通过显著性检验。我们认为这一结果可能源于老年人更易受基金营销的影响，而基金营销在投入上，一般着重于明星基金经理，间接导致在统计上基金经理能力对于65岁以上投资者的基金净流量影响显著。

表9.10 依据年龄分类的个人投资者申赎行为回归分析结果

依据年龄分类	选择模型	系数显著且符号为正的自变量	系数显著且符号为负的自变量
30岁以下	全部为OLS模型	$yield$，α_3，α_4，α_5，α_{CAPM}	ln$Scale$（该因子不稳定，仅在检验α_3、α_5和α_{CAPM}因子的模型中显著）
30~50岁	全部为固定效应模型	—	ln$AgeYear$（该因子在检验$yield$因子的模型中不显著）
50~65岁	$yield$的检验为固定效应模型，其余为OLS模型	std（该因子在检验$yield$因子的模型中不显著），α_{CAPM}	ln$Scale$，$yield$
65岁以上	全部为OLS模型	α_3，α_4，α_5，α_{CAPM}	ln$Scale$

注：统计检验的显著性水平设定为10%。
资料来源：根据银华基金数据计算。

3.4 收入划分

我们依据收入将个人投资者分为四类：收入为 5 万元以下、5 万~15 万元、15 万~50 万元和 50 万元以上。表 9.11 展示了依据收入分类的个人投资者申赎行为回归分析结果。回归结果表明，收入在 50 万元以上的投资者，对 α_5 比较敏感，这一类投资者的收入跨度比较大，可能会包含一些高净值客户，拥有专门的投资顾问服务，因此会降低一些行为偏差，使投资行为更为理性，其他收入群体对 α 的关注都不高。

表 9.11 依据收入分类的个人投资者申赎行为回归分析结果

依据收入分类	选择模型	系数显著且符号为正的自变量	系数显著且符号为负的自变量
5 万元以下	全部为固定效应模型	std（该因子在检验 yield 因子的模型中不显著）	ln*AgeYear*
5 万~15 万元	全部为 OLS 模型	std	ln*Scale*，ln*AgeYear*
15 万~50 万元	全部为固定效应模型	std（该因子在检验 yield 因子的模型中不显著）	—
50 万元以上	全部为 OLS 模型	α_5	—

注：统计检验的显著性水平设定为 10%。
资料来源：根据银华基金数据计算。

3.5 风险等级划分

我们依据风险等级将个人投资者分为稳健型、积极型和进取型。表 9.12 展示了依据风险等级分类的个人投资者申赎行为回归分析结果。回归结果表明，这几类投资者对业绩以及 α 的关注度都不高，模型本身的解释力度也比较低，可能除了回归模型中列出的因素外，还有其他影响因素未被考虑。

表9.12 依据风险等级分类的个人投资者申赎行为回归分析结果

依据风险等级分类	选择模型	系数显著且符号为正的自变量	系数显著且符号为负的自变量
稳健型	全部为固定效应模型	—	ln$Scale$
积极型	全部为OLS模型	std（该因子在检验 $yield$ 因子的模型中不显著）	ln$Scale$，ln$AgeYear$
进取型	全部为OLS模型	—	—

注：统计检验的显著性水平设定为10%。
资料来源：根据银华基金数据计算。

二、机构投资者对不同 α 敏感度的对比分析

前文主要研究的是不同投资者申赎行为与基金原始业绩和业绩拆解的 α 之间的关系。从分析结果中我们得知，虽然个人投资者不同群体对 α 的敏感度有所不同，但整体看，个人投资者普遍不关注基金经理能力，而机构投资者对 α_3、α_4、α_5 和 α_{CAPM} 都比较敏感。机构投资者对 α_3、α_4、α_5 和 α_{CAPM} 中的哪个因子更为关注呢？在机构投资者群体中，是否存在某种已被普遍接受的基金经理能力分析框架？下面对这一问题进行研究。

为了对比机构投资者更关注拆解到什么程度的 α，我们对投资者的 α_3、α_4、α_5 和 α_{CAPM} 进行了两两对比。下面以 α_3 和 α_4 的对比

为例说明具体步骤。

（1）构建虚拟变量。每期将 α 从小到大排列分为 5 组，第一组的 α 最小，第五组的 α 最大。将 α_3 与 α_4 均做排序分组，二者共有 25 个组合，需要设置 24 个虚拟变量，"α_3 与 α_4 均处于第三组"这一变量不放入回归模型中。

（2）加入虚拟变量的回归模型。将虚拟变量也滞后一期进行回归，其余控制变量与上文一致，包括基金规模、波动率和成立年限。

$$flow = a + \sum_i \sum_j b_{i,j} \cdot D_{i,j} + c \cdot \ln Scale + d \cdot std + e \cdot \ln AgeYear + f \cdot dummyYear + \varepsilon \quad (9.2)$$

（3）对比两个 α 的系数大小。回归模型中 $b_{i,j}$ 的第一个参数 i 代表 α_3 属于第几组；第二个参数 j 代表 α_4 属于第几组。

$$m = dummy_{12} + dummy_{13} + dummy_{14} + dummy_{15} + dummy_{23} + dummy_{24} + dummy_{25} + dummy_{34} + dummy_{35} + dummy_{45} \quad (9.3)$$

$$n = dummy_{21} + dummy_{31} + dummy_{32} + dummy_{41} + dummy_{42} + dummy_{43} + dummy_{51} + dummy_{52} + dummy_{53} + dummy_{54} \quad (9.4)$$

其中，m 代表 α_4 表现好于 α_3 的所有 α 回归系数之和；n 则代表 α_3 表现好于 α_4 的所有 α 回归系数之和。如果 m 显著大于 n，则表明投资者对 α_4 这一指标更为关注，反之则对 α_3 指标更关注。

对比结果如表 9.13 所示。

表9.13　机构投资者关注的 α 对比

对比组	对比结果
α_3 和 α_4	检验无明显区别
α_3 和 α_5	检验无明显区别
α_3 和 α_{CAPM}	检验无明显区别
α_4 和 α_5	检验无明显区别
α_4 和 α_{CAPM}	检验无明显区别
α_5 和 α_{CAPM}	检验无明显区别

注：统计检验的显著性水平设定为10%。
资料来源：根据银华基金数据计算。

从检验结果中可以发现，机构投资者对 α_3、α_4、α_5 和 α_{CAPM} 的关注度没有明显差别，这意味着机构投资者虽然认同基于 α 评价基金经理，但具体采用哪种 α 模式，目前机构投资者并未达成一致认识。

第三节　风险因子与 α 收益影响的对比分析

从前面的研究中可以发现，机构投资者比较关注 α，不管是拆解比较详细的法玛-弗伦奇模型 α 还是简单拆解的 α_{CAPM}；而个人投资者整体上只对 α_{CAPM} 比较关注。但前文在构建回归模型时，没有将风险因子考虑在内，那么，投资者是更关注经风险因子调整后的收益，还是风险因子带来的补偿收益呢？即投资者的申购赎回决策是受市场的整体走势影响更大，还是受基金经理的能力影响更大？为了回答这一问题，我们将法玛-弗伦奇模型以及资本资产定价模型中的风险因子补偿也加入模型中,进行回归分析。

经过分析我们发现,机构投资者相对于个人投资者确实更加理性,比较关注剔除风险因子补偿收益后的超额收益,这部分 α 收益稳定性更强。而个人投资者更容易受到市场涨跌的影响,存在处置效应,且对风险因子的识别还只停留在市场风险层面。这表现在回归结果上:机构投资者对三因子模型拆解的三个风险因子都不关注;四因子模型只对动量因子有所关注,但关注程度不及 α 因子;五因子模型中,对盈利因子较为关注,机构投资者均未对其他包括市场风险等因子表现出比较明显的关注。模型加入风险因子后,个人投资者仍对 α 均无明显关注,而且不同模型的市场风险补偿回归系数均显著为负,可能是由于个人投资者的行为偏差更明显所致。①

一、研究方法

关于法玛-弗伦奇三因子模型风险因子收益与 α 因子收益对资金流的影响分析,构建模型如下。

$$flow = \beta_0 + \beta_1 \cdot \ln Scale + \beta_2 \cdot std + \beta_3 \cdot \ln AgeYear + \sum_i \lambda_i \cdot dummyYear_i + \beta_4(\beta_{SMB} \cdot SMB) + \beta_5(\beta_{HML} \cdot HML) + \beta_6(\beta_{excessReturn} \cdot excessReturn) + \beta_7 \cdot \alpha_3 + \varepsilon \quad (9.5)$$

卡哈特四因子、法玛-弗伦奇五因子模型和资本资产定价模型的回归与以上公式类似,只是将三因子替换为四因子、五因子

---

① 第八章的实证分析表明,个人投资者的处置效应、羊群效应较机构投资者更明显。

和市场超额收益。具体回归模型如下。

卡哈特四因子模型风险因子收益与 α 因子收益对资金流的影响：

$$flow = \beta_0 + \beta_1 \cdot \ln Scale + \beta_2 \cdot std + \beta_3 \cdot \ln AgeYear + \sum_i \lambda_i \cdot dummyYear_i + \beta_4(\beta_{SMB} \cdot SMB) + \beta_5(\beta_{HML} \cdot HML) + \beta_6(\beta_{mmc} \cdot MMC) + \beta_7(\beta_{excessReturn} \cdot excessReturn) + \beta_8 \cdot \alpha_4 + \varepsilon \quad (9.6)$$

法玛-弗伦奇五因子模型风险因子收益与 α 因子收益对资金流的影响：

$$flow = \beta_0 + \beta_1 \cdot \ln Scale + \beta_2 \cdot std + \beta_3 \cdot \ln AgeYear + \sum_i \lambda_i \cdot dummyYear_i + \beta_4(\beta_{SMB} \cdot SMB) + \beta_5(\beta_{HML} \cdot HML) + \beta_6(\beta_{rmw} \cdot RMW) + \beta_7(\beta_{cma} \cdot CMA) + \beta_8(\beta_{excessReturn} \cdot excessReturn) + \beta_9 \cdot \alpha_5 + \varepsilon \quad (9.7)$$

资本资产定价模型风险因子收益与 α 因子收益对资金流的影响：

$$flow = \beta_0 + \beta_1 \cdot \ln Scale + \beta_2 \cdot std + \beta_3 \cdot \ln AgeYear + \sum_i \lambda_i \cdot dummyYear_i + \beta_4(\beta_{excessReturn} \cdot excessReturn) + \beta_5 \cdot \alpha_{CAPM} + \varepsilon \quad (9.8)$$

二、机构投资者研究结果

表 9.14 展示了机构投资者风险补偿与风险调整后的超额收益对比。回归中加入了年度的虚拟变量，由于虚拟变量不是我们研究的重点，所以不做重点讨论。回归结果表明，机构投资者大部分时候对年份变化并不敏感。法玛-弗伦奇三因子模型中，机构

投资者只对α_3的回归系数是显著的,而对另外三个风险因子并不显著;卡哈特四因子模型中,投资者只对α_4和动量指标的回归是显著的,但是动量因子的回归系数不及α_4的系数,说明投资者更关注α指标;法玛-弗伦奇五因子模型中,α_5和盈利因子的回归系数显著;资本资产定价模型中,风险因子不显著。综合来看,机构投资者更关注的还是剔除风险补偿后的超额收益,也就是说,比起市场的整体影响(市场趋势及市场风格),机构投资者更在意基金经理的能力。机构投资者并不十分关注风险因子,相较之下,盈利因子与动量因子对机构投资者的申赎有一定影响。对盈利因子的关注可能是因为市场对盈利因子是否是风险因子的争议较大,盈利因子在一定程度上反映了基金经理的α。对动量因子的关注则可能是一种统计上被动呈现的结果,因为机构投资者追逐的是管理能力优异的基金经理,而基金经理的管理能力优异,在业绩上的表现即为持续的好业绩,这其实就是动量效应。

表9.14　机构投资者风险补偿与风险调整后的超额收益对比

变量	OLS-三因子	OLS-四因子	OLS-五因子	OLS-CAPM
L. ln*Scale*	-0.0554***	-0.0602***	-0.0521**	-0.0543***
	(-3.16)	(-3.19)	(-2.61)	(-3.20)
L. *std*	0.655	0.608	0.431	0.492
	(0.80)	(0.68)	(0.49)	(0.55)
L. ln*AgeYear*	-0.0489	-0.0504	-0.0582	-0.0444
	(-0.46)	(-0.48)	(-0.54)	(-0.43)
dum_r1	0.219	0.211	0.302	0.278
	(0.48)	(0.47)	(0.65)	(0.59)

(续表)

变量	OLS-三因子	OLS-四因子	OLS-五因子	OLS-CAPM
dum_r2	0.284	0.337	0.396*	0.294
	(1.43)	(1.65)	(1.69)	(1.40)
dum_r3	0.570	0.617	0.688	0.606
	(1.13)	(1.23)	(1.24)	(1.21)
dum_r4	0.452*	0.488*	0.527*	0.494*
	(1.82)	(1.94)	(1.90)	(1.90)
dum_r5	0.166	0.208	0.207	0.241
	(1.03)	(1.28)	(1.26)	(1.54)
dum_r6	0.231	0.273	0.321	0.322
	(0.87)	(0.98)	(1.17)	(1.11)
dum_r7	0.306	0.352*	0.390*	0.378*
	(1.62)	(1.80)	(1.84)	(2.01)
dum_r8	0.168	0.184	0.237	0.217
	(1.00)	(1.10)	(1.32)	(1.21)
dum_r9	0.157	0.197	0.249	0.179
	(1.10)	(1.35)	(1.48)	(1.21)
dum_r10	0.221	0.243	0.289*	0.232
	(1.44)	(1.56)	(1.75)	(1.47)
L. α_3	11.36**	—	—	—
	(2.13)			
L. smb3	1.445	—	—	—
	(0.44)			
L. hml3	-1.642	—	—	—
	(-1.05)			
L. excess3	-0.755	—	—	—
	(-0.52)			
L. α_4	—	12.87***	—	—
		(2.71)		

（续表）

变量	OLS-三因子	OLS-四因子	OLS-五因子	OLS-CAPM
L.smb4	—	0.401 (0.15)	—	—
L.hml4	—	-2.026 (-1.04)	—	—
L.mmc4	—	5.203** (2.54)	—	—
L.excess4	—	-0.554 (-0.39)	—	—
L.α_5	—	—	15.77* (1.73)	—
L.smb5	—	—	-1.917 (-0.81)	—
L.hml5	—	—	-0.970 (-0.72)	—
L.rmw5	—	—	3.374* (1.76)	—
L.cma5	—	—	3.881* (1.90)	—
L.excess5	—	—	-0.631 (-0.45)	—
L.α	—	—	—	10.82** (2.09)
L.β	—	—	—	-0.969 (-0.74)
截距	-0.130 (-0.74)	-0.155 (-0.92)	-0.193 (-1.12)	-0.168 (-0.96)
N	2100	2100	2100	2100
adj. R^2	0.001	0.002	0.004	0.001

注：* $p<0.10$，** $p<0.05$，*** $p<0.01$，括号中为 t 统计量。
资料来源：根据银华基金数据计算。

三、个人投资者研究结果

表 9.15 展示了个人投资者风险补偿与风险调整后的超额收益对比。虽然年份虚拟变量不是我们研究的重点，但是个人投资者与机构投资者对年份的敏感度差别较大。从个人投资者的回归结果中可以发现，不同年份对个人投资者的投资行为是有一定影响的，说明在不同的年份，不同的市场环境下，个人投资者的关注点会有所不同。再来看风险因子，加入风险因子后，个人投资者对各种模型计算 α 指标均不再显著，这说明个人投资者的基金申赎，更多是受市场本身的走势与风格的影响，且远大于基金经理能力的影响。此外，我们还发现，不同模型的市场风险补偿回归系数均显著为负，这进一步佐证了投资者处置效应偏差的存在。

表9.15 个人投资者风险补偿与风险调整后的超额收益对比

	FE-三因子	FE-四因子	FE-五因子	FE-CAPM
L.ln*Scale*	-0.468*	-0.465*	-0.487*	-0.467*
	(-1.78)	(-1.80)	(-1.84)	(-1.83)
L.*std*	-0.316	-0.166	-0.804	0.212
	(-0.14)	(-0.08)	(-0.39)	(0.09)
L.ln*AgeYear*	-1.294	-1.217*	-1.365*	-1.330*
	(-1.61)	(-1.70)	(-1.77)	(-1.72)
dum_r1	-2.352*	-2.242**	-2.341**	-2.274*
	(-1.95)	(-2.03)	(-2.05)	(-1.98)
dum_r2	-1.126	-1.078	-1.046	-1.123
	(-1.45)	(-1.52)	(-1.53)	(-1.44)

(续表)

	FE-三因子	FE-四因子	FE-五因子	FE-CAPM
dum_r3	-0.766	-0.708	-0.672	-0.660
	(-1.35)	(-1.36)	(-1.36)	(-1.16)
dum_r4	-0.856*	-0.771*	-0.817*	-0.758*
	(-1.91)	(-1.81)	(-1.95)	(-1.68)
dum_r5	-1.913*	-1.822*	-1.934**	-1.750*
	(-1.89)	(-1.97)	(-2.01)	(-1.98)
dum_r6	-1.973***	-1.930***	-1.904***	-1.807***
	(-2.79)	(-2.88)	(-2.99)	(-2.87)
dum_r7	-0.546	-0.471	-0.504	-0.382
	(-1.47)	(-1.43)	(-1.53)	(-1.14)
dum_r8	-0.582	-0.537	-0.574	-0.472
	(-1.37)	(-1.37)	(-1.44)	(-1.14)
dum_r9	-0.276	-0.265	-0.235	-0.240
	(-1.37)	(-1.28)	(-1.22)	(-1.14)
dum_r10	-0.0851	-0.0868	-0.0520	-0.0759
	(-0.50)	(-0.48)	(-0.30)	(-0.41)
L.α_3	22.08	—	—	—
	(1.04)			
L.smb3	1.700	—	—	—
	(0.24)			
L.hml3	1.310	—	—	—
	(0.66)			
L.excess3	-4.765**	—	—	—
	(-2.09)			
L.α_4	—	16.83	—	—
		(0.99)		
L.smb4	—	2.853	—	—
		(0.48)		
L.hml4	—	4.675	—	—
		(1.26)		

(续表)

	FE-三因子	FE-四因子	FE-五因子	FE-CAPM
L.mmc4	—	-7.831*		
		(-1.79)		
L.excess4	—	-5.044**		
		(-2.23)		
L.α_5	—	—	32.09	—
			(1.34)	
L.smb5	—	—	-1.910	
			(-0.32)	
L.hml5	—	—	2.284	
			(1.12)	
L.rmw5	—	—	9.286**	
			(2.04)	
L.cma5	—	—	-0.261	
			(-0.07)	
L.excess5	—	—	-4.477**	
			(-2.08)	
L.α	—	—	—	29.47
				(1.28)
L.β	—	—	—	-4.379**
				(-2.05)
截距	3.525	3.359*	3.663*	3.461*
	(1.62)	(1.70)	(1.77)	(1.70)
N	2100	2100	2100	2100
adj.R^2	0.076	0.077	0.084	0.077

注：* $p<0.10$，** $p<0.05$，*** $p<0.01$，括号中为 t 统计量。
资料来源：根据银华基金数据计算。

综上所述，机构投资者确实比个人投资者更加理性，其比较关注的是剔除风险因子补偿后的超额收益，即基金经理的能力；个人投资者更容易受到市场涨跌及市场风格的影响，且远大于基金经理能力对个人申赎决策的影响。这一研究一方面进一步证明了个人投资者的行为偏差；另一方面也说明了投资者当前对基金投资的认知缺陷，并未充分认识到"选基金就是选人"这一朴素、科学的基金投资理念，投资者教育还有待加强。

第四节　市场情绪与基金投资者行为

基金投资者行为除受内部因素如业绩的影响之外，还受外部因素的影响，其中最为重要的是投资者情绪。德龙、施莱弗、萨默斯等人（DeLong、Shleifer and Summers, 1991）就提出，投资者情绪是影响资本市场定价的系统性风险。不过，以往学术界关于投资者情绪对金融市场影响的研究，多集中于股票市场行为，对基金投资者行为的研究不多。考虑到基金投资与股票投资有较多不同，为了了解市场情绪能否显著影响基金投资、哪类投资者对市场影响最为敏感，本节将对此展开研究。

一、市场情绪与基金投资者行为研究综述

关于投资者情绪对基金投资者行为影响的研究，从投资者情绪对基金流、ETF折溢价、基金超额收益等角度展开。尽管各研究的方向有些许差异，但是研究的出发点相同，目标也都与基金

投资者行为相关，其中的方法和思路都是可以借鉴的，并且不同的研究方向也能对基金投资者行为有更好的认识。格罗斯曼和斯蒂格利茨（Grossman and Stiglitz，1980）认为在一个信息昂贵的市场中，基金投资者被认为是最后得到信息的投资者，因为他们将其投资决策全权委托给了基金经理。瓦尔泰（Warther，1995）认为基金的资金流能反映一般基金投资者的情绪。史蒂芬·布朗等人（Stephen J. Brown et al.，2002）发现每日的基金资金流可以作为表征股票市场投资者情绪的工具。丹尼尔·英德罗（Daniel C. Indro，2004）发现基金投资者的行为不仅受到宏观基本面的影响，同时也会受到投资者情绪的影响。具体而言，当个人投资者在过去几周对市场更为看好时，当前基金流就会上升。不仅如此，在当前时点更高的基金流又能导致接下来一段时间里的投资简报作者对市场的看多，同时在考虑了风险溢价和通胀的因素后，投资者情绪和基金流的关系依旧很稳定。国内研究方面，彭惠、罗锐和盛永恒（2012）分析了市场情绪对开放式基金申赎流量的影响，最终发现市场情绪对单基金的申赎流量有显著的正向影响，而且投资者更倾向于选择大基金公司旗下业绩好的小盘基金，同时其购买基金更容易受到上期基金净流量的影响，表明了一定的羊群效应。他们通过对市场情绪和总体基金净流量的分析发现，市场情绪对基金流量的传导没有基金流量对市场情绪的传导那么直接迅速，这样的结论可能也和数据频率是季频有关。贾丽娜和扈文秀（2013）对基金投资者情绪对羊群效应的影响进行了研究。二人利用前十大流通股东中证券投资基金的家数来测量基金羊群效应的程度，利用以上提到的主成分分析法测度投资者情绪，发现投资者情绪是证券投资基金形成羊群效应的重要因素之一，基金经理在观察到上一期投资者悲观情绪或乐观情绪时会做出负反馈反应。李风羽（2014）对投资者情绪是否能够解释 ETF 折溢价进行了研究，最终发现 A 股市场的投资者情绪与 ETF 溢价率呈正相关关系。他进一步研究发现 A 股市场投资者情绪对 ETF 溢价率的影响在不同市场状态下又呈现不同特征：在悲观市场中两者负相关，在中性和乐观市场中两者正相关。此外，A 股市场投资者情绪对 ETF 溢价率的影响又随机构持股比例下降而逐渐增强。王钰和陈永帅（2018）以开放式股票型基金披露的持仓标的作为样本度量投资者情绪敏感度，即用基金持有的股票组合中各股票的情绪 β 加权平均得到该基金的情绪 β，并将之作为基金投资者的情绪敏感度，进而研究基金投资者情绪敏感度与基金超额收益的关系。研究发现基金的超额收益随着基金投资者情绪敏感度的增加而增加，当该敏感度超过一定数值后，基金超额收益又呈现下降趋势，同时基金投资者情绪敏感度对基金业绩的影响不具有持续性。该研究为投资者情绪在基金投资行为和投资业绩领域方面提供了新的视角。

从以上研究可以看到，影响基金投资者行为的因素很多，而投资者情绪对行为的影响已日益受到学术界关注。我们延续学术界这一思路，采用银华基金客户的高频真实交易流水数据衡量资金流，研究投资者情绪对行为的影响。

二、投资者情绪指数的构建

要研究投资者情绪与基金投资行为的内在关联,就必须构建投资者情绪指数。

易志高和茅宁(2009)指出,造成投资者情绪对市场影响的研究结论存在分歧的原因不仅与研究方法和研究样本有关,在很大程度上也与情绪的度量方法有关,多数研究利用单一指标刻画投资者情绪,如封闭式基金溢价率等,而单一指标对投资者情绪的衡量本身就有失偏颇。另一方面,他们认为很多研究在构建情绪指标时没有控制宏观经济变量,他们使用多指标的方法时,先将各个标准化后的单指标对宏观经济指标进行回归取其残差,然后将各个残差序列进行主成分分析,将解释率达到一定比例的主成分加权得到情绪指数。

本章主要借鉴这些研究思路,构建投资者情绪指数。我们选取了以下几个业内常用指标:换手率、涨停个数占比、融资融券交易占比、封闭式基金溢价率、信用利差以及沪深300指数PE值,以上指标的数据频率均为周频。考虑到以上指标本身可能都已经蕴含了宏观经济因素,因此我们将上述各单指标均对宏观指标做了正交化处理[①],随后我们利用主成分分析法合成指数。

[①] 我们用PMI指标代表宏观指标,按月滚动进行回归(取过去3年)确定回归系数。按月回归生成回归系数时,换手率取月度均值,涨停个数占比取月度均值,融资融券交易占比取月度均值,封闭式基金溢价率取月度均值,沪深300指数PE取月末值,信用利差取月末值,然后按周计算(即每月内各周的回归系数不变)各指标残差值,以此作为正交化处理后的新单指标。

值得注意的是，由于我们在运用主成分分析合成情绪指数时，采用滚动样本的方法，会得到一系列固定长度的情绪指数，这就涉及如何将历史上各个阶段的情绪指数拼接成一个完整情绪指数的问题。我们假设新的信息相比过去得到的信息而言更有价值，因此我们在拼接各情绪指数时，采用加权方法得到最新一个时点的值。我们对权重进行了遍历，以投资者情绪指数与沪深300指数的相关系数作为测评标准，最终确立赋予过去数值的权重为0.2，最新的情绪指数权重为0.8。

$$Senti_t = 0.2 \cdot Senti_{t-1} + 0.8 \cdot S_t \qquad (9.9)$$

其中，S 为滚动加权得到的一系列固定长度的情绪指数，$Senti$ 即为最终合成的投资者情绪指数。

图 9.5 为投资者情绪指数历史走势。可以看到，大的运行波段与 A 股基本保持一致，市场几个大级别的波峰波谷与投资者情

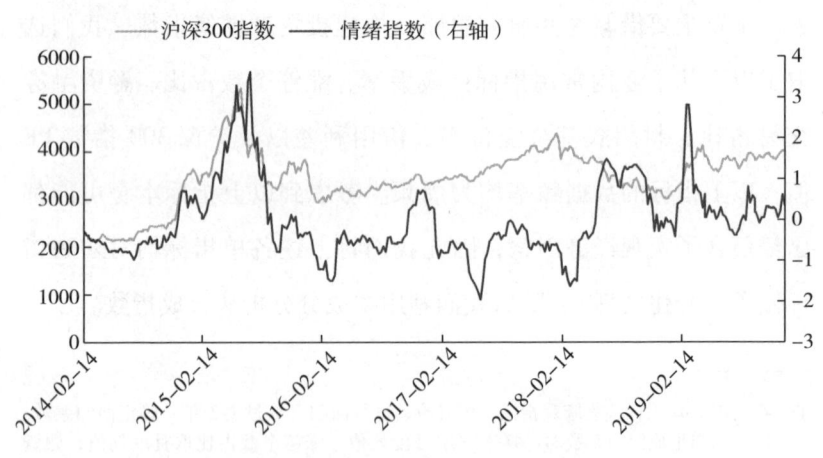

图 9.5 投资者情绪指数历史走势

资料来源：根据 Wind 数据计算。

绪指数是对应的，如 2015 年 6 月的市场阶段性见顶、2016 年 2 月的市场阶段性见底、2019 年 4 月市场的阶段性回落，但在细分波段上有所不同。这表明情绪与市场短周期并不完全对应，存在一定背离，不过整体趋势一致。

三、检验投资者情绪与基金投资者行为的关系

我们基于银华基金不同投资者标签的周频净流入数据（申购减赎回）与投资者情绪指数，构建实证模型。

基于向量自回归（VAR）模型的格兰杰因果关系检验（Granger causal relation test），是检验变量之间统计关联的经典分析方法。本节主要采用该方法进行分析。

此处的人口学标签与前文保持一致，主要基于机构与个人，个人又根据性别、年龄、收入、投资年限、风险等级划分。为了克服时间序列层面基金净流量可比性不强的问题（因为基金净流入的绝对金额可能与基金市场的整体规模相关，若基金规模趋势性上涨或下跌，基金净流入就会趋势性上涨或下跌，导致时间序列不平稳，无法建模），我们将周频的净流入除以当期基金规模，转变为基金净流入率指标。

我们使用 VAR 模型研究两者的关系，选择该模型的主要原因是该模型能很好地描述变量之间的双向影响，并允许加入滞后变量。

$$y_t = c + a_1 y_{t-1} + \cdots + a_n y_{t-n} + e_t \qquad (9.10)$$

其中 y_t 包含了基金流和投资者情绪两个变量。

VAR 模型要求变量必须是平稳变量，周频的基金净流入率符合平稳性特征，但投资者情绪指数并不满足，从图 9.5 的走势就可以发现，它具有明显的趋势漂移特征。故我们将其做环比化处理，这样投资者情绪变量也满足了平稳性要求，同时环比之后也更具有经济意义，即变成了投资者情绪的周度上升或下降幅度。

VAR 模型需要选择最优滞后阶数，我们根据多个信息准则，并结合模型的经济含义，最终确立选择滞后 4 期（即 1 个月）的时间维度建模，这在逻辑上也符合投资者情绪本质上是一个短期影响因素的特性。

接下来，我们基于 VAR 模型进行格兰杰因果关系检验，即在统计上是否至少有一期投资者情绪指数可以解释基金流。不过，格兰杰因果关系检验并不能告诉我们这种影响是正向还是反向的，以及影响的大小。为此，我们将各滞后期数的回归系数相加，并进行沃尔德检验（Wald test），以确立影响的大小及影响方向。由于模型分析的中间过程比较复杂，我们将其省去，仅列出检验结果（见表 9.16）。

表 9.16　投资者情绪对基金净流入的沃尔德检验及格兰杰因果关系检验

类别		投资者情绪系数累计和	沃尔德检验 p 值	格兰杰因果关系检验 p 值
全部投资者		0.0269	0.98	0.187
个人投资者整体		-0.0627	0.816	0.432
性别	男	-0.0300	0.851	0.645
	女	-0.0386	0.754	0.326

(续表)

	类别	投资者情绪系数累计和	沃尔德检验 p 值	格兰杰因果关系检验 p 值
年龄	30 岁以下	0.0268	0.014**	0.027**
	30~50 岁	0.0086	0.929	0.611
	50~65 岁	-0.0931	0.519	0.438
	65 岁以上	0.6114	0.543	0.281
投资年限	无经验	0.0001	0.941	0.257
	少于 1 年	-0.0019	0.384	0.547
	1~5 年	-0.0239	0.36	0.783
	多于 5 年	-0.0288	0.061*	0.004***
收入	5 万元以下	0.0008	0.783	0.147
	5 万~15 万元	-0.0137	0.525	0.588
	15 万~50 万元	-0.0075	0.32	0.001***
	50 万元以上	-0.0155	0.429	0.605
风险等级	稳健型	-0.0029	0.448	0.063*
	积极型	-0.0336	0.294	0.27
	进取型	-0.0099	0.221	0.187
机构投资者整体		0.7430	0.458	0.308

注：1. $^*p<0.10$，$^{**}p<0.05$，$^{***}p<0.01$。

2. 由于采用原始基金净流入率进行回归的系数较小，为便于展示，这里将基金净流入率乘以 100 后再进行回归，即剔除百分号。

资料来源：根据银华基金数据计算。

检验结果表明，绝大多数组别下，投资者情绪对基金的净流入是没有影响的。探寻其内在逻辑，我们认为可能在于：一是基金投资不同于股票投资，基金投资的交易频率较股票要低得多，而投资者情绪是一个较为敏感的短期变量，故对基金投资影响不大；其次，投资者情绪的变动与市场的变动基本一致，而市场变动又直接影响了基金业绩,投资者对基金业绩的变化更为敏感,故情绪有可能通过影响基金业绩,进而影响投资者的申赎行为。

不过,我们也发现两类投资者较为特殊。一类是30岁以下的基金投资者,这类投资者的申赎行为会受到投资者情绪影响,且这种影响是正向的,这意味着年轻的投资者更易受到外部市场环境的影响,这可能跟人口的风险偏好特质以及投资经验有关。另一类是投资年限较长的投资者,他们对投资者情绪也较为敏感,但做的是反向反应,即外部投资者情绪越亢奋,这类投资者反倒会变得越谨慎,及时赎回基金。而当外部投资者情绪低迷时,又会反向申购基金,体现出基金投资者相对理性的一面,这说明了投资经验的积累能够提升投资者理性。此外,风险等级是稳健型的投资者,也通过了格兰杰因果关系检验,且影响是负向的,也意味着这类投资者对市场影响的反应相对理性,但其系数累计和并未通过沃尔德检验,说明影响程度相对较小。

已有研究还表明,基金投资的申赎行为还可能反过来影响投资者情绪,对此,我们也进行了检验,结果如表9.17所示。

表9.17　基金资金流对投资者情绪影响的沃尔德检验及格兰杰因果关系检验

类别		资金流系数累计和	沃尔德检验 p 值	格兰杰因果关系检验 p 值
全部投资者		-0.0927	0.6845	0.6066
个人投资者整体		-0.0969	0.1534	0.5447
性别	男	-0.0975	0.2123	0.5969
	女	-0.0946	0.1401	0.4907

(续表)

	类别	资金流系数累计和	沃尔德检验 p 值	格兰杰因果关系检验 p 值
年龄	30 岁以下	-0.0867	0.0076***	0.0336**
	30~50 岁	-0.0937	0.0499	0.2723
	50~65 岁	-0.0990	0.3235	0.7737
	65 岁以上	-0.0886	0.9798	0.6292
投资年限	无经验	-0.0519	0.5951	0.0005***
	少于 1 年	-0.0990	0.4040	0.5884
	1~5 年	-0.0961	0.2652	0.1085
	多于 5 年	-0.1094	0.2913	0.3167
收入	5 万元以下	-0.0939	0.2209	0.7280
	5 万~15 万元	-0.0955	0.3033	0.8143
	15 万~50 万元	-0.0894	0.3294	0.0503*
	50 万元以上	-0.1019	0.7066	0.1650
风险等级	稳健型	-0.0821	0.3324	0.3278
	积极型	-0.0966	0.2472	0.1194
	进取型	-0.0861	0.7595	0.0173**
机构投资者整体		-0.0871	0.9231	0.6244

注：* $p<0.10$，** $p<0.05$，*** $p<0.01$。
资料来源：根据银华基金数据计算。

检验结果表明，依旧是年龄在 30 岁以下的基金投资者的格兰杰因果关系检验和沃尔德检验显著，但其系数为负，这可能意味着年轻投资者的申购行为往往发生在投资者情绪亢奋的顶点，而伴随他们的大量申购，市场情绪可能已经开始转向（格兰杰因果关系检验的本质是变量之间在时间先后顺序维度上的关联性显著度分析），这可能是伴随着市场下跌引发的情绪回落。相反，当年轻的基金投资者开始转为赎回时，往往随后对应的是投资者情绪度过冰点，开始逐渐回暖，而这多数发生在市场开始转暖时，即年轻的投资者在基金申赎上表现出类似股票市场"就差你一卖"的行为特征。对于风险等级为进取型的投资者，统计上的结果与年轻的投资者基本一致，但并未通过沃尔德检验，意味着这种影响相对较小。

总之，本节的研究表明，投资者情绪不是影响基金投资者行为的一个较明显因素。相较而言，相对年轻的投资者更易受情绪影响，其申购行为可能往往发生在情绪亢奋的顶点，而其赎回行为则可能对应市场情绪的低点，这不是理性的行为。投资经验丰富的投资者，则体现出利用情绪进行反向操作的特征，更加理性。

第五节　结论

本章从基金内部和外部两方面讨论了影响投资者申赎行为的因素。

首先，我们通过组合回测的方式，证明了利用 α 进行基金选择的有效性。然后，我们将投资者分为个人投资者与机构投资者，分别研究影响个人投资者与机构投资者的基金内部因素有哪些。分析结果表明，相对于个人投资者，机构投资者对风险的识别更充分，且不会将风险因子与基金经理的能力混淆；个人投资者虽然也有风险补偿的意识，但还是停留在只将市场涨跌作为风险项，对其他风险如市值、价值、动量等还不能识别。

其次，我们研究了风险补偿收益对投资者行为的影响。机构投资者在关注代表基金经理能力的 α 的同时，也会对四因子模型中的动量因子、五因子模型中的盈利因子给予一定关注；在加入风险因子后的模型中，基金经理能力不再显著，这说明个人投资者的基金申赎行为，更多受到市场本身走势与风格的影响，且远大于基金经理能力的影响。此外，不同模型的个人投资者市场风险补偿回归系数均显著为负，这进一步佐证了投资者处置效应偏差的存在。

最后，我们分析了投资者情绪这个比较重要的外部影响因素。总体看，投资者情绪并不会明显影响基金投资者的交易行为，但是其中的细分人群对情绪因素还是有所反应的。这体现在30岁以下的年轻人更容易受到情绪影响，容易在情绪亢奋的最高点申购，而在情绪的最低点赎回；投资经验比较丰富的投资者则正好相反，他们会在情绪冰点申购，利用市场情绪反向操作，在一定程度上表明投资经验的积累能使投资行为更理性。[1]

---

[1] 只是在市场情绪对投资决策的影响层面，体现出有经验的投资者应对得更好，但前面其他章节的实证研究表明，基金市场投资经验的积累，整体来看在提升投资者理性、减缓行为偏差方面并不十分有效。

第十章 基金营销、基金投顾与投资者行为

基金营销在基金业广泛存在，是基金代销机构或基金公司从市场和客户需求出发，进行基金产品设计、销售、售后服务等一系列活动的总称。基金营销作为一种重要的市场活动，对投资者行为会产生哪些影响？此外，基金投顾业务脱胎于基金销售端的智能基金组合，但在盈利模式上已发生了根本性改变，肩负着引领中国财富管理行业转型的重任，它能否引导投资者理性投资？本章主要对这些问题进行探讨。

第一节 基金营销与基金投资者行为

本节我们主要对基金营销的价值进行分析，并对学术界已有基金营销与投资者行为关系的文献进行梳理。

一、基金营销的价值

公募基金行业经历二十余年的发展，体量已相当庞大。西里

和和图法诺（Sirri and Tufano，1998）提出，面对数量庞大、种类繁多的公募基金标的，投资者由于能力和精力上的局限，在实际投资中往往无从下手，对信息的分析会受到一定制约，面临较高的搜寻成本。西蒙（Simon，1955）认为人们在进行经济决策时具有有限的处理能力。卡尼曼（Kahneman，1973）则进一步指出，人们由于能力和精力上的局限，对信息的分析会受到一定制约，决策时往往表现出有限关注，这是在一个具有大量信息环境下的必然结果，而基金营销的价值，则在于可以将市场信息和顾客需求相匹配，针对不同顾客的不同偏好，包括时间偏好、风险偏好，降低投资者在投资基金时面临的搜寻成本。

此外，营销还可能传递了产品"质量"的信号。科拉纳和瑟维斯（Khorana and Servaes，2004）认为，基金营销的积极性与基金业绩相关，业绩更出色的基金拥有更多资源进行配置，营销积极性也会越大。

二、基金营销对投资者行为影响述评

在公募基金领域，面对众多的基金产品，由于投资者的能力和精力有限，往往会更为关注曝光率较高的产品，以降低搜寻成本。巴伯、奥登和郑璐（Barber, Odean and Zheng，2005）对1979年到1999年美国基金的资金流数据进行分析，发现投资者的申购行为很容易被所关注到的信息影响，投资者倾向于去买高营销投入的基金，但对于非营销类的费率支出，如申购费、赎回费等，与基金的净流入是负向关联的。珍妮弗·黄等人（2017）则把营销投入理解为降低投资者参与成本的一种方式，由此解释了基金业绩与资金净流入之间的非对称关系。高营销投入的基金产品，降低了投资者的参与门槛，因而投资者对业绩的敏感性较之低营销投入的基金也有所下降。①

国内也有学者对基金营销与投资者行为的关系进行了探讨。山立威和申宇（2013）分析了我国2005—2010年的开放式基金，研究基金营销对基金资金流动的影响。他们发现，与营销能够影响产品销售的解释相一致，基金营销对基金资金净流入有显著影响，即基金营销机构、营销网点、专业营销人员的数量越多，基金资金净流入越多。平均来说，营销努力（营销机构、营销网点、营销人员）每增加10%，基金资金净流入增加1.1%~1.6%，基金规模增加0.5%。他们认为，这一实证结果可以通过营销降低了投资者的搜寻成本来解释。

李志生、徐谦、刘淳（2013）基于2005—2010年中国开放式基金市场的面板数据，运用固定效应模型分析了基金营销投入对投资者申购行为、赎回行为以及基金净资金流动的影响。结果表明：相对于已有文献讨论过的基金评级、基金业绩、机构投资者参与等因素，营销投入对中国开放式基金的资金流动具有更大的影响和更高的解释力。随着营销投入的增加，营销投入对投资者申购行为的影响显著大于对投资者赎回行为的影响，因此营销投

---

① 这实际上有助于降低投资者基金投资的交易换手，而这也契合了基金长期投资的理念。

入的增加有利于提高基金的净资金流入。上述结论在不同年份、不同市场行情,以及在控制基金的个体效应的情况下具有稳健性。由此,作者认为,从基金管理人的角度来说,营销投入的增加有效地吸引了更多基金投资者的注意,适度的增加营销投入是一种理性的基金管理行为。

总之,从国内外已有文献看,营销作为一种重要活动,对基金投资者的行为决策是有显著影响的,营销降低了投资者的搜寻成本,弥补了投资者在决策中对庞大信息的有限处理能力。不过,已有研究可能受制于可得数据的因素,主要研究基金的整体营销活动对投资者申赎行为的影响,那么不同渠道下的营销活动,对投资者行为会有哪些不一样的影响?或者哪种渠道的影响更大一些?这方面的研究还不多见。

第二节 不同营销渠道对投资者行为的影响

上一节的文献综述表明了基金营销是影响投资者行为的一个重要因素。本节我们在此基础上,采用银华内部资金流数据,对不同营销渠道对投资者行为的影响进行研究,包括传统的直销渠道和银行渠道,以及新兴的互联网渠道,重点分析不同渠道的营销活动下,不同投资者群体的申购赎回行为变化特征(通过基金资金流的变化来表现)。

我们主要对个人投资者的资金流进行分析。一方面,我们比较单个基金产品在营销后相对于营销前,资金流是否有显著的净流入，以基金营销有效期内平均资金流入相对于未营销前相同区间长度的平均资金流入的增减幅度来衡量，这是纵向比较。另一方面，我们比较在同一时间段，参与营销的基金相对于未营销的基金在资金流上是否有显著变化，以每周营销的基金平均资金流入相对于未营销基金平均资金流入的增幅来进行衡量，这是横向比较。

由于营销活动时间可能是一天或者某个区间内的连续营销，对于营销活动仅有一天的，我们将营销活动的有效期扩大为包括当天在内的 3 天，对于区间内连续营销的，我们将有效期设定在该区间。

渠道方面，我们重点分析银华直销渠道、银行渠道以及互联网渠道。对于基金的资金流数据，从已有文献看，营销活动对资金的流入影响更为显著，因此本节主要对资金流入（代表着投资者的申购行为）进行分析。对于不同客户群体，我们主要依据性别和年龄做划分。

一、直销渠道的影响分析

我们主要分析银华直销渠道短信营销行为是如何引导客户投资的。样本时间设定为 2019 年第一季度至 2020 年第一季度，对银华直销渠道的基金资金流情况分别进行纵向比较及横向比较，并按照不同年龄、性别等进行投资者群体划分。

表 10.1 是银华直销渠道纵向比较的分析结果。营销活动后相对于营销活动前，不同个人投资者群体的流入金额均有增加，平

均幅度为24%，其中男性的增幅较女性更明显一些；年龄层面上来看，30岁以下和65岁以上的群体，即年轻的与年长的投资者更易受直销模式的影响。不过，需要特别说明的是，上述各组结果的t统计并不显著，这可能是由于样本较小导致的。上述结论并不牢靠，不能充分说明直销渠道的短信营销活动（样本统计是指直销渠道的短信推介）对投资者有明显的导购作用。

表10.1 银华直销渠道资金流的纵向比较

类别		流入金额变化率均值	t统计量
个人投资者整体		0.24	0.39
性别	女	3.39	1.42
	男	3.5	0.93
年龄	30岁以下	1074.71	1.13
	30~50岁	2.79	0.85
	50~65岁	8.97	1.39
	65岁以上	38455.61	1

注：1. $^*p<0.10$，$^{**}p<0.05$，$^{***}p<0.01$。

2. 样本数量为事件个数，某个基金某个时间段的营销活动作为一个事件。流入金额是指统计期间投资者申购、认购某基金的金额。

资料来源：根据银华基金数据计算。

纵向比较的结果容易受不同时间区间市场行情的影响，为克服这一问题，我们还进行了横向比较。横向比较结果如表10.2所示。个人投资群体整体仍有一定的流入效果，营销的基金相对于未营销的基金，申购金额扩大了约43倍，说明个人投资者对于营销的基金更为关注，资金的流入相对于未营销的基金较多。性别方面,男性的增幅更大。年龄方面,年龄越大资金相对增幅越大,65岁以上的流入增幅最大。不过,上述结果整体并未通过显著性检验,研究结论的牢靠性可能不强。

表 10.2 银华直销渠道资金流的横向比较

类别		流入金额变化率均值	t 统计量
个人投资者整体		43.15	1.22
性别	女	35.31	1.75
	男	63.9	1.06
年龄	30 岁以下	22.43	1.81
	30~50 岁	42.45	1.33
	50~65 岁	72.26	1.27
	65 岁以上	107.24	1.44

注:* $p<0.10$,** $p<0.05$,*** $p<0.01$。
资料来源:根据银华基金数据计算。

总体来看,直销短信模式能够一定程度影响投资者的申购行为,尤其是对于男性群体和 65 岁以上群体,但由于并未通过显著性检验,则意味着这种影响可能是微弱的。原因一方面可能是我们所分析的样本量较小,代表性不强;另一方面也可能是短信推介模式在当下信息泛滥的背景下,对投资者的吸引力有限。

二、银行渠道的影响分析

与直销渠道相比,银行渠道由于其网点广、销售人员多,是传统基金销售的主要渠道。我们尝试对进入银行重点营销池的基金产品,分析银行持续营销活动对投资者申购行为的影响。

同样地，我们对银行渠道的基金资金流情况分别进行纵向维度和横向维度的分析，时间设定为2018年第一季度至2020年第一季度。

表10.3是银行渠道资金流的纵向比较结果。营销活动后相对于营销活动前，个人投资者整体申购金额增加了81%，这一数值较之直销渠道的短信推介的影响大，意味着银行持续营销的效果更好一些，这可能是因为银行渠道的销售人员较多，客户群体也较大。从性别来看，银行渠道女性客户的增幅高于男性群体，这可能是因为女性更为保守，对银行渠道更为信任。从年龄来看，30~50岁之间投资者的申购金额变化最大。不过，纵向比较的结果在t统计上并不显著，上述结论不能在统计上得到证明，我们还需要结合横向比较做进一步分析。

表10.3 银行渠道资金流的纵向比较

类别		流入金额变化率均值	t统计量
个人投资者整体		0.81	1.37
性别	女	4.01	1.45
	男	0.34	0.71
年龄	30岁以下	1.03	1.48
	30~50岁	15.12	1.07
	50~65岁	2.83	1.31
	65岁以上	0.64	1.16

注：* $p<0.10$，** $p<0.05$，*** $p<0.01$。
资料来源：根据银华基金数据计算。

表10.4是银行渠道资金流的横向比较结果。个人客户对于营

销基金的关注高于未营销的基金，流入扩大了约32倍，并且通过显著性检验。从性别来看，女性用户增幅较大。这两个结论与前文纵向比较的结论一致。从年龄来看，横向比较的结果显示65岁以上的增幅最大，与纵向比较的结论差异较大。

表10.4 银行渠道资金流的横向比较

类别		流入金额变化率均值	t 统计量
个人投资者整体		31.99	11.19***
性别	女	32.03	11.12***
	男	29.16	10.34***
年龄	30岁以下	26.17	7.86***
	30~50岁	24.41	10.76***
	50~65岁	27.47	12.5***
	65岁以上	69.3	3.24***

注：*$p<0.10$，**$p<0.05$，***$p<0.01$。
资料来源：根据银华基金数据计算。

结合纵向与横向比较的结论，我们认为银行渠道相较于直销渠道下的短信推介模式，对个人投资者申购行为的影响更大一些，这可能是因为银行渠道的销售人员较多，个人客户的群体较广，营销的效果更明显且这种模式对女性投资者的影响更大，这可能是受女性投资者的性格特征影响，投资更加追求稳健，对银行渠道的营销行为更加信赖。不过在年龄层面，根据纵向与横向的样本检验结果，并不能判断银行营销活动对哪个年龄段投资者申购行为影响更大。

三、互联网渠道的影响分析

对于互联网销售渠道，样本中提供的营销活动，既有大咖秀这一近年来新兴的营销模式，又有传统的主题类活动，如热点基金推荐、定投专区活动等。我们选择2019年第一季度至2020年第一季度以来的营销活动进行分析。

初步分析表明，互联网渠道营销次数多于直销渠道和银行渠道，几乎每个月都有营销活动，且互联网渠道相比于直销渠道消费的转化率更高，交易人数更多，不过人均资金流入相对少一些。接下来，我们对互联网渠道的基金资金流情况分别进行纵向维度和横向维度的分析。

表10.5是互联网渠道资金流的纵向比较结果。营销活动后，个人用户的平均资金流入增幅达到5.94倍，相比于直销渠道和银行渠道，资金流入的增幅更大，并且通过显著性检验，这说明互联网渠道的营销效果更好。从性别来看，男性客户的增幅高于女性，这与直销渠道的结果类似。年龄层面上，30岁以下及30~50岁群体受影响最大（30岁以下的增幅最大，为13.53倍，但未通过显著性检验），说明了互联网用户的年轻化。

表10.5 互联网渠道资金流的纵向比较

类别		流入金额变化率均值	t 统计量
个人投资者整体		5.94	2.02*
性别	女	3.98	2.09**
	男	7.38	1.92*

（续表）

类别		流入金额变化率均值	t 统计量
年龄	30 岁以下	13.53	1.7
	30~50 岁	5.56	1.82*
	50~65 岁	2.38	2.24**
	65 岁以上	4.77	2.29**

注：*$p<0.10$，**$p<0.05$，***$p<0.01$。
资料来源：根据银华基金数据计算。

表 10.6 是互联网渠道资金流的横向比较结果。不同投资者群体的申购金额均有显著增加，且均通过了显著性检验。其中全部个人投资者的增幅均值为 12.44 倍，远高于直销、银行渠道。从性别来看，男性用户增幅高于女性用户，与纵向维度一致；从年龄层面看，30~50 岁的增幅较大，也是偏向于相对年轻的投资者群体。

表 10.6 互联网渠道资金流的横向比较

类别		流入金额变化率均值	t 统计量
个人投资者整体		12.44	11.98***
性别	女	11.69	11.8***
	男	13.16	12.21***
年龄	30 岁以下	9.42	10.71***
	30~50 岁	13.04	12.35***
	50~65 岁	10.11	10.0***
	65 岁以上	8.77	6.02***

注：*$p<0.10$，**$p<0.05$，***$p<0.01$。
资料来源：根据银华基金数据计算。

结合纵向与横向比较结果，可以发现，互联网渠道的营销行为对投资者的基金申购影响是十分明显的，效果好于直销与银行渠道。① 男性投资者的资金流入增幅高于女性，这可能是因为男性投资者更易接受新事物，对互联网渠道上手较快、接受度更高。在年龄上，整体表现为年轻的投资者受互联网营销影响较大，这也符合互联网用户偏年轻化的群体特征。我们也发现，在通过显著性检验的分组中，30~50岁这一群体的增幅较明显，一方面是因为这一年龄段的投资者相对于更年长的人对互联网渠道的接受度高，另一方面还可能在于他们的经济实力比更年轻的投资者更雄厚。

结合对三类渠道的分析结果，我们可以得出以下几个结论。第一，整体来看，基金营销对投资者申购行为的影响是显著的，这与已有文献的研究结论是一致的。第二，从实际效果看，互联网渠道的影响力最大，其次为银行渠道，直销渠道的影响力最小。第三，女性投资者更青睐银行渠道的营销活动，男性更青睐直销渠道、互联网渠道的营销活动，这符合人口学的特征，与直观上的理解也相一致。第四，从年龄来看，仅互联网渠道的营销活动在不同年龄阶段的营销效果在统计上存在差异，整体表现为年轻的投资者受互联网营销影响较大，而这也符合互联网用户偏年轻化的群体特征。

---

① 需要特别说明的是，受限于可得数据，采用比较的三个营销渠道的营销活动形式并不相同，因此这一结果可能也受营销活动本身的影响。

总之，本节的实证研究说明了基金营销对基金投资者的决策是存在显著影响的，尤其是伴随互联网渠道以及网络直播等新型营销方式的兴起，互联网渠道的营销活动对投资者的行为影响要明显大于传统渠道，这相应也意味着对基金公司的销售行为进行规范，尤其是互联网营销行为的规范，以及对投资者进行教育有着重要意义。[①]

第三节　基金投顾与基金投资者行为

2019年10月，证监会下发《关于做好公开募集证券投资基金投资顾问业务试点工作的通知》，业内翘首以盼的买方投顾业务正式破冰。基金投资顾问业务，指接受客户委托，按照协议约定向其提供基金投资组合策略建议，并直接或者间接获得经济利益，标的应为公募基金产品或证监会认可的同类产品。基金投顾业务的推出顺应了中国财富管理行业变革趋势，对促使公募基金行业从销售导向转向客户资产保值增值导向，促进资本市场持续稳定健康发展以及泛资管行业的净值化转型均具有重要意义。

目前，基金投顾业务已经开始试点运行，基金、银行、券商以及第三方销售机构纷纷杀入该领域，并陆续开展业务。基金投

---

① 2020年10月1日起，《公开募集证券投资基金销售机构监督管理办法》开始施行，该办法的重要内容之一即为夯实业务规范与机构管控，推动构建以投资者利益为核心的体制机制，突出强调基金销售行为的底线要求，细化完善投资者保护与服务安排。

顾业务的发展会对基金投资者行为产生哪些影响？本节将对此进行研究。

一、基金投顾业务的价值与意义

第一，基金投顾业务有助于更好地满足投资者日益增长的财富管理需求。近年来，公募基金行业的产品创设加快，各类型基金日益涌现，伴随金融产品体量的不断庞大与种类的日益繁多，基金产品的筛选与投资难度也在不断加大，基金投资将更加有赖于专业的投资价值挖掘与动态资产配置。基金投顾业务依托于专业金融机构的金融产品研究与策略设计能力，以大类资产配置为主线，以组合投资为载体，分散基金投资风险，并通过深入的客户画像，了解客户偏好与需求，有针对性地构建投资组合，从而满足投资者的差异化与多元化财富管理需求。

第二，基金投顾业务有助于完善投资者的资产配置与风险管理理念。投顾组合以现代资产配置与组合投资理论为基本依据，充分考虑了各类标的资产的收益风险特征，通过动态配置与再平衡机制追求组合投资绩效的长期优异。投顾组合或多或少会对组合的交易理念及构建准则予以一定程度的披露，通过参与投顾业务，投资者不仅可以实现动态资产配置，满足财富管理需求，还有助于形成多元化投资及风险管理科学理念，投顾组合业务将成为投资者教育的一种重要方式。

第三，基金投顾组合业务有助于改变个人投资者追涨杀跌的交易习惯，熨平市场波动。"追涨杀跌"是个人投资者的典型操作风格,不仅违背了价值投资理念,还易引起市场的大幅波动。基金投顾业务的交易理念多基于价值投资与逆向交易的思路设定,如经典的目标波动率策略就倾向于在市场大幅波动时降低风险资产配置仓位,在市场波动率萎靡时提升仓位。这一交易模式有助于逐步扭转个人投资者的投机性操作风格,培养长期价值投资理念,推动短期资金向长期配置转变,改善市场环境。

第四,基金投顾业务为公募基金产品竞争新格局的演变贡献积极力量。基金投顾底层产品的投资,以公募基金为主,伴随该项业务的蓬勃发展与业务体量的不断增大,可能引发公募基金产品竞争格局的重要趋势演变。一是基金产品的工具化演进。基金投顾业务以资产配置作为核心策略理念,而资产配置本质是一套定制化的组合投资方案,其目的是在投资者的预期收益要求、风险偏好、投资范围、流动性等约束条件下,搜寻和比较不同的投资方案,并以较高的性价比实现投资目标的过程。资产配置策略成功的一个关键是底层基础资产要足够丰富,从而充分发挥低相关性的魅力。近年来,公募基金市场产品创设的指数化趋势已十分明显,金融产品的工具属性日益突出。这一方面体现为权益类指数产品的国际化,A股市场不仅创设了大量宽基及行业指数,还发行了众多境外权益类指数产品,涵盖美国、德国、日本、中国香港、越南等发达及新兴市场;另一方面还体现为指数产品的多资产化,发行标的从权益拓展至债券、商品等其他大类资产。我们预计,在买方投顾业务的助力下,这一趋势的演变还将延续并加快。二是公募基金的发行向优质基金公司、优质基金经理集中。基金投顾业务要求建立严格的基金出入库管理制度，并由公司层面的投资决策委员会审议。这决定了基金投顾在筛选主动管理型基金标的时，势必会更加注重考虑基金产品的长期业绩、基金经理的能力以及基金公司的整体管理能力，头部效应将更加显著。

第五，基金投顾业务的发展有助于推动中国泛资管行业的净值化转型进程。当前净值化转型的一个痛点是契合投资者需求的产品供给受限。基金投顾业务的发展，一方面有望成为一种新的投资者教育方式，帮助投资者树立正确的投资理念与收益风险观；另一方面，基金投顾业务的灵活性可以更好地匹配投资者的差异化、个性化需求，丰富泛资管及财富管理行业的产品形态，在一定程度上解决资产荒的问题。

二、基金投顾的主要策略及产品梳理

我们梳理了试点机构推出的基金投顾业务代表性产品。基于投顾组合的通用化与定制化特征，初步将各类投顾组合划分为配置型与场景型两类。前者主要针对不同风险等级客户的投资需求而构建，如低风险的固收型组合、中高风险的权益型组合等，而后者则更多是从客户的某一投资场景出发，以满足某一客户场景为诉求的产品设计，如针对不同人群养老需求的养老型投顾产品。不过，需要说明的是，特色场景型与通用配置型组合的划分并不严格，某些组合既具有场景特征，也具有通用特征，如绝对收益型组合，既可以用作满足客户的稳健增值投资场景，也可以划为一个中低风险等级的配置型组合。本节对投顾组合基于配置型还是场景型的划分，仅仅是出于规整、梳理产品的需要。

1. 动态配置型基金投顾策略

动态配置型基金投顾策略的主要区别在于所投资产类别，尤其是高风险资产（权益、商品）的配置比例不同，从而形成了不同风险等级的组合系列，以满足不同风险偏好的投资者需求。我们以第一批试点的5家基金公司作为案例来分析。

典型的如华夏财富推出的优选智投系列，下辖4类不同风险等级的组合，如定位于中低风险的货币优享组合，以货币与纯债基金为主；定位于中低风险的固收增强组合[①]，以固定收益类基金投资为主；定位于中风险的权益优选组合，以权益型基金投资为主；定位于中高风险的指数轮动组合，以指数型基金投资为主。

嘉实财富目前推出的特定风险偏好配置型组合，涵盖安心账户、稳健账户与进取账户三大系列。安心账户以固收类资产投资为主（包括市场中性策略基金），追求"稳稳的幸福"。稳健账户追求风险和收益的再平衡，力争长期稳健（比如股债平衡）。进取账户紧跟市场行情，追求高风险高回报（管理人优选）。

南方基金的配置型投顾组合，按照风险等级的不同，由低至高分为稳健理财系列、跑赢通胀系列、追求增值系列与追求高收益系列。每档组合中，又根据计划持有的时间、预期收益或喜好

---

① 风险等级略高于货币优享组合。

的类型①，对组合的风险做了进一步细分。我们以月利宝组合、绝对收益策略稳健型、股债配置策略积极成长、多因子策略股基成长精选作为这四类策略的代表。

中欧钱滚滚推出的水滴投顾系列账户组合，涵盖活钱管理、稳健理财与财富成长三个类别。活钱管理系列定位于闲钱理财，力争获得高于货币基金的收益，风险等级偏低，主要投资于货币与纯债券基金。稳健系列定位于中短期资金的稳健型投资，风险等级略高于活钱管理系列，主要投资于债券基金，并适时配置绩优偏股基金以增厚收益。财富成长系列致力于财富的长期增值，风险等级相对较高，波动较大，以权益基金投资为主。我们以现金增强、双季乐稳健增强、超级股票全明星作为这三类策略的代表。

易方达推出了保守理财、战胜通胀、财富增值和高收益这四类风险类型的账户，根据计划持有期限和业绩波动情况进行划分。保守理财期望持有期限较短，计划持有期限在一个月左右，业绩波动较小。战胜通胀账户计划持有时间在6个月以上，允许中短期的业绩波动。财富增值账户计划持有期限9个月以上，投资者可承受业绩波动。高收益账户计划持有时间一年以上，并且可承受较大波动和回撤。我们以货币增强、稳健理财、平衡增长和进取投资策略作为这四类风险策略的代表。

表10.7对上述风险配置型组合做了汇总。

---

① 如客户选择股票型资产，是倾向于配置蓝筹股还是成长股。

表 10.7 代表性风险配置型组合一览

发行方	产品名称	账户名称	策略目标	风险等级	资产权重
中欧钱滚滚	现金增强	活钱管理	争取高于货币基金的收益	中低风险	货币40%，债券60%
	双季乐稳健增强	稳健理财	固收+策略，追求稳健	中风险	货币2%，债券52%，权益46%
	超级股票全明星	财富成长	多元配置，分散风险，力争在不同市场周期下赚取超额回报	中风险	货币2%，权益98%
华夏财富	货币优享组合	优选智投系列	争取获取相对银行理财的超额收益	中低风险	货币70%，债券30%
	固收增强组合		固收打底，债基增强，追求资产增值	中低风险	货币5%，债券80%，权益15%
	权益优选组合		精选基金，适合一定风险承受能力，追求长期权益市场机会	中风险	货币5%，权益95%
	指数轮动组合		紧跟市场轮动，精选指数型基金，追求短期权益市场机会	中高风险	货币5%，权益95%
嘉实财富	绝对收益	安心账户	中性基金和债券基金配置中枢为50%，精选基金，追求α收益	中低风险	货币4%，债券60%，中性36%
	股债平衡	稳健账户	40%权益基金和60%债券基金作为配置中枢，追求长期稳健收益	中风险	货币4%，债券44%，权益52%
	管理人优选	进取账户	以95%权益型公募基金作为中枢，追求股票市场收益	中风险	货币2%，权益98%

(续表)

发行方	产品名称	账户名称	策略目标	风险等级	资产权重
南方基金	月利宝组合	稳健理财	获取高于货币基金的稳健收益	低风险	货币65%，债券35%
	绝对收益策略稳健型	跑赢通胀	以绝对收益为目标，寻求回撤、低波动和长期稳健增值	中低风险	货币15%，债券71%，权益14%
	股债配置策略积极成长	追求增值	在控制风险的情况下，通过风格轮动和股债配置，追求稳健超额收益	中风险	货币2%，债券20%，权益78%
	多因子策略股基成长精选	追求高收益	长期资产配置，择机进行风格配置、境内外区域分散，力求稳健超额收益	高风险	权益100%
易方达基金	货币增强	保守理财	聚焦货币市场基金与债券基金，流动性较好，严控回撤与波动	低风险	货币78%，债券22%
	稳健理财	战胜通胀	固收为主，适当配置权益，力争控制波动，追求稳健回报	中低风险	货币5%，债券85%，权益10%
	平衡增长	财富增值	权益配置偏均衡，承担适度波动，力争实现长期稳健增值	中风险	货币5%，债券55%，权益40%
	进取投资	高收益	较高权益仓位，波动较大，追求长期增值	中高风险	货币5%，债券35%，权益60%

资料来源：各公司App，统计时间截至2020年11月4日。

我们计算了5家试点机构中，高权益仓位运行的基金投顾组合过去一年（截至2020年11月4日）的平均收益，约为46%，远高于同期沪深 300 指数 21% 的收益水平。这说明从总体看，基金投顾组合为投资者带来了较好的投资回报。

2. 特色化、场景型基金投顾策略

基金投顾组合场景型的策略产品较为丰富，并且每个场景又设立多个子策略，客户可根据个人情况与投资目标，选择个性化的投资组合。首批试点的 5 家基金公司中，华夏和嘉实的场景化产品较有代表性，我们做重点分析。具体来看，华夏财富推出的教育智投系列和养老智投系列，均为场景型投顾产品。教育场景包含两个子场景：国内培优教育金组合和常青藤教育金组合，以应对子女国内读书和海外留学两类家庭。养老场景按照年龄阶段，包含 4 个子场景：60 后智享财富组合、70 后智赢人生组合、80 后智领未来组合、90 后智享自由养老组合，采用生命周期理论（Target Date Fund，TDF）满足不同人群的养老需求。嘉实财富投顾账户除了提供给定风险偏好下的组合优化这类传统资产管理的投顾服务，还以满足客户人生、财务规划和特定需求为目标，提供抗通胀、养老、分红、税收优化等特定目标的投顾组合，目前其上线的特色投顾组合——美元生息组合，即可看作一个场景型组合，该组合以 QDII 债券基金为主要投资标的，以满足客户对冲人民币汇率风险的国际化配置需求。此外，中欧钱滚滚也推出了针对养老场景的定制化投资账户，提供针对 65 后、70 后直到 90 后的各年龄阶段的定制养老服务。

表 10.8 对上述场景型投顾组合做了汇总。

表 10.8 代表性场景型投顾组合一览

发行方	产品名称	适用场景	策略目的	风险等级	资产权重
华夏财富	80后智领未来组合	养老	基于生命周期理论，随着临近退休日期根据下滑轨道降低组合中权益资产配比，满足客户长期养老需求	中风险	货币5%，债券10%，权益85%
华夏财富	国内培优教育金组合	教育	帮助中产阶层父母建立国内教育及全面培优资金的投资规划，为子女教育金提供优质的理财保障	中风险	货币5%，债券39%，权益56%
嘉实财富	美元生息组合	海外配置	以QDII债券基金为核心配置，其余部分可配置其他抗通胀属性的基金或海外市场的其他基金；与股票市场低相关，底层资产收益稳健，享受汇率波动	中低风险	货币2%，债券67%，其他31%

资料来源：各公司App，统计时间截至2020年11月4日。

三、基金投顾业务的基金配置状况

从上述梳理可以看出，基金投顾组合配置的基金类型有两类，即主动管理型基金和被动指数型基金。优质的主动管理型基金长期具有 α 收益，能够为组合带来超额回报，而被动指数型基金具有跟踪误差小、费率低的优势，能够较好地贯彻策略理念。从收益结果看，配置主动管理型基金的组合整体收益，在过去一年好于被动指数型基金的组合，这源于主动权益基金过去 1 年不菲的 α 收益。

基金投顾组合的收益受权益资产的影响较大，且权益型基金的分化相较于债券型基金更大，因此我们主要分析基金组合中权益型基金的配置情况，我们将样本限定为上述 5 家具有基金投顾资格的基金公司所发行的高权益仓位的基金投顾组合（最新一期权益仓位大于80%）。

统计指标包括近半年平均收益（代表短期收益）以及基金的收益处于全市场同类型基金中收益的排名（采用分位数进行度量，数值越小说明收益越高，排名越靠前），同时统计了近 3 年的收益（代表长期收益）。

从统计结果看，基金公司的投顾组合更多配置了主动管理型基金（包括灵活配置型、平衡混合型、偏股混合型、普通股票型、QDII 混合型以及 QDII 股票型），最主要配置了偏股混合型基金，其次是灵活配置型和普通股票型基金，其余类型的基金配置较少，指数类基金（包括被动指数型和增强指数型）配置相对于主动管理型基金较少，且主要以被动指数型基金为主。

从基金投顾组合配置基金的近半年收益看，主动管理型基金中的灵活配置型、偏股混合型以及普通股票型基金的平均收益整体处于全市场同类型基金前50%的水平，其中灵活配置型基金处于全市场前三分之一的水平，而被动指数型基金则表现一般，处于全市场被动指数型基金后30%的水平。从 3 年的收益看，配置的主动管理型基金收益排名均在同类基金中排到前20%的水平，指数基金大概在中位数附近。因此，基金投顾配置的主动管理型基金偏好于长期和短期收益更好的基金，而被动指数型基金则处于中间水平。

总体看，基金投顾组合配置的基金更偏好于主动管理型基金，同时通过专业的基金筛选评价选取具有 α 的优质基金进行配置，帮助投资者获取稳定的收益。

表10.9展示了基金投顾组合配置的基金收益情况。

表10.9 基金投顾组合配置的基金收益情况　　　　　　　（单位：%）

	占比值	近半年平均收益	近半年收益分位数	近3年平均收益	近3年收益分位数
灵活配置型基金	15.0	33.20	28.40	87.80	13.90
平衡混合型基金	0.0	—	—	—	—
偏股混合型基金	31.7	35.40	40.30	89.80	17.90
普通股票型基金	18.3	33.00	52.30	99.00	17.40
被动指数型基金	28.3	15.10	77.10	20.80	50.80
增强指数型基金	3.3	26.00	52.80	36.90	52.80
国际（QDII）混合型基金	0.0	—	—	—	—
国际（QDII）股票型基金	3.3	20.10	63.00	96.40	1.10

资料来源：根据 Wind 数据计算，统计时间截至 2020 年 11 月 4 日。

四、基金投顾可以引导投资者理性投资吗？

投资者往往有追涨杀跌的交易习惯，长期收益并不好，导致出现基金赚钱但是基民不赚钱的怪象。引入基金投顾业务的一个重要目的，就是通过专业投资机构科学合理的投资策略，改变投资者的非理性行为，尤其是过度交易行为，以提升基金投资者的收益。那么实践中，基金投顾业务是否可以达到这一目的？下面对此进行分析。

我们提出了两个实证研究思路。一是产品份额变动与产品收益的关系。考虑到基金投资者在购买基金时普遍存在追涨前期收益较好基金的倾向，因此会呈现上期收益好的基金本期份额增加，反之当基金表现较差时，倾向于卖出基金，呈现基金份额的减少。倘若基金投顾业务的引入改变了这一交易习惯，那么应该在统计上呈现投顾产品份额变化与基金收益的关联度下降的特征。二是产品份额与市场涨跌的关系。因为投资者往往倾向于在市场上涨时买入基金，在市场下跌时卖出基金，即基金的净流量与市场涨跌存在正向关联。倘若基金投顾业务能够改变投资者的这一行为特征，应体现为两者关联性的下降。

需要特别说明的是，由于基金投顾产品并没有披露各期的份额数据，为便于实证分析，我们采用公募FOF作为基金投顾产品的替代，因为公募FOF也是通过基金组合的方式构建产品的，在策略运作上与基金投顾较为类似。我们选择了2018年二季度至2020年二季度末成立时间满一年，剔除定期开放的13只公募FOF为样本。

对于思路一，具体做法为计算单只产品上一季度收益和本季度份额变化的相关系数，然后对多只产品的相关系数结果进行 t

检验（见表 10.10）。

表 10.10 FOF 组合收益与 FOF 份额的相关性分析

相关系数平均值	t 统计量	p 值
0.0025	0.0176	0.9862

资料来源：根据 Wind 数据计算。

可以看到，相关系数略大于 0，但 t 检验并未通过显著性检验，p 值为 0.9862，意味着相关系数与 0 没有显著差别，因此可以认为公募 FOF 的份额变化与产品收益并没有显著的相关性。

对于思路二，我们采用上述相同方法，计算基金份额变化与上一季度市场收益的相关系数均值（见表 10.11）。

表 10.11 市场涨跌与 FOF 份额的相关性分析

相关系数平均值	t 统计量	p 值
0.1955	1.6216	0.1222

资料来源：根据 Wind 数据计算。

可以看到，基金份额的变化与市场的关联性，较之与自身收益的关联性更强一些。但从 p 值看，该统计结果也并不显著，因此可以认为 FOF 份额变化与市场涨跌并没有显著关联。

总之，从上述统计结果可以看出，公募 FOF 基金份额变化无论是与产品的收益，还是与市场的收益，均没有显著的正向关联。鉴于基金投顾业务也是采用类似于 FOF 方式运作的，且均是由公募基金管理的，由此我们可以得出结论：基金投顾业务的引入，有助于降低投资者的追涨杀跌倾向，促使投资者的理性程度提升。

为什么公募 FOF 乃至基金投顾业务可以达到引导投资者理性投资的效果呢？我们认为这跟此类产品的设计理念密切关联。基金投顾业务最大的亮点在于通过自上而下的资产配置与自下而上的基金评价体系，解决了基金投资者在投资中必须面临的择时与选基问题，故这类产品较之单一基金，更适合于投资者买入并持有，而持有这类产品的人，也可以被认为在一定程度上接受了这一产品的设计理念，从而通过产品形式达到了教育投资者的目的，引导投资者理性投资。

当然，从海外尤其是美国投顾业务的发展历程看，基金投顾业务的蓬勃发展要得益于特定的市场与政策环境，并经历了长时间的演进，而基金投顾业务在中国还是新兴事物，未来发展如何仍有较大不确定性。但毋庸置疑的是，基金投顾业务开启了中国财富管理领域全权委托的新进程，在引导投资者理性投资方面的作用值得期待，在多方的共同努力与政策的呵护下，我们坚信该项业务未来发展的前景将是光明的。

第四部分

基金投资者行为的实验研究

实验研究方法近年来在行为金融领域兴起。采用实验方法的好处在于逻辑清晰，对应关系明确，可以通过控制实验条件，得出哪些是影响行为决策的关键要素。

我们在银华 App 上构建了两个实验场景。在第一个实验中，重点通过近期业绩与远期业绩、加入业绩参照和无业绩参照两组核心变量，研究投资者自身业绩与投资者行为的内在关联。该项实验的价值在于可以进一步厘清行为偏差在基金投资决策中的存在特征与偏差程度，以便更有针对性地开展投资者教育，引导投资者理性投资。在第二个实验中，我们针对三种典型的非理性行为：过度交易、处置效应、不分散化投资，特别设计了特定的投资者教育内容，并与通用的投资者教育进行对比，以研究提升投资者教育内容的针对性是否可以引导投资者的理性投资。

第十一章　投资者历史业绩、市场基准与投资者行为

基金业绩与基金投资者行为的关系，是行为金融领域的一个研究重点。现有研究多数分析的是基金产品本身业绩水平对基金投资者行为的影响，但基于基金投资者自身历史投资业绩的视角，研究其对行为的影响，在学术界并不多见。本章采用实验方法，探讨基金投资者近期与远期业绩以及加入市场基准的参照后，对投资者浏览行为、申赎行为的影响。

第一节　实验方法说明

实验重点研究基金投资者近期业绩与远期业绩，以及在自身投资业绩与市场基准收益对比情形下，对投资者的页面浏览行为、申赎行为的影响。

实验在银华 App 上进行，实验前、中、后阶段各为期 2 周。我们随机挑选约 1 万名客户，并随机分成 5 组，记录在实验前、实验中及实验后的用户浏览数据及交易数据。实验前的时间区间

为2020年8月24日—2020年9月6日。实验中的时间区间为2020年9月7日—2020年9月20日，即出现弹窗内容的时间。实验后的时间区间为2020年9月21日—2020年10月11日。

我们在实验中设置4个实验组与1个对照组，每一组的实验设置如下。

（1）实验中弹窗弹出该客户在2019年的投资收益率。

（2）实验中弹窗弹出该客户在2020年上半年的投资收益率。

（3）实验中弹窗弹出该客户在2019年的投资收益率和同期上证综指收益率。

（4）实验中弹窗弹出该客户在2020年上半年的投资收益率和同期上证综指收益率。

（5）作为对照组，没有弹窗出现。

4个实验组包含了两个关键变量，分别是业绩的时间区间，即近期业绩（2020年上半年）或远期业绩（2019年），以及是否加入基准上证综指区间收益率的对比。因此，我们在研究时先根据两个变量对实验组分类。一是将实验组分为远期业绩组（组1和组3合并）与近期业绩组（组2和组4合并）；二是将实验组分为无基准组（组1与组2合并）与有基准组（组3与组4合并）。对两组变量分析完成后，我们再对5组样本进行详细的比较分析。

第二节　投资者浏览行为分析

分析投资者浏览行为时，我们重点考察两类页面：一是基金基础信息页面，具体包括某只基金的每日盈亏、净值、持仓、规模等各项基本信息，这是投资者对基金进行研究和交易的基础信息。二是基金推荐页面，是银华App重点推荐基金的宣传页面，主要包括该基金的亮点提炼，本质上是基金公司的一种主动营销行为。下面我们分别讨论施加实验事件的影响后，投资者在这两类页面的浏览行为会发生什么变化。

一、基金基础信息页面浏览行为变化

基金的基础信息页面包含基金的每日盈亏、净值、持仓、规模等信息，投资者浏览这类页面可能是出于动态了解、监测基金最新状况信息，或对基金进行申购赎回操作的目的。下面我们分别从远期近期、有无基准以及细分实验组来分析不同实验事件对投资者浏览基金基础信息页面的影响。

1. 依据远期业绩与近期业绩分组的分析

首先来看依据远期近期业绩划分的结果。[①] 为提高样本的代表性，我们剔除了在整个考察阶段未浏览过基金基础信息页面的客户。我们统计了各组在不同实验阶段的页面浏览均值（见表11.1）。可以发现，各组在实验前、中、后这三个时间段的浏览次数均值都是逐渐下降的。另外，我们发现，在实验期间，实验组（即远期业绩组和近期业绩组）的浏览次数比对照组少，这似乎意味着加入投资者业绩的弹窗指引会减少投资者的页面浏览行为。

---

① 同时加入对照组作为对比分析，即无任何弹窗设计的组5的客户群体。

表 11.1　基金基础信息页面远期近期分组浏览行为描述性统计　（单位：次）

组别	均值 – 前	均值 – 中	均值 – 后
远期	2.97	1.79	1.10
近期	2.68	1.69	1.00
对照	3.00	2.05	1.00

资料来源：实验数据。

不过，上述结论只是描述统计分析的结果，我们尚未进行统计检验，结论可能并不稳健。为进一步对浏览行为进行更加客观、严谨的分析，我们采用统计推断的方法，分别从纵向的时间序列层面与横向的组间横截面层面进行统计检验。

先来看纵向时间维度的检验。具体做法是比较同一分组内的样本投资者在不同时间区间浏览页面的次数均值是否呈显著下行趋势。我们采用双样本均值的 t 检验方法。

表 11.2 展示了基金基础信息页面远期近期分组浏览行为纵向检验结果。t 值均大于 0 且均在 1% 显著性水平下显著，可以拒绝原假设，从而表明实验前的浏览次数多于实验中，实验中的浏览次数多于实验后。检验结果验证了我们的观察。

表 11.2　基金基础信息页面远期近期分组浏览行为纵向检验

组别	前中	中后
远期	7.58***	5.87***
近期	7.39***	7.16***
对照	4.58***	5.74***
H0	（实验前 – 实验中）的均值≤0	（实验中 – 实验后）的均值≤0

注：表中所列为 t 值，* $p<0.10$，** $p<0.05$，*** $p<0.01$。
资料来源：实验数据。

为什么浏览行为整体呈下降趋势呢？这可能跟当时的市场情况有关。我们发现，在实验前、中、后三个时间段内，市场整体表现不佳，呈现震荡盘跌走势，三个区间的上证指数收益均为负值（见表 11.3）。这可能导致了投资者的情绪低迷，从而减少了在 App 上的操作，弹窗页面的浏览次数也随之降低。实验事件并未改变整体浏览次数在低迷市场行情中逐步降低的趋势。

表 11.3　实验考察涉及区间基准与投资者收益情况　　　（单位：%）

	上证综指区间收益率	投资者平均收益
实验前阶段（2020 年 8 月 24 日—2020 年 9 月 6 日）	-0.75	—
实验中阶段（2020 年 9 月 7 日—2020 年 9 月 20 日）	-0.51	—
实验后阶段（2020 年 9 月 21 日—2020 年 10 月 11 日）	-1.98	—
2019 年	22.30	22.65
2020 年上半年	-2.15	14.78

资料来源：实验数据。

虽然实验事件并未改变基金基础信息页面整体浏览次数降低的趋势，但是否会对降低的程度有影响呢？为此，我们对几组数据做横向比较分析，具体如下：一是比较实验前实验组与对照组浏览次数是否一致，即验证分组的随机性，以及实验后实验组与对照组的可对比性；二是比较实验中实验组的浏览行为是否明显不同于对照组。

在横向检验中，由于我们并不知道不同组别之间浏览次数差值的方向,为严谨起见,我们进行了双样本均值差值的 t 检验,即采用双侧检验。

表 11.4 展示了基金基础信息页面远期近期分组浏览行为横向检验结果。在实验前,远期组与对照组以及近期组与对照组的样本均值差值检验均不能拒绝原假设,可以认为其浏览次数均值是相等的,没有呈现浏览行为上的明显差别。在实验中,近期组与对照组的浏览次数明显不同,且 t 值为负表明近期组的浏览次数均值小于对照组。此外,我们还对实验中相对于实验前浏览次数变化的差值进行了检验,表 11.4 中"前-中"一栏,对各组之间实验前-中的变化差值检验并不能拒绝原假设,可以认为实验组和对照组在实验前-中的浏览次数变化是相等的。结合对实验中绝对浏览次数的检验,虽然近期组在实验中明显低于对照组,但是实验前,近期组的浏览次数也比较低,只是 t 统计量处于拒绝阈的边缘,因此并未拒绝原假设。

综上,我们认为从横向比较看,远期组和近期组的划分并未对投资者浏览基金基础信息页面的行为产生明显影响。在实验后的一段时间,实验事件的影响基本褪去,各实验组的浏览与交易行为也逐渐回归与对照组相似的水平,因此我们不再详细对比实验后各组的变化情况。

表 11.4 基金基础信息页面远期近期分组浏览行为横向检验

对比组	实验前	实验中	前-中	中-后
远期和近期	1.49	0.65	-0.91	-0.00
远期和对照	-0.08	-1.20	-0.91	1.73*

（续表）

对比组	实验前	实验中	前－中	中－后
近期和对照	－1.33	－1.86*	－0.21	1.76*
H0（以"近期和对照"为例）	近期组均值－对照组均值＝0	近期组均值－对照组均值＝0	近期组差值（实验中－实验前）－对照组（实验中－实验前）均值＝0	近期组差值（实验后－实验中）－对照组（实验后－实验中）均值＝0

注：表中所列为 t 值，* $p<0.10$，** $p<0.05$，*** $p<0.01$。
资料来源：实验数据。

2. 依据是否加入基准分组的分析

讨论完了远期与近期业绩的影响，接下来我们将4个实验组依据弹窗提示中是否有基准，划分为无基准组与有基准组。从各组均值看，可以发现在时间序列上，实验前、中、后对基金基础信息页面的浏览次数仍然是逐渐降低的（见表11.5）。随后我们对各组进行了纵向时间维度的单侧 t 检验，检验结果如表11.6所示。各组 t 值均比较大，可以拒绝原假设，检验结果表明各组在时间维度上的浏览次数确实是逐渐减少的。

表11.5 基金基础信息页面有无基准分组浏览行为的描述性统计（单位：次）

组别	均值－前	均值－中	均值－后
无基准	3.01	1.75	1.02
有基准	2.65	1.73	1.09
对照	3.00	2.05	1.00

注：表中所列为 t 值，* $p<0.10$，** $p<0.05$，*** $p<0.01$。
资料来源：实验数据。

表11.6展示了基金基础信息页面有无基准分组浏览行为纵向检验结果。各组 t 值均比较大，可以拒绝原假设，检验结果表明各组在时间维度上的浏览次数确实是逐渐减少的。

表11.6 基金基础信息页面有无基准分组的浏览行为纵向检验

组别	前 – 中	中 – 后
无基准	7.83***	6.76***
有基准	7.16***	6.11***
对照	4.58***	5.74***
H0	（实验前 – 实验中）的均值≤0	（实验中 – 实验后）的均值≤0

注：表中所列为 t 值，* $p<0.10$，** $p<0.05$，*** $p<0.01$。
资料来源：实验数据。

表11.7展示了基金基础信息页面有无基准分组浏览行为横向检验结果。实验前，实验组与对照组的检验均未拒绝原假设，可以认为他们在实验前的浏览次数是相同的。实验中，同样不能拒绝原假设，因此认为不论是否添加了基准，对用户的浏览行为均没有产生影响。再来看对实验前 – 中差值的对比，其中两个实验组相比于对照组，差值均不能认为有明显不同，但是我们观察 t 值正负可以发现，无基准组变化的差值小于对照组，而有基准组变化的差值大于对照组。这说明无基准组在实验中浏览次数的减少多于对照组，而有基准组在实验中浏览次数的减少少于对照组，即相对于对照组浏览次数有所增加，但在统计检验上二者均不显著。

表 11.7　基金基础信息页面有无基准分组的浏览行为横向检验

对比组	实验前	实验中	前 – 中	中 – 后
无基准和有基准	1.86*	0.10	-1.70*	-0.55
无基准和对照	0.06	-1.43	-1.18	1.61
有基准和对照	-1.62	-1.62	0.13	2.05**
H0（以"有基准和对照"为例）	有基准组均值 – 对照组均值 = 0	有基准组均值 – 对照组均值 = 0	有基准组差值（实验中 – 实验前）– 对照组（实验中 – 实验前）均值 = 0	有基准组差值（实验后 – 实验中）– 对照组（实验后 – 实验中）均值 = 0

注：表中所列为 t 值，* $p<0.10$，** $p<0.05$，*** $p<0.01$。
资料来源：实验数据。

3. 详细分组的分析

前文分析了远期近期业绩、是否加入基准对投资者浏览基金基础信息页面的影响，我们发现在浏览基金基础信息页面方面，投资者对远期或近期业绩的表现并不敏感，更多的还是受到当时市场行情的影响。是否有基准区别也并不明显，只是微弱体现出：当弹窗加入基准业绩后，会导致较未加入基准业绩时，更易引发投资者对基金基础信息页面的浏览行为。

下面我们再来看详细划分为 5 组的结果，从浏览均值看，各组在实验前、中、后这三个时间段的浏览次数均值都在逐渐下降（见表 11.8）。

表 11.8　基金基础信息页面详细分组浏览行为描述性统计　　（单位：次）

组别	均值 – 前	均值 – 中	均值 – 后
1	3.27	1.91	1.15
2	2.76	1.59	0.89
3	2.69	1.68	1.06
4	2.61	1.79	1.11
5	3.00	2.05	1.00

资料来源：实验数据。

下面先来看纵向时间维度的检验，目的是验证各个组在考察期的浏览次数是否与前文观察一致，即逐渐降低。表 11.9 展示了基金基础信息页面详细分组浏览行为纵向检验结果。t 值均较大，可以拒绝原假设，表明实验前的浏览次数多于实验中，实验中的浏览次数多于实验后，与前文的分组检验结果一致。

表 11.9　基金基础信息页面详细分组浏览行为纵向检验

组别	前 – 中	中 – 后
1	5.42***	4.50***
2	5.70***	5.17***
3	5.39***	3.79***
4	4.72***	4.96***
5	4.58***	5.74***
H0	（实验前 – 实验中）的均值 ≤ 0	（实验中 – 实验后）的均值 ≤ 0

注：表中所列为 t 值，* $p < 0.10$，** $p < 0.05$，*** $p < 0.01$。
资料来源：实验数据。

表 11.10 展示了基金基础信息页面详细分组浏览行为横向检验结果。实验前，实验组与对照组的浏览次数可以认为是相等的，

这符合随机分组的特征。实验中，双侧检验中的 t 值都是小于 0 的，表明实验组的浏览次数小于对照组，其中组 2（近期并且无基准）在实验中的浏览次数显著与对照组不同，浏览次数下降得更多。但是，从实验"前－中"差值变化的对比看，组 1（远期并且无基准）的浏览次数相比对照组下降得更多，而组 4 相对于对照组的浏览次数略有提升，这与前文检验的结果基本一致。投资者对远期和近期业绩并不敏感，但对是否加入基准有一定反应。加入基准提示后，投资者对市场的认知更全面，受到当前市场状况的干扰也会相应减少，因此相比于对照组不会明显降低对基金基础信息页面的浏览次数。

表 11.10　基金基础信息页面详细分组浏览行为横向检验

对比组	实验前	实验中	前－中	中－后
1 和 5	0.86	－0.51	－1.27	1.14
2 和 5	－0.82	－2.04**	－0.78	1.56
3 和 5	－1.2	－1.62	－0.24	1.79*
4 和 5	－1.48	－1.1	0.47	1.63
H0（以"4 和 5"为例）	组 4 均值－对照组均值＝0	组 4 均值－对照组均值＝0	组 4 差值（实验中－实验前）－对照组（实验中－实验前）均值＝0	组 4 差值（实验后－实验中）－对照组（实验后－实验中）均值＝0

注：表中所列为 t 值，* $p<0.10$，** $p<0.05$，*** $p<0.01$。
资料来源：实验数据。

4. 基金基础信息页面浏览行为分析小结

从检验结果中我们发现：市场行情是影响基金基础信息页面

浏览行为的重要因素，即加入远期或者近期投资者业绩的刺激，浏览次数并不会相对于对照组有较大改变。而我们认为对照组是在自然、正常状况下的投资者浏览行为，应当与当前的市场状况最相关，远期与近期业绩对基金基础信息浏览行为的影响不大。加入基准后，会减少当时市场状态对投资者浏览行为的干扰，从而浏览行为下降的幅度较无基准时，会有所减小。

二、基金推荐页面浏览行为变化

1. 依据远期业绩与近期业绩分组的分析

在观测期间，浏览次数逐渐下降；实验前，远期业绩组的浏览次数似乎高于其他组；实验中，实验组的浏览次数明显高于对照组（见表 11.11）。

表 11.11　基金推荐页面远期近期分组浏览行为描述性统计　　（单位：次）

组别	均值－前	均值－中	均值－后
远期	2.12	0.95	0.52
近期	1.79	0.58	0.46
对照	1.95	0.42	0.32

资料来源：实验数据。

表 11.12 展示了基金推荐页面远期近期分组浏览行为纵向检验结果。各项检验均拒绝原假设，表明客户在实验前、中、后期对基金推荐页面的浏览次数也是逐渐降低的，添加实验事件后并没有改变原本的下降趋势。

表11.12　基金推荐页面远期近期分组浏览行为纵向检验

组别	前－中	中－后
远期	5.99***	2.67***
近期	11.53***	1.43*
对照	11.04***	1.15
H0	（实验前－实验中）的均值≤0	（实验中－实验后）的均值≤0

注：表中所列为 t 值，* $p<0.10$，** $p<0.05$，*** $p<0.01$。
资料来源：实验数据。

表11.13 展示了基金推荐页面远期近期分组浏览行为横向检验结果。检验结果虽然表明远期组和近期组的浏览次数在实验前有一定不同，但是二者相对于对照组均无差别，因此，对于远期组与近期组在实验中的对比，可比性不强。实验中，虽然并未拒绝原假设，但是实验组与对照组的检验 t 值均位于拒绝阈的边缘，实验组略高于对照组。此外我们又对实验前、中、后的变化差值进行了检验，其中近期组相比于对照组的变化是显著的，变化值显著要小，表明近期组在实验中浏览次数减少的幅度要相对小一些，即相比于对照组，近期组对基金推荐页面的浏览变多了，这说明投资者对近期业绩可能更为敏感。

表11.13　基金推荐页面远期近期分组浏览行为横向检验

对比组	实验前	实验中	前－中	中－后
远期和近期	1.84*	1.31	0.22	-1.79**
远期和对照	0.73	1.33	1.28	-1.44*
近期和对照	-0.98	1.55	1.79**	-0.13

（续表）

对比组	实验前	实验中	前-中	中-后
H0（以"近期和对照"为例）	近期组均值-对照组均值=0	近期组均值-对照组均值=0	近期组差值（实验中-实验前）-对照组（实验中-实验前）均值=0	近期组差值（实验后-实验中）-对照组（实验后-实验中）均值=0

注：表中所列为 t 值，* $p<0.10$，** $p<0.05$，*** $p<0.01$。
资料来源：实验数据。

2. 依据是否加入基准分组的分析

在观测期间，浏览次数逐渐下降，与前文根据远期近期业绩分组的统计结果一致，主要由于观察期间市场表现不佳（见表11.14）。

表 11.14　基金推荐页面有无基准分组浏览行为描述性统计　（单位：次）

组别	均值-前	均值-中	均值-后
无基准	2.05	0.84	0.53
有基准	1.84	0.68	0.45
对照	1.95	0.42	0.32

资料来源：实验数据。

表 11.15 展示了基金推荐页面有无基准分组浏览行为纵向检验结果。该检验也支持上述观点，且在实验中，实验组的浏览次数似乎高于对照组。

表 11.15　基金推荐页面有无基准分组浏览行为纵向检验

组别	前 – 中	中 – 后
无基准	6.54***	2.04**
有基准	10.44***	2.53***
对照	11.04***	1.15
H0	（实验前 – 实验中）的均值≤0	（实验中 – 实验后）的均值≤0

注：表中所列为 t 值，* $p<0.10$，** $p<0.05$，*** $p<0.01$。
资料来源：实验数据。

表 11.16 展示了基金推荐页面有无基准分组浏览行为横向检验结果。对实验前的检验结果表明所有组在实验前的浏览次数是无差别的。因此，可以仅对比实验中浏览次数来分析实验事件的影响。仅有基准组拒绝原假设，表明该组在实验中的浏览次数明显高于对照组。在实验"前 – 中"差值的比较中，有基准组也是拒绝原假设的，此外 t 值为正值，说明在实验中，有基准组的浏览次数要高于对照组。

表 11.16　基金推荐页面有无基准分组浏览行为横向检验

对比组	实验前	实验中	前 – 中	中 – 后
无基准和有基准	1.18	0.56	-0.22	-0.46
无基准和对照	0.45	1.1	1.14	-0.96
有基准和对照	-0.64	1.85**	1.99**	-0.94
H0（以"有基准和对照"为例）	有基准组均值 – 对照组均值 = 0	有基准组均值 – 对照组均值 = 0	有基准组差值（实验中 – 实验前） – 对照组（实验中 – 实验前）均值 = 0	有基准组差值（实验后 – 实验中） – 对照组（实验后 – 实验中）均值 = 0

注：表中所列为 t 值，* $p<0.10$，** $p<0.05$，*** $p<0.01$。
资料来源：实验数据。

基准实际上是对投资者认知的纠正，不至于出现过度消极或过度乐观的情绪，因此在考察期市场表现不好的情况下，对照组大幅降低了对基金推荐页面的浏览，而有基准组的用户降低幅度更小，相比于对照组悲观情绪被适当纠正。

3. 详细分组的分析

最后我们来看详细划分为 5 组的结果。从浏览均值看，各组在实验前、中、后这三个时间段的浏览次数均值都在逐渐下降，这与分组检验的结果是一致的，主要是受当时市场行情的影响（见表 11.17）。

表 11.17　基金推荐页面详细分组浏览行为描述性统计　　（单位：次）

组别	均值-前	均值-中	均值-后
1	2.33	1.09	0.61
2	1.77	0.59	0.45
3	1.88	0.80	0.42
4	1.80	0.56	0.48
5	1.95	0.42	0.32

资料来源：实验数据。

从前文的描述性统计中，我们还发现在实验中这一阶段，实验组对基金推荐页面的浏览次数似乎高于对照组，因此我们对上述数据进行了横向比较。表 11.18 展示了基金推荐页面详细分组浏览行为横向检验结果。实验前，均未拒绝原假设，可以认为所有组在基金推荐页面的浏览次数是相同的，从而可以通过直接对比实验中的浏览次数来观察实验的影响。检验实验中的浏览次数,可以发现 t 值都大于 0,说明实验组的浏览次数都比对照组高,组 1 的值相对小一些,组 3 的值最大,拒绝原假设。从"前－中"差值看,t 值大于 0 表明实验组的降低幅度均小于对照组,依然是组 1 的 t 值最小,组 3 显著。综上所述,组 1(远期与无基准)的组合与对照组更为接近,组 3 和组 4 与对照组相差较大,与我们前文的结论(即有基准提示对投资者浏览行为影响更明显)相一致,远期与近期差别不大,但相较而言投资者对近期业绩较敏感。

表 11.18　基金推荐页面详细分组浏览行为横向检验

对比组	实验前	实验中	前－中	中－后
1 和 5	1.3	1.27	0.81	－1.3
2 和 5	－0.93	1.38	1.61	－0.31
3 和 5	－0.33	1.99**	1.98**	－1.73*
4 和 5	－0.78	1.42	1.52	0.08
H0(以"4 和 5"为例)	组 4 均值－对照组均值＝0	组 4 均值－对照组均值＝0	组 4 差值(实验中－实验前)－对照组(实验中－实验前)均值＝0	组 4 差值(实验后－实验中)－对照组(实验后－实验中)均值＝0

注:表中所列为 t 值,* $p<0.10$,** $p<0.05$,*** $p<0.01$。
资料来源:实验数据。

4. 基金推荐页面浏览行为分析小结

总体看,实验组相比于对照组降低了对于基金基础信息页面的浏览,增加了对基金推荐页面的浏览。浏览基础信息页面可能是投资者有基金申赎需求，或者是对已买入基金的日常情况跟踪需求。浏览基金推荐页面则基本是潜在的申购需求。在实验考察期间市场表现不佳的情况下，浏览已买基金业绩的情况会减少，投资者不会广泛寻找可投标的，所以时间维度上整体的浏览次数下降了。然而，在加入自身投资业绩与市场基准的对比后，由于参与实验的投资者整体收益状况在远期时间段略高于基准，而在近期时间段远超基准，所以有可能导致投资者的信心增加，即超过基准的收益所得会使投资者更加认可自己的能力，从而产生追加投资的想法。而此时 App 推荐的基金最先进入投资者视野，因此，在有基准的业绩提示影响下，投资者对基金推荐页面的浏览次数明显增加，对基金基础信息页面的浏览次数也略有提升。在没有基准的提示下，投资者对自身业绩缺少衡量的标准，主要还是会受当时的市场行情影响，从而在市场行情不好的情况下，整体投资会比较消极，浏览次数也会随之减少。

第三节　投资者交易行为分析

除了浏览行为，我们还对投资者的交易行为，即申购、赎回以及净申购三种行为进行了对比分析。客户分组与浏览行为分析中一致，这里不再赘述。

一、申购行为分析

我们先来看下远期近期业绩对投资者申购行为的影响，然后再来看有无基准的影响。

1. 依据远期业绩与近期业绩分组的分析

首先观察两个实验组与对照组在实验前、中、后三个阶段的申购金额走势。从均值看，投资者的申购金额在逐渐降低，且实验进行期间，实验组的申购金额均高于对照组，下面我们来看上述观察结果是否在统计意义上显著（见表11.19）。

表11.19　申购金额远期近期分组描述性统计　　　　　　（单位：元）

组别	均值－前	均值－中	均值－后
远期	20563.80	15984.57	5774.244
近期	33373.69	19395.63	3581.388
对照	28632.51	12192.88	3044.729

资料来源：实验数据。

表11.20展示了申购金额远期近期分组纵向检验结果。通过t检验对比每个组在实验前、实验中与实验后的均值差异。从检验结果看，均可以拒绝原假设，所有组的申购金额都存在实验前申购金额大于实验中，实验中大于实验后的现象，即申购金额是逐步降低的。这可能与实验阶段整体市场表现不佳，上证指数在实验前、中、后三个区间收益均为负值，投资者减少了交易行为有关。这与前文对浏览行为的分析是基本一致的。

表 11.20　申购金额远期近期分组纵向检验

组别	前 – 中	中 – 后
远期	1.62*	4.13***
近期	1.29*	7.0***
对照	1.83**	5.74***
H0	实验前均值 – 实验中均值≤0	实验中均值 – 实验后均值≤0

注：表中所列为 t 值，* $p<0.10$，** $p<0.05$，*** $p<0.01$。
资料来源：实验数据。

表 11.21 展示了申购金额远期近期分组横向检验结果。首先看实验前与实验中的申购金额在不同组间是否有明显区别。检验结果表明，对实验前的检验都不能拒绝原假设，说明各组申购金额是基本一致的。实验中，近期业绩组的申购金额明显高于对照组，说明加入近期业绩提示的实验事件使投资者增加了申购金额。但看变化差值的话，都不能拒绝原假设，说明实验组和对照组在实验前与实验中申购金额差值变化的差别不大。综上所述，我们认为，远期与近期组的实验事件对申购金额的影响比较小，这说明业绩展示的区间选择，并不是影响投资者申购行为的一个显著因素。

表 11.21　申购金额远期近期分组横向检验

对比组	实验前	实验中	前 – 中	中 – 后
远期和近期	−1.14	−1.04	0.81	1.68*
远期和对照	−1.15	1.14	1.57	−0.29
近期和对照	0.28	2.51***	0.15	−1.93*

(续表)

对比组	实验前	实验中	前－中	中－后
H0（以"近期和对照"为例）	近期组均值－对照组均值＝0	近期组均值－对照组均值＝0	近期组差值（实验中－实验前）－对照组（实验中－实验前）均值＝0	近期组差值（实验后－实验中）－对照组（实验后－实验中）均值＝0

注：表中所列为 t 值，$^* p<0.10$，$^{**} p<0.05$，$^{***} p<0.01$。
资料来源：实验数据。

2. 依据是否加入基准分组的分析

前文我们检验了远期近期业绩的影响，发现远期或者近期业绩对投资者的申购金额影响并不大。接下来我们采用同样的方法，检验加入基准后是否会对申购金额有显著影响。

观察两个实验组与对照组在实验前、中、后三个阶段的申购金额走势。从均值看，在整个观察期间，无基准组和对照组的投资者申购金额是在逐渐降低的，而有基准组在实验中则只有略微的下降（见表11.22）。

表11.22 申购金额有无基准分组描述性统计　　　　　（单位：元）

组别	均值－前	均值－中	均值－后
无基准	31132.34	15109.69	3497.09
有基准	23319.81	20337.95	5761.61
对照	28632.51	12192.88	3044.73

资料来源：实验数据。

表11.23 展示的申购金额有无基准分组纵向检验结果表明，无基准组与对照组都拒绝了原假设，表明在实验中两个组的申购金额相比于实验前均有明显的下降；而实验中有基准组的申购金额则并未明显降低。基准的加入提升了投资者的申购意愿，可能是因为基准的加入让投资者对市场行情有了更加清晰的认知，且自身业绩相对于基准表现要好，从而增加了投资者的投资信心，因此申购金额没有明显下降。

表11.23 申购金额有无基准分组纵向检验

	前－中	中－后
无基准	1.44*	5.22***
有基准	0.88	5.86***
对照	1.83**	5.74***
H0	实验前均值－实验中均值≤0	实验中均值－实验后均值≤0

注：表中所列为 t 值，* $p<0.10$，** $p<0.05$，*** $p<0.01$。
资料来源：实验数据。

表11.24 展示了申购金额有无基准分组横向检验结果。实验前的检验不能拒绝原假设，表明实验中的申购金额是可比的。在实验中，有基准组与对照组的对比拒绝原假设，且 t 值足够大，可以认为有基准组的申购金额是明显大于对照组的。再来看差值对比，实验前－中的变化有基准组明显大于对照组，与申购金额检验得到的结论一致。因此可以认为，加入基准的提示后，相比于对照组，投资者明显增加了申购金额。

表 11.24　申购金额有无基准分组横向检验

对比组	实验前	实验中	前－中	中－后
无基准和有基准	0.70	-1.6	-1.13	0.89
无基准和对照	0.15	0.90	0.02	-0.73
有基准和对照	-0.74	2.78***	1.7**	-1.84**
H0（以"有基准和对照"为例）	有基准组均值－对照组均值=0	有基准组均值－对照组均值=0	有基准组差值（实验中－实验前）－对照组（实验中－实验前）均值=0	有基准组差值（实验后－实验中）－对照组（实验后－实验中）均值=0

注：表中所列为 t 值，* $p<0.10$，** $p<0.05$，*** $p<0.01$。
资料来源：实验数据。

3. 详细分组的分析

最后我们来看详细划分为 5 组的结果。从申购均值看，组 3 和组 4 在实验中的申购金额并没有明显变化，剩余组在实验中则出现了较大程度的降低（见表 11.25）。

表 11.25　申购金额详细分组描述性统计　　　　　（单位：元）

组别	均值－前	均值－中	均值－后
1	20094.09	13910.24	4107.96
2	41843.26	16273.56	2904.34
3	21043.28	18102.04	7475.19
4	25365.85	22347.48	4221.53
5	28632.51	12192.88	3044.73

资料来源：实验数据。

表 11.26 展示了申购金额详细分组纵向检验结果。组 1 和对照组在实验中申购金额都明显降低了,而另外三个组则不能拒绝原假设。这与前文得到的结论基本一致,即基准对投资者申购行为的影响比较大。

表 11.26　申购金额详细分组纵向检验

组别	前－中	中－后
1	1.61*	2.78***
2	1.18	4.9***
3	0.70	3.08***
4	0.58	5.09***
5	1.83**	5.74***
H0	(实验前－实验中)的均值≤0	(实验中－实验后)的均值≤0

注:表中所列为 t 值,* $p<0.10$,** $p<0.05$,*** $p<0.01$。
资料来源:实验数据。

表 11.27 展示了申购金额详细分组横向检验结果。可以发现,组 3 和组 4(有基准组)在实验中的申购金额明显高于对照组,虽然在"前－中"差值的对比上不能拒绝原假设,但 t 值也位于拒绝阈的边缘。检验结果也符合我们的预期,即远期近期业绩对投资者的申购行为影响不大,加入基准则对投资者的申购行为影响比较大。

表 11.27　申购金额详细分组横向检验

对比组	实验前	实验中	前－中	中－后
1 和 5	-0.91	0.47	1.05	-0.17
2 和 5	0.56	1.27	-0.39	-1.33
3 和 5	-0.79	1.77*	1.35	-0.39
4 和 5	-0.35	2.44**	1.32	-2.30**
H0（以"4 和 5"为例）	组 4 均值－对照组均值 = 0	组 4 均值－对照组均值 = 0	组 4 差值（实验中－实验前）－对照组（实验中－实验前）均值 = 0	组 4 差值（实验后－实验中）－对照组（实验后－实验中）均值 = 0

注：表中所列为 t 值，* $p<0.10$，** $p<0.05$，*** $p<0.01$。
资料来源：实验数据。

4. 申购行为分析小结

综上所述，提示业绩后，实验组相比于对照组申购金额下降得慢了一些，但是远期和近期没有明显的区别，因此实验组与对照组在实验中申购金额的差异主要源于是否添加了基准的提示。是否加入基准提示的划分，对投资者申购的影响差别比较明显，无基准组和对照组基本没有区别，申购略微好转，但是有基准组比较明显，申购金额明显优于对照组，统计检验显著。出现上述检验结果的原因可能是决定投资者申购行为的不单是自身的收益，还取决于自身收益与基准的对比情况，自身收益相对于基准表现较好，使投资者投资信心增加，更加认可自己的投资水平，从而增加了申购金额。

二、赎回行为分析

对于赎回行为的分析与申购行为流程一致，分别对近期与远期业绩、是否有基准两个变量进行研究。

1. 依据远期业绩与近期业绩分组的分析

首先观察两个实验组与对照组在实验前、中、后三个阶段的赎回金额走势。从均值看，在观察期间，投资者的赎回金额在缓慢降低（见表11.28）。

表11.28 赎回金额远期近期分组描述性统计　　　　　　　　（单位：元）

组别	均值 – 前	均值 – 中	均值 – 后
远期	33467.52	22464.13	13199.91
近期	37267.93	23761.64	8883.643
对照	27688.75	20605.47	10716.22

资料来源：实验数据。

表11.29展示了赎回金额远期近期分组纵向检验结果。实验组都拒绝了原假设，表明经历了实验事件后，投资者都降低了赎回金额，但是对照组没有拒绝原假设，即加入实验事件后，对投资者的影响是减少基金的赎回金额。

表11.29 赎回金额远期近期分组纵向检验

组别	前 – 中	中 – 后
远期	1.64*	1.64*
近期	1.87**	3.93***

(续表)

组别	前-中	中-后
对照	0.95	2.00**
H0	实验前均值-实验中均值≤0	实验中均值-实验后均值≤0

注：表中所列为 t 值，* $p<0.10$，** $p<0.05$，*** $p<0.01$。
资料来源：实验数据。

表 11.30 展示了赎回金额远期近期分组横向检验结果。结果均不能拒绝原假设，表明横向比较各组之间没有显著区别，但是从 t 值正负来看，实验组的"前-中"差值为负，说明实验组的值更小，即实验组的赎回金额在实验中减小得更多，与我们在纵向比较中得到的结论一致。因此，投资者的赎回行为与提示远期业绩还是近期业绩关系不大，更可能与是否提示基准业绩有关。

表 11.30 赎回金额远期近期分组横向检验

对比组	实验前	实验中	前-中	中-后
远期和近期	-0.49	-0.23	0.25	0.83
远期和对照	0.75	0.25	-0.36	0.07
近期和对照	0.94	0.55	-0.54	-0.76
H0（以"近期和对照"为例）	近期组均值-对照组均值=0	近期组均值-对照组均值=0	近期组差值（实验中-实验前）-对照组（实验中-实验前）均值=0	近期组差值（实验后-实验中）-对照组（实验后-实验中）均值=0

注：表中所列为 t 值，* $p<0.10$，** $p<0.05$，*** $p<0.01$。
资料来源：实验数据。

2. 依据是否加入基准分组的分析

有无基准分组的各阶段赎回金额如表 11.31 所示。赎回金额也有逐渐下降的趋势。这可能是由于考察期间市场表现较差，部分投资者降低了操作频率。

表 11.31　赎回金额有无基准分组描述性统计　　　　　（单位：元）

组别	均值－前	均值－中	均值－后
无基准	34708.27	25932.86	11490.02
有基准	36087.21	20476.36	10509.25
对照	27688.75	20605.47	10716.22

资料来源：实验数据。

表 11.32 展示了赎回金额有无基准分组纵向检验结果。有基准组实验前均值明显大于实验中均值，即在实验中赎回金额明显降低，而无基准组和对照组则没有这种现象。

表 11.32　赎回金额有无基准分组纵向检验

组别	前－中	中－后
无基准	1.23	2.6***
有基准	2.28**	2.54***
对照	0.95	2.0**
H0	实验前均值－实验中均值≤0	实验中均值－实验后均值≤0

注：表中所列为 t 值，* $p<0.10$，** $p<0.05$，*** $p<0.01$。
资料来源：实验数据。

表 11.33 展示了赎回金额有无基准分组横向检验结果。各组差别不大，都没有拒绝原假设，即认为组间没有明显差别。我们认为出现上述检验结果的原因在于：投资者接受了业绩与基准的双重提醒后，一方面基准的存在增加了投资者对业绩水平的接受

度，另一方面可能是投资者的业绩好于市场表现，其信心增加了，从而相比于对照组减少了基金赎回金额，但这一影响并不显著。

表 11.33 赎回金额有无基准分组横向检验

对比组	实验前	实验中	前－中	中－后
无基准和有基准	－0.18	0.95	0.69	－0.66
无基准和对照	0.86	0.68	－0.15	－0.52
有基准和对照	0.86	－0.02	－0.75	－0.01
H0（以"有基准和对照"为例）	有基准组均值－对照组均值＝0	有基准组均值－对照组均值＝0	有基准组差值（实验中－实验前）－对照组（实验中－实验前）均值＝0	有基准组差值（实验后－实验中）－对照组（实验后－实验中）均值＝0

注：表中所列为 t 值，* $p<0.10$，** $p<0.05$，*** $p<0.01$。
资料来源：实验数据。

3. 详细分组的分析

再来看详细划分为 5 组的结果，从均值看，实验中相对于实验前，赎回金额似乎都有所减小（见表 11.34）。

表 11.34 赎回金额详细分组描述性统计　　　　　　（单位：元）

组别	均值－前	均值－中	均值－后
1	34686.31	22431.22	15716.06
2	34728.74	29195.49	7552.45
3	32335.78	22494.69	10863.48
4	39715.24	18524.41	10166.67
5	27688.75	20605.47	10716.22

资料来源：实验数据。

那么，从统计意义上看是否显著呢？表 11.35 展示了赎回金额详细分组纵向检验结果。只有组 4 在实验中赎回金额明显减少，而其他组都不能拒绝原假设。从 t 值大小看，其他组在实验前、中两个阶段的赎回金额基本没有变化。

表 11.35　赎回金额详细分组纵向检验

组别	前－中	中－后
1	1.13	0.71
2	0.6	3.51***
3	1.22	1.77**
4	1.92**	1.89**
5	0.95	2.0**
H0	（实验前－实验中）的均值≤0	（实验中－实验后）的均值≤0

注：表中所列为 t 值，* $p<0.10$，** $p<0.05$，*** $p<0.01$。
资料来源：实验数据。

表 11.36 展示了赎回金额详细分组横向检验结果。可以发现，各组的检验均不能拒绝原假设，但是从"前－中"检验的 t 值大小看，组 4 的赎回金额相比于基准降低得更多，体现为近期与基准组对投资者的影响更大。细分看，近期组投资者的业绩明显高于比较基准，投资者的入场意愿更强，因此会减少赎回。

表 11.36　赎回金额详细分组横向检验

对比组	实验前	实验中	前－中	中－后
1 和 5	0.77	0.2	－0.39	0.3
2 和 5	0.77	1.18	0.13	－1.47
3 和 5	0.56	0.28	－0.25	－0.21

(续表)

对比组	实验前	实验中	前-中	中-后
4和5	0.97	-0.39	-1.03	0.23
H0（以"4和5"为例）	组4均值-对照组均值=0	组4均值-对照组均值=0	组4差值（实验中-实验前）-对照组（实验中-实验前）均值=0	组4差值（实验后-实验中）-对照组（实验后-实验中）均值=0

注：表中所列为 t 值，* $p<0.10$，** $p<0.05$，*** $p<0.01$。
资料来源：实验数据。

4. 赎回行为分析小结

综合来看，远期近期业绩对赎回行为的影响差别不大，在时间维度上远期组或者近期组的赎回金额都有明显降低；根据有无基准分类的结果差异比较大，无基准组与对照组一样，赎回金额在实验前和实验中基本没有变化，但是有基准组的赎回金额则明显减少。详细分组的检验结果发现，组4（近期+基准）与基准差别最大，赎回金额在实验中有了明显减少，这与投资者的投资信心提升有关，近期业绩明显高于基准导致投资者乐于持有更长的时间。

三、净申购行为分析

净申购额的计算为每个客户的申购金额减去赎回金额，通过前文我们对申购与赎回行为的分析可以发现，不同时间段的投资业绩（近期或远期）对投资者交易行为的影响不大，但是否加入基准对投资者交易行为的影响比较大。相比于对照组，有基准组比较明显增加了申购,同时赎回也略有降低。由此看来,净申购额应该也会有所增加,为了验证这一逻辑推演在实证上是否成立,我们对净申购额进行了分析。

1. 依据远期业绩与近期业绩分组的分析

从各组均值看,近期组和对照组的净申购额在实验中都有所降低(见表 11.37)。

表 11.37 净申购额远期近期分组描述性统计　　　　　(单位:元)

	均值 – 前	均值 – 中	均值 – 后
远期	3492.54	4120.70	(524.85)
近期	13052.24	6742.40	(557.68)
对照	13772.10	2518.24	(1486.13)

资料来源:实验数据。

表 11.38 展示了净申购额远期近期分组纵向检验结果。可以发现,只有对照组拒绝了原假设,表明在实验中的净申购量确实有所减少,而两个实验组都没有拒绝原假设。从 t 值的正负看,远期组还略有增加,但是都不显著。因此,远期或近期业绩提醒对投资者净申购的影响不大。

表 11.38 净申购额远期近期分组纵向检验

组别	前 – 中	中 – 后
远期	−0.18	1.51*
近期	0.66	3.00***

（续表）

组别	前 – 中	中 – 后
对照	1.39 *	1.82 **
H0	实验前均值 – 实验中均值≤0	实验中均值 – 实验后均值≤0

注：表中所列为 t 值，* $p<0.10$，** $p<0.05$，*** $p<0.01$。
资料来源：实验数据。

表 11.39 展示了净申购额远期近期分组横向检验结果。结果也不能表明近期组和远期组有明显的区别。虽然实验中近期组的净申购量高于对照组，但是二者的变化差值没有显著不同。

表 11.39 净申购额远期近期分组横向检验

对比组	实验前	实验中	前 – 中	中 – 后
远期和近期	– 1.00	– 0.73	0.67	0.68
远期和对照	– 1.69 *	0.40	1.59	– 0.17
近期和对照	– 0.05	1.34 *	0.33	– 1.00
H0（以"近期和对照"为例）	实验前均值 – 实验中均值 =0	实验中均值 – 实验后均值 =0	近期组差值（实验中 – 实验前）– 对照组（实验中 – 实验前）均值 =0	近期组差值（实验后 – 实验中）– 对照组（实验后 – 实验中）均值 =0

注：表中所列为 t 值，* $p<0.10$，** $p<0.05$，*** $p<0.01$。
资料来源：实验数据。

2. 依据是否加入基准的分析

从各组均值看，无基准组与对照组在观察期间净申购额都在不断减少，而有基准组净申购额则有所增加（见表 11.40）。

表11.40　净申购额有无基准分组描述性统计　　　　　　（单位：元）

组别	均值–前	均值–中	均值–后
无基准	12164.17	2346.60	-1605.00
有基准	4641.83	8506.51	500.93
对照	13772.10	2518.25	(1486.13)

资料来源：实验数据。

表11.41展示了净申购额有无基准分组纵向检验结果。我们发现，对照组的净申购额在实验中明显减少。无基准组虽然未拒绝原假设，但 t 值处于临界值附近，而有基准组的 t 值为负，表明实验中净申购额还略有增加。

表11.41　净申购额有无基准分组纵向检验

组别	前–中	中–后
无基准	1.02	1.37*
有基准	-0.99	3.05***
对照	1.39*	1.82**
H0	实验前均值–实验中均值≤0	实验中均值–实验后均值≤0

注：表中所列为 t 值，* $p<0.10$，** $p<0.05$，*** $p<0.01$。
资料来源：实验数据。

表11.42展示了净申购额有无基准分组横向检验结果。我们发现，对净申购额的检验在实验中有基准组明显大于对照组，且实验"前–中"变化差值检验有基准组也明显大于对照组，检验结果与我们根据申购与赎回数据的推断一致。

表 11.42 净申购额有无基准分组横向检验

对比组	实验前	实验中	前 - 中	中 - 后
无基准和有基准	0.78	-1.72*	-1.32*	1.04
无基准和对照	-0.11	-0.04	0.10	0.01
有基准和对照	-1.34	1.90*	1.90**	-1.17
H0（以"有基准和对照"为例）	有基准组均值 - 对照组均值 = 0	有基准组均值 - 对照组均值 = 0	有基准组差值（实验中 - 实验前）- 对照组（实验中 - 实验前）均值 = 0	有基准组差值（实验后 - 实验中）- 对照组（实验后 - 实验中）均值 = 0

注：表中所列为 t 值，* $p<0.10$，** $p<0.05$，*** $p<0.01$。
资料来源：实验数据。

3. 详细分组的分析

最后我们来看详细划分为 5 组的结果。从均值看，组 3 和组 4 在实验中的净申购额略有提升，其他组在实验中则出现了比较大的降低（见表 11.43）。

表 11.43 净申购额详细分组描述性统计　　　　　　（单位：元）

组别	均值 - 前	均值 - 中	均值 - 后
1	3277.09	2866.22	-2591.27
2	21026.71	1828.42	-621.46
3	3711.63	5396.39	1576.50
4	5505.15	11393.02	-497.32
5	13772.10	2518.25	-1486.13

资料来源：实验数据。

表 11.44 展示了净申购额详细分组纵向检验结果。虽然实验"前-中"的对比都未拒绝原假设,但是从 t 值的正负以及大小可以看出,组 3 和组 4 的净申购额在实验中有所增加;而其余组则是降低的,尤其是对照组,t 值较大且已经接近拒绝的临界值(表明实验中的净申购额比实验前小很多)。

表 11.44 净申购额详细分组纵向检验

组别	前-中	中-后
1	0.08	1.16
2	1.04	0.73
3	-0.39	0.97
4	-0.92	3.40***
5	1.39	1.82*
H0	(实验前-实验中)的均值≤0	(实验中-实验后)的均值≤0

注:表中所列为 t 值,* $p<0.10$,** $p<0.05$,*** $p<0.01$。
资料来源:实验数据。

表 11.45 展示了净申购额详细分组横向检验结果。可以发现,组 4 在实验中的净申购额明显高于对照组,在"前-中"的检验中也拒绝了原假设,且 t 值大于 0 表明组 4 的净申购额变化量相比对照组更大。检验结果符合我们的预期,即投资者的交易行为存在比较明显的过度自信效应,在近期业绩明显高于基准的情况下,投资者认可自己的投资能力,增加申购减少赎回,从而净申购额相比对照组明显有所提升。

表 11.45　净申购额详细分组横向检验

组别	实验前	实验中	前－中	中－后
1 和 5	-1.27	0.07	1.13	-0.28
2 和 5	0.36	-0.18	-0.39	0.38
3 和 5	-1.24	0.75	1.42	0.04
4 和 5	-0.9	2.18**	1.68*	-1.91*
H0（以"4和5"为例）	组4均值－对照组均值=0	组4均值－对照组均值=0	组4差值（实验中－实验前）－对照组（实验中－实验前）均值=0	组4差值（实验后－实验中）－对照组（实验后－实验中）均值=0

注：表中所列为 t 值，* $p<0.10$，** $p<0.05$，*** $p<0.01$。
资料来源：实验数据。

4. 净申购行为分析小结

检验结果与前文的分析一致，远期近期业绩提醒对净申购额的影响并不大，而是否加入基准则影响较大，有基准组的投资者净申购额明显增加得比较多。从详细分组看，有基准组中近期组比对照组差异更大，净申购额在实验中有明显的提升，主要原因应该是近期业绩远高于基准而产生的自信使投资者愿意追加投资。

第四节　结论

综合浏览行为与交易行为的实验结果，我们发现，不同时间段投资者的绝对业绩水平并不是影响投资者行为的一个显著因素，然而，一旦加入可对比的基准后，这一影响就变得显著。在我们的实验中，提示页面加入基准后，无论是浏览页面的次数还是申购的金额，较无基准组都有明显增加，同时赎回有所减少，最终表现出净申购额的增加。

为什么会呈现这一特征呢？我们认为这可能跟投资者的锚定效应有关。人们在做决策时，倾向于有一个可衡量的标准或参照物，金融投资决策更是如此。因为金融投资，尤其是权益型基金投资，其历史业绩的波动较大，且易受市场整体走势影响，倘若没有参照物，投资者实际上很难衡量自身的投资绩效如何，也就不易做出决策。加入市场基准后，实际上为投资者提供了参照物，随后投资者的决策就很容易受与参照物对比情况的影响。在本次实验中，由于恰逢2019—2020年公募基金业绩的高光时刻，且上证综指本身表现又相对较弱，参与实验的投资者投资业绩普遍好于上证综指。在这种锚定效应下，投资者会认为自身的业绩出色，并将其归因于自身投资能力的优异，更坚定了持有信心。虽然实验期间市场整体有所调整，但并未引致这类投资者浏览与申购行为的下降。[①] 事后看，这类投资者的坚定持有甚至加仓也得到了回报，因为随后市场再度上扬，并创下了年内新高。当然，本实验并不能说明加入了市场基准的业绩提示后，就一定能够引导投资者理性投资，因为市场也有可能是随后继续下跌，那么投资者就相应会受到损失。但本实验说明了由于锚定效应的存在，超额收益而不是绝对收益对投资者的行为影响更大，这一点与前文我们

[①] 这里的没有下降是相对的，是较没有加入基准提示的投资者而言。

实证分析的结论是一致的。

这一研究结论是很有现实意义的，因为我们可以充分考虑投资者这一心理与行为特征，引导投资者制定合理、科学的参照基准①，并通过与基准的对比，引导投资者正确地投资基金，更多关注于所选基金背后的基金经理能力，更多从资产配置、组合管理的视角审视基金交易。

---

① 本实验中，为了便于实验的进行，我们选上证综指作为基准，但实际投资中，这其实并不是一个十分理想的业绩基准，因为其衡量的仅是市场的整体趋势，而不能很好地衡量风格、行业的收益。此外，并不是每一个投资者都追求超额收益，而是受投资者的风险偏好、投资目标等影响。理想的基准应是因人而异的。

第十二章　通用教育、特定教育与投资者行为

投资者教育不仅是金融机构的义务，更是维系客户感情、增加客户黏性、实现公司长效利益的重要保障。投资者教育虽然重要，但目前普遍存在的一个问题是投资者教育内容的同质化，且以通用教育为主[1]，效果也可能并不明显。那么，倘若提升教育内容的针对性，有的放矢，是否可以改进投资者教育的效果呢？

我们通过银华基金 App 上的一个实验进行了对比研究。在实验中，我们针对学术界普遍认为的基金投资决策中三种典型的非理性行为，即过度交易、处置效应、不分散化投资，随机抽取客户进行有针对性的投资者教育，并与通用的投资者教育进行对比，以分析提升投资者教育内容的针对性是否可以引导投资者理性投资。

---

[1] 第十五章会对当下基金行业投资者教育的现状与问题做详细分析。

第一节　实验描述

实验主要研究投资者在接受有针对性的投资教育之后,是否会改变自身的非理性行为。

实验在银华 App 上进行,为期 2 周。我们随机挑选了约 1 万名客户,并将其随机分成 5 组,记录在实验前、实验中及实验后的用户浏览数据及交易数据。实验前时间区间为 2020 年 9 月 21 日—2020 年 10 月 11 日,实验中时间区间为 2020 年 10 月 12 日—2020 年 10 月 25 日,实验后时间区间为 2020 年 10 月 26 日—2020 年 11 月 8 日。

我们在实验中设置 4 个实验组与 1 个对照组,每一组的实验设置如下。

(1) 实验中出现弹窗,对该组客户进行过度交易方面的投资者教育。

> 弹窗标题:基金投资亏损了?那可能是因为过度交易了!
>
> 弹窗内容[①]:根据中国证券投资基金业协会发布的《2017 年度基金个人投资者投资情况调查问卷分析报告》,自投资基金以来有盈利的投资者占比仅为 36.5%,而至 2017 年底的过去 5 年,中证偏股型基金指数(选取基金合同中明确股票投资范围下限在 60% 以上的开放式基金作为成分基金)取得了 75.37% 的收益。这说明如果不长期持有基金,而是过

[①] 弹窗内容还附有链接,是针对某一特定投资者教育的长文。限于篇幅,书中未列出所附长文具体内容。

度频繁地交易，会显著侵蚀基金投资收益。基金投资，降低交易频率很重要！

（2）实验中出现弹窗，对该组客户进行处置效应方面的投资者教育。

弹窗标题：买基金没赚钱？那可能是您没有合理规划止盈止损。

弹窗内容：基金投资中，经常出现一种行为偏差，就是在盈利的时候投资者会变得谨慎，过快出场，而一旦亏损，又变得过于激进，无视亏损，寄希望于市场快速反弹，解套回本。这种行为在学术上叫作"处置效应"，是非理性的。投资者如果能克服这种行为，合理规划止盈止损，那么对提升基金投资收益是很有帮助的。

（3）实验中出现弹窗，对该组客户进行分散化投资的投资者教育。

弹窗标题：分散化——聪明的投资法则。

弹窗内容：诺贝尔经济学奖得主马科维茨曾说，"资产配置是投资市场唯一的免费午餐"。资产配置的魅力在于通过分散化投资，丰富了投资者达到预期目标的路径和方案，提升了投资组合的优化空间，从而使投资者能够在获取相同收益的情况下，承担相对更小的风险。

（4）实验中出现弹窗，对该组客户进行通用的基金投资者教育。

　　弹窗标题：基金投资，您需要知道的那点事。

　　弹窗内容：公募基金的投资门槛比较低，品种丰富，是一种较适合个人投资者的投资方式，但想要获取好的投资收益并不容易。您需要知道基金不同于股票，基金投资实际上是您在委托专业机构帮您理财，发挥专业投资的优势，更适合长期持有与资产配置。

（5）作为对照组，不进行任何投资者教育。

从实验看，组1过度交易的投资者教育内容是提示投资者基金投资亏损可能是因为过度交易导致的，因此降低基金投资交易频率很重要。组2处置效应的投资者教育内容是提示投资者盈利时变得谨慎，过快出场，亏损时无视亏损，寄希望于市场反弹解套，这种处置效应的行为是非理性的，投资者需要合理规划止盈止损。组3分散化投资者教育是提示投资者通过分散化投资，能够在相同收益的情况下，风险更小。组4通用教育是提示投资者基金投资不同于股票，更适合长期持有与资产配置。

接下来，我们对不同分组投资者的投资行为进行统计分析，主要包括投资者的浏览行为和交易行为。

一、投资者浏览行为变化的描述统计分析

分析投资者的浏览行为时，我们重点观测基金基础信息页面，

该页面包含基金的每日盈亏、净值、持仓、规模等各项基本信息，投资者对于该页面的浏览一般出于两种目的，一是了解或者监测基金的最新情况，二是对基金进行申购赎回操作，这两者与投资者未来可能的交易行为是紧密相连的。

对基金基础信息页面的分析，我们主要统计了投资者的浏览次数、浏览时间以及浏览基金的品种。由于涉及的数据维度较多，为节省篇幅，对于不同维度的描述统计分析，我们仅展示了与之相关的某一特定教育组的统计结果以及通用教育、未接受教育组的统计结果。以关于浏览次数的分析为例，由于这个维度的数据主要用于检验过度交易行为偏差的教育结果，于是文中不再展示其他两组行为偏差在这个维度上的统计结果，其他维度的数据描述统计与此类似。

1. 浏览页面的次数

表12.1是基金基础信息页面浏览次数的均值统计。次数的变化与交易行为在逻辑上存在关联，当浏览页面次数越多，未来潜在交易的次数也越多，呈现非理性的过度交易行为也可能越明显。为了检验投资者教育对投资者行为的影响，对于浏览页面次数这一反映过度交易行为的数据，我们着重关注组1（接受过度交易教育的投资者）、组4（接受通用教育的投资者）的页面浏览行为，并且以组5（未接受教育的投资者）作为对照组。

表12.1　基金基础信息页面浏览次数的均值统计　　　　　　（单位：次）

组别	均值-前	均值-中	均值-后	中-前	后-前
组1	1.31	1.42	2.39	0.11	1.08
组4	1.23	1.51	2.32	0.28	1.09
组5	1.17	1.61	2.40	0.44	1.22

注：统计样本剔除了在整个考察阶段未浏览过页面的客户，"中-前"为实验中均值减去实验前均值，"后-前"为实验后均值减去实验前均值，下同。

资料来源：实验数据。

不同实验组均呈现实验后浏览次数高于实验中、实验中浏览次数高于实验前的特征。我们考察了不同时间段上证综指的收益率情况，实验前上证综指收益率为-1.35%，实验中为0.18%，实验后为1.04%，这说明投资者的浏览次数与市场行情呈一定的正向关系。

另一方面，我们根据平均次数的变化进行分析，以实验前作为参照，观察实验中相对于实验前、实验后相对于实验中的变化。具体看，组1实验中相对于实验前平均次数增加0.11次，组4增加了0.28次，均较对照组组5增加的次数0.44次要小，说明在接受过度交易教育或者通用教育后，投资者浏览次数对市场的敏感程度降低了。当市场上涨时，浏览次数的增加是低于未接受教育的投资者的，并且接受过度交易教育的组1增加的次数要少于通用教育组。那么对于实验后，实验的延续效果怎么样？我们从实验后相对于实验前平均次数的变化看，组1和组4的浏览次数均较对照组组5增加的幅度要小，说明实验后的效果仍在延续。综上，不管是在实验中还是在实验后，接受过度交易教育和接受通用教育的投资者，在浏览页面的次数上均有所降低。①

2. 浏览页面的时间

表12.2是基金基础信息页面浏览时间的均值统计。投资者在该页面浏览时间越长，说明对该基金越关注，未来潜在交易的可能性也就越大。同浏览次数一致，我们主要分析组1、组4和组5。

表12.2　基金基础信息页面浏览时间的均值统计　　　　　　（单位：秒）

组别	均值-前	均值-中	均值-后	中-前	后-前
组1	48.25	39.08	80.04	-9.17	31.79
组4	43.65	52.36	72.32	8.71	28.67
组5	34.63	79.88	88.23	45.25	53.59

资料来源：实验数据。

从不同实验组基金基础信息页面浏览时间看，除了组1，其他组均呈现实验后的浏览时间大于实验中，实验中的浏览时间大于实验前的特征，这与浏览次数的结果类似，主要体现了市场收益对于浏览时间的影响。当市场上涨时，投资者对基金的关注度上升，浏览时间也相应增加。

从浏览时间的均值变化看，实验中相对于实验前，组1浏览时间明显减少，但是其他实验组的浏览时间是增加的，说明组1的投资者在实验中接受过度交易的投资者教育之后，减少了基金浏览时间，降低了对基金的关注，进而减少了可能的交易行为。

---

① 本节仅是描述性统计分析的结论，下一节会做更严谨的统计推断，此处暂不展开。

另外，组4接受通用教育的投资者浏览时间虽然较实验前增加，但是增加的时间低于组5。观察实验后相对于实验前的变化，组1和组4增加的浏览时间仍低于对照组组5，说明实验效果在实验结束后仍有一定延续性。综上，不管是在实验中还是在实验后，接受过度交易教育的投资者和接受通用教育的投资者，在浏览页面的时间上均有所降低。①

3. 浏览基金的种类

表12.3是基金基础信息页面浏览基金种类的均值统计。当浏览的基金种类较为单一时，未来潜在持有的基金种类也较集中。由于同一类基金的收益风险特征较为接近，因此受到单一风险影响的可能性就较高，故我们可以观察浏览基金种类的情况，分析投资者的投资是否是分散的，这可以用于检验接受分散化教育的投资者（组3）是否可以改善投资行为。因此，我们主要对组3、组4及组5的实验结果进行统计，基金种类的划分参照Wind的基金二级分类。

表12.3　基金基础信息页面浏览基金种类的均值统计　　　（单位：类）

组别	均值－前	均值－中	均值－后	中－前	后－前
组3	1.27	1.36	1.34	0.08	0.06
组4	1.23	1.24	1.36	0.01	0.14
组5	1.20	1.27	1.33	0.07	0.14

资料来源：实验数据。

---

① 这里只是描述统计的结果，并不能说明通用教育就可以改善过度交易行为，需要做进一步的统计推断，参见本章第二节的分析。

整体看，浏览基金种类在 2 种以下，说明目前投资者对于基金种类的关注较为集中。从浏览基金种类的变化看，实验中相对于实验前，组 3 浏览种类增加了 0.08 类，略高于对照组组 5 的 0.07 类，而组 4 通用教育组仅增加了 0.01 类，说明分散化的教育以及通用教育对于投资者基金品种较为集中的情况改善均不十分明显。观察实验后相对于实验前，组 3 和组 4 相较于组 5 并没有提升，与实验中的结果基本一致，浏览的基金种类整体没有提升。综上，接受分散化教育的投资者与接受通用教育的投资者，浏览基金的种类均没有增加。

4. 小结

从投资者的浏览页面次数和时间看，整体呈现浏览次数和浏览时间会随着行情的上涨而增加的特征，这说明浏览行为受市场行情的影响较大。不过，接受过度交易教育及接受通用教育的投资者，在浏览行为上有所变化，主要体现为浏览次数和浏览时间的增加值，要小于未接受投资者教育的投资者，虽然这在统计上是否显著还有待进一步检验，但在描述统计分析上已初步呈现了这一特征，意味着投资者教育对改善过度交易的行为或许是有效的。从基金的浏览种类看，可以看出当前投资者关注的基金种类较少，接受分散化教育和通用教育的投资者，其关注基金品种的集中程度没有明显改善。

二、投资者交易行为变化的描述统计分析

除了浏览行为，我们还对不同分组投资者的申赎交易行为进行了描述统计，涵盖基金交易次数、金额、种类以及收益。客户分组与浏览行为分析中一致。

1. 基金交易的次数

对于基金交易次数，我们分别从申购基金的次数、赎回基金的次数以及所有交易的次数进行分析。基金交易次数的变化主要用于分析过度交易行为，当基金的交易次数减少时，可以说明过度交易的行为有所改善。因此，对于交易次数的变化，我们主要展示组1接受过度交易教育的投资者、组4接受通用教育的投资者，以及组5未接受教育的投资者的交易行为特征。

表12.4是申购基金次数的均值统计。从申购基金的次数看，组5为未接受教育的投资者，整体申购基金的数量随着实验推进逐渐增加，这与前述浏览行为一致，主要受市场行情影响。随着行情上涨，申购基金的次数增加。分析组1接受过度交易教育的投资者，实验中申购基金的次数较实验前平均增加了0.05次，比对照组组5的0.01次的平均增加次数要高，实验后相对于实验前也呈现相同的现象。这在一定程度上说明组1的过度交易教育并没有减少申购基金的次数。不过我们发现，对于组4，即接受通用教育的投资者，无论是实验中相对于实验前的申购基金次数增加值，还是实验后相对于实验前申购基金次数的增加值，均小于

对照组组5，甚至实验中相对于实验前的申购次数还略有减少。这似乎说明了通用教育一定程度上起到了抑制申购次数的作用，但由于这些值并不大，仅为-0.01，是否能够在统计推断上成立还尚未可知，后面我们会对此进行检验。

表12.4　申购基金次数的均值统计　　　　　　　　　　（单位：次）

组别	均值-前	均值-中	均值-后	中-前	后-前
组1	0.53	0.58	0.64	0.05	0.11
组4	0.61	0.60	0.63	-0.01	0.02
组5	0.60	0.62	0.69	0.01	0.08

资料来源：实验数据。

表12.5是赎回基金次数的均值统计。从赎回基金的次数看，呈现实验中赎回的基金次数低于实验前、实验后高于实验中的特征。观察实验中相对于实验前，组1的赎回次数有相对明显的下降，平均下降了0.10次，组4仅下降了0.04次，而对照组组5下降了0.03次，均小于组1和组4。整体看，接受过度交易教育的投资者，以及接受通用教育的投资者，基金的赎回次数均是有所降低的，并且接受过度交易的投资者下降得更明显一些。从实验后相对于实验前看，组1赎回次数的增加值少于对照组组5，实验后的效果仍有一定延续，而组4接受通用教育的投资者赎回基金的次数较对照组组5是增加的，实验后的效果减退。

表 12.5 赎回基金次数的均值统计 （单位：次）

组别	均值 – 前	均值 – 中	均值 – 后	中 – 前	后 – 前
组 1	0.30	0.19	0.31	-0.10	0.02
组 4	0.28	0.24	0.39	-0.04	0.11
组 5	0.24	0.21	0.29	-0.03	0.04

资料来源：实验数据。

表 12.6 是交易基金总次数的均值统计。从投资者交易基金的总次数看，即包括基金的申购和赎回，整体呈现实验中的交易次数低于实验前和实验后，同时实验后高于实验前和实验中的特征，与赎回基金的次数变化一致。对于组 1 投资者，实验中相对于实验前交易基金的次数减少了 0.05 次，而对照组组 5 减少了 0.02 次，同时实验后相对于实验前交易基金增加的次数也少于对照组，一定程度上说明组 1 的投资者在接受过度交易的投资者教育后，交易基金的次数较未接受教育的投资者有所降低。对于组 4，接受通用教育的投资者，在实验中较实验前基金交易减少次数略高于组 5，但在实验后效果减弱，且整体改善效果低于接受过度交易的投资者。综上，接受过度交易的投资者不管在实验中还是在实验后的基金交易次数均有所减少，而接受通用教育的投资者在实验中交易次数仅有略微下降，且在实验后这种效应就不存在了。

表 12.6 交易基金总次数的均值统计 （单位：次）

组别	均值 – 前	均值 – 中	均值 – 后	中 – 前	后 – 前
组 1	0.83	0.78	0.95	-0.05	0.12
组 4	0.89	0.84	1.02	-0.04	0.13
组 5	0.85	0.83	0.98	-0.02	0.13

资料来源：实验数据。

2. 基金交易的金额

对于基金交易的金额，与交易次数类似，我们分别从申购金额、赎回金额，以及交易基金的总金额角度分析。

表12.7是申购基金金额的均值统计。从申购金额看，以组5作为参照，实验中申购金额大于实验前，实验后大于实验中，并且实验后的申购金额明显高于实验前和实验中，这与行情的走势密切相关（实验前上证综指收益率为-1.35%，实验中为0.18%，实验后为1.04%），实验后市场的上涨幅度最大，申购金额也明显放大。从组1看，实验中相对于实验前平均申购金额仅增加了701.56元，实验后相对于实验前申购金额还降低了2343.57元，申购金额的变化远低于对照组组5，说明接受过度交易教育的投资者，其申购金额的变动值在降低。对于接受通用教育的投资者，呈现实验中相对于实验前申购金额的增加值高于对照组，但是实验后相对于实验前申购金额增加值低于对照组组5的情况，变动的一致性不强。综上，从描述统计分析的角度看，接受过度交易行为偏差教育的投资者，其申购金额的变化更符合我们的预期，但通用教育并无此特征。

表12.7 申购金额的均值统计 （单位：元）

组别	均值－前	均值－中	均值－后	中－前	后－前
组1	9346.975	10048.54	7003.407	701.56	-2343.57
组4	8654.332	15348.97	14198.21	6694.63	5543.88
组5	5658.989	6889.518	22267.58	1230.53	16608.59

资料来源：实验数据。

表12.8是赎回金额的均值统计。从赎回金额看，以组5作为对照，整体实验中赎回金额高于实验前和实验后。对于组1的投资者，实验中相较于实验前赎回的金额是减少的，并且实验后的赎回金额也小于实验前，这明显不同于组4和组5，这两组赎回金额是在增加的，这说明在接受了过度交易的教育后，组1投资者的卖出行为有所改善。

表12.8 赎回金额的均值统计　　　　　　　　　　　（单位：元）

组别	均值－前	均值－中	均值－后	中－前	后－前
组1	26267.55	11740.35	17678.89	-14527.20	-8588.66
组4	19617.45	43791.88	31994.87	24174.43	12377.41
组5	16811.85	40649.05	20577.94	23837.19	3766.09

资料来源：实验数据。

表12.9是交易基金总金额的均值统计。从投资者交易的总金额看，包括申购金额和赎回金额，总体呈现逐渐增加的趋势，实验中高于实验前，实验后高于实验中。对于组1投资者，实验中相对于实验前的交易金额是减少的，而对照组平均增加了12148.07元；实验后相较于实验前增加了560.17元，也低于对照组的809.48元，总体与前述申购金额以及赎回金额的结论一致，接受过度交易教育的投资者，其交易金额相对于未接受教育的投资者是减少的。对于组4接受通用教育的投资者，实验中相对于实验前交易金额的变化大于组5，但是实验后相对于实验前是降低的，低于对照组，金额变动的方向在实验的不同阶段，并未呈现一致性。

表12.9　交易基金总金额的均值统计　　　　　　　　　　（单位：元）

组别	均值－前	均值－中	均值－后	中－前	后－前
组1	19076.56	12743.12	13303.29	-6333.44	560.17
组4	14744.63	30028.35	23839.85	15283.73	-6188.51
组5	11994.74	24142.81	24952.30	12148.07	809.48

资料来源：实验数据。

3. 申购基金的种类

当购买的基金类型较为单一时，由于同一类基金的收益风险特征较为接近，因此受到单一风险的影响较高，说明投资者并未采用分散化投资。为了检验分散化的投资教育能否改善投资者的投资行为，我们以申购基金的种类作为投资者分散化程度的代表，当申购基金种类增多时，说明投资者的基金分散化程度提高了。我们主要统计了组3接受分散化教育的投资者、组4接受通用教育的投资者以及组5未接受教育的投资者申购基金的种类变化。

表12.10是申购基金种类的均值统计。从申购的基金种类看，整体购买基金种类平均值在2类以下，说明目前投资者购买基金的种类较为集中。对于组3，即接受了分散化教育的投资者，实验中及实验后的投资种类没有明显增加，并且与对照组的变化几乎相同，另一方面，对于接受通用教育的投资者，组4的投资种类相对于对照组也没有增多。从绝对的数值变化看，无论是接受分散化教育的投资者，还是接受通用教育的投资者，均未呈现购买基金的种类有所扩大的情形。

表 12.10　申购基金种类的均值统计　　　　　　　　　　（单位：类）

组别	均值－前	均值－中	均值－后	中－前	后－前
组 3	1.20	1.20	1.19	0.00	-0.02
组 4	1.16	1.16	1.19	0.00	0.04
组 5	1.20	1.20	1.24	0.00	0.04

资料来源：实验数据。

4. 赎回基金的收益

投资者赎回基金时的收益在分析行为偏差上也是有价值的，如处置效应，即投资者更倾向于卖出盈利的基金，持有亏损的基金。简单起见，我们可以通过投资者赎回基金的收益情况，直观地度量处置效应的程度。我们计算了投资者赎回的基金过去一个月的收益在同类基金中的排名分位数。分位数越小说明其收益在同类基金中越高，当我们对投资者进行教育后，倘若赎回的基金收益排名分位数较对照组有所增加，则说明投资者卖出了表现更差的基金，一定程度上可以说明处置效应的改善。这里我们主要分析了组 2 接受处置效应教育、组 4 接受通用教育、组 5 未接受投资者教育的投资者的交易行为特征。

表 12.11 是赎回基金收益分位数的均值统计。从基金收益排名分位数看，均呈现实验中小于实验前、实验后小于实验前的情形，这也在一定程度上反映了随着市场上涨，投资者卖出表现更好的基金的倾向越明显。从基金收益分位数的变化看，对照组组 5 实验中赎回基金收益排名较实验前降低了 0.15 分位，组 2 接受

第十二章　通用教育、特定教育与投资者行为

处置效应教育的投资者和组 4 接受通用教育的投资者,各降低了 0.18 分位,高于对照组,而实验后相对于实验前也呈现类似的结果。这说明投资者并没有因为接受了特定教育或通用教育,而改变自身赎回基金时对基金收益率的偏好,即依旧倾向于赎回盈利幅度大的基金。

表 12.11 赎回基金收益分位数的均值统计

组别	均值 – 前	均值 – 中	均值 – 后	中 – 前	后 – 前
组 2	0.64	0.46	0.54	−0.18	−0.10
组 4	0.62	0.44	0.54	−0.18	−0.08
组 5	0.66	0.51	0.59	−0.15	−0.07

资料来源:实验数据。

第二节 通用教育的价值如何?

上一节中,我们对不同组别的实验数据进行了描述统计分析,发现了一些数据变化上的规律,那么这些规律在统计意义上是否显著?接下来的两节我们主要对数据进行统计检验,进一步分析通用教育和特定教育的效果。

通用教育主要用于告诉投资者基金投资的特点,如基金不同于股票、投资门槛更低,并且在专业化的投资机构管理下,更适合长期持有与资产配置。对投资者进行通用教育后,相对于对照组组 5,浏览行为和交易行为的变化是否在统计上显著,这是我们重点关注的地方。倘若统计显著,且变动的方向符合我们的逻辑预设，那就说明通用教育可以达到纠正行为偏差的目的。

在统计方法上，我们主要采用实验组与对照组的双样本均值 t 检验方法。

一、投资者浏览行为分析

1. 浏览页面的次数和时间

从均值看，接受通用教育的投资者在浏览次数和浏览时间上，整体会随着行情的上涨而增加，但是相较于对照组组5，增加的幅度是降低的。那么从统计意义上是否显著，或者说该现象在后续的情况下能否大概率延续？

表12.12展示了浏览基金次数和时间的统计检验结果。组4（接受通用教育的投资者）浏览次数的均值，在实验前、实验中以及实验后，相对于对照组组5没有显著差别。实验中相对于实验前的浏览次数变化，以及实验后相对于实验前的变化，相对于对照组也没有统计意义上的差别，因此我们可以认为通用教育在降低浏览次数上的效果并不显著。对于浏览时间，我们可以看到实验后相较于实验前的变化仅在10%的显著性水平下显著。但是实验前、实验中以及实验后，同组5并没有差别，且未通过统计检验。因此，我们可以认为通用教育也并未降低投资者的页面浏览时间。

第十二章　通用教育、特定教育与投资者行为

表 12.12　浏览基金次数和时间的统计检验结果

	实验前	实验中	实验后	中 - 前	后 - 前
浏览次数	0.31	-0.48	-0.3	-0.72	-0.47
浏览时间	1.19	-1.12	-1.28	-1.48	-1.77*

注：1. 表中所列为 t 值，* $p<0.10$，** $p<0.05$，*** $p<0.01$。

2. 实验前、实验中、实验后数值是指在不同实验阶段，通用教育与无教育组在浏览次数（时间）上的均值差 t 统计量。中 - 前是指通用教育在实验中浏览次数（时间）较实验前的差值，与无教育组实验中浏览次数（时间）较实验前的差值，这两个新的样本序列的均值差 t 统计量。同理，后 - 前是指实验后与实验前的差值样本序列的均值差 t 统计量。本节其他表格中的统计含义与本表格相同，下文不再赘述。

资料来源：实验数据。

2. 浏览基金的种类

从均值看，接受通用教育的投资者在不同时间段内浏览基金的种类，相对于对照组并没有明显的提高。那么，在统计意义上是否也如此呢？

表 12.13 展示了浏览基金种类的统计检验结果。实验中相对于实验前，实验后相对于实验前的浏览种类变化，与对照组组 5 没有统计意义上的差异，并且从实验前、实验中以及实验后，均与对照组一致。因此，我们可以得出结论：通用教育并不能显著改变投资者的浏览基金种类，即并未达到教育投资者分散化投资的目的。

表 12.13　浏览基金种类的统计检验结果

	实验前	实验中	实验后	中 - 前	后 - 前
浏览基金种类	0.5	-0.52	0.58	-0.93	0.67

注：表中所列为 t 值，* $p<0.10$，** $p<0.05$，*** $p<0.01$。

资料来源：实验数据。

二、投资者交易行为分析

1. 基金交易的次数

从均值看，接受通用教育的投资者相对于对照组组5，其申购基金的次数有所降低，但是赎回基金的次数没有明显变化，从总的交易次数看也没有明显的降低，那么从统计上看通用教育是否能降低基金的交易次数呢？

表12.14展示了基金交易次数的统计检验结果。对于申购基金的次数，实验中相对于实验前、实验后相对于实验前的申购次数变化，与对照组组5没有统计意义上的差异，并且实验前、实验中以及实验后，均与对照组一致。这说明通用教育在降低申购次数的效果上并不能通过统计检验。对于赎回次数和总的交易次数，我们也发现，实验中相对于实验前、实验后相对于实验前的次数变化，与对照组没有差别。因此，不管是在申购还是赎回方面，通用教育并没有起到显著作用。

表12.14 基金交易次数的统计检验结果

	实验前	实验中	实验后	中－前	后－前
申购次数	0.09	－0.27	－0.98	－0.35	－1.01
赎回次数	0.88	0.86	2.01 **	－0.13	1.03
总交易次数	0.58	0.18	0.55	－0.36	0.03

注：表中所列为 t 值，* $p<0.10$，** $p<0.05$，*** $p<0.01$。
资料来源：实验数据。

2. 基金交易的金额

表 12.15 展示了基金交易金额的统计检验结果。对于基金申购金额，实验中相对于实验前、实验后相对于实验前的申购金额变化，与对照组组 5 没有统计意义上的差异，说明通用教育并不能降低基金的申购金额，同理对于赎回金额和总交易金额的变化，与对照组也没有显著差别。结合前文对浏览次数、浏览时间以及交易次数的分析，我们认为通用教育在改善投资者过度交易方面的功效有限，并不能够有效纠正这一偏差。

表 12.15 基金交易金额的统计检验结果

	实验前	实验中	实验后	中－前	后－前
申购金额	1.63	1.94*	－0.99	1.27	－1.34
赎回金额	0.55	0.09	1.41	0.01	0.89
总交易金额	0.97	0.35	－0.16	0.18	－0.51

注：表中所列为 t 值，* $p<0.10$，** $p<0.05$，*** $p<0.01$。
资料来源：实验数据。

3. 申购基金的种类

从均值看，相对于对照组组 5，接受通用教育的投资者在申购基金的种类上并没有明显增加。我们进一步从统计检验上进行验证。

表 12.16 展示了申购基金种类的统计检验结果。接受通用教育的投资者，在实验前与对照组没有差别，实验中以及实验后也

没有显著差别。实验中相对于实验前、实验后相对于实验前的变化，与对照组的变化也没有差别。这充分说明了通用教育在统计上并不能显著提高或者降低投资者申购基金的种类，提高投资者的分散化程度。

表 12.16　申购基金种类的统计检验结果

	实验前	实验中	实验后	中－前	后－前
基金种类	－1.13	－0.97	－1.17	－0.34	－1.24

注：表中所列为 t 值，* $p<0.10$，** $p<0.05$，*** $p<0.01$。
资料来源：实验数据。

4. 赎回基金的收益

从均值看，在接受通用教育后，相对于对照组组 5，赎回的基金收益排名没有明显的降低，统计上这一结论是否牢靠，我们将进行检验。

表 12.17 展示了赎回基金收益的统计检验结果。赎回基金的收益排名，在实验前、实验中以及实验后，通用教育组相对于对照组未呈现显著差别；从接受投资者教育后实验数据的变化看，实验中相对于实验前，与对照组也没有差别。虽然实验后相对于实验前，相对于对照组的收益排名有所降低，但仅在 10% 的显著性水平下显著，结合其他时间段的收益变化，可以认为通用教育并未能有效改善投资者的处置效应。这与描述统计分析的结果一致。

表 12.17　赎回基金收益的统计检验结果

	实验前	实验中	实验后	中 - 前	后 - 前
基金收益	-0.8	-1.43	-1.15	1.15	1.93*

注：表中所列为 t 值，* $p<0.10$，** $p<0.05$，*** $p<0.01$。
资料来源：实验数据。

三、小结

在浏览行为上，接受通用教育的投资者浏览页面的次数和时间相对于未接受教育的投资者，没有统计意义上的改变；在浏览基金的种类上也没有明显的增加。因此，通用教育对投资者浏览行为的影响较弱。

在交易行为上，接受通用教育的投资者的基金交易次数以及金额，不管是申购还是赎回，相对于未接受教育的投资者都没有变化；基金的种类没有明显增多；赎回的基金在收益排名上也没有显著降低。因此，通用教育对投资者交易行为的影响也较弱。整体看，通用教育对于改善投资者的非理性行为，包括过度交易、较少的分散化投资以及处置效应方面，在本次实验中并未呈现良好的效果。

第三节　哪类行为更易改善？

上一节对通用教育能否改善投资者的行为偏差进行了检验。整体看，通用教育的作用有限。这可能是因为通用教育的针对性不强，并未有效击中客户的痛点。那么，特定的投资者教育效果如何呢？能否改善投资者的非理性行为？本节对特定教育的效果，在前述描述统计分析的基础上，做进一步的统计检验。

一、过度交易

我们对于过度交易的投资者教育，主要提示投资者基金投资亏损可能是因为过度交易导致的，因此对于基金投资，降低交易频率很重要。对于组1（接受过度交易教育的投资者），我们从浏览行为上主要关注其浏览基金的次数和时间，这些都能潜在反映投资者未来交易的可能性，同时我们也分析了投资者交易行为，包括基金交易的次数和交易金额。

1. 浏览行为

当组1的投资者接受过度交易教育后，相对于未接受教育的对照组，其浏览次数和时间均会有所减少。

表12.18是浏览基金次数和时间的统计检验结果。组1的浏览次数在实验前、实验中以及实验后，与对照组组5没有显著差别；实验中相对于实验前的浏览次数变化，以及实验后相对于实验前的浏览次数变化，与对照组也没有显著差别。因此，我们可以认为过度交易的投资者教育在降低浏览次数的效果上并不显著。接受过度交易教育的投资者，实验中相对于实验前的浏览时间变化，与对照组组5相比有显著减少，并且实验前的浏览时间显著

大于组 5。因此，我们认为该结果是可靠并且显著的，过度交易的投资者教育能降低投资者浏览基金的时间。综上，过度交易的投资者教育在统计上并不能显著降低浏览基金的次数，但是能降低浏览基金的时间。

表 12.18 浏览基金次数和时间的统计检验结果

	实验前	实验中	实验后	中 – 前	后 – 前
浏览次数	0.76	−0.91	−0.03	−1.52	−0.5
浏览时间	1.74*	−1.66*	−0.61	−2.17**	−1.46

注：1. 表中所列为 t 值，* $p<0.10$，** $p<0.05$，*** $p<0.01$。
2. 本节的实验前、实验中、实验后，以及中 – 前、后 – 前的检验含义与第二节类似。
资料来源：实验数据。

2. 交易行为

在基金交易次数的描述统计分析中，我们发现接受过度交易教育的投资者相对于组 5 未接受教育的投资者，其申购基金的次数并没有减少，但是赎回基金的次数是减少的，总的交易次数是降低的。

表 12.19 是基金交易次数的统计检验结果。基金的交易次数，不管是申购还是赎回，或者总的交易次数，在实验前、实验中以及实验后与对照组组 5 并没有显著的差别。并且从交易次数的变化看，实验中相对于实验前、实验后相对于实验前，与对照组也没有明显的差别。

表12.19 基金交易次数的统计检验结果 （单位：次）

	实验前	实验中	实验后	中－前	后－前
申购次数	-1.25	-0.62	-0.83	0.66	0.37
赎回次数	1.43	-0.52	0.68	-1.48	-0.58
总交易次数	-0.31	-0.87	-0.42	-0.48	-0.10

注：表中所列为 t 值，* $p<0.10$，** $p<0.05$，*** $p<0.01$。
资料来源：实验数据。

不过，在交易金额上，我们发现了统计意义上的差别。表12.20是基金交易金额的统计检验结果。对于申购金额，我们发现实验前组1接受过度交易教育的投资者同组5没有明显差别，但是实验后相对于组5有明显的减少，总体呈现实验后相对于实验前，接受过度交易教育的投资者申购基金金额的增长显著低于未接受教育的投资者，而实验中没有明显的变化。对于赎回金额，实验前、实验中以及实验后同组5没有明显的区别，但是实验中相对于实验前的变化，比对照组在统计意义上减少。实验前，组1的投资者交易金额显著高于对照组组5，但是实验中与对照组没有差别；接受过度交易教育的投资者相对于未接受教育的投资者，交易金额显著减小，即实验中相对于实验前的变化，显著低于对照组的变化；实验后，组1又显著低于组5，改善效果更明显，实验后相对于实验前的变化也显著低于对照组。因此不管在实验中还是实验后，过度交易的投资者教育均能显著减少基金的总交易金额。

第十二章 通用教育、特定教育与投资者行为 401

表12.20 基金交易金额的统计检验结果

	实验前	实验中	实验后	中－前	后－前
申购金额	1.37	0.97	-1.91*	-0.13	-2.26**
赎回金额	1.53	-1.39	-0.57	-1.76*	-1.52
总交易金额	1.83*	-1.08	-1.84*	-1.65*	-2.55**

注：表中所列为 t 值，* $p<0.10$，** $p<0.05$，*** $p<0.01$。
资料来源：实验数据。

3. 小结

当投资者接受过度交易的教育后，相对于未接受教育的投资者，在浏览行为上，浏览的次数并没有明显的改变，但是浏览的时间减少了；在交易行为上，交易次数并没有明显降低，但交易的金额降低了。结合这些检验结果，我们认为：对投资者进行针对过度交易行为偏差的特定教育，是可以达到一定的预期效果的，比通用教育的效果明显得多。

二、处置效应

我们对于接受处置效应教育的组2投资者，主要提示投资者盈利时会变得谨慎，过快出场，而亏损时无视亏损，寄希望于市场反弹解套。这种处置效应的行为是非理性的，投资者需要合理规划止盈止损，以提升基金收益。本次实验中，我们对处置效应的检验，简化成检验投资者在赎回时是否更倾向于赎回收益较好的基金，而持有盈利不好的基金。我们统计了投资者赎回的基金在过去1个月的收益率,赎回基金的收益在同类型基金中排名越靠前,一定程度上说明处置效应越明显。

表12.21是赎回基金收益的统计检验结果。组2在实验前、实验中以及实验后,与对照组组5在数值上没有差别,并且实验中相对于实验前的赎回基金的收益排名变化,以及实验后相对于实验前,与对照组也没有显著差别。这说明针对处置效应偏差的投资者特定教育未能达到预期效果。

表12.21 赎回基金收益的统计检验结果

	实验前	实验中	实验后	中-前	后-前
基金收益	-0.46	-1.11	-1.28	-0.02	0.87

注:表中所列为 t 值,* $p<0.10$,** $p<0.05$,*** $p<0.01$。
资料来源:实验数据。

三、分散化投资

我们对接受分散化投资教育的组3投资者,主要提示他们通过分散化的投资,能够在相同收益情况下降低组合风险,从而优化组合的收益风险比。我们可以通过投资者对不同种类基金的关注以及交易来反映投资者的分散化程度。

1. 浏览行为

根据统计描述的结果,当组3的投资者接受分散化投资的教育后,相对于未接受教育的对照组,其浏览基金的种类没有明显增加。

表 12.22 是浏览基金种类的统计检验结果。组 3 投资者浏览基金的种类，在实验前、实验中以及实验后，与对照组组 5 在数值上并没有显著差别，并且实验中相对于实验前浏览基金种类的变化，以及实验后相对于实验前，与对照组也没有统计上的差异，这说明投资者并未因为接受了特定交易的教育，就改变了自身的浏览偏好。

表 12.22 浏览基金种类的统计检验结果

	实验前	实验中	实验后	中－前	后－前
基金种类	1.33	1.36	0.06	0.58	-0.02

注：表中所列为 t 值，* $p<0.10$，** $p<0.05$，*** $p<0.01$。
资料来源：实验数据。

2. 交易行为

统计描述的结果显示，接受分散化投资教育的投资者，相对于未接受教育的投资者，并没有增加申购基金的种类。

表 12.23 是申购基金种类的统计检验结果。组 3 接受分散化投资教育的投资者，在实验前、实验中以及实验后，相对于对照组组 5 没有显著的差别，这与浏览行为的检验一致。对比实验中相对于实验前的变化，以及实验后相对于实验前的变化，发现与对照组也没有显著差别。这进一步说明了针对分散化投资的特定教育，并未能真正起到教育投资者的作用。

表12.23　申购基金种类的统计检验结果

	实验前	实验中	实验后	中-前	后-前
基金种类	0.03	0.04	-1.28	-0.92	-1.02

注：表中所列为 t 值，* $p<0.10$，** $p<0.05$，*** $p<0.01$。
资料来源：实验数据。

3. 小结

当投资者接受分散化的投资者教育后，相对于未接受教育的投资者，其浏览的基金种类并没有明显的改变。在交易行为上，申购的基金种类也没有明显增加。这意味着至少在本实验中，针对分散化投资的特定教育，很难从根本上改变投资者的集中化投资行为。

第四节　结论

从本章的实验研究结果看，通用教育整体上对改善投资者的行为偏差并没有明显效果。这实际上也是符合逻辑的，因为通用教育仅是初级教育，教育的目的是让投资者了解基金投资的基本知识，而行为偏差是深层次的，投资者甚至可能未认识到这些偏差是非理性的，因而通用教育很难达到改善行为的目的。

我们的实验证明，在投资者的各项行为偏差中，过度交易是相对容易改善的，因为改善过度交易的好处显而易见。首先，基金的申购赎回费率比股票要高得多，一旦投资者认识到这一点，就会有降低交易频率的诉求与行动，因为效果立竿见影，可以节省一笔不小的交易费用。其次，过去几年基金市场获取了不菲回报，2019年中证主动股票型基金指数取得48.50%的收益率，2020年更是获取了61.78%的收益率。只要向投资者充分说明并展示长期持有基金的投资回报，长期持有的丰厚利润自然会内生地诱发投资者降低择时择基操作的频率，从而改善过度交易行为。不过，特定教育对过度交易行为的纠偏，主要体现在投资者的页面浏览行为与交易总金额上，而衡量过度交易的另一核心指标——交易次数并未出现明显下降，这也说明了必须对投资者持续加强长期投资理念的培育，"短期特训"的效果还需通过长期培育进行强化。

针对处置效应的特定教育改善效果十分有限，这或许是人性使然，即使投资者认识到这样的操作并不利于提高整体投资业绩，但让投资者卖出一个没怎么盈利甚至亏损的标的，他们在心理上是难以接受的，因为这可能被认为是对自身投资眼光的否定。

针对分散化投资的特定教育也没有达到理想效果，原因可能有三。一是投资者可能并不十分了解基金的分类，对行业主题基金、QDII基金等或许比较陌生，因而不愿意分散化。二是投资者或许存在快速致富的赌徒心理，希望通过集中持有某一两只涨幅迅猛的权益基金获取暴利，却忽视了集中化投资的风险。三是投资者或许觉得分散化投资在操作上增加了成本，因为要跟踪的标的多了，还要考虑不同标的配比问题，这自然没有集中持有一两只标的来得方便，这在一定程度上可以看作惰性心理。对于原因一，通过加大对投资者的通识教育，让投资者了解更多的基金品种后就可以解决，但原因二和原因三则同处置效应一样，是人性使然，改造起来绝非易事，尤其是我们的实验周期前后只有一个多月，要取得理想结果，更加困难。这也说明对投资者的理性引导，只进行单向的短期的投资知识灌输是不够的，还需要对投资者进行系统化的持续教育。此外还需要通过其他方式进行有效引导，如基金投顾。在本书的后续章节中，我们会逐步展开论述。

第十三章　基金投资者行为调研、实证与实验研究的比较

在本课题研究中，我们同时采用了调研、实证以及实验三种研究方法，各有侧重地研究基金投资中的个人投资者行为。这些不同研究方法得出的结论，有相互佐证之处，但也有不一致的地方，对不同研究方法的研究结论进行梳理比较，可以让我们对基金投资者行为有更加整体、全面的认识，而这也是后续对策研究的基础。

第一节　投资者行为偏差：不同研究方法的结论比较

从调研中我们发现，行为偏差在个人投资者群体中是普遍存在的，且多数结论在实证中又得到了进一步的支持与验证，然而也存在一些调研与实证研究不完全一致的地方。

一、行为偏差调研结果与实证结果的相互验证

下面以过度自信为例。调研结果显示，过度自信在权益基金投资中普遍存在。全市场样本中80%、互联网样本中59%的投资

者认为自己跑赢了大盘,但全市场样本中认为自己能跑赢大盘的人,有48%只能达到0~10%的收益,9%的投资者甚至未能实现盈利,而统计区间内大盘的收益率超过10%。这意味着那些感觉自己能跑赢大盘的人,实际上有60%左右的人是跑输大盘的。

在投资领域,过度自信的一个重要表现是会导致过度交易,即较高的换手率,且这种频繁交易并不能提升投资者的投资业绩。基金投资领域是否也存在这种表现?对此,我们在实证部分进行了检验。

我们发现,过度自信程度强的投资者有着非常高的换手率。我们还通过构建"自身基准"的方法,更加科学地检验了过度自信、过度交易的人口学特点。实证结果表明,男性、年轻人、高收入、较长投资年限以及高风险等级的投资者,由过度自信引发的过度交易程度更高一些。男性、年轻人、高风险等级投资者的过度交易程度高,这与这类人群的性格特征有密切关联;而高收入、较长投资年限的人群也体现出较强的过度交易行为,这可能是因为这类人群自身的收入状况或投资资历好于一般投资者,所以更倾向于对自身充满自信,但实际交易中又并未体现出良好业绩,自信变成了自负。

在基金投资者教育中,我们经常鼓励长期投资,但长期投资一定会带来不菲的收益吗?调研中我们发现,有一部分受访者在很低的申赎操作频率下(0~2次)并没有获得较好的投资收益。我们对此进行了实证检验,若统计累计收益率,那么持仓时间较长的投资者确实打败了持仓时间较短的投资者,但若统计年化收益，结论则发生了反转，长期持有的投资者收益率反而变低了。之所以出现这种情况，可能是因为长期持有的投资者中很多都是因为亏损被套而被动长期持有基金的，但这类投资者刚有盈利又快速卖出手中的基金，虽然持有基金的时间足够长，但处置效应的存在导致其收益并不十分理想。

因此，调研与实证分析均验证了虽然长期投资理念很重要，但是因为亏损而被动长期持有并不是我们鼓励的长期投资。

二、行为偏差调研结果与实证结果的不一致之处

并不是所有调研与实证研究的结论都是一致的，如对处置效应的研究。我们发现，在投资者的卖出操作上，赎回快达到盈利预期的投资者的占比仅略高一点，约55%。当我们采用一种更贴近投资者现实操作的模拟场景问题设置时[①]，有60%的投资者选择优先赎回亏损基金，并未普遍呈现处置效应。这一调研结果令我们惊讶，因为这说明了大部分投资者实际上意识到投资需要合理规划止盈止损。

然而，我们的实证研究表明，处置效应普遍存在于基金个人投资者中。从人群分类看，女性投资者的处置效应要明显强于男性，年龄大的投资者处置效应要显著大于年龄小的投资者。我们认为，这可能和投资者对损失的厌恶程度有关。不少研究

---

① 该题目为：假定投资者持有6只同一主题的权益型基金，其账面收益率为 -50%、-25%、-5%、5%、25%、50%，如果投资者要赎回某只基金用于调仓，那么他会优先赎回哪一只？

都发现，女性比男性更加厌恶损失，而对于年纪大的人来说，大部分财富已经积累完毕，若投资出现损失，再赚回来的可能性比年轻人要小，因此他们也会对既定的损失更加厌恶，不愿砍掉亏损。此外，我们还发现，第三方渠道投资者的处置效应强于直销渠道，并且第三方渠道投资者的处置效应主要来自银行渠道的投资者，这跟银行渠道的投资者构成有关，女性和年长投资者的分布较高，而这两类投资者的人口学特征决定了其处置效应更强。

调研与实证研究的结论不同，相应也说明了投资者的言行并不一致。"斩断亏损，让利润飞奔"说起来容易，做起来难。

第二节 纠正投资者行为偏差的长期性

调研与实证研究的不一致性，意味着投资者的行为纠偏实际上并不容易。因为有些偏差是人性使然，虽然明知这些偏差并不有利于提升业绩，但改正较为痛苦，正所谓知易行难。处置效应即是如此。

在实验中，我们发现过度交易行为（往往与过度自信相关）是一类相对容易改善的行为，因为这类行为偏差产生的一个重要根源是认知上的不足，投资者并未意识到过度自信、过度交易是非理性的。尤其是自信在日常生活中是作为一个褒义词而存在，但超出自己认知能力的自信就是盲目的，引发了不必要的交易，而这种交易对绩效的提升不仅无益，反而有害。

过度自信源于认知不足，我们的访谈调研也可以佐证。前面提到过，我们访谈了一位热衷于学习投资知识的投资者，她在网络上购买了大量投资课程，并花费数万元采购了一个号称私人数据跟踪的软件（她认为该软件提供的数据具有私密性，因而存在很强的投资指导价值），实际上这个软件只是将公开信息做了汇总。然而，她并不了解股票和基金投资的差别，将股票投资的知识大量应用于基金投资中，这是一种典型的认知上的偏差。她不是不努力，而是选错了方向方法，结果遭受了损失。

在实验中，我们加强了对过度交易行为偏差的特定教育，虽然教育的时间较短（仅两周），但实验的效果基本还是理想的，达到了减少投资者交易的目的（主要体现为交易金额的下降），这意味着特定教育针对这类偏差的改善是有效果的。不过，实验中特定教育对过度交易行为的纠偏，主要体现在投资者的页面浏览行为与交易总金额上，而交易次数并未明显下降，这也说明了必须持续培育投资者的长期投资理念。

实验中采用的特定投资者教育并未取得改善处置效应的效果。通过调研访谈，我们还发现，处置效应明显的投资者，不仅不会赎回亏损的基金，反而会更倾向于在基金进一步下跌的时候，采取买入的补仓操作。对于这种操作，一方面是投资者相信基金跌到一定程度就会涨回来，另一方面还因为买入补仓更加顺应了人性，因为这样可以摊薄买入成本，让账面亏损幅度变小，期待着更容易解套。

纠正投资者的行为偏差是一个长期过程，只是单向、短期地灌输投资知识是不够的，更需要对投资者进行系统化的持续教育。此外，正确引导投资者还需要一种有效的方式，借鉴海外市场经验及中国资本市场的演进规律，推进买方投顾业务发展，促进基金投资的机构化，是重要路径。

第五部分

行为金融学下的基金投资与基金业发展启示

本部分内容是对策研究，核心是研究如何通过基金投资者、基金公司的共同努力，以达到教育投资者、引导投资者理性投资的目的。

行为金融学的丰富内涵，为修正投资者在基金投资中的薄弱环节、提升投资绩效提供了许多十分有意义的启示。我们针对金融知识匮乏、认知缺陷、情绪影响等因素导致的行为偏差，分门别类、有针对性地提出了若干对策思路，尤其是提供了构建以人为本的个性化投资方式的建议。纠正投资者行为偏差还有赖于有效的投资者教育活动。我们梳理了业内现有基金投资者的教育活动及其存在的问题，提出了一般思路，并聚焦于以组合管理为核心的专项投资者教育对策建议。因为组合管理不仅是一种投资理念，更是一套科学化的投资流程。买方投顾业务的发展对提升投资者的理性水平具有重要意义与价值，我们对此也提出了一些对策建议。我们还基于投资者行为偏差，提出了如何从投资者认知视角、持有体验视角与投资需求视角，改善公募基金的产品设计。最后，鉴于基金营销对投资者行为决策有重要影响，优化当下的基金营销生态，不仅是促进公募基金行业持续健康发展的必要之举，也是纠正投资者行为偏差，引导投资者理性投资的必要之举。

为此，我们探讨了国内公募基金销售机制的历史演变特点及当下存在的问题，比较分析了国内与海外公募基金销售机制和格局上的差异，并对国内公募基金销售提出了一些针对性建议。

第十四章　行为金融学对基金投资的启示

本章主要探讨行为金融学的相关研究成果对个人投资者在基金投资方面的应用和启示。我们建议个人投资者从自身的金融知识和行为金融学偏差两个方面更加全面、准确地认识自己，并对不同原因造成的行为偏差采取相应的对策，以更加理性地管理自己的基金投资，真正让基金投资成为财富保值增值的手段与途径。

第一节　行为金融学的应用意义：修正基金投资中的薄弱环节

基金投资对个人投资者来说，具有一定的专业度。基金公司为投资者提供丰富多样的基金产品，但是投资者要选择适合自身的产品，并进行合适的操作，才能构成从产品到使用的完整的基金投资过程。如果仅仅有好的产品，而客户无法正确选择和使用，会导致收益率降低，客户体验变差。前面各章论述的各类行为偏差，以及金融知识缺乏造成的不良投资习惯，都是"基金赚钱，基民不赚钱"现象的原因，阻碍基金行业更好地服务于广大个人投资者。行为金融学研究及相关对策,可以帮助解决个人投资者在"基金使用"这一薄弱环节中的困难,让他们真正用好基金产品,实现好的基金产品与个人投资者需求的匹配与契合。

图14.1展示了无行为金融学修正的基金投资和行为金融学修正后的基金投资的差别。

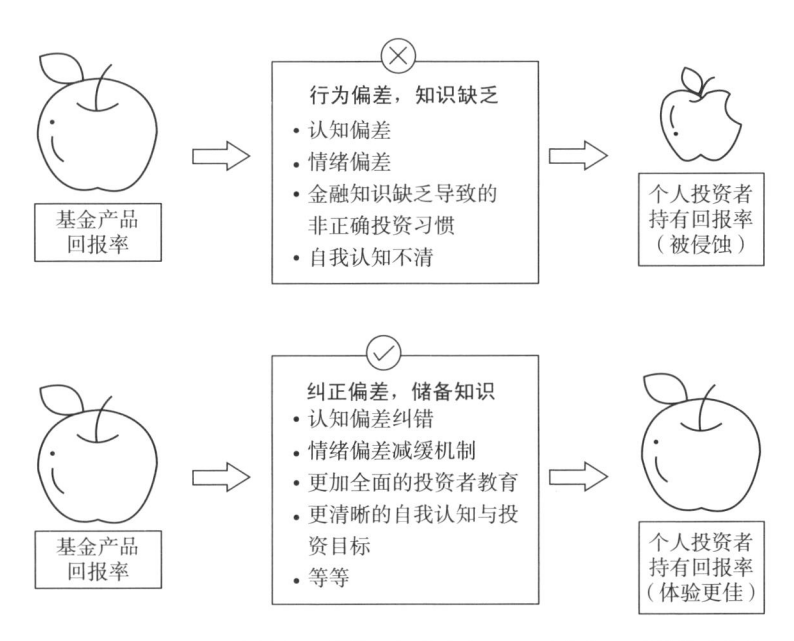

图 14.1 无行为金融学修正的基金投资和行为金融学修正后的基金投资
资料来源:作者整理。

个人投资者的投资行为偏差大致可以分为两类:缺乏金融知识导致的行为偏差,以及现代行为金融学研究指出的由于决策主体的主观认知、决策情境与客观环境等导致的行为偏差,具体又可以分为认知偏差和情绪偏差两类①,为方便起见,我们将这类偏差称为行为金融学偏差。图 14.2 展示了个人投资者行为偏差的分类。对于不同原因造成的投资者行为偏差,我们将在后文中讨论不同的应对策略。无论是哪一种偏差,基金投资者都要经历从自我认知与评估到自我修正或适应的过程。

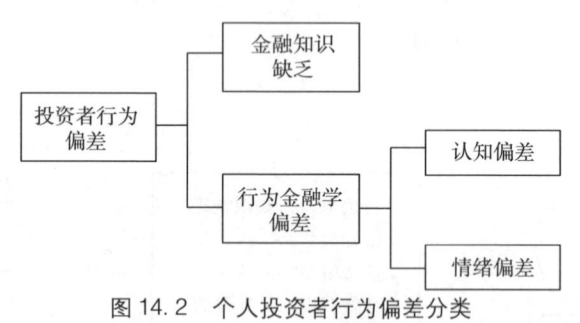

图 14.2 个人投资者行为偏差分类

资料来源:作者整理。

第二节 金融知识缺乏引起的投资行为偏差及应对思路

基于上一节对投资者行为偏差的分类,我们依次剖析了每种偏差的根源、表现及应对思路。下面从金融知识缺乏引起的偏差开始讨论。

一、金融知识缺乏引起的投资行为偏差

在前文研究中我们发现,有多种投资行为偏差是由于缺乏相

---

① 认知偏差对应本书第二章中提到的"信息编辑阶段的心理偏差",情绪偏差对应"信息估值阶段的心理偏差",之所以采用认知偏差与情绪偏差的措辞,是为了让读者更加直观地理解这两类偏差的内涵。

关金融知识导致的。最直接相关的行为偏差包括：基金单价效应（爱买"便宜"基金）、盲目补仓下跌基金（认为下跌买入可以摊薄成本或者认为下跌后一定伴随上涨恢复）、盲目追逐近期表现好的基金（简单对基金业绩线性外推）、不阅读招募说明书（对此没有概念）、不知道如何衡量基金经理的能力（错把市场或风格的贡献当作基金经理的能力）等。此外，有些行为偏差中，虽然金融知识的缺乏不是主因，但也是重要因素，典型的如羊群效应。造成羊群效应的原因，有投资者天然的从众心理，也有部分是因为投资者金融知识欠缺，无自主决策能力，从而选择模仿他人的简单投资方式。

在纠正由于金融知识缺乏引发的偏差之前，投资者需要树立正确的基金投资观念：基金未来是否能带来回报，核心影响因素是未来的市场行情变化、基金经理的能力和基金产品本身的设计，而基金本身的价格、基金近期的涨跌、投资者的历史回报等都不是核心因素，不应该成为基金投资者决策的主要考量。因此，个人投资者需要更加细致地学习并储备基金投资相关知识，尤其是要弥补对基础市场、基金产品、基金经理评估以及组合管理等方面的认识不足。

二、应对策略：不断学习，构建完整的基金投资知识图谱

基金投资，是一个自上而下与自下而上相结合的过程。自上而下的重点在于投资时点与节奏的把握，自下而上的重点则在于对基金经理以及相应基金产品的遴选过程。两者结合，才是一个

完整的基金投资框架体系。

1. 自上而下的基金投资

市场行情的走向是影响基金未来回报的因素之一，因此个人投资者需要对相关的基础金融市场有一定了解。例如，对投资于股票型基金的投资者来说，如果投资者能够了解权益市场整体的收益与风险特征，就可以对自身持有的产品有更清晰的长远预期，也能更好地避免被市场短期情绪、账面盈亏情况左右而盲目申购与赎回。但是，预测市场的走势，尤其是短期走势对大部分投资者又是比较困难的。

如何解决这一难题？我们认为应对思路有二：

一是尽量树立长期投资观念，更加关注决定资本市场走势的长期变量。从本质上看，权益市场的回报取决于未来上市公司的企业盈利回报与当前估值的比较。大道至简，价值投资的理念就是在市场低估的时候逢低入场，而在市场高估的时候逢高兑现，周而复始。中证全指 2005 年以来的 PE 估值走势虽然波动也较大，但整体上具有均值回归的特征（见图 14.3）。长期择时其实利用的就是这一点，不关注短期市场的波动，而是关注市场长期的性价比，只做大波段的低买高卖。

二是优化定投策略理念。定投是公募基金特有的投资方式。定投的优势除了贴合大多数投资者获取财富的节奏（如定期工资收入），具有长期储蓄的功能外，通过分批次买入分摊总投资成本，从而可以在一定程度上削弱投资者对市场主观判断失误造成的对自身财富水平的影响，使基金投资更加具有委托理财的属性，而且契合长期投资理念。从前文我们对投资者定投的实证统计中可以发现，定投正日益被投资者接受。在银华的个人投资者样本中，约17%的投资者选择了定投。

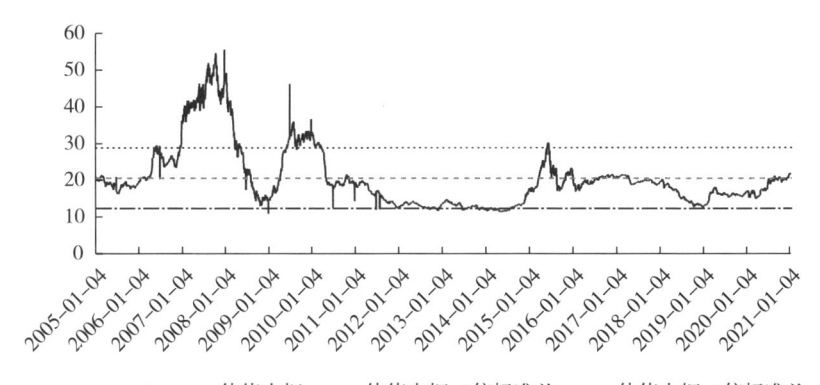

图 14.3　中证全指 PE 估值走势

注：pe_ttm 为按照滚动一年每股收益计算的 PE 估值。
资料来源：根据 Wind 数据计算。

不过，定投策略虽然简单明了，但想要获取优异收益其实也并不容易，除了定投标的选择外，其核心在于如何做到正确的止盈，而这往往又是投资者容易忽视的。试想，如果一个投资者2015年中之前，或2018年之前一直坚持定投，账面盈利丰厚，但倘若不能做到止盈，那么在随之而来的2015年下半年或2018年股市的系统性风险中，财富无疑会大幅缩水。因此，定投操作并不是一味定期买入这么简单，止盈对收益的提升也是十分重要的。

实践中，有投资者采用目标止盈方式，如设定盈利20%就离场，但这种止盈方式的问题是极易受定投起始点的影响。如果定投起始于市场低点，那么很快可以达到盈利目标，顺利兑现利润。但如果定投始于市场高点，例如始于2017年第四季度，那么在没有达到盈利目标之前，由于无法及时离场，就会面临2018年将近一整年的净值回撤。即使定投的初始进场点很好，目标止盈也并不是一种理想方法，我们可以通过一个模拟测试来说明。假设定投标的资产的年化收益率为10%，波动率为20%，定投期限为3年，定投频率为月频，买入费率为1.5%，每月定投1000元。目标止盈考察7档，5%止盈、10%止盈、20%止盈、30%止盈、50%止盈、100%止盈、150%止盈。我们采用蒙特卡洛模拟方法，统计不同止盈条件下的定投收益率以及不加止盈条件下的定投收益率（见表14.1）。

表14.1 定投止盈策略收益率模拟测试　　　　　　　　　　（单位：%）

止盈目标	定投止盈策略收益率	定投标的资产收益率	不加止盈定投收益率
5	4.00	36.70	15.90
10	6.12	36.70	15.90
20	9.04	36.70	15.90
30	11.35	36.70	15.90
50	14.33	36.70	15.90
100	15.81	36.70	15.90
150	15.90	36.70	15.90

资料来源：根据Wind数据计算。

从结果看，加入目标止盈的定投策略，多数情况下会跑输不加止盈的普通定投策略，这说明仅基于收益率的止盈，虽然会让投资者做到及时保住利润，但下期又要从零开始重新定投，这会降低长期定投的平均投入本金,对于一个长期趋势向上的市场而言,显然投入本金越多未来获得的收益也越多。

既然基于目标收益率的定投策略并不十分理想,那么怎样进行合理的止盈操作呢?我们认为需要跟市场的估值相联系。优秀的基金经理,能做到的是规避个股的非系统风险,通过长期对个股 α 的获取穿越牛熊,取得优异收益,但无法规避市场的系统性风险。[①] 从资产的定价逻辑看,市场的系统性风险主要发生在估值高企阶段,这就是我们常说的泡沫风险。因此,合理的止盈操作,首先要尽量避免与自身投资收益相联系,因为市场未来的走势并不是由投资者自身的历史收益决定的,止盈操作与自身投资收益过于紧密的结合,会导致止盈操作极大地受起始入场点的影响。投资者要关注市场的长期估值中枢与所处估值水平,在估值高企阶段及时兑现部分利润,或暂时中止定投,变相达到止盈目的。

我们通过一个基于历史真实交易数据的回测来说明该方法的可行性。简便起见,我们以沪深300指数作为定投标的,按月定投。我们设定卖出策略为:当估值分位数高于80%时,进行止盈操作。作为对比,我们还回测了普通月度定投的结果。回测时间设定为2012年1月—2020年12月,每个定投周期按3年计算,每次滚动前推1个月,共计形成92个统计区间。我们计算各统计区间的定投年化收益率(见表14.2)。

[①] 这在一定程度上也是由基金产品设计决定的,如普通股票型基金的最低权益仓位要求就是80%。

表14.2 基于估值的止盈定投策略与普通定投策略绩效比较 （单位：%）

	普通定投年化收益率	估值止盈定投年化收益率
收益率均值	6.22	9.13
收益率标准差	5.76	7.31
最小值	-3.74	-2.64
25%分位值	3.32	3.46
50%分位值	5.07	7.70
75%分位值	7.57	14.21
最大值	26.10	25.97

资料来源：根据 Wind 数据计算。

可以发现，加入基于估值的止盈定投后，定投的平均年化收益率从普通定投的6.22%提升至9.13%，提升效果较为明显，且定投的最小年化收益率也从-3.74%提升至-2.64%。[1]

2. 自下而上的基金遴选

基金经理的能力和基金产品设计是影响基金未来收益的重要因素，但是大部分基金投资者对基金经理和基金产品认识不足。前述的投资者行为调查与实证分析的结果揭示，投资者由于缺乏对基金经理的认知，从而存在种种行为偏差，同时也缺乏选基能力。投资者需要更深入地了解基金、更科学地挑选基金，而不是

---

[1] 这一结论与第六章关于定投与主动择时交易的比较分析结果并不矛盾。这里我们主要想说明的是：合理的止盈策略的设定并不容易，参考市场自身的估值水平与市场的系统性风险状况来设定止盈，较之采用目标收益率的止盈方法，从实证上更有效些。

简单地依据基金净值高低、基金的短期涨跌或者账面盈亏来做投资决策。基金投资者要选到适合自己的产品并能正确地操作使用，需要掌握基金评价的科学方法。具体来看，包括以下几个方面：

一是基金评价指标。个人投资者往往过度关注收益率和收益率排名指标，并且更容易受到短期收益表现的影响。虽然收益率指标很重要，但其仅仅揭示了一部分信息。投资者首先应当充分了解自己的产品，尤其是为产品拟定一个更贴合自身投资目标的比较基准（除合同基准外，可以是风格类似的基金平均收益率，也可以是更加贴近基金本身投资风格的指数），从而可以更清晰、更科学地考核基金经理的能力。此外，个人投资者应该更加关心一只基金产品自基金经理任职以来的长期收益指标，而不是短期业绩。经过时间检验的业绩比短期的亮眼业绩更加可靠。风险指标也是评价基金的重要衡量维度，但常常是个人投资者容易忽略的指标。对于波动率、回撤等简单的风险指标，尤其是回撤指标，基金投资者应该有一定的了解。一只基金回撤50%后，需要再上涨100%才能与回撤前的价格持平，因此回撤的控制情况不仅反映了基金经理的风险管理能力，也是影响投资者持有体验的一个重要因素，投资者应当在选基时将风险指标纳入考虑。在实际操作层面，一只基金也有可能同时存在高收益和高回撤，造成很多风险承受能力比较脆弱的基金投资者持有时无法承受回撤的煎熬，在基金业绩即将反转的时候割肉离场。考量一只基金长短期的收益与风险指标，为产品定制合适的比较基准，可以使投资者对基金经理的业绩和能力有更全面的认知，从而更科学地选择适合自己的产品。

二是基金产品及基金经理特征。基金产品的设计规划和基金经理的能力归因、标签特征是除了行情因素外，决定基金未来回报的其他核心因素。在基金产品的设计和规划方面，投资者应当养成投资前仔细阅读招募说明书的习惯。基金经理的标签特征、能力归因有非常丰富的刻画维度。标签特征包括基金经理的换手率情况、持股集中度特征、仓位管理特征、风格因子特征、行业配置特征等。能力归因包括基金经理的择时能力、风格切换能力、行业配置能力、选股能力等。此外，判断一个基金经理的品质、能力和风格，还需要配合有针对性的尽调访谈，将定量数据与定性访谈相结合。只有明确对基金经理的判断，结合当前的市场环境，才可能对基金未来的表现有更合理的预期，从而科学决策。诚然，系统掌握基金经理的能力评价体系并非易事，但个人投资者至少要树立"选基金就是选人"的理念。

了解基金经理的能力与标签特征可以帮助投资者减少或纠正由于对基金产品缺乏了解所产生的投资行为偏差。例如，前述的众多基金投资者有盲目补仓亏损基金的习惯，因为他们认为跌多必涨，或者可以摊薄成本。实际上，基金下跌可能由多种因素引起，不同原因的处理方式也千差万别：有的是市场行情的暂时回调引起，基金投资者可以通过补仓获取未来更好的回报；有的则是由于基金经理能力本身有问题（历史或者当前），那么补仓这样的基金无异于将更多的钱委托给错误的人，造成更大的亏损；还有的是由于基金经理的风格不再适合当前的市场环境，并且短时间内市场风格无切换迹象，那么换一个更适合当下行情的基金产品比补仓旧基金更加明智。投资者明确基金经理的标签特征后，可能会更加理智地对待基金短期的涨跌表现，对基金未来表现的预判将建立在基金经理长期表现出来的能力与风格上，而不是简单地将短期业绩线性外推。

第三节　行为金融学中的认知偏差及应对思路

一、行为金融学中的认知偏差

认知偏差通常是对数据、统计学认知不足造成的，或者在搜集信息、处理信息、反馈信息时犯下错误。投资者常见的认知偏差主要有以下几种。[①]

（1）保守偏差。做投资决策时，倾向于给原有信息更大的权重，而给予新发生信息更小的权重。有保守偏差的投资者通常不愿意根据新的市场变化调整自己的持仓，持有一只基金的时间过久。哪怕此基金不再适合未来的市场行情，或者基金经理能力出现下滑，他们仍然不愿意调整持仓，不愿意承担新信息决策带来的压力。

（2）确认偏差。只倾向于相信或者寻找支持自己投资决策的信息，对有悖于自己投资决策的信息视而不见。有确认偏差的投

---

① 前文对行为偏差做过一些介绍，本节着重分析其在基金市场上的表现。针对这些偏差，后文会提出具体的应对思路与对策。

资者在出现亏损的时候不容易认错，会持仓一只不合适的产品过久，也更容易集中持仓，组合分散化程度较低。

（3）后见之明。选择性记忆，倾向于记忆过去自己决策正确的时候，而选择性忽略或忘记自己决策错误的时候。有后见之明的投资者容易过高估计自身投资能力，产生过度自信，盲目操作，带来不利影响，并且可能会不太相信专业人士的帮助。

（4）代表性偏差。投资人倾向于把事物分为典型的几个类别，在对事件进行概率估计时，过分强调这种典型类别的特征，而不顾其他潜在证据。有代表性偏差的投资者更倾向于相信获奖的基金经理就是好基金经理，而忽略考察其他一些更重要的信息，如基金经理真正的能力、基金经理当前的状态等。

（5）心理账户。投资人并不会将多个账户或者多只基金当成一个组合整体考虑，而更加倾向于分类、分层或者考虑每个单独的账户。有心理账户的投资者的投资组合往往不能有效分散，也更倾向于对每只基金、账户单独决策，进一步偏离整体组合的最优选项。

（6）易得依赖。投资人倾向于依靠已有的、容易获得的信息做投资决策，而不是依靠真正正确的信息。有易得依赖的投资者可能更容易被曝光多的基金产品吸引，或者更容易听信身边朋友、媒体的渲染，但不会寻找最准确有用的专业信息。此类投资者也更容易对短期冲击性情绪与新闻产生过度反应，造成过度交易。

（7）框架依赖。投资决策受到信息传递与展现方式的影响，而不是建立在对未来盈利与亏损的真实判断上。有框架依赖的投资者看到当前持有的基金近期出现下跌，更倾向于继续持有，等待净值拐头向上；而如果发现持有的基金有较高的盈利时，更倾向于卖出基金，将部分收益落袋。

二、应对策略：不同偏差各不相同

不同种类的偏差在纠正时各有不同，个人投资者在充分评估、认知自身的偏差后，可以逐一尝试纠正。

（1）保守偏差。当投资者认识到自身有保守偏差时，问题就已经解决了大半。但是如果投资决策对投资者来说较为复杂，投资者仍然可能倾向于不根据新信息做决定。投资者一方面应当学习金融知识，提高对新信息的判断能力；另一方面可以在市场、基金经理发生变化时，寻求专业机构的建议。

（2）确认偏差。有确认偏差的投资者更容易固执己见，纠正的最好办法就是更多地搜集与自身投资决策相悖的信息，审视自身的投资是否出现问题。例如，当投资者选择的基金亏损时，需要搜集导致基金亏损的重要原因，如基金经理风格转变、一开始对基金经理的能力认识不足等。

（3）后见之明。有此类偏差的投资者，应当对过去的每一步投资决策建立档案，并定期回溯，复盘每一次决策的逻辑、效果，从而真正认识到自己决策的失败时刻、成功时刻，而不是凭借自身的印象选择性记忆。

（4）代表性偏差。投资者应当更充分地认识到"投资都是概率"以及"历史不代表未来"，不盲目将过去的某一种特征放大，不用过去的结论简单地对未来做线性外推，要学会多维度分析基金产品、基金经理。

（5）心理账户。投资者应当将多个账户、多只产品当成一个组合去考虑，考核整个组合的收益、风险表现情况，并且需要更多地关注每个账户、每只产品之间的相关性。

（6）易得依赖。投资者应当对影响自身决策的信息仔细思考，在进行每一次决策时询问自己：是什么样的信息在影响我的决策？信息来源是什么？信息是否可靠或者有价值？此外，投资者也应该更加着眼于长期投资，降低对短期新闻和情绪的关注。

（7）框架依赖。投资者需要养成更加客观的分析习惯，加强金融知识的学习，避免被信息呈现的表面方式所迷惑。

第四节　行为金融学中的情绪偏差及应对思路

一、行为金融学中的情绪偏差

情绪偏差通常是由人类自身的情绪、感觉导致的"人性弱点"，而不是理性分析和思考时所犯的错误。因此，情绪偏差更加难以通过自身意志克服。情绪偏差主要包括以下几种：

（1）损失厌恶。大多数人对损失比对收益更敏感，损失给投资者带来的痛苦远大于等量收益给投资者带来的安慰。投资人在面对可能的收益时体现出厌恶风险，而在面对可能的损失时体现出对风险更加偏好。损失厌恶是造成处置效应的主要原因之一，还会造成过度交易和过度短视。我们的实证分析证实个人投资者中普遍存在处置效应,并且确实损害投资者的收益。

(2)过度自信。表现为投资者过分相信自己的判断和交易能力,并且倾向于在投资决策正确时归功于自己,在决策失误时归咎于他人或者外部环境。过度自信会导致投资者频繁交易、低估风险、高估收益、持仓过度集中。我们的实证分析表明,由过度自信引发的过度交易在个人投资者中确实存在,且侵蚀了投资者的收益。

(3)后悔厌恶。表现为害怕独立决策可能导致的错误,独立决策造成的损失会带来强烈的后悔。后悔厌恶的投资者容易出现过度保守、对高风险的权益产品暴露不足的情况,也更加容易出现羊群效应,模仿他人以减少独立决策的恐惧。我们的实证分析表明,羊群效应在个人投资者中显著存在。羊群效应降低了投资者的收益率,还会加剧市场的系统性风险。

(4)维持现状。表现为投资者对现有的组合状况较为满足,由于惰性不愿意做出改变,不考虑更好的潜在投资选择。此类投资者容易长期持有风险收益特征与自身投资目标并不匹配的资产。

二、应对策略:尝试尽量降低影响,更多依靠外部力量

如前文所述,情绪偏差多数属于"人性弱点",较难通过自身意志克服。虽然情绪偏差难以完全消除,但仍然可以通过各种手段降低其影响。

(1)损失厌恶。投资者可以参考本章第一节中对基础金融市场、基金产品和基金经理认知的科学方法,在做投资决策时基于

对产品未来表现的分析、判断，而不是根据历史的浮盈或浮亏状态决定买卖。在投资组合中配置更分散、数量更多的产品品类，分散对单只产品的注意力，也能在一定程度上减少损失厌恶偏差的影响。此外，组合投资理念与方法的贯彻，还有助于减缓处置效应的影响。[①]

（2）过度自信。投资者可以通过购买长期封闭的金融产品，通过外部的强制性引导自身从更加长远的视角进行投资。此外，考虑强制性降低过高的换手率，如设立一个系统性的投资过程，如定期调仓、自动化再平衡，以减少人为干预。

（3）后悔厌恶。投资者可以通过提升自身的金融知识水平，加深对金融市场、基金经理的理解，提高自身的选基能力，同时降低对自身不切实际的要求，采用分散化的投资组合，降低因为集中于某一只产品造成的紧张心态。如果后悔厌恶情绪难以根治，或者投资者自学知识较为困难，寻求专业投顾机构的帮助也不失为一种好的选择。

（4）维持现状。投资者可以通过选择定期再平衡的产品，如目标日期型FOF，避免自身偏差造成的影响。

第五节　以人为本的个性化投资方式

对于个人来说，每个人身上的偏差特点迥然不同，还有不同

[①] 详见第十五章关于投资者教育的分析。

的风险偏好。不同的偏差集合、风险偏好体现了不同的投资行为模式。投资者需要对自身的投资行为模式有更加清晰的了解与认知，尤其是需要评估自身的投资行为模式与实际财富状况、风险承受能力是否相匹配，以进行平衡，寻找投资的"舒适区"。

行为偏差往往也与个人的知识水平、财富状况、人生阶段和经历等有关，每个人的需求和承受能力千差万别，而当投资者的需求和财富构成被清晰地规划，并与实际投资相连接时，投资者会更加感受到投资对自身的效用。每个人都是独一无二的，比起一个统一的金融模型构建的"效用最大化"投资组合，一个更贴近个性化需求的投资方案更容易被接受。也许这并不是风险与收益最佳的投资组合，但是投资者更愿意执行，正所谓完美的不如更合适自己的。

一、认识自身的投资行为模式和自身的经济状况

根据投资者的风险偏好、主要行为偏差类型，可以将投资者分为四类：保守型，情绪偏差为主；保守型，认知偏差为主；激进型，情绪偏差为主；激进型，认知偏差为主。我们建议投资者客观评价自身的经济状况，并且检查与自己的投资行为模式是否匹配。

在风险偏好方面，投资者应当评估自己的风险承受意愿是否与实际的风险承受能力相匹配。经济状况较好、实际风险承受能力强但是过于保守的投资者，可以加大对于风险类资产的配置，提高自身对风险的容忍度。经济状况较差又过于激进的投资者，需要降低风险偏好，减少激进类资产的配置。

在行为偏差类型方面，认知偏差相对容易纠正，投资者应该将精力主要集中于此；而情绪偏差较难修正，投资者可以尝试纠正，或者借助外部力量、工具产品来降低影响。经济状况较差、实际风险承受能力较弱的投资者，应当尤其重视纠正行为偏差，因为行为偏差引起的收益损失甚至亏损对他们来说更加难以承受。因此，我们建议风险承受能力较弱的投资者寻求专业投顾机构的帮助。

二、基于需求目标分层的投资组合构建

心理账户是较为典型的认知偏差。基于目标的投资计划正是利用了这种行为金融学偏差，让投资者能够更加贴合既定的投资计划，减少投资者对市场变化的过度反应和过度交易，从而实现长期投资。

基于目标的投资计划将投资者的不同需求按照其必要性程度、优先级、需求实现的时间期限等划分为基础需求、升级需求和高层次需求，然后以不同风险收益特征、时间期限类别的产品对应不同的需求层级（见图14.4）。

需要注意的是，每个投资者需求的划分都是由每个人实际状况决定的，它取决于个人的意愿和发展阶段，更取决于投资者的个人能力。评估现状的维度涉及方方面面：资产和收入端包括个人的资产状况、个人的收入方式（被动/主动）、收入多少和个人职业属性等；支出和负债端包括个人的负债情况（房贷、信用卡等）、支出去向（个人花费、子女教育、赡养老人等）、保险配置

```
高层次需求（如投资组合增值           收益与风险水平更高，
部分用以慈善捐赠等），优先级   ⇔   久期更长的投资组合
   再次之/有较长的可等待时间

升级需求（如未来购置学区房、        收益与风险水平适中，
未来购车等），优先级次之/距   ⇔   可长期持有的投资组合
   离实现有一定的可等待时间

基础需求（如基本生活费用、          风险水平较低，期望收益
医疗支出等），优先级最         ⇔   也较低，久期较短，流动
高/需要较强的流动性                性较好的投资组合
```

投资者需求分层　　　　　　　　　　投资组合分层

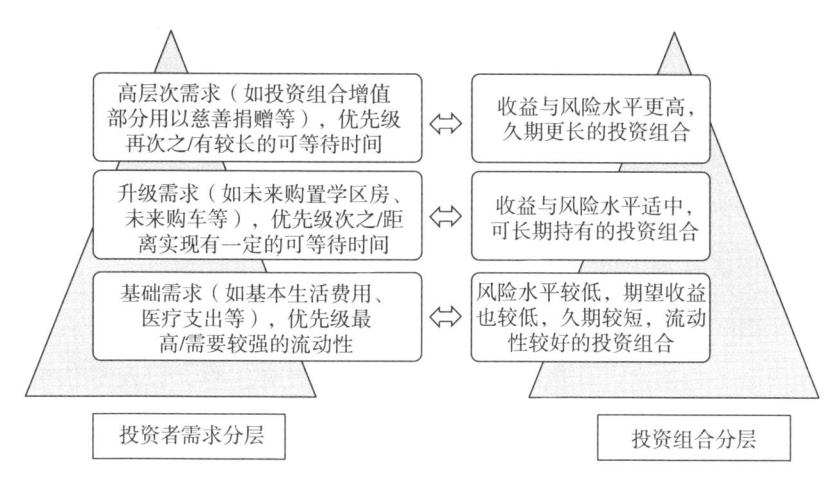

图 14.4　投资者需求分层与对应的投资组合分层

资料来源：作者整理。

情况等。此外，个人的人生发展阶段（青年/壮年/快退休/已退休）也决定了需求可实现的时间期限和需求的分布情况。

不同层级的投资组合用来匹配并各自服务于已经规划好的投资者的分层需求。客户的心理账户得到充分满足，并能更好地理解整个组合的构成和功能，从而更加愿意执行既定的投资组合计划，减少计划之外的扰动、偏差造成的短期非理性交易行为。

第六节　结论

缺乏金融知识、认知偏差、情绪偏差，都会导致投资者难以正确使用基金产品，造成"基金赚钱，基民不赚钱"的现象。缺乏金融知识和对基金经理的认识，普通投资者就很难了解和分析市场行情，并在几千只基金中挑选到好的、适合自己的产品。认

知偏差虽然大部分可以纠正，但是系统地评估自己同样需要一定的专业度，逐一纠正也需要较好的决心和意志。情绪偏差难以纠正，需要更多地依靠外部力量。投资者在实际投资中，不仅需要对金融资产、金融市场有所认知，更需要对自己的投资行为模式、客观现状有所认知，打造适合自己的投资方式。

消除这些行为偏差，除了需要投资者自身努力之外，还需要全社会大力普及、推进与创新基金投资者教育工作，以及尽快普及完善中国基金市场买方投顾模式，帮助投资者更加理性地投资。

第十五章　加大投资者教育与买方投顾服务

投资者教育的价值在于传递专业投资知识、专业投资理念与方法，提升投资者的理性程度，而这是让公募基金真正成为投资者保值增值工具的根本，也是促进公募基金行业可持续发展的根本。本章主要总结梳理了业内现有基金投资者的教育活动，并提出基于组合管理视角的专项投资者教育对策。此外，买方投顾的发展对提升投资者的理性水平具有重要意义与价值，本章对此也提出了一些对策建议。

第一节　基金投资者教育：现状、问题与思路

伴随国内资本市场与基金行业的快速发展，基金投资者教育的意义被证监会、基金业协会、交易所以及基金公司等各参与主体高度重视。近年来，一系列卓有成效的投资者教育举措被推出，但也存在一些不足，需要改进。

一、证监会和基金业协会的投资者教育

证监会与自律机构对基金投资者教育负有重要职责。其中证监会作为主要监管部门，自上而下推动各自律组织开展投资者教育活动，同时也直接参与开展了各种形式的投资者教育。多年来，证监会推动各自律组织深耕品牌化投教产品，以投资者教育基地为核心打造投教平台，并利用新媒体引入更多流量，丰富投资者教育活动的形式，保持投资者教育工作的前沿性，取得了富有成效的丰硕成果，而基金业协会也被赋予为会员提供服务、组织投资者教育的重要职责。

2017年，证监会开展"投资者保护·明规则、识风险"活动，以加强投资者的风险意识和投资保护意识。基金业协会依托官方网站、微信公众号，发布资讯1148条；联合了工银瑞信基金、中邮基金、华夏基金等11家会员机构，与今日头条合作开展了投资者教育保护月活动；开展"加强投资者适当性管理，树立理性投资理念"主题投资者教育作品征集评选活动；还针对投资者教育与保护内容在媒体发稿361篇，参与媒体共计43家。

2018年，基金业协会制作并发放投资者教育主题扑克牌超过150万副，引导投资者"正确认识私募基金，远离非法集资"；出品的投资者教育专题片《守护财富行动远离投资陷阱》，发布一周后累计播放近500万次，引起热烈反响。基金业协会以基金业20周年为契机，制作大型投资者教育纪录片《基金的力量》和短

片《百姓身边的理财故事》，为传播正确投资理念、弘扬行业信义文化，发挥了积极作用。

2019年，证监会设立"全国投资者保护宣传日"，各交易所及行业自律组织、市场经营机构围绕上述主题积极落实，多措并举推进投资者教育向系统化、规范化和品牌化发展，进一步提升投资者教育吸引力和实际效果。证监会与教育部联合印发《关于加强证券期货知识普及教育的合作备忘录》，强化将投资者教育纳入国民教育体系工作的统筹规划。基金业协会开展"私募基金投资者保护月"活动，其他各交易所及行业自律组织也纷纷开展形式多样的投资者教育活动。基金业协会面向已发行养老目标基金的公募基金、相关销售类会员机构和特别会员中在境外养老金领域有丰富经验的外资机构，征集养老主题的投资者教育产品。针对微信公众号留言中关于失联公告问题分类，基金业协会策划发布了"投资私募基金前要先排雷，失联公告了解一下"投教长图，向投资者传播如何正确解读失联公告，以及投资者如何使用私募机构失联公告机制保护自身权益。针对市场对私募基金的误解、误读，基金业协会指导制作了《投资者防雷手册》，发布在《中国证券报》私募投资者保护专栏，受众约150万人。基金业协会开通并管理多个新媒体投教平台，官方网站访问量达1.83亿人次，微信公众号在线客服处理各类问题6万余条。

表15.1汇总了证券监管及自律机构开展的投资者教育活动。

表 15.1　证券监管及自律机构投资者教育活动

年份	投资者教育	机构
2017 年	开展"投资者保护·明规则、识风险"活动	证监会
	依托官方网站、微信公众号，发布资讯 1148 条	基金业协会
	与今日头条合作开展投资者教育保护月活动	基金业协会
	开展"加强投资者适当性管理，树立理性投资理念"主题投教作品征集评选活动	基金业协会
	针对投资者教育与保护内容在媒体发稿 361 篇，参与媒体共计 43 家	基金业协会
2018 年	制作并发放投教主题扑克牌超过 150 万副，引导投资者"正确认识私募基金，远离非法集资"	基金业协会
	出品投教专题片《守护财富行动远离投资陷阱》、投教纪录片《基金的力量》和短片《百姓身边的理财故事》	基金业协会
2019 年	与教育部联合印发《关于加强证券期货知识普及教育的合作备忘录》	证监会
	设立"全国投资者保护宣传日""世界投资者周"等投资者教育专项活动	证监会
	开展"私募基金投资者保护月"活动	基金业协会
	面向已发行养老目标基金的公募基金、相关销售类会员机构和特别会员中在境外养老金领域经验丰富的外资机构，征集养老主题投教产品	基金业协会
	发布"投资私募基金前要先排雷，失联公告了解一下"投教长图、《投资者防雷手册》	基金业协会
	开通并管理多个新媒体投教平台	基金业协会

资料来源：2017—2019 年度《中国资本市场投资者保护状况白皮书》总报告。

二、交易所的投资者教育

上海证券交易所与深圳证券交易所制定并发布了会员投资者教育工作指引，从而明确会员投教工作要求，规范会员投教工作体系，并持续推进会员投教工作评估。上海证券交易所与深圳证券交易所积极响应监管部门号召，在加强基金投资者教育方面也不遗余力。

主题活动方面，2019年上交所联合基金业协会举办首届"E呼百答"ETF知识大赛，面向公众投资者和高校学生，综合运用线上线下多种渠道和方式开展ETF投资教育，取得了良好效果。深交所举办"走进基金公司"投资者教育活动。活动开展以来，分别走进了银华基金、平安基金、华夏基金等知名基金公司，使投资者对基金公司和产品有了进一步认识。"走进基金公司"系列活动是深交所贯彻落实中央经济工作会议精神、深入开展基金投资者教育工作的一项重要举措，旨在帮助个人投资者深入了解基金市场，进一步传播基金产品知识，更好地弘扬理性投资理念、为广大投资者树立长期价值投资意识。通过主动策划活动主题、开放线上直播与回放功能、网上开设视频课程以及组织编写相关投教书籍等方式，积极搭建投资者与基金公司的沟通桥梁，树立长期价值投资理念。

投教产品方面，2019年深交所推出商品期货ETF的介绍投教产品，上交所也推出了ETF方面的投教视频和文字介绍。交易所及时推出ETF基金方面的投教活动，加深了投资者对ETF的了解，帮助更多投资者了解基金投资的基本知识，努力推动基金市场的稳定健康发展。

表15.2汇总了交易所的投资者教育活动与产品。

表 15.2　交易所投资者教育活动与产品

上交所	深交所
联合基金业协会举办首届"E 呼百答"ETF 知识大赛	推出商品期货 ETF 的介绍投教产品
举办"投资者保护宣传月"等品牌活动	开展"走进基金公司"系列投资者教育活动

资料来源：2017—2019 年度《中国资本市场投资者保护状况白皮书》总报告。

三、基金公司的投资者教育

公募基金行业的发展壮大，离不开公募基金管理人扎实推进投资者教育、不断夯实投资者保护的基础性工作。作为市场参与主体，基金公司不仅要承担资产管理的职责，也要负担起投资者教育的重要工作。加强投资者教育是投资者保护工作的起点，有助于健全投资者权益保护长效机制，帮助投资者提升专业素养、培养理性健康的投资理念、树立正确的权利意识。

受教育权是基金投资者的基本权利。投资者教育工作的开展有利于提升投资者的整体素质，是保障资本市场平稳运行、良性发展的重要举措。在推进资本市场投资者保护工作的进程中，经营机构的投资者教育工作越来越受到监管部门和市场各方的关注。公募基金管理人主要通过建立投资者教育基地、开展多种形式的投教活动、推出丰富的投资者教育产品等方式，落实这种主体教育职责。

投资者教育基地是开展投资者教育工作的重要平台，具有证券期货知识普及、风险提示、信息服务等投资者教育服务功能。近年来，公募管理机构积极推动投资者教育基地建设。2018年年底，我国仅有两家基金管理公司建有获得省级授牌的投资者教育基地，与47家证券公司建有获得授牌的投资者教育基地相比，仍存在较大差距。截至2019年年底，我国已有10家公募管理人拥有监管机构授牌或完成命名公示的投资者教育基地（含母公司建设投资者教育基地）。

投资者教育产品和活动方面，则呈现逐步提升的态势。2018年，各机构制作投资者教育产品5万余件，发放纸质宣传品725万余件，线上点击量达到1500万次。2019年参与统计的公募基金管理人共制作各类投资者教育产品近90万件，数量为上一年度的16倍。其中，音视频及动画类产品共1800余件，海报、展板、画册、漫画及长图类产品共16万余件，书籍、报刊、宣传折页、短信、邮件等文字类投资者教育产品共70万余件。投教产品线上覆盖人次超过4亿，线下覆盖人次超过700万，宣传到达人次为上一年度的20倍之多，制作及投放投资者教育产品共花费金额超过1.4亿元，其中近七成管理人的投资者教育费用较上一年度均有不同幅度的增长。在监管部门及行业协会的倡导下，公募基金管理人在投资者教育上投入的资源精力显著增长。

表15.3汇总了基金管理人的投资者教育活动与产品。

表15.3 基金管理人投资者教育活动与产品

年份	投资者教育
2017年	102家会员机构制作了214件投教作品参与协会的"加强投资者适当性管理，树立理性投资理念"主题投资者教育作品征集评选活动 行业机构在适当性宣传活动中共计举办培训活动986场，覆盖受众840868人；举办现场宣传活动295场，覆盖受众25672人 行业媒体发稿共计237次，参与媒体118家；制作海报、折页等宣传品共计6283个，覆盖受众145247人
2018年	公募基金管理人制作投资者教育产品5万余件，发放纸质宣传品725万余件，可统计的线上点击量达到1500万次，超七成基金投资者对公募基金管理人开展的投资者教育活动较为满意
2019年	公募基金管理人制作各类投资者教育产品近90万件，包括音视频及动画类产品1800余件，海报、展板、画册、漫画及长图类产品16万余件，书籍、报刊、宣传折页、短信、邮件等文字类投资者教育产品70万余件

资料来源：2017—2019年度《中国资本市场投资者保护状况白皮书》总报告。

此外，基金管理人投教活动满意度调查数据显示，2017—2019年，投资者对公募基金投资者教育活动的满意度逐步提高，尤其是2019年，"投资者教育服务及投诉处理"指标（包括"投资者教育""投资者服务""投诉处理情况"三个指标）综合得分为87.63分，较上一年度增长4.56%，达到一个新的高度（见表15.4）。

表15.4 基金管理人投教活动满意度调查数据

年份	满意度
2017年	表示"非常满意"和"比较满意"的投资者分别占40.21%和32.88%，合计占比73.09%； 表示"满意度一般"的投资者占22.94%； 表示"不满意"和"非常不满意"的投资者分别占2.46%和1.51%，合计占比3.97%

(续表)

年份	满意度
2018 年	超过 70% 的基金投资者对公募基金管理人开展的投资者教育活动较为满意； "投资者教育服务及投诉处理"指标得分为 83.81 分
2019 年	表示"非常满意"和"比较满意"的投资者分别占 22.58% 和 39.26%，合计占比 61.84%； 表示"满意度一般"的投资者占比 33.23%； 表示"比较不满意"和"非常不满意"的投资者分别占 2.87% 和 2.06%，合计占比 4.93%； "投资者教育服务及投诉处理"指标得分为 87.63 分； 其中，"投资者教育"指标得分为 85.26 分，较上一年度增长 1.5%； "投教产品制作及投放情况"指标得分 86.81 分，较上一年度增长 6.3%

资料来源：2017—2019 年度《中国资本市场投资者保护状况白皮书》总报告。

四、当前基金投资者教育中存在的主要问题

整体看，近年来我国开展的基金投资者教育，无论在开展主体、教育内容还是教育方式上，都有了长足发展，但基金市场发展迅猛，新产品、新策略、新理念层出不穷，投资者教育仍存在一些问题，亟待改进。

第一，投资者教育尚未形成基于投资者的分类教育体系。当前基金行业开展的投资者教育活动虽然较为踊跃，但缺乏对投资者教育内容的系统梳理，教育的层次性还不够。

第二，当前基金经营机构开展的投资者教育工作较专注于通用教育，投资理念、投资技巧类的特定教育、专业教育、投资者

教育服务的内部分工协作机制有待加强。

第三，投资者教育的手段需要多样化，提升易懂性。基金投资涉及大量专业知识，对于个人投资者有一定门槛，这要求投资者教育的内容要做到通俗易懂，深入浅出，否则可能达不到教育效果，也不利于投资者形成学习兴趣。

第四，投资者教育是单方面进行的，缺乏有效的反馈机制。当前各类机构开展的投资者教育，多数是单向的知识传递。这一方面导致投资者教育的效果较难把握，流于形式，另一方面也可能导致投资者教育持续性不够。

第五，买方投顾业务发展滞后，在投资者教育中的作用发挥得还不够。当前公募基金行业以销售为导向的发展模式，决定了各经营主体开展投资者教育的首要目的是为更好地服务基金销售，而买方投顾业务的推出，有望改变这一模式。从海外发展经验看，买方投顾对提升投资者的认知水平，引导理性投资发挥着重要作用。如美国与加拿大的金融经营机构，就主要是通过投资顾问来履行投资者教育义务的，投资顾问必须向投资者提供所需的投资信息和相关金融知识，同时也有义务帮助投资者制定投资规划。我国买方投顾的业务发展整体滞后，2019年第四季度才推出基金投顾业务试点，目前试点尚少，还需要逐步推开，且在投资策略的多元化、业务规模的培育方面还有较长的路要走。

五、完善基金行业投资者教育的基本思路

第一，为有效引导投资者，加强投资者风险防范意识和理性

投资观念，投资者教育工作应当按照国际证监会组织倡导的公平性和适当性原则，从投资者自身专业知识水平角度出发，对投资者进行有效划分，以迎合投资者需求为中心展开，针对特点不同的投资者因材施教。

第二，要搭建完善的投资者教育服务体系，应当围绕投资者需求搭建层次丰富的投资者教育服务团队，提升针对性与有效性，从通用教育走向特定教育。在传授投资理念方面，以经营机构总部为主导，让投资者学会如何分析判断当前市场环境、国内外重要事件对市场的影响，并制作专业性较强的投资者教育产品；在风险教育方面，以各分支机构为主导，组成投资者教育顾问团队，向投资者讲述各项业务风险，帮助投资者提高防范意识与风险应对能力。在投资技巧方面，以互联网客服中心为主导，及时解答投资者日常普遍面临的问题，纠正投资行为偏差，同时传授投资小诀窍，让投资者可以进行碎片化学习。

第三，创新投资者教育形式，提升投资者教育内容的易懂性。互联网与金融科技的发展，为投资者教育形式的多样化创造了条件，可采用网络直播、机器人 AI 等方式丰富投资者教育形式，降低学习门槛，提升学习兴趣。不过，在创新投资者教育方式的同时，应特别注重专业、诚信、合规，引导投资者树立正确的理财观念。要避免投资者教育的娱乐化，尤其是要注意不能与国家相关精神、社会公序良俗相违背，不得开展、参与娱乐性质的相关活动。

第四，投资者教育应从单向走向双向，加强对投资者教育对象的反馈工作，构建有效的反馈机制，让教育反馈成为常态。要通过奖励、再教育等方式鼓励投资者参与反馈；畅通反馈渠道，使投资者的意见和声音能够及时、准确、完整地传递到投资者教育的主管部门和单位，提升反馈沟通的效率；要重视反馈意见，通过总结归纳、逐步筛选，对有代表性的问题和意见及时回复和公示，同时在后续的教育工作中逐步吸纳和采用改进意见和措施。

第五，加快买方投顾业务发展，稳步扩大试点，丰富投顾策略，将买方投顾作为变革基金行业模式、提升投资者理性投资水平的重要途径。

总之，在国家经济转型和金融供给侧改革攻坚的关键时期，投资者教育形势仍然严峻。当前投资者教育受"刚性兑付"文化的影响仍根深蒂固，现有的基金销售模式还没有形成与投资者利益永远保持一致的机制，传统的投资者教育产品和方式的有效性不断降低，存在信息碎片化、传播"眼球"化等诸多问题。加强投资者教育不只是在各种媒体上加强宣传这么简单，还需要相应的成熟模式和配套措施作为支撑，让投资者尽快在实践中加深对资管产品风险收益关系的理解，在实践中加强"卖者尽责，买者自负"的风险自担意识。

第二节　投资者教育：组合管理的视角

当前的投资者教育较专注于通用教育，投资理念、投资技巧类的特定教育、专业教育还有待加强。前文的实证研究表明，通用教育在提升投资者的理性水平、引导价值投资方面并不能发挥很好的作用，相较之下，特定教育的效果更加显著（如针对过度交易的特定教育）。鉴于此，我们认为当下的投资者教育，有必要从通用教育走向针对行为偏差的特定教育。其中，基于组合管理视角的分散化投资与资产配置理念的贯彻实施尤为重要。①

一、资产配置与组合管理的内涵

在一个理性的金融市场中，高性价比主要体现于收益与风险的权衡，同等收益条件下的风险降低，或者同等风险条件下的收益提高，就意味着投资性价比的提升。假定某一投资者想要实现6%的预期收益，倘若其能投资的资产范围仅限于A股市场，那么唯一的方法就是买入并持有股票资产，虽然也能实现这一目标，但可能要忍受高达25%以上的组合净值波动（A股的历史年化波动率）。不过，如果投资者可配置的资产范围不仅是A股，还涵盖债券、大宗商品以及境外权益市场等其他资产，那么投资者可供选择的配置方案就丰富了许多。其中，资产配置最能确保这一投资目的的实现且承受的风险较小。

二、组合管理理念的缺乏，是导致投资者行为偏差的重要原因

与组合管理理念相对应的是集中化投资。诺贝尔奖得主理查

---

① 投资者教育是一项艰巨而长久的工作，要"牵着牛鼻子走"。我们认为，基于组合管理视角的专项投资者教育，并不只是为了应对投资者不分散化投资这一种偏差，因为组合管理不仅是一种投资理念，更是一套科学化的投资流程，倘若投资者能掌握这种理念与流程，其他非理性行为与投资偏差也会相应得到一定程度的缓解。

德·塞勒曾提出"狭窄框架效应"的概念，指我们有时为了做某事而做某事，因此会陷入很窄的框架中，忽略了达成目的的其他可能。在金融投资中，狭窄框架效应主要体现在投资者往往过于重视单个标的的涨跌，而忽略了组合的整体表现。"只见树木，不见森林"，是对狭窄框架效应的形象描述。狭窄框架效应越强，意味着投资者组合管理理念越匮乏。

我们使用投资者的交易聚集度来衡量狭窄框架效应，即判断投资者是每次只进行一次交易还是每次进行多次交易。度量指标 TC（trade clustering）的公式为：

$$TC_i = 1 - \frac{NTDAYS_i}{NTRADES_i} \qquad (15.1)$$

其中，$NTDAYS_i$ 是投资者 i 进行交易的天数总和，$NTRADES_i$ 是投资者 i 在样本期进行的所有交易次数。在每一天，多个投资者在同一基金上的交易被合计为同一交易。

TC 值小说明投资者在交易上是分散的，即投资决策可能更多基于单个标的视角，因此狭窄框架效应较高。对于极端情况，当 $TC=0$ 时，说明投资者的每笔交易是分散在每天完成的。相反，TC 值越大，则说明投资者越倾向于从组合管理的视角进行调仓。

接下来，我们以处置效应这一经典的投资者行为偏差为例，研究不同狭窄框架效应（也可以理解为具备组合管理的理念程度）与行为偏差的关系。我们将银华基金的样本客户按照 TC 值从小到大分为5组，除了组1包含所有 $TC=0$ 的投资者之外，另外四组都是等分的。接着我们分别统计了每一组处置效应的程度（见表15.5）。结果表明，虽然整体上并没有呈现良好的单调性关系，但可以发现狭窄框架效应最强的组1的处置效应也是最强的，即投资者的理性程度最低，而狭窄框架效应最弱的组5的处置效应最弱，即投资者的理性程度最高。

表15.5 狭窄框架效应下的投资者理性程度比较（处置效应）　（单位：%）

用狭窄框架效应分组	PGR	PLR	DE
组1（TC=0）	55.87	38.12	17.75
组2	50.39	39.66	10.73
组3	50.32	39.19	11.12
组4	50.51	40.18	10.34
组5（TC最大）	46.87	39.01	7.86

资料来源：根据银华基金数据计算。

根据上述分析可知，组合投资十分有助于纠正投资者的行为偏差，这在净值化时代的意义尤为明显。伴随刚性兑付的打破，很难再有某一单一资产可以满足投资者的需求，而是更加有赖于通过分散化的投资来权衡收益与风险，达到财富保值增值的目的。

三、组合管理视角下的投资者教育：要知道什么是真正的分散化

"不把鸡蛋放在一个篮子里"，这可能是个人投资者对资产配置的最直观理解。然而，分散化投资是有前提的，并非指投资于

多个标的资产，而是要尽量投资于低相关性的资产。

一个组合的收益是单个资产收益的简单加权，但风险不同，组合风险并不是单个资产风险的简单加权。倘若组合中的资产价格走势不是高度相关的，那么组合中某项资产价格下跌时，另一项资产可能刚好上涨，从而抵消了净值的下行风险，这就是分散化投资的效果。倘若资产是完全相关的，或者说高度相关，如将资金仅投资于某类行业主题基金，虽然数量上是分散的，但由于板块内个股的联动性，所投标的走势会高度相似，也就无法达到分散风险的目的。

资产间的低相关性是确保资产配置成功的前提。我们可以通过历史数据的模拟分析进行展示。我们以过去5年的数据为样本（2015年6月30日—2020年6月30日），构建4个组合。组合1仅投资于普通股票型基金与偏股混合型基金；组合2在组合1的基础上加入行业主题型基金；组合3在组合2的基础上加入QDII基金；组合4则在组合3的基础上加入债券型基金（其中普通股票型基金、偏股混合型基金、QDII基金以及债券型基金分别采用中证主动式股票型基金指数、中证普通混合型基金指数、中证QDII基金指数以及中证纯债债券型基金指数作为代表，行业主题型基金则是我们根据基金合同中约定80%以上资产投资于股票资产，业绩比较基准中含有某一行业或主题指数的股票型基金构建的指数）。

经过基于均值方差框架的最优化迭代计算，计算结果如图15.1、表15.6所示。

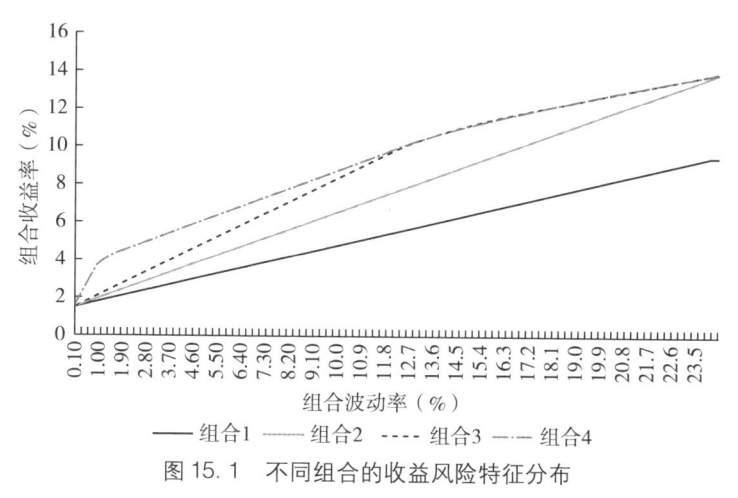

图 15.1 不同组合的收益风险特征分布

资料来源：根据 Wind 过去 5 年公募基金市场历史数据模拟计算。

表 15.6 不同组合的收益风险模拟

		收益率（%）			
		组合 1	组合 2	组合 3	组合 4
波动率 （%）	5.0	3.2	4.1	5.0	6.2
	10.0	4.8	6.6	8.4	8.8
	15.0	6.5	9.1	11.2	11.4
	20.0	8.2	11.7	12.8	12.9

资料来源：根据 Wind 过去 5 年公募基金市场历史数据模拟计算。

我们举个例子，在图 15.1 和表 15.6 中，当组合承担 5% 的年化波动风险时，组合 1 的最优年化收益为 3.2%，组合 2 收益为 4.1%，组合 3 收益为 5%，组合 4 收益为 6.2%，随着资产种类的增加，组合 1 至组合 4 的收益在逐渐增加。同样的，当组合的波动风险为 10%、15% 以及 20% 时，组合最优收益也呈现相同的规律，即随着可配置的资产类型增加，同等风险条件下的收益不

第十五章　加大投资者教育与买方投顾服务　　455

断提升，这也意味着同等收益条件下，风险在降低，这就是分散化投资的效果。

总之，组合管理中的分散化是指低相关性资产的分散化，这是资产配置功效得以发挥的前提与核心。实践中，大类资产的相关性往往不高，因而教育投资者进行大类资产的配置，而不只是投资于高风险的权益资产，是改善投资者绩效的一种潜在方式。[①] 除此之外，同一资产内部的细分资产，走势也并非完全相关，从而也具有一定的分散化效果，如权益资产的周期股与成长股，以及境内权益与境外权益等。

四、组合管理视角下的投资者教育：组合投资是系统化决策过程

分散化是组合投资的前提与核心，但组合投资的内涵与价值绝不仅限于此。组合投资更是一套科学的决策流程，通过科学化、系统化、纪律化的投资，纠正投资者的行为偏差，改善投资者的投资绩效。

一个完整的组合管理，至少应涵盖四个步骤：设定投资目标、制定投资策略、选择投资标的、组合再平衡。图 15.2 展示了不同组合的收益风险特征分布。

[①] 著名的耶鲁基金就是分散投资于各大类资产，其覆盖的资产类别涵盖七大类，包括绝对收益、美国股票、外国股票、固定收益、私募股权、实物资产和现金。大卫·F·史文森. 机构投资的创新之路 [M]. 北京：中国人民大学出版社，2010.

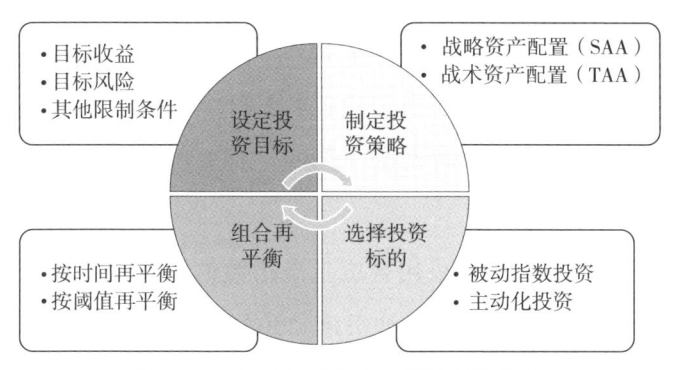

图 15.2　不同组合的收益风险特征分布

资料来源：作者整理。

1. 设定投资目标

设定投资目标是整个资产配置体系的开端，因为只有设定了投资目标，才能制定相应的投资策略。资产配置往往因人而异，因时而异，因地而异，资产配置的个性化与差异化，正体现为投资目标的设定不同。此外，投资者锚定效应的存在，也凸显投资目标设定的重要性，从前文实验研究部分的分析可知，相对于基准的超额收益，投资者的绝对收益对投资行为的影响更大。因此，设定好的投资目标与投资基准，可以引导投资者更加理性、科学地进行投资决策。

设定投资目标，需要投资者充分明了自身的预期收益与预期风险。收益与风险两者是相互联系的，不能割裂。组合投资的一个基本理念就是收益与风险相互匹配，在一个定价有效的资产世界中，追求更高的收益，必然要承担更高的风险。然而，投资者往往过度强调收益而忽视了风险。现实中经常有投资者追求 20%

甚至30%以上的高年化收益率,但对风险的承受可能是0。近几年的P2P暴雷潮中,众多投资者血本无归,正是没有正视收益与风险的关联,片面追求高收益的恶果:"你看重的是收益,别人看重的却是你的本金。"

实践中,我们建议采用合成基准指数的方法设定投资目标,而不是简单的某个收益值,如采用"30%的权益指数+70%的债券指数"这类合成基准指数。因为采用这一方法设定投资目标后,后续的战略性与战术性配置目的就会变得十分明确,即战胜基准。

采用合成基准指数设定投资目标,核心是对高风险类资产的配比设定,即权益型资产与大宗商品资产,因为这类资产是波动的主要来源,也是收益的主要来源,不同风险等级的投资目标,主要体现为高风险资产的占比。

表15.7是不同比较基准的收益风险测算结果。

表15.7　不同比较基准的收益风险测算　　　　　　　　　（单位:%）

高风险与低风险资产比例	A股	港股	黄金	债券	年化收益率	年化波动率	最大回撤	年度滚动最大回撤均值
2∶8	15.00	2.50	2.50	80.00	6.15	4.64	-10.61	-3.78
3∶7	15.00	7.50	7.50	70.00	6.49	5.48	-15.68	-4.11
4∶6	30.00	5.00	5.00	60.00	8.04	8.90	-27.87	-7.57
5∶5	30.00	10.00	10.00	50.00	8.33	9.74	-32.32	-8.02
6∶4	50.00	5.00	5.00	40.00	9.90	14.22	-44.45	-11.65
7∶3	50.00	10.00	10.00	30.00	10.13	15.00	-48.08	-12.77

注:采用截至2020年6月30日的过去15年数据回测,A股采用中证800指数,港股采用恒生指数,黄金采用黄金现货指数,债券采用中债总财富指数。

资料来源:根据Wind数据计算。

2. 制定投资策略

当设定投资目标后，尤其是采用比较基准的方法设定了投资目标后，资产配置的目的也就变得更加清晰，即战胜比较基准，其含义就是在不同风险偏好与比较基准下，在不增加额外风险的前提下，进一步提升潜在的收益，以获取超越基准指数的超额收益。

这一目标的实现就是资产配置投资策略的制定过程。具体需要两个步骤，即耳熟能详的战略性资产配置（SAA）与战术性资产配置（TAA）。投资者需要明确，战略性与战术性配置是相对的，战略性资产配置是对初始配置权重的较低频率调整，战术性配置则是相对较高频率的调整。两者的区别主要体现为对组合调仓的频率不同。当战略性配置是按照3~5年的频率调整时，战术性配置的频率可能设定为1年比较合理，而当战略性配置的调仓频率是年度时，那么战术性配置的调仓频率可能就要设定为按季甚至按月。

如何实现不同频率的调仓？实践中，投资者往往过于偏重技术指标类的短线交易，因为技术指标简单、容易上手，且过度交易又是投资者的内在行为偏差。科学的战略性与战术性配置，其核心是在资产决策中采用多维度的配置与择时方法，如战略性配置更多关注于长期基本面的变化，而战术性配置则聚焦于市场自身趋势的演变与投资者情绪的变化，基于不同逻辑的调仓策略，实际上达到了另一种分散化效果，即策略的分散化。

3. 选择投资标的

组合投资最终要落地为具体投资标的。与个股相比，基金投资的优势除了监管透明、可以规避个股的非系统性风险之外，更在于专家理财。投资是个技术活，专业人做专业事，大量个人投资者通过基金间接参与资本市场，实际上就是散户机构化的过程。

4. 组合再平衡

战略性与战术性资产配置其实生成的是组合的目标配置权重，而在组合的实际运作中，由于配置的标的资产价格每日变动，就会导致组合的真实权重与目标权重发生偏离，当偏离足够大时，会使组合的收益风险特征发生显著变化。例如，2015年初构建的一个偏保守型经典股债2∶8配置组合，在2015年上半年股市单边快速上涨，如果其间不对股票配置权重做任何调整，就会导致股票资产的配置权重在2015年6月大跌之前达到30%左右，这显然就不再是一个保守型配置组合了。

可见，在资产配置实践中，除了需要通过战略性与战术性配置调整权重外，还需要另外一种调整组合权重的方式，其目的是确保组合的真实权重与资产配置生成的目标权重不至于偏离过大，这就是组合的动态再平衡。

实现再平衡的方式有两种：一种是时间周期再平衡机制，即按固定时间周期，如按月或季将所投资产的权重调整至资产配置策略生成的目标权重；另一种是阈值驱动的再平衡机制，即对组合权重进行每日监测,当投资组合中某类资产的权重与目标权重偏离达到一定程度时,进行再平衡操作。实践中,我们往往采用第二种再平衡方法。这种方法的好处有三:一是可以降低调仓频率,节省交易费用。这是显而易见的,因为该方法仅在组合实际权重偏离目标权重达到一定幅度时才进行调整。二是该调整方法类似于"低买高卖"的操作,可以在一定程度上平滑组合净值波动。因为在该方法设定下,仅当某类资产近期出现明显上涨或下跌时才会突破阈值。当突破上阈值时,动态再平衡起到了及时盈利了结部分头寸的作用;当突破下阈值时,动态再平衡则起到了逢低回补部分头寸的作用。三是避免了动态再平衡与战略性、战术性配置对权重的重复调整。战略性与战术性配置一般是按照固定时间周期进行调整的,倘若动态再平衡也采用固定时间周期进行调整,就可能会出现刚按照战略性或战术性配置调整完权重,又触发了动态再平衡的调仓时间周期,从而产生不必要的权重调整,而基于阈值的再平衡方法,就不存在这方面的问题。

总之,组合投资是一套自上而下的完整流程,其优势不仅在于充分利用资产间的低相关性优化收益风险比,更是通过科学的投资决策体系与决策流程,尽量减少投资实践中所犯的错误,或者说把犯错的成本降至可控范围内,这就是要加强组合管理方面投资者教育的意义所在。

五、组合管理视角下的投资者教育:教育分层与工具创新

组合管理是一种科学投资的理念与流程,通过投资者教育形成组合投资理念并不能一蹴而就,而是需要对投资者进行分层,针对投资者的不同成长阶段、不同人群进行循序渐进的教育。

1. 投资者分层与投资者教育

要提升投资者教育的效果,就要提升教育的针对性,这有赖于对投资者的分层,依据投资者的人群特征、金融素养、投资经验等,提供不同内容的投资者教育。尤其是组合管理方面的教育尤为重要,因为组合管理涉及很多模块与流程,需要循序渐进的系统化教育。

结合国内的投资者教育实践,尤其是投资者教育基地的开展经验,至少可以将投资者划分为四层:一是尚未进入市场的潜在投资者,以学生群体为代表;二是入市不久、经验较少、金融专业知识匮乏的入门投资者;三是具有一定投资经验,但经验尚不丰富的普通投资者;四是投资经验丰富的资深投资者。

投资经验与金融专业知识的掌握程度,是划分投资者的重要依据,但投资经验并不等同于投资年限,因为投资者随着投资年限的积累,可能并未成长,尤其在人性上的偏差,是根深蒂固的。

鉴于此,针对投资者教育方面的投资者分层,应采用综合研判的方法,充分考虑投资者的职业特性、投资经验、资金量大小等因素,可以考虑充分挖掘投资者的历史交易数据,基于交易流水分析投资者的理性程度。此外,行业自律、基金公司等机构,还可以采用投资者线上问答、竞赛参与等方式,了解投资者的理性水平,从而实现对投资者的更精准分层,这一过程其实就是对投资者的精准画像。

2. 打造基于投资者分层的组合管理投资者教育体系

在将投资者分层后，关于组合管理方面的系统化投资者教育，也可以实现分层了。

针对学生群体这类潜在的投资者，教育的着重点在于金融基础知识的普及，核心在于"从小做起"，将其逐步纳入国民教育体系。2018年以来，证监会推动上海、广东、四川、宁夏等20余个省、自治区、直辖市开展试点工作，将投资者教育纳入中小学、高等院校、职业学校等各级各类学校的课程设置中，编制了中小学普及金融知识教材，培训了近万人的师资队伍，各类课程已覆盖数百万人。[①] 严格意义上讲，这类投资者教育还属于通用教育，不属于组合管理理念、方法培育的专项教育，但这类教育是必需的，是后续组合管理专项教育的基石。

针对资历较浅的投资者，组合管理教育的着重点有二：一是让投资者弄清楚什么是合理的预期收益与风险，正确认识收益与风险的关系，不能片面追求不切实际的高收益。二是要教育投资者认识到不同资产的内在属性，知道不同资产、不同产品的主要区别，而不是只知道股票这一种资产，要让投资者知道什么是真正的分散化投资。

---

① 参考搜狐财经，2018年5月7日，https://www.sohu.com/a/230724985_100137388。

针对具有一定投资经验的普通投资者，组合管理教育的核心有二：一是培育战略性与战术性资产配置的理念与方法。教会投资者战略性与战术性配置的主要区别，战略性配置更应关注资产的长期定价逻辑，而战术性配置则更应多关注短期择时方面的技巧。要让投资者逐步摒弃仅基于单一方法、单一指标的资产择时策略，构建综合择时与配置体系。二是让投资者了解组合再平衡的意义，以及再平衡的不同方法及背后逻辑。

针对经验相对丰富的专业投资者，组合管理的核心应在于让投资者认识到资产配置与组合管理既是一种理念，又是一种系统化决策的流程与方法，并鼓励投资者不断试错，打通组合管理中的各个环节，融会贯通，并持之以恒地坚持这一科学投资理念。

3. 创设组合管理的模拟工具化产品

由上述分析可知，组合管理涉及多个模块和流程，实际运用于投资实战并非易事，为了达到有效的教育目的，还需要在教育方式上有所创新。

当下，互联网、新媒体等科技手段已广泛运用至投资者教育服务中，但多数是单向的知识传递，缺乏有效互动，而最好的教育方式是"干中学"，让投资者在互动中学会更多知识。监管及行业自律机构，可以考虑充分利用金融科技的力量，将组合管理的各个模块做成界面化、导航式的工具产品，让资产配置不再神秘，通过高效实用的工具，一方面提升从事投资者教育人员的专业素养，另一方面则大幅提升投资者教育的功效。

第三节　经验积累与买方投顾发展

从前面的实证分析可以看到，基金市场投资者自身经验的积累对改善投资者行为偏差，并不十分有效。在有关处置效应的研究中，投资年限较长的投资者在处置效应上和投资年限较短的投资者并无显著差异。而随着投资年限的积累，过度自信的程度反而有所增强；羊群效应也呈现微弱的正向关系，即羊群效应不仅没有减少，反而有所增强。这说明基金行业投资经验的积累，需要一种有效的引导方式。梳理总结海外买方投顾市场的发展经验，我们对国内买方投顾市场的发展，提出一点建议。

一、美国投顾发展的经验借鉴

从海外市场看，尤其是美国，主要是通过投资顾问来履行投资者教育义务的。投资顾问向个人客户提供咨询和投资服务，并将投资者教育工作融入投资顾问对客户的日常服务中。有研究（Burke and Hung，2015）认为，投资顾问可以帮助个人投资者提升金融决策能力和财务状况。当前，美国家庭投资者在养老计划以外的基金投资，大多是在投顾指导下进行的。根据美国投资公司协会统计，2019年除35%的美国家庭投资者仅通过退休账户投资基金外，剩余投资者中有77%通过投资顾问投资基金。

美国是全球最大的投顾市场，其投顾业务的发展起源于对20世纪30年代因过度投机引发的股灾的思考，1940年《投资顾问法案》的颁布，标志着投顾业务的正式开展。美国投顾业务由传统经纪业务发展而来，经历了从通道业务到产品销售再到综合性财富管理的变革，服务内容逐渐丰富化、个性化，有诸多经验可供我们借鉴。

1. 加强投顾业务监管，防止利益冲突，保护投资者利益

发展投顾业务的初衷在于引导投资者理性投资，实现客户资产保值增值。投顾业务可以根据投资者账户的表现收取费用，虽然这可以充分体现投资咨询的价值，但也可能导致顾问费用与投资者账户业绩的冲突，因此美国证券交易委员会对投资顾问服务的账户设置了一定门槛，以保护投资者利益。

1940年的《投资顾问法案》限制投资顾问以任何方式和客户签订以资本收益或资本增值为基础的佣金合同，防止投资顾问鼓励客户从事高风险投资。1985年，美国国会修正该法案：当投资客户提供给顾问管理的金额至少有50万美元或者投资顾问有理由相信客户的净资产超过100万美元时，投资顾问可以和客户签订以业绩为基础的佣金合同。1998年，受通货膨胀的影响，美国证券交易委员会将上述美元账户阈值从50万美元提高到75万美元，净资产从100万美元提高到150万美元。2011年，美国证券交易委员会将美元账户阈值调整到100万美元，净资产标准调整到200万美元，同时在计算净资产时将个人住宅排除在外。2012年，美国证券交易委员会发布对投资顾问业务的最终规则文件，规定每5年调整一次美元账户阈值和净资产标准以消除通胀影响。

2. 构建投资顾问的投诉与争端解决机制

为切实确保投资者利益，美国对投资顾问实行单独立法监管，投资顾问监管牌照涵盖资本市场资产管理和投资咨询服务。此外，美国还有专门针对投资顾问的投诉与争端解决机制，加拿大则有投资行业监管组织（IIROC），该组织会向公众公布投资顾问的历史记录，以帮助投资者选择合适的投资顾问。

3. 投资顾问资格申请从严，并持续加强对投顾人员的职业培训

为切实发挥投资顾问在居民财富管理与投资者教育中的作用，美国对投资顾问的资格申请实行从严管理。美国金融理财师协会颁布的国际金融理财师（Certified Financial Planner，CFP）道德标准，对被授予CFP资格的个人做出了一系列有关个人理财方面的规定，并要求他们严格遵守。

此外，对投顾人员的职业培训也是美国投顾体系建设中的重要环节，以提升投顾人员的专业水准。以美林证券为例，通过初面的投顾人员需要接受为期两年的严格培训和实习，公司会通过以老带新的方式帮助新人快速成长。仅达到考核标准的人才可转正，未达标的人即被淘汰。

4. 大力发展全权委托业务，赋予投资顾问完整角色

根据美国证券交易委员会披露的统计数据，截至2019年年底，投顾服务的总规模约为84万亿美元，其中全权委托管理的规

模约为76万亿美元，投顾服务的总账户数量约为6431万个，其中全权委托账户数量约为5103万个。这样的投资结构，带动了美国个人投资者市场的专业化，同时投资者在个人财富管理中得到了更理性的投资服务以及更好的投资者保护。[①]

5. 金融嫁接科技，智能投顾发展势头迅猛

在金融科技化浪潮下，美国智能投顾市场异军突起。智能投顾是一种新兴的在线投资顾问及财富管理服务，它根据目标客户的年龄、财务状况、理财目标等特征，以投资组合理论为依据，运用智能算法和金融工具为客户提供定制化的投资组合。2008年以后，Betterment、Wealthfront等机构依靠网络技术和机器运算的进步，为客户提供多元化的投顾服务。2014年起，金融科技在华尔街成为重要议题，智能化投资工具迎来爆发式增长期，先锋、富达等传统投资管理公司也纷纷加入了智能投顾的布局。

二、买方投顾发展：对策研究

1. 积极发展基金投顾业务，扩大试点范围

基金投顾的推出，对中国财富管理与买方投顾业务的发展意义重大，有望成为引领中国财富管理行业变革的一个抓手。当下，

[①] 需要说明的是，美国的全权委托占比很高，有两个基础和一个环境因素：一是法律制度完善；二是投资者的专业性相对较强；同时，美股过去的长牛走势也能减少波动带来损失担忧的干扰。

需要不断总结试点推进经验，逐步扩大业务试点范围。随着买方投顾试点的推进，我们建议监管层考虑全面放开买方投顾牌照范围，放开持牌金融机构（银行、券商、保险、公募、信托等）和大型互联网平台的买方投顾资格，并鼓励有能力的个人或团队嫁接于持牌金融机构平台提供买方投顾服务。另一方面对于策略开发方，还要尝试不断丰富基金投顾的策略构建和产品线，尤其是借鉴国际经验，将买方投顾业务的开展作为投资者教育的一种重要方式。

2. 基金投顾业务的策略创新

2.1 白盒策略与黑盒策略相结合

目前第一批试点机构发行的投资账户产品，基本以黑盒策略为主。黑盒策略在维系产品管理人核心竞争力方面的优势是毋庸置疑的，且策略的灵活性与多样性空间更大。从理论上看对不同市场环境的适应能力会更强一些。但较低的透明度也导致投资者仅能靠过往业绩评判优劣，对产品的信任度不及白盒策略，这类产品可能更适用于新入市场不久、缺乏成熟投资理念的投资者。

白盒策略的优势在于详细披露了策略的构建流程与交易规则，不仅具有理财功能，还兼具对投资者投资理念的教育功能。投资者购买白盒产品，对产品的评价维度除了过往业绩外，还增加了对策略理念及交易规则的评价，这个过程其实也是投资者学习的过程。

白盒与黑盒策略各有优势，从丰富策略与产品的角度看，可以考虑在以黑盒策略为主的前提下，适度考虑开发部分白盒策略，以迎合不同投资者的需求，尤其是采用白盒策略的思路，开发一些具有工具化属性的投顾组合产品，值得探索。

2.2 大力发展场景型投顾业务

表15.8列出了我们梳理的资管行业常用的一些投资场景及适用策略，供参考。

表15.8 常用场景与基金投顾策略

投资场景	适用策略
养老	目标日期策略、目标风险策略
教育	目标风险策略
稳健增值（绝对收益）	权益阶梯仓位策略、股债二八配置策略、CPPI避险策略、TPPI避险策略、市场中性基金优选策略
流动性	货币基金优选策略
境外理财	QDII基金优选策略
长期储蓄	智能定投策略

资料来源：作者整理。

当然，场景化投资绝不限于上述几类。场景化服务与产品的推出，还有赖于对客户的精准画像，目前业内普遍采用线上回答问题的形式可能还不够，一方面需要充分借助AI手段，对基金公司已有的客户进行深度分析，另一方面则需要更多地联合其他金融机构，共同开发客户画像体系。此外，还要更多地从行为金融学的角度考虑投资者的潜在需求，并基于行为金融学视角设计产品，从而更有助于满足投资者的个性化需求。

3. 加大金融科技投入，助力投顾业务发展

放眼全球，顶级资产管理公司如贝莱德、先锋、富达投资等，在当下的金融科技化浪潮中，均在不断探索如何使用人工智能、数据可视化工具、机器学习和自然语言处理等技术，更好地将大数据运用到资产管理与财富管理业务中。如贝莱德的 Aladdin 系统将信息、技术、人员高效地连接在一起，为资产管理者提供组合跟踪管理、风险分析等服务；再如富达投资的 Fidelity Go 资产账户系统，将投顾业务转移到线上完成，以实现大幅降低投资门槛和咨询费用的目的。Fidelity Go 系统可以将客户年龄、收入、风险偏好等信息汇总整合并给出资产配置建议。有了线上系统，投资门槛大幅降低至 0 美元，同时咨询费也仅收取 0.35%，这为拓展投顾业务做出了积极贡献。

国内基金公司在投顾业务的发展中，可以尝试借助金融科技为产品组合提供量化决策，同时运用 FOF 等多种手段的投资组合，为用户定制个性化资产管理方案，打造以人工智能为主导的资产配置平台，实现人工智能在模型开发、策略管理、资产组合配置及风险管理等方面的应用。

4. 买方投顾，不仅在于"投"，更在于"顾"

不同于标准化的 FOF 产品，基金投顾业务本质上是一种客户服务，因而其作用的发挥，不仅在于"投"，更在于"顾"。这包含了客户画像、需求匹配、投资方案规划与设计、客户关系维护、

投资者教育等一系列流程。先锋（Vanguard）的一项调研显示，相较于投资组合的业绩，投资者更看重的是投顾服务的体验，有65%的客户认为让他们更换投资顾问的首要因素在于服务方面的原因，比如忽视了关系维护、不能正确理解自身的需求、无法联系到投顾人员或者原来服务自己的人员被更换等，认为首要因素是投资组合表现的客户占比仅为39%。

要做好投顾业务"顾"的一端，首先需要做好客户分类，采用分层化的客户服务模式与体系。以富达基金（Fidelity）为例，其投顾服务的收费取决于策略的复杂性以及是否有人工参与。既有针对长尾客户，采用数字化投资管理（Digital investment management）的智投投顾服务品牌Fidelity Go，也有数字化投资+财务顾问服务的数字化投资管理产品。此外，富达还为高净值客户提供以人工投顾服务为主的财富管理服务，具体又分为针对普通高净值客户的财富管理服务和针对超高净值客户的私人财富管理服务。

其次，投顾服务要注重与投资者的互动，增强投资者的体验，做好投资者陪伴，让投资者感受到投顾服务是一项值得长期信赖的服务。目前，国内投顾机构在"顾"的层面为投资者提供的服务还相对有限，这意味着未来有较大的优化空间。尤其是投顾服务的提供方，要持续与渠道端、评价端、舆论端等各方面协同努力，做好投资者分类、产品和服务分级以及适当匹配，引导投资者关注长期回报，为行业培育成长性的土壤，促进基金业健康发展。

第十六章 公募基金产品的设计

前几章的实证研究和调研结果表明,基金投资者在基金投资上普遍存在一定的认知偏差和行为偏差,要纠正投资者偏差、引导理性投资,优化基金产品设计也是其中重要一环。典型的如开放式基金在赎回费率上针对不同持有期的阶梯式设计,以及越来越多的定期开放基金、新型封闭式基金、持有期基金①等,这类产品设计,主要通过对赎回端的限制来规避基金投资者的短频交易行为,引导基金投资者养成"拿得住"的习惯,培育长期投资理念,以此获取优异收益,解决"基金赚钱,基民不赚钱"的问题。本章主要基于客户认知偏差与行为偏差两个层面,探讨如何通过优化产品设计,改善投资者行为。

---

① 具体包括最短持有期基金和滚动持有期基金。最短持有期基金指投资者认购或申购的份额在锁定最短持有期后即可赎回的基金;滚动持有期指投资者认购或申购的份额在锁定相应持有期后可在开放日选择赎回,如不赎回则自动进入下一个持有期滚动运作的基金。

第一节 基于客户认知偏差层面的产品设计

基金投资者在认知层面的偏差和行为层面的偏差有所不同。前者主要是对产品认知不清晰或者缺乏金融知识导致的,纠偏成本相对较小且效果相对显著。行为偏差如处置效应、过度交易等,则一定程度上需要克服人性的弱点。基金产品可以通过"封闭期"的设计强制规范基金投资者的短期投资行为,但前提是需要寻求投资者的认同,即投资者愿意购买有封闭期的基金产品,在改善投资体验层面相对被动且时效较长。因而,除了约束基金投资者的投资行为,基金公司可以尝试从改善基金投资者的认知层面设计相关产品。

如前所述,基金投资者在认知层面的偏差主要源于对产品认知不清晰或者缺乏金融知识,所以在产品设计上不仅要让投资者"拿得住",也要让投资者"看得到""看得懂"。

一、基金产品要让客户看得到

"看得到"是指基金产品信息的可得性与获取的便利性。目前基金产品的部分信息主要隐藏在基金合同或者招募说明书的章节细则中,但多数基金投资者缺乏仔细阅读产品招募说明书或基金合同的耐心,甚至在基金投资前完全不看相关的产品说明文本,因而经常会错失有关产品的关键信息并做出错误的投资决策,比如一些投资者分不清油气股票基金和原油 FOF 基金。鉴于基金产品投资标的、投资策略和产品形式的多样化,基金公司在设计相应基金产品时,应该同时披露基金的产品资料概要,提示产品的核心信息,并不定期更新产品资料概要。

1. 产品全称或简称

当前,部分基金产品全称中揭示信息的详尽程度有待提升。采用定期开放、封闭或者持有期策略的基金,可以在产品名称中标示具体的封闭运作期限,如"XXXX三年定期开放/封闭/持有期/定期赎回基金"等;采用浮动管理费模式的基金可以在基金名称中揭示"浮动费率"字样,主投定增项目的基金可以在全称及简称中添加"定增"字样;QDII基金可以在基金全称中标示或不标示"指数"字样以显示基金对主被动管理方式的选择;LOF基金可以在全称及简称中进行标示;采用摊余成本法估值的债券基金/短期理财基金可以在基金名称中标示"摊余"字样。这样投资者可以很方便地通过产品名称获取关键信息,并进行产品筛选和对比分析。

2. 业绩比较基准

对于主动管理类基金和行业主题类基金,则需要规范当前部分基金产品选择不适合的业绩比较基准而呈现超额收益的行为,如行业主题基金选择宽基指数作为基准等。基金产品可以根据自身的投资范围选择适宜的业绩比较基准,如沪深300、中证500、中证800、中证全指、特定行业指数等,从而直观地向投资者呈现基金的主要投资风格和主题,也可以避免虚假超额收益对基金投资者的误导。

3. 基金产品单页设计

目前的基金产品单页设计主要包含产品的代码、名称、投资目标、运作模式、业绩比较基准、费率、基金经理、风险提示等信息，对展示历史业绩的部分，会着重提示"历史业绩不代表未来"，但针对单价效应并未进行适当引导。建议在基金产品的宣传单页（包括首发和持续营销）中添加诸如"净值高低不代表基金未来盈利空间"等表述，引导投资者客观认识基金产品的净值水平。除了单价效应外，对于其他可能引发投资者误解的问题，也可以考虑在基金单页中进行单独提示，如 QDII 基金净值公布滞后 2 个交易日、场内基金（ETF 或 LOF）的申赎效率问题等。

二、基金产品要让客户看得懂

"看得懂"即基金产品信息的设计和表述要简单清晰，便于理解。以分级基金为例，如果基金产品的策略设计过于复杂，就很难被基金投资者理解，其风险容易被忽视，投资者的投机成分和赌博心理也会越强，一旦市场环境发生变化，会严重影响基金投资者的投资体验。因而在针对个人投资者进行产品设计时，产品的投资策略和运作模式应尽可能简洁明了、便于理解。对于这一点，基金公司在进行产品设计时可以从以下两个方面着手。

一方面是在进行产品开发时注重打造基金产品的标签。对于主动基金而言，基金公司应在产品设计之初明确产品的投资风格、目标客户和适用场景,并保持产品的风格稳定、特点鲜明。当然,这也需要基金公司能清晰刻画团队投研风格和基金经理的能力禀赋,针对不同能力和资源禀赋的基金经理,设计并推出与之契合的基金产品;在指数基金的设计上则应该注重打造产品特色化标签,尽量避免同质化。基金公司可以从标的指数的选择及编制方面进行一些思考,如对于细分的行业主题类指数,考虑产业链上中下游不同盈利空间及配置比例,在传统仅依靠市值和成交量筛选成分股的基础上,引入主营业务来源等指标,以保证行业/主题指数的成分纯度、成长性和盈利性。典型代表如人工智能主题指数;半导体指数围绕产业链不同环节结合主营业务收入构成选股;科技主题指数基金在筛选成分股时会增加对于个股研发投入指标的考量;恒生指数从指数代表性的角度考量纳入同股不同权和在港第二上市的新经济企业。

另一方面则可以考虑在产品设计中嵌入交互式的场景设计。以养老FOF产品为例,在制定产品的资产配置策略时,引入对客户工资水平、退休后情景模拟等方面的分析,通过场景化的交互加深客户对产品的理解和认同感。余额宝的成功很大程度上得益于它联通了各类消费场景。

第二节 基于客户行为偏差层面的产品设计

让投资者"看得到""看得懂"只是基金产品设计的第一步,其初衷是纠正投资者对基金产品的认知偏差。此外,基金公司可以从纠正投资者行为偏差的角度进行产品线的布局。

一、从持有体验出发设计产品

目前公募基金在产品端主要通过赎回机制的设计，采取"以时间换空间"的方式平滑投资者持有期收益，改善投资体验。除此之外，也可以从其他维度寻求突破。

1. 低波动稳健型产品：通过"看得见的增长"改善客户持有体验

在问卷调研中我们发现，对于两只策略相同的基金，相比长期业绩领先但短期亏损的基金，投资者更偏好有长期持续稳定正收益的基金产品，这也从侧面反映出投资者对波动和回撤的厌恶。"基金赚钱，基民不赚钱"这一问题背后的一个主要原因也在于基金产品净值随权益市场的高波动诱发投资者频繁交易行为。针对上述问题，基金公司可以加强对低波动稳健型产品的研发布局，通过控制产品收益回撤和波动水平，保证净值曲线的平稳增长，从而以短期可见的方式改善投资者买入基金后的持有体验，并减少投资者的高频申赎行为。在设计低波动稳健产品时，可以进一步划分投资者的风险承受能力，如极端厌恶损失、能够接受一定程度损失等，设计一系列不同目标波动水平的低风险基金产品谱系。这也需要基金公司结合不同的资产配置策略设计产品。如标普道琼斯指数公司旗下的目标风险系列指数——保守型（股债3∶7）、稳健型（股债4∶6）、成长型（股债6∶4）、激进型（股债8∶2），分别通过不同的股债配置比例来约束组合的风险水平，以满足不同类型投资者的风险偏好。①

2. 合理设定考核机制：减少基金经理短期投机行为引发的净值异常波动

除了低波动稳健型基金产品外，其他类别的基金产品净值虽然受限于产品策略和投资标的差异，天然具有较高的波动水平，但也可以通过规避基金产品运作中可能出现的净值异常波动，最大程度地改善投资者的持有体验。

基金产品的净值波动一方面与基金本身的风险定位有关，另一方面也与基金经理的投资风格和策略选择有关，而基金经理的投资行为一定程度上会受到基金公司考核机制的影响。

目前基金公司对基金经理的考核主要有短期和长期两种维度。在短期考核压力之下，基金经理可能会为了短期利益忽视风险，通过加大高风险资产的配置比例博取短期高收益，或者放弃原有的投资理念，追逐市场热点。前者会增加投资组合的短期风险，极端情况下会造成产品净值异常波动；后者会导致基金产品的投资风格发生漂移，不利于产品工具属性的塑造，且一旦市场热点发生转换，基金经理常常无法及时调整仓位进行跟踪，反而加大了产品净值波动的风险。长期看，迫于业绩压力而频繁进行短期投机操作的基金经理也无法在投资中坚定地贯彻自身的投资理念，

---

① 参见标普道琼斯指数公司官网：https://www.spglobal.com/en。

不利于打造基金经理本身的投资风格。因而，无论是从降低基金产品净值异常波动的角度，还是从培育基金经理投研能力的角度，基金公司都应该考虑降低短期业绩考核在基金经理 KPI 构成中的占比，提高长期业绩的考核权重，引导基金经理的投资行为，进而为产品的平稳运作和投资风格的塑造提供保障。

另外，考虑到基金产品本身在投资标的、策略、风格上的差异，对基金经理的考核，除了传统的收益指标和规模指标，也可以考虑设置一些差异化的指标，如基金经理的换手率指标；再比如对于绝对收益类产品，在基金经理的业绩考核中，也需要增加对产品回撤水平的考核打分，避免基金经理为了实现收益指标而容忍产品的过大回撤；在主动权益基金经理的考核上，可以增加选股超额收益指标，突出对基金经理挖掘 α 能力的培养；对于指数基金，则需要增加跟踪误差的考量。

二、从需求出发设计产品，寻求客户认同感

从投资者需求角度出发设计产品，有利于增强目标客户对基金产品的认同感，从而降低投资者买入基金标的后在市场波动中反复决策、频繁换手的概率。具体看，基金公司的产品线布局要让投资者在申购基金时"有得选"，在做组合投资时"有得配"。

1. 绝对收益类产品：承接刚兑型资管产品溢出客户的低风险诉求

在各类资管产品净值化转型的过程中，以保本型银行理财产品

为代表的稳定收益、低风险、刚性兑付产品未来难以存续。针对传统刚兑型资管产品在《资管新规》整改过程中流出的客户，基金公司可以加强绝对收益类产品的布局，以满足这类投资者追求相对确定性的低风险偏好。目前公募市场的绝对收益类产品主要有两类，即"固收+"产品和量化对冲产品，其中，"固收+"产品的主要策略有类固定比例投资组合保险策略（Constant Proportion Portfolio Insurance，CPPI）策略、股债择时配置策略、股债分仓管理策略、打新增厚和可转债增厚策略等。量化对冲产品则通过股指期货对冲剥离β风险，专注于选股带来的α收益。前者如类CPPI策略需要加强固收端的风险管理（包括利率风险、信用下沉风险等），股债择时配置策略需要在市场拐点进行相对准确的判断等。后者则面临股指期货贴水、市场风格频繁切换等带来的策略失效及产品规模提升后的策略容量问题。考虑到上述两类产品均有适合的市场环境，基金公司在设计绝对收益类产品时，可以考虑增加产品的收益来源和策略丰富度，从不同策略维度捕捉市场超额收益的机会，尽可能地减少市场环境变动带来的单一策略失效问题。

表16.1梳理了主流绝对收益类产品策略。

表16.1 主流绝对收益类产品策略梳理

类别	细分策略	策略描述	风险点
固收+	类CPPI策略	将大部分资金投资于固收类资产，使其期末的本息和等于保本目标，然后将剩余资金投资于权益类资产，从而避免投资组合的本金损失	固收端信用下沉风险、利率风险、权益波动风险

（续表）

类别	细分策略	策略描述	风险点
固收＋	股债择时策略	通过动态调整权益和固收资产比例控制组合风险	股债择时的难度较大
固收＋	打新增厚策略	通过参与新股/可转债首发来增厚收益	策略具有较强的规模依赖性，基金规模的增长会显著摊薄打新收益
量化对冲		权益多头＋股指期货空头组合，通过股指期货空头对冲市场 β 风险，保留 α 收益	基差风险、权益 α 波动风险

资料来源：作者整理。

2. 全生命周期型基金：长周期视角下的资产管理需求

需要注意的是，投资者的风险偏好和风险承受能力是一个动态变化的过程，受到投资者年龄、投资年限、投资经验、资金体量、市场环境等一系列因素的影响。因而除了针对当前不同风险承受能力和风险偏好的投资者推出特定波动水平的基金产品以外，也可以设计风险等级动态调整的全生命周期型基金产品，代表性产品如目标日期基金等。目前公募市场上的目标日期基金产品在权益资产下滑路径上的推演过程并不透明，且时间跨度设置相对较大，如目标日期为2050年的FOF产品权益投资上限及下限通常在前10年保持不变，随后每5年阶梯式下降，产品设计具有一定的同质性且难以真正触动投资者。针对这种情况，可以考虑以情景模拟的方式向投资者展示"下滑曲线"

的设计理念和推演过程，便于投资者更直观地了解产品的投资策略。另一方面，目前公募目标日期型FOF普遍采用最短持有期的运作模式，且投资者买入后的锁定期较短。具体来看，现有公募FOF设定的持有期最长仅为5年，最短为1年，即投资者在买入持有1~5年后即可选择赎回，这虽然在一定程度上满足了投资者的流动性需求，但也在一定程度上偏离了产品定位于"退休后工资替代"的养老需求初衷。未来伴随投资者理性程度的提升，基金公司可以考虑推出更长锁定期的基金产品，如将目前目标日期型公募FOF的固定持有期模式改为持有至目标日期后开放赎回模式，并在投资者的不同年龄段根据当下的投资者风险厌恶程度、薪酬水平、市场环境等因素的变化重新进行权益、固收和商品资产的再平衡。

3. 特定领域QDII基金：细分跨境投资需求

目前公募市场上的跨境权益类产品主要对标相应海外市场的宽基指数，一般在全市场范围进行投资，但是针对特定领域和策略的投资工具相应较少。在海外产品线的布局上，基金公司可以进一步挖掘投资者对特定海外资产类别、行业板块和特定投资机会的偏好，有针对性地开发相应的工具产品或策略产品，如针对全球范围内的中资股的投资诉求、对A股和港股在不同行业板块价差策略的配置需求、对新经济代表性行业的配置需求等设计产品。

4. 商品型基金：组合管理需求

从组合投资的角度看，基金公司可以布局与权益和固收类资产相关性较低的商品型基金，以满足资产配置中风险分散化的需求。目前公募市场的商品型 ETF 的标的仅覆盖黄金、豆粕期货、有色金属期货、能源化工期货，基金公司可以增加其他商品型 ETF 的研发布局。

除了以上几类基金产品外，基金公司也可以从其他角度挖掘投资者的潜在需求，有针对性地设计并推出相关的基金产品。

综上所述，除了现有营销端的陪伴服务和产品赎回端的约束以外，基金公司也可以通过清晰的产品设计，规避投资者的认知偏差，并从产品设计、策略选择、公司考核机制等不同环节着手纠正投资者在持有期的行为偏差。

第十七章　公募基金产品销售机制的建设

如前所述，基金营销是影响投资者行为决策的一个重要外部因素。基金营销的价值在于可以将市场信息和顾客需求相匹配，针对不同顾客的不同偏好，包括时间偏好、风险偏好，降低投资者在投资基金时面临的搜寻成本。不过，过度营销、不当营销又可能对投资者形成误导，加剧投资者的非理性投资。本章主要探讨国内公募基金销售机制的历史演变特点及当下存在的问题，还分析对比了国内外公募基金销售机制和格局差异，并就国内公募基金销售的考核机制、渠道建设、人才培养、投资者教育和销售适当性等方面提出了一些针对性建议。

第一节　中国公募基金销售机制的发展情况

一、中国公募基金行业销售机制的演变及特点

1. 参与主体多元化促进行业发展

银行目前依然在基金销售渠道中占据优势地位，在与基金公

司谈判尾随佣金时相对强势。许多人在反思银行代销模式的得与失。回顾历史，2001年引入银行代销对基金业的发展壮大有重要的积极意义，银行成为基金代销主渠道有它的必然性。当时引入银行作为代销渠道，主要意图是着眼于将储蓄转化为投资。其效果立竿见影，在2007年末，基金的行业规模达到3.27万亿元，与2001年相比增长了40倍，其间银行发挥了客户基数庞大的优势。

2002年7月，证监会发布了《关于证券公司办理开放式基金代销业务有关问题的通知》，规定符合条件的证券公司可代销开放式基金。

2004年，天相投顾的开放式基金代销业务资格获得证监会核准，当时的批复[1]是：核准天相投顾开办开放式基金代销业务资格，但公司在办理业务的过程中不得收取、划转投资人的认购、申购和赎回资金。上述批复意味着，天相投顾开展基金代销业务必须与有清算资格的银行合作，而且要求对银行彼时的业务规则、信息技术系统进行全方位改造。对银行来说这意味着一定的风险，故迟迟未能建成，后果是天相投顾几乎无法开展业务。

2011年，证监会颁布《证券投资基金销售管理办法》（下文简称《销售管理办法》），为第三方渠道力量进入基金销售领域，破解银行一家独大的难题提供了政策背书。《销售管理办法》调

---

[1] 《中国证券监督管理委员会关于天相投资顾问有限公司开放式证券投资基金代销业务资格的批复》（证监基金字［2004］114号）。

整了专业基金销售机构的准入资质，核心逻辑是降低"非专业"条件，提高"专业"条件，放宽了组织形式，将出资人放宽到专业个人投资人。此后不久，投资咨询机构、第三方财富管理公司、基金公司、门户网站、基金公司高管等各方纷纷参与进来，预示着第三方销售大幕正式拉开。

竞争者的不断涌入，让公募基金销售市场份额占比在近十年发生了较大改变。原有商业银行代销、基金公司直销、证券公司代销三类销售形式为主的格局，逐步走向基金公司网络直销，柜台直销，商业银行、证券公司、独立基金销售机构等各类多元化发展格局，特别是独立基金销售机构后来居上，2018年的销售市场份额已超越证券公司，成为越来越重要的基金销售渠道（见图17.1）。截至2019年底，在基金公司渠道保有量占比中，独立基金销售机构占比从2015年的2.14%提升至2019年的11.03%，已经成为主要的公募基金销售机构（见图17.2）。究其原因，主要是公募基金机构业务的大发展。直销客户中包含大量机构客户，从目前客户群投资习惯看，机构客户的主流交易方式依然是基金公司直销模式。值得注意的是，目前市场上已经出现服务机构客户的在线交易平台，比如基煜基金旗下的代销平台机构通。

2. 销售模式进阶带动基金投资习惯转变

以天天基金、蚂蚁财富为代表的第三方基金销售机构，已经成为基金代销市场中不可小觑的力量，并借助市场行情持续挑战着银行基金代销渠道的霸主地位。伴随2015年、2019—2020年的

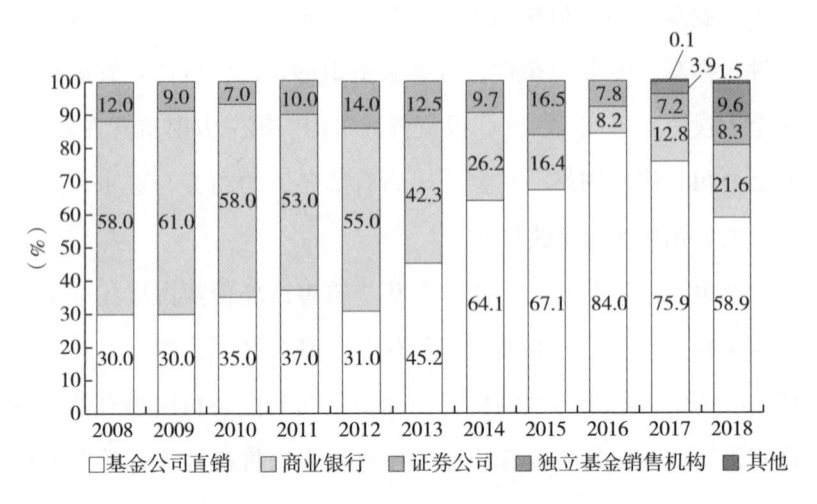

图 17.1　基金（认）申购渠道规模占比

资料来源：基金业协会。

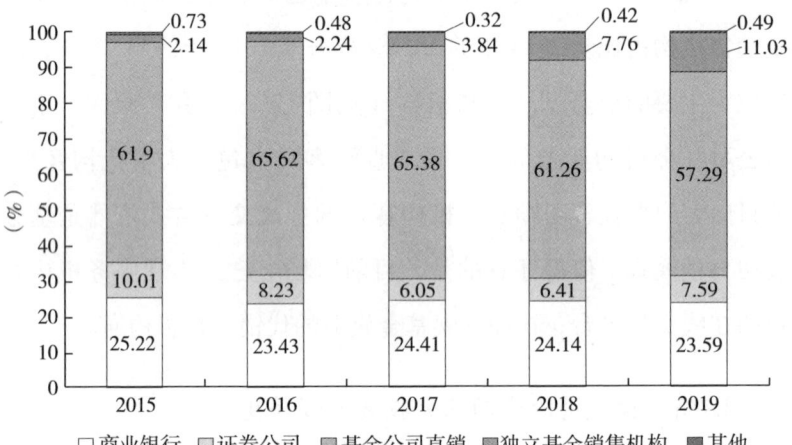

图 17.2　各渠道基金销售保有量净值占比

资料来源：Wind。

两轮牛市，第三方代销平台发展迅速。从基金销售各渠道各年度销量上看，互联网销售平台销量增速快，传统银行代销渠道承压。从保有量看，参考基金业协会公布的2021年第二季度数据，蚂蚁基金非货币市场公募基金保有规模超过万亿元，位列全市场第一，股票+混合公募基金保有规模超过6500亿元，位列全市场第二。另一家第三方代销平台天天基金，数据上已经全面超过建设银行和中国银行等传统大型代销渠道（见表17.1）。

表17.1 银行和第三方基金销售数据对比

排名	机构名称	股票+混合公募基金保有规模（亿元）	非货币市场公募基金保有规模（亿元）
1	招商银行股份有限公司	7535	7961
2	蚂蚁（杭州）基金销售有限公司	6584	10594
3	中国工商银行股份有限公司	5471	5875
4	上海天天基金销售有限公司	4415	5075
5	中国建设银行股份有限公司	4113	4445
6	中国银行股份有限公司	3334	4851
7	中国农业银行股份有限公司	2467	2751
8	交通银行股份有限公司	2435	2710
9	上海浦东发展银行股份有限公司	1738	1787

（续表）

排名	机构名称	股票+混合公募基金保有规模（亿元）	非货币市场公募基金保有规模（亿元）
10	中国民生银行股份有限公司	1630	1681
11	兴业银行股份有限公司	1396	1491
12	中信银行股份有限公司	1195	1424
13	中信证券股份有限公司	1184	1221
14	平安银行股份有限公司	1100	1319
15	华泰证券股份有限公司	1079	1126
16	中国光大银行股份有限公司	953	1117
17	腾安基金销售（深圳）有限公司	800	1358
18	广发证券股份有限公司	785	841
19	中国邮政储蓄银行股份有限公司	785	1065
20	宁波银行股份有限公司	602	688

资料来源：基金业协会，截至2021年第二季度。

除了提供便捷的在线交易之外，天天基金、蚂蚁财富、且慢等代销平台，已经在其平台上提供了自建组合、直播、基金公司财富号、基金诊断、持仓分析等多样化的基金投资服务，平台化的运作模式促进了行业内其他机构的发展和变革，也反向促进了客户投资习惯的变化。不同客户结合自己的需求，选择不同的服务或代销平台，逐渐形成了销售机构的分层化发展。图17.3展示了2016—2020年银行与第三方代销头部机构的规模变化。

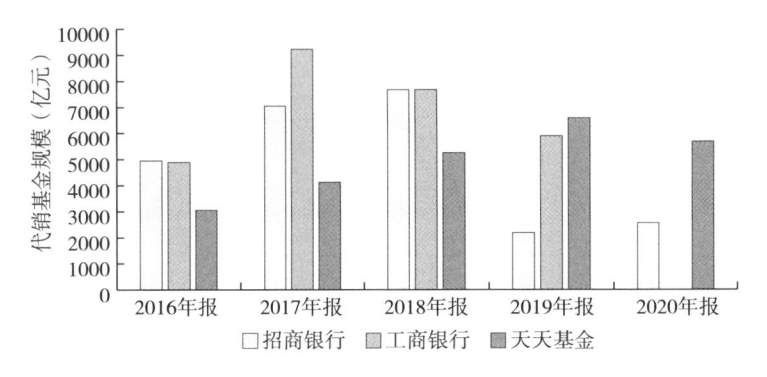

图 17.3　2016—2020 年银行与第三方代销头部机构规模变化

资料来源：对应公司年报和专业财经媒体。

3. 从简单销售产品到重视基金业务生态建设

不少基金公司已经在早些年率先投入精力开展范围较大的投资者教育活动。随着最近两年互联网营销基金的普及，部分公司已经着手开展投资者教育和投资者陪伴服务，推广价值投资理念，营造基金业务生态。

以银华基金为例，早在 2007 年，银华基金就将当年定位为"投资者服务年"，重点提升客户服务，并在全国重点城市陆续安排了 10 场投资者见面会。为了保护投资者利益，公司也曾在 2017 年参与债券投资者权益保护专项教育活动。从 2019 年 11 月开始，银华基金联合招商证券、雪球、全景网联手打造出一款线下创新主题活动——"银华 ETF 小酒馆"，成为业内首家以 ETF 投资者教育为主题、以小酒馆为营销场景的线下活动。活动由明星基金经理、券商分析师、雪球超人气大 V 和演艺界明星投资小白组成银华基金 ETF4 组合，令客户耳目一新的同时也带来了丰富的投资者教育干货。

2020年4月,"最强基民"基金投资者教育问答活动由《中国基金报》与银华基金、兴全基金、富国基金、泰康资产、万家基金、博时基金联合推出,以线上知识问答竞赛的形式广泛普及公募基金投资知识,引导投资者树立理性投资、价值投资理念。长期踏实的客户引导服务,提升了客户的持有体验,反过来也为公司后期规模的增长打下了坚实的客户基础。

疫情以来,随着在线直播的兴起,线上推广和投资者交流互动已经成为基金公司客户维护的新模式。在代销机构和基金公司的共同推动下,投资者教育和投资者陪伴的形式越发多样化。以银华基金为例,该公司与新浪财经、蚂蚁财富、天天基金等平台合作开设了专门的栏目与投资者互动,不定期会邀请基金经理就普通投资者感兴趣的投资话题进行直播,同时也会根据情况邀请行业知名的券商首席分析师连线对话,不仅达到了传播公司品牌的目的,同时做到了投资者教育和陪伴。

4. 销售领域法治建设保护投资者利益

基金行业的健康发展,离不开行业内法治建设的不断完善,从第一家基金公司成立到国内首部基金法发布,再到基金销售管理办法的颁布,以及后续更加细致的部门规章的实施,逐渐遏制了销售领域曾经存在的不规范行为。2003年10月28日,《中华人民共和国证券投资基金法》(以下简称《基金法》)正式发布,并于2004年6月开始正式实施,在《基金法》起航的半年时间内,证监会先后推出六大细则为其保驾护航。其中，2004年7月4日颁布的《证券投资基金销售管理办法》正式规范了证券投资基金销售，包括：代销机构范围和资质认定、宣传推介材料的制作规范、基金销售费用、发售基金份额、办理基金份额申购和赎回等业务活动。

在2006—2008年市场大起大落的过程中，个别基金公司或代销机构不正规，甚至带有误导性质的基金营销内容层出不穷，早期配合2004年版《基金法》推出的基金销售管理办法显然无法跟上行业发展的节奏。在2008年金融危机的背景下，监管力度并没有因为基金销售的冷清而稍有放松，销售"适当性原则"一以贯之，监管部门希望将"合适的基金卖给合适的持有人"作为在任何环境中都需要遵守的原则。2008年1月，证监会发布《关于证券投资基金宣传推介材料监管事项的补充规定》（简称《补充规定》），要求基金公司在宣传中不能误导投资者；并对基金宣传资料进行了严格的规定，要求不能随意用"最大""最好""最强"等字眼，且必须有风险提示。一些"陷阱性"词语成为基金宣传材料中的忌讳词，在缺乏足够证据支持的情况下，不得使用"业绩稳健""业绩优良""首只""最大""最好"等表述。从2008年1月底开始，银行客户经理收到的新发基金的宣传折页中新增了很大一块内容：占据1/3页面的《风险提示函》着力提示了基金投资的各种风险。相对于基金销售管理办法，《补充规定》扩大了基金宣传材料的监管范围，除宣传单、海报、户外广告等传统推介材料外，首次明确报眼及报花广告、公共网站、传真、短

第十七章　公募基金产品销售机制的建设

信等均为基金宣传推介材料。

随着基金市场的发展以及基金营销队伍的壮大，2004年版《证券投资基金销售管理办法》的部分内容已经不能适应市场。2011年6月，证监会对此做出了一定的修改，着重降低了专业基金销售机构的准入资质，增加了基金销售"增值服务费"、基金销售适用性管理制等内容。

2013年6月1日，修订后的《基金法》正式施行，新《基金法》使行业准入门槛降低、竞争加剧，同时为解决行业激励机制提供了途径，在新法的普照下，中国基金业的发展进入新时代新跑道。此外，证监会同时修订了《证券投资基金销售管理办法》和《证券投资基金服务机构业务管理办法》，相较于修订前，新的销售管理办法放开了代销机构范围，将其拓展至期货、保险。

2020年6月，为了规范公募基金宣传推介行为，中国证券投资基金业协会成立了基金宣传推介行为评估专家组，并对基金管理人、基金销售机构登载基金业绩及引用业绩提出了一定的要求，主要体现在：（1）任意业绩展示期间均应大于6个月，不得对1年期以下的业绩进行年化展示（货币基金除外）；（2）推介指数基金时，应当注重指数基金的工具性属性以及资产配置功能，理性引导投资者；（3）涉及基金业绩排名的，应当引用基金评价机构的公开数据，应引用1年期以上（含1年）的基金业绩排名，要求列明基金评价机构的名称及评价日期、同类基金的类型及只数等。

2020年8月，为了推动构建基金销售机构长期考核机制，更好地维护投资者利益，证监会发布《公开募集证券投资基金销售机构监督管理办法》以及配套规则（以下简称《新规》），《新规》中明确规定：对于向个人投资者销售形成的保有量，客户维护费占基金管理费的约定比例不得超过50%；对于向非个人投资者销售所形成的保有量，客户维护费占基金管理费的约定比例不得超过30%。《新规》同时对销售机构内部控制做出要求，如不得将基金销售收入作为主要考核指标，不得实施短期激励，不得针对认购期基金实施特别的考核激励。这些规定加强了基金公司在销售机构中的话语权，促使公司将更多精力和资源投入产品管理。

5. 新兴销售模式为投资者陪伴服务提供基础

互联网平台作为新兴的基金代销平台，虽然没有线下渠道，但是提供了丰富的线上投资者陪伴服务和投资者教育内容，让普通老百姓有途径感受到专属定制服务。相比而言，互联网平台的内容丰富程度领先于传统渠道。以天天基金网为例，进入界面即有入门导览机器人，提供基金诊断、涨跌分析、持仓分析、市场解读等功能，其手机 App 会甄别客户风险偏好，更贴近客户偏好进行定制服务，且可以回答常见问题并科普一些入门知识，为投资新人答疑解惑。不仅如此，为了便于客户筛选基金，天天基金网提供了较为全面的基金筛选工具，可选维度比传统渠道更加多元，除了传统渠道具备的基金比较、筛选功能以外，还有虚拟账本、买卖试算等实用模块。数据也不只是净值查询、收益率排行，而是细化到更多方面，如基金排行、定投排行、分红、评级、新发等。除了数据查询和基金工具之外，天天基金网还有种类丰富的财富号，提供了从市场分析到基金分析的全方位覆盖，满足不同客户的不同需求。背靠蚂蚁集团的蚂蚁财富 App，提供的功能也在逐渐得到完善。在蚂蚁财富 App 的基金主页上，已经提供基金排行、新发基金、定投、精选组合以及分类型的产品导览功能。不仅如此，从个人投资者容易理解的角度出发，推出了较多的短语类基金标签和特色榜单，如 10＋年长跑健将、金牌经理、全球投资、行业布局、人气排行等。同天天基金网类似，蚂蚁财富推出了基金公司财富号，给予基金公司一定的自由度提供多样化的客户维护和陪伴。资讯方面，除了知名财经媒体的报道之外，引入了较多的机构和个人自媒体，为投资者提供多角度资讯。观察另一家互联网巨头腾讯旗下的理财通 App，在其基金专区，除了按投资范围进行分类的产品大类入口之外，同样可以看到：稳中求进、精选优品、长跑优选等易于个人投资者理解的个性化短语类基金标签。相对于前面两个平台大而全的模式，理财通提前帮客户遴选产品，基金专区界面更加简洁。以银行渠道为代表的传统渠道也在逐渐重视投资者陪伴和教育。对比互联网企业，传统渠道的起步稍晚，但正在不断尝试，比如交通银行官网提供了基金推荐榜与其子公司交银施罗德基金的市场观点，同时提供了一定程度的市场资讯，转载外部财经媒体对于资本市场和基金行业的点评。针对个人投资者提供了基金筛选、收益计算器、定投计算器等工具。招商银行网页版提供了实用的理财工具，基金服务则主要涵盖基金排行榜、净值查询、基金筛选、基金比较、基金资讯等。值得一提的是，在招商银行官网上可以看到"基金学苑"板块，包括基金交易、信息披露、投资要点、基金词典等，帮助客户提高基金投资的基础知识。招商银行手机App，除了传统的基金排行、分类推荐外，还提供了招商银行特有的五星基金专区、简易组合、摩羯智投、目标智投等多样化的功能。相较于其他银行，招商银行在资讯的引流方面更加开放，在招商银行App基金专区上可看到较多大V、财经媒体的近期资讯和观点。工商银行网页版上，集中使用了晨星基金评级，给予客户相对公允的市场评价。类似于招商银行，工商银行在官网上设置了基金学苑、基金投资者教育板块，在销售产品的同时，帮助客户提高基金基础知识，陪伴投资者一起成长。结合自身对市场的判断和市场热点，工商银行设置了主题基金推荐区域，如5G、医疗、QDII等，并结合客户不同的风险偏好，推出了"稳健增值""追求收益""智慧投资"等具备差异化风险收益特征的产品。

二、中国公募基金销售机制当前存在的主要问题

1. 销售考核重量不重质

在代销渠道中，目前存在考核机制不合理的现象，"重首发轻持营"、"赎旧买新"、销售适当性制度执行不到位等问题长期存在。究其原因，主要是代销机构以销量考核旗下客户经理，而不是以存量或持有人满意度为考核指标。这种考核机制下，销售人员大部分行为是为了卖出产品，而投资者的主要诉求则是获得收

益，两者目标不统一，客户满意度难以提升。财富管理的前提是评估客户的风险收益偏好，不同客户的风险收益要求不尽相同，现有代销渠道的考核中缺乏客户盈利体验的内容，客户多样化需求被代销机构单一的营销目标淹没。上述销售考核引发的一系列负反馈影响了持有人的长期持有体验。

2. 销售机构专业化建设程度不足

第一，产品池制定的合理性存疑。目前，传统代销机构（如银行）规模较大，分支机构众多，比较常见的零售模式为：总部定营销池和激励政策→分行结合各自情况对重点品种增加激励→下发到客户经理。这种机制存在两个不合理之处：一是部分机构总部暂时缺乏专业的投资判断能力，在确定营销池的时候，难以判断市场，选择的产品未必契合接下来的市场风格，同时缺乏完善的基金评价体系，无法甄别不同品类基金产品的优劣。二是客户的需求多样化，客户经理在结合部分客户的需求时，有时候需要推荐非营销池内的产品，此时非重点营销池内的考核系数将影响客户经理的理性推荐。

第二，客户经理专业能力待提升。在过去无风险利率和非标收益率较高的年代，在以银行为主的传统代销渠道中，很多客户经理熟悉的主要产品为刚性兑付的固收类产品或预期收益型的理财产品，对于净值化产品，尤其是权益类净值化产品缺乏足够认知，更谈不上专业能力的积累。面对《资管新规》的推进和纷扰的市场变化，代销渠道客户经理的专业能力和客户服务能力急需提升。

第三，陪伴服务专业化待提升。财富管理不是建议客户"买入－持有－卖出"的流水线操作，也不是应激式的基本反馈，而上述两种模式正是目前大部分代销渠道主要的服务内容。伴随市场的变化，客户的情绪和认知都有可能出现非理性偏差，专业的销售机构需要一套完善的客户陪伴服务体系。

3. 基金行业投资者教育效果有限

在过去无风险利率较高和非标收益率较高的历史背景下，普通投资者对预期收益型的理财产品存在思维依赖，缺乏学习新产品相关知识的动力。客观上，代销机构客户经理考核机制设计不合理，导致客户经理无任何意愿对投资者进行长期正确的投资者教育。基于上述两种原因，投资者对二级市场产品存在认知偏差，无法正确识别二级市场的风险和机会。在面对市场波动的时候，很容易出现行为金融学上的偏差，包括过度自信、处置效应、羊群效应、后见之明、赌徒效应等。以过度自信为例，前文调研分析表明在权益基金投资中真实存在，无论是全市场还是互联网渠道，大多数投资者都认为自己能够跑赢大盘，但真实情况是跑赢的占比仅有50%左右。

4. 销售材料生涩，增加了后期维护成本

在投资者教育阶段，目前的销售材料过于生涩复杂，对于非金融从业人员而言，阅读理解存在较为明显的专业障碍，这导致的直接结果是客户主动放弃阅读基金招募说明书、基金合同，甚至不愿意花精力理解产品的投资范围。受学习能力和教育水平高低的影响，这种现象更常出现在传统银行代销渠道。客户对产品的认知完全基于客户经理的介绍，当客户经理自身专业能力不足或者少数客户经理为了完成短期业绩而欺瞒客户时，很有可能出现产品不符合客户的风险收益要求的现象，导致客户满意度下降，增加了代销渠道后期的维护成本。

第二节 海外基金销售的经验借鉴

一、多层次基金销售体系值得借鉴

美国作为全球最为发达的开放式基金市场，其基金销售渠道也随着共同基金的发展而不断拓展，相容共生，先后或同时经历了一对一营销、商业银行＋保险公司、第三方机构、基金公司直销、基金超市等销售模式，最终形成了目前较为稳定的格局。

从简单直销到代销。20 世纪 20 年代，美国共同基金出现时，基本是由基金发行人在关系圈寻找加入者进行一对一的简单直销，不能称为现代意义的营销。1929 年股灾之后爆发经济危机，绝大多数基金倒闭，刚刚萌芽的共同基金业陷入停滞状态。直到著名的《1933 年证券法案》出台，切实规范金融机构市场行为，保护投资者利益，共同基金才伴随经济复苏获得高速发展。彼时，商业银行和保险公司因其相对于直销的低成本优势，开始成为基金公司的重要营销渠道。

代销渠道的深入。美国代销渠道在20世纪七八十年代货币市场基金兴起的背景下深入发展。20世纪70年代石油危机带来高企的通胀率，创新的货币基金绕开存款利率上限的限制，成功吸引了大量居民储蓄，总市值从1978年的108亿美元猛增到1981年的1860亿美元。彼时，基金分销渠道的选择已不局限于商业银行网点、储蓄机构和保险公司的推销员网络，诸如全方位服务经纪人、折扣经纪人和专业的理财顾问公司这些第三方中介开始涌现，广泛的分销渠道和营销网络的建立，使共同基金的销售覆盖面得到充分拓展，基金规模也以超乎寻常的速度发展起来。国内目前尚无完善的专业理财顾问公司，大众买基金主要通过银行或者互联网销售渠道。随着买方投顾业务的发展，未来不排除有独立的基金投资顾问子公司成为重要的渠道力量。①

退休养老金计划的发展促进了基金销售多层次渠道体系的完善。20世纪90年代美国养老金计划为共同基金业注入了长期稳定增长的资金，401（k）计划成为投资者购买基金的主要渠道之一。养老金一般将资产交给第三方机构管理，由机构向养老金参与者提供投资咨询，它们同时还负有账户管理、交易记录等职责。自20世纪90年代中期开始，银行代销份额逐年下降，基金公司直销和第三方销售占比相对稳定，以养老金计划为代表的机构专

---

① 2019年10月下发的《关于做好公开募集证券投资基金投资顾问业务试点工作的通知》提到，符合一定条件且客户数量达到1亿人的机构，可设立子公司开展基金投资顾问业务试点。

第十七章　公募基金产品销售机制的建设

户渠道的地位稳步上升，与直销和第三方渠道三足鼎立。即使在国际金融危机的2008年，共同基金面临大额的资金流出，以养老金计划为代表的机构专户仍然保持了较大额度净流入，成为2009年市场复苏的基石。

同一时期，基金超市成为基金销售渠道的创新。客户向平台定期支付平台服务费用，除了能够享受到品类丰富的基金外，方便快捷与零申购费用是其重要的特征。互联网技术的飞速发展进一步降低了基金超市渠道的运营成本，从而可以为投资者提供更加便捷的增值服务。

整体看，美国共同基金历经多年的积累，建立了多层次的销售体系，包括：基金公司直销；提供收费投资咨询服务的第三方中介机构（证券公司、银行、专业理财资讯公司和独立理财师等）；基金超市，以低费率的券商为主；退休金计划。多层次销售渠道揭示了美国基金交易市场的高度分工，有针对性地满足了不同人群对基金交易的需求，随着基金产品的不断创新，以及众多渠道对潜在客户的挖掘，共同基金超越其他金融业成为美国第一大金融产业。

相较美国，中国目前的基金销售渠道里，基金公司直销的占比已经明显提升，第三方销售（包括经纪人模式）尤其是互联网平台的销售已经有所起色，但养老金账户、独立的基金投资顾问机构、独立理财师等海外主流销售渠道目前依然没有发展起来。

表17.2对比了中美基金销售格局的差异。

表 17.2 中美基金销售格局的差异

销售模式	形式	客户群	占比（美国 2002 年）	国内状态
直销	基金公司在线平台或柜台直销	以传统机构客户维护为主，少数有知识有经验、偏好自己决策的个人投资者	25%（个人12% + 机构13%）	已有
代销	投资咨询机构（证券、银行、保险、专业理财咨询公司、独立理财师等）	个人客户为主，愿意从专业人士那里获得投资咨询意见的人群	55%	保险、独立理财师尚未加入
代销	基金超市（低费率券商等）	长尾客户，对看重低廉的交易成本、喜欢在不同基金公司间进行灵活而又低成本转换的投资者，有较大吸引力	5%	以天天基金、蚂蚁财富等互联网平台为主，尚无低费率券商
养老金账户	退休金计划	年轻人，由雇主提供基金等投资产品，雇员通过工资扣除支付基金等产品的费用。可避税	15%	缺失

资料来源：作者整理。

二、营造更加公平的竞争环境

公平竞争是市场经济良性发展的必要条件，也是基金行业发展的必要条件。美国和欧洲在这方面既有经验，也有教训，尤其是在如何处理商业银行作为销售渠道可能涉及的不利于公平竞争问题上。

商业银行一般具有网点多、覆盖面广、金融客户人数庞大等特点，有条件在基金渠道体系中占支配地位。如果银行或者其他单一类型机构占据了支配地位，但又不能公平对待各个基金，就会妨碍基金行业的健康发展。在美国，由于银行本身是在基金业发展到很高阶段后才进入基金管理领域的，所以银行管理的基金资产占总资产份额并不大。同时，美国法律不允许商业银行在全国范围内设立零售网点从事零售业务，这就遏制了商业银行在销售渠道上形成垄断或寡头的可能。这一点对美国公平合理的基金销售渠道的形成和运转，对基金行业的持续健康发展做出了积极贡献。

在欧洲，情况要复杂一些。以英国为例，英国法律为了保证基金销售的竞争性，对商业银行作为基金销售渠道进行了限制，避免了欧洲大陆普遍存在的商业银行统治基金销售的现象。加上受传统习惯的影响，英国的基金销售渠道主要是由上万家理财顾问公司和几万名独立理财顾问构成，保证了渠道间的有效竞争，这也是英国基金市场高度发达，位列世界前三的原因之一。相比之下，在欧洲大陆，商业银行在大多数国家包括法国、德国、意大利和西班牙，都是占主导地位的基金销售渠道。这些国家中，如何使商业银行对所有基金开放，并且在营销时对自己发起的基金和别人发起的基金一视同仁，一直是个问题。虽然近年来这方面有了很大进步，但问题仍然存在，例如在法国，这两年只有

40%的大银行为第三方基金提供代销服务，而在芬兰，由银行发起和管理的基金占基金发行的主导地位。①

我国银行业的发展壮大，有其特定的历史背景，银行作为公募基金的主要代销渠道，在公募基金行业的发展中起到了积极作用。正如前文所述，随着互联网技术和公募基金机构业务的发展，商业银行在公募基金销售版图中的占比逐渐降低，但从结构上看，在主动型权益基金的销售中，商业银行依然起着举足轻重的作用。

三、咨询服务全面专业，受众广泛

基金投资是一项智力活动，涉及大量关于基金的专业知识和技巧，普通投资者很难掌握足够的知识和技巧进行理性投资。因此，专业的基金投资咨询对投资者做出正确的买卖决策十分必要。专业基金咨询服务的内容，主要包括在投资者做出基金购买决定前与专业咨询人员沟通，帮助他们确认投资目标，并推荐基金供投资者选择购买，在后续服务工作中对投资者已有的投资组合进行定期审查分析，帮助做出资产配置调整的决定并回答投资者的问题。

在美国和欧洲，专业的咨询服务是基金销售渠道广泛提供的重要服务内容之一，绝大多数投资者都向销售渠道寻求帮助和使

---

① 2002年，芬兰约70%的基金资产由银行管理。学者研究发现，在芬兰，由于银行发起和管理的基金占基金发行的主导地位，同时银行又是基金销售的重要渠道，在基金市场上有一定垄断地位，导致市场运行效率不高。

用投资咨询。美国投资公司协会的数据显示，2006年，美国80%以上的基金投资者在做出买卖基金决策时使用专业投资咨询服务，包括全方位服务证券经纪人、独立的理财规划师、保险经纪人、银行或储蓄机构业务代表和会计师，50%的基金投资者只通过专业投资咨询买卖基金。2018年，持有共同基金的美国家庭中，约80%的家庭全部或部分通过雇员赞助的退休金计划参与基金投资，约63%的家庭全部或部分通过其他方式参与，约43%同时通过退休金计划及其他方式参与基金投资。在全部或部分通过其他方式参与的家庭中，40%完全通过专业投资顾问的方式参与基金投资，38%借助专业投资顾问、基金公司和证券经纪商的综合建议参与基金投资（见图17.4）。在欧洲，专业投资咨询服务也是基金销售渠道广泛提供的服务内容。尤其是英国，除了各种机构提供咨询外，独立的金融理财顾问（IFA）就占了整个基金零售总额的50%。

美国和欧洲的经验是：基金销售渠道给广大投资者提供广泛而又密切的专业投资咨询，帮助投资者做好理性的投资决策，提高他们投资成功的机会，同时也为基金投资群体的壮大和基金行业的发展提供了良好条件。接受此类服务的基金投资者认为，使用专业咨询服务可以提高其投资决策的水平，从而增加资产增值的机会，使他们对投资感到放心。具体来说，专业咨询服务可以帮助客户理解自己的财务综合状况，在一系列投资选择中合理配置资产，还可以确保客户过世后的资产作为遗产被管理得井井有条。

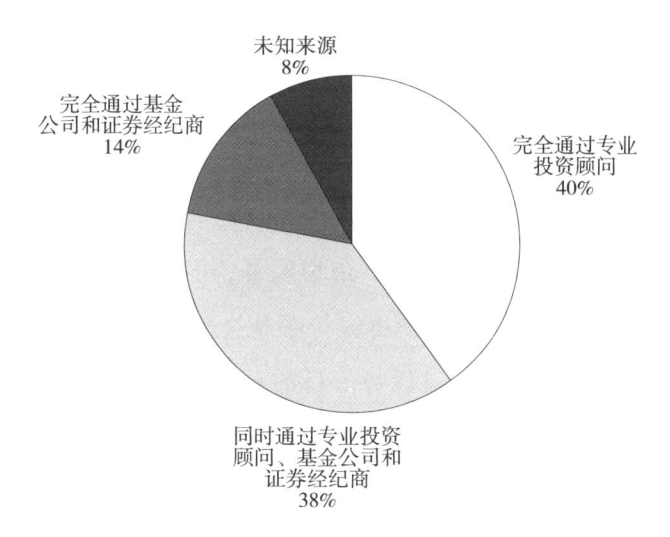

图 17.4　美国家庭通过不同方式投资共同基金的比例

资料来源：美国投资公司协会（2018）。

第三节　中国公募基金销售机制建设建议

一、构建多元化销售渠道，提升专业服务能力

美国共同基金多层次的销售体系凸显了美国基金交易市场的高度分工体系，从而可以有针对性地满足不同人群的基金投资需求。与欧美发达的基金销售渠道相比，国内基金销售渠道的结构还较为简单，服务模式也还处在初级阶段，尚未针对不同基金投资者建立起一套分工细致、结构完整合理的基金销售体系，当下银行渠道依然占较大比例。国内目前银行渠道成长为代销主要渠道有其历史原因，但同时我们也看到银行渠道存在着一些潜在问

题，有可能影响基金销售的公平竞争和投资者利益。

首先，银行系基金公司和白名单制的存在，可能影响基金市场的竞争效率。目前国内几家国有银行旗下都有自己发起设立的基金管理公司，虽然他们在为与自己有关的基金提供销售服务的同时也为其他基金提供销售服务，但常常在服务的优先顺序上存在差别对待，这使得银行系基金与非银行系基金相比，具有与生俱来的销售渠道优势。目前更常见的情况是各家银行都有自家的主要合作名单客户，以银行个人金融部为例，假设两个产品（产品A和产品B），综合评价而言，产品B略优于产品A，或者判断接下来这段时间产品B短期可能更适合推荐给客户，但如果产品B不属于核心合作名单内基金公司的产品，代销渠道更可能给客户推荐产品A，从而影响客户的真实持有体验。

其次，由于多重指标考核叠加，银行可能难以做到以客户为本。国内商业银行普遍对各营业场所下达储蓄存款等其他指标，要求完成任务并依照指标完成情况对相关营业场所和工作人员进行奖惩。为了不让基金购买影响指标完成，营业场所常常会鼓励投资者在基金购买上采取"赎旧买新"的做法，但这种做法往往并不符合客户利益最大化。

为改变这一现状，一方面需要对银行渠道进行监管层面的规范约束，另一方面还需要尽快构建多元化的渠道模式。我们认为，基金投顾业务的推出对渠道变革的意义重大。当下需要尽快总结试点经验，逐步扩大业务试点范围，将其打造成为改变基金销售业态、实现基金销售与居民财富需求相契合的重要路径。①

此外，系统升级迫在眉睫。最美好的愿景和计划也会被现实的技术壁垒阻碍。为了避免再次出现类似基金销售历史上天相投顾遭遇的技术阻碍，有条件的金融机构或者 IT 公司，比如恒生、万得、天天基金等，应当开发更加简洁开放的基金交易底层系统，提升系统承载能力，为对接更多代销机构做好技术储备。

二、加快扶持专业投资顾问机构，完善基金投顾人才培养与评价机制

与海外众多专业基金理财机构百花齐放的局面不同，国内专业基金投资顾问机构的缺乏或许是基金销售乱象的症结之一。行业内亟待塑造专业投资顾问机构的标杆，发挥行业标杆的示范效应，从政策和舆论引导上，加快扶持新型专业投资顾问机构和改造升级现有销售机构的运作模式，而"专业"的形成需要解决人才培养和科学评价机制两个问题。

国内基金销售渠道基于销量的传统考核模式，会导致客户经理的精力主要集中在客户营销层面，大部分网点缺乏合格的投资咨询与理财规划人才，无法向投资者提供专业的基金投资咨询服务，这使得个人投资者很难把自己的基金交易决策建立在信息充分和理性分析的基础上。

为解决这个问题，一方面我们建议监管机构大力推广理财规

---

① 在第十五章有关买方投顾的章节中，我们已经做过分析，此处不再赘述。

划教育培训和资格考核、监督工作，实行更加科学和严格的资格认证和定期培训，向市场输送更多的专业化人才。另一方面，商业银行、证券公司等销售机构内部需建立完善的理财人才培养机制，早期也可以考虑与外部的专业咨询人士和专业基金投资咨询机构建立更广泛的密切合作，向基金投资者提供更多的投资咨询服务。此外，为推进买方投顾业务的顺利开展，待业务试点扩大之后，建议考虑设定专业的买方投顾机构评价机制。对于客户买方投顾账户的基础数据，建议定期上传证监会或基金业协会进行统一管理，由监管设定规则追踪买方投顾能力评价体系，并定期发布投顾机构的投顾能力排行榜。这里的"投顾能力"并非指短期的绝对业绩，而是基于和客户签订的投顾合同的风险收益偏好目标，考量投顾机构是否切实按照客户的风险收益偏好进行产品推荐并实现客户目标。

三、构建政策激励约束机制，规范基金销售行为

前文的研究表明，部分投资者的行为偏差与金融及基金基础知识掌握薄弱有关，包括爱买"便宜"基金、盲目追涨杀跌、不关注基金的投资范围、不关注基金经理的风格、不看招募说明书和基金合同等。对此，我们提出如下建议：

第一，协会制定相关规则，敦促基金公司和销售机构在日常的营销活动和宣传材料制作中，必须嵌入一定比例的基金/金融科普知识，推广价值投资和资产配置理念。业内一些基金公司早年已经率先投入精力开展范围较大的投资者教育活动，随着最近两

年基金互联网营销的普及，部分公司还已经着手开展线上投资者教育，推广价值投资理念，这种方式值得鼓励与推广。

第二，推广符合中国特色的基金评价体系。鼓励基金公司和销售机构在对外宣传中，借助第三方评价机构更加细化的评价标准，在营销过程中清晰刻画基金经理特征，着重揭示产品的定位、投资范围、基金经理的投资风格和理念、基金经理的能力圈等要素。

第三，对于投资者教育工作卓有成效的金融机构或者财经媒体等，建议监管机构结合实际情况，给予一定的政策激励，鼓励市场参与者加入投资者教育的长跑中，比如在金牛奖等基金行业奖项方面，增加设置投资者服务或投资者体验的相关奖项。对于投资者教育内容发布的信息渠道，参考前文所述，专业基金财经资讯类媒体是权益基金投资者获取信息的主要渠道，建议各机构将制作的投资者教育内容分发到投资者关注的主流渠道，同时需要监管部门要求此类财经媒体或者 App 长期或定期保留一定的专门界面区域，展示投资者教育的相关内容。

四、运用多样化系统建设，助力投资者克服投资行为偏差

前面的实证研究表明，权益基金投资者的认知水平较为一般，超半数的投资者属于认知模糊，或者存在认知偏差。认知清晰的权益基金投资者相对有限，仅有 10%~20%。行为偏差的主要表现包括：处置效应、过度自信、羊群效应、后见之明、赌徒效应、补仓行为等。

首先，为了便于纠正客户的行为偏差，建议系统在设计之初，通过提问的形式为客户的每一笔交易做操作记录，比如记录客户每次申购的原因（看好后市、摊薄成本、博取短期反弹等）、客户每次赎回的原因（看空后市、需要现金等）。长期跟踪将大大有利于销售机构识别客户的风险收益特征，但考虑到系统的复杂性以及投资者操作便利性的下降，建议由监管部门牵头设计此类规则，并敦促销售机构执行。

　　其次，针对不同行为金融学偏差，可以提供更为细致的服务。针对过度自信，我们建议有能力的销售平台为每一个基金账户/交易账户引入账户净值计算机制，即将客户统一账户的持仓基金自动生成一个 FOF 组合进行评估，计算该组合的净值曲线、超额收益、胜率、交易胜率、换手率等指标，并且投放一些对比值，帮助客户更加清晰地认识自己的持仓业绩和交易情况。以蚂蚁财富 App 为例，其每天会生成持仓的区间收益率数据，对标该平台上的其他基金投资者业绩。另外，针对过度自信的"高发人群"（3～5年投资经验、中等收入人员），建议结合客户数据进行更加密集的投资者教育。通过长期对标，客户会发现自己的"组合业绩"与市场专业机构之间的差距，也会发现自己在同类投资者中所处的分位，逐渐纠正过度自信。过度交易是金融投资中过度自信的一个重要表现，对此，可以考虑在客户交易时提供简单的提示，目前部分互联网金融代销平台进行赎回操作的时候会给予一定的提示，或许能达到降低客户频繁交易的目的。

　　针对处置效应，实证分析发现，银行客户的处置效应最明显，这跟银行目前"赎旧买新"的营销策略有一定关系，在客户盈利的情况下，客户经理更容易劝说客户赎回获利基金，转投其他产品，进而完成营销目标。对此，建议改善银行基金营销的盈利和考核模式，从销售导向转为客户资金保值增值导向。除此之外，销售机构需建立相关服务机制，在客户选择交易的时候，销售渠道的客户经理应及时跟进了解客户的持仓情况，提供更加理性的投资建议。此外，建议通过客户交易行为的大数据分析，对投资者进行画像，识别具有处置效应特征的客户，有针对性地投放相关投资者教育内容。

针对羊群效应，建议基金公司、销售机构和金融媒体在宣传过程中更加严格审核宣传文本，避免依据短期产品销量进行推荐。针对线上平台，在一定程度上禁止基于销量的自动推荐，让投资者见到"羊群"的概率更小，或在一定程度上降低羊群效应的影响。

针对补仓行为，一方面需要在投资者教育内容中强化组合投资理念，同时通过 IT 系统设计，在生成客户的月度或者季度交易报告中，凸显过去补仓操作的胜率和相对于补仓其他同类产品的胜率。

五、完善客户风险承受能力评估体系，引导投资者理性投资

在基金投资中，由于存在投资者过度自信行为，传统的风险评估测试结果并不能真实反映基金投资者对风险的认知水平。针对这个问题，建议由监管机构联合金融机构建立个人金融资产持有报告系统和金融产品交易报告系统，协助金融机构建设更为全面的客户风险承受能力评估体系，精细化识别投资者的投资风格。

在系统建设上，由监管机构统筹建设股票、债券、金融产品（银行理财、基金、信托、保险等）报备登记机制和金融产品交易记录机制，由交易所、登记结算机构、资产管理机构等上传持有人相关资料到指定部门，汇总生成个人金融资产持有报告和金融产品交易报告。在运行模式上，可参考目前个人征信系统的运行机制，在客户签署相应委托合同之前，需要预先授权金融机构查询其个人金融资产持有和交易报告。结合销售机构的风险评估测算，对每一个客户生成更加完善的风险评测，对于超过客户风险承受能力的投资行为，需要签订额外的委托条款。此外，对于基金销售机构和基金管理公司，还应着重强调委托合同、基金合同制作的合理和合法，以着重保护中小投资者权益。

总之，基金营销是影响投资者行为决策的一个重要外部因素。当前中国尚不完善、不健全的基金销售体系，一定程度上干扰了投资者的理性投资。因此，需要在公募基金销售的考核机制、渠道建设、人才培养、投资者教育和销售适当性等方面，不断优化完善，实现基金销售利益与客户资产保值增值诉求的有效统一与长效发展。

第十八章　结束语

本书大量的调查研究、实证研究、实验研究均表明，个人投资者是非理性的，这凸显了当下改善投资者行为的意义。这不仅有助于进一步发挥公募基金作为居民财富保值增值重要手段的作用，还是重塑资本市场微观结构，实现资本市场持续健康发展的关键环节。资本市场体系的完善，不仅有赖于法律制度、监管制度的建立健全，更需要投资者自身投资理念、投资方法的成熟。当大多数投资者都是理性的时候，市场的效率也将提升，中国资本市场与基金行业也将走向成熟。

诚然，投资者的理性引导与行为改善并非易事，绝不是一朝一夕之功。投资者的理性引导，需要监管机构、基金公司、基金销售、基金投顾以及基金投资者的多方共同努力。

对于监管机构，核心是做好顶层制度设计，规范基金行业各方参与主体行为，积极借鉴海外成功经验做法，通过设计激励约束机制，营造公募基金行业持续健康发展的良好环境。同时，监管机构还肩负统领、牵头推进投资者教育的重任，自上而下推动各自律组织开展投资者教育活动，打造立体化、全方位的中国基金业投资者教育体系。

对于基金公司，除了加强自身投研能力建设，以优异的业绩回馈投资者外，还需要通过产品设计的优化，帮助投资者克服非理性行为。通过清晰的产品描述规避投资者的认知偏差，并从产品设计的约束机制、策略选择、公司考核机制等不同环节着手，纠正投资者在持有期的行为偏差。这既包括持有期设定、阶梯式赎回费率等约束或鼓励投资者长期持有的产品制度设计，也包括低波稳健、绝对收益、全生命周期等满足特定需求、提升客户体验的产品策略设计等。

对于基金销售机构，目前基于销量的传统考核模式，会导致客户经理的主要精力集中于客户营销层面，再加上中国基金销售行业专业基金投顾与理财规划人才的缺乏，无法向投资者提供持续、有效、专业的基金投资咨询服务。为此，销售机构需要尽快建立完善的基金理财人才培养机制，向基金投资者提供更多的投顾业务。此外，销售机构还可以运用多样化的系统建设，借助金融科技的力量，帮助投资者克服投资行为偏差，加强对基金投资者的陪伴与投资者教育服务。

基金投顾业务发展的意义重大，顺应了中国财富管理行业的变革趋势，有望推动公募基金行业从销售导向转向客户资产保值增值导向。基金投顾业务的开展，也将有助于弥补个人基金投资经验的积累并未有效提升投资理性的不足。基金投顾业务，不仅在于"投"，更在于"顾"，通过以真实账户为依托的组合示范、投资者互动，完善投资者的资产配置与风险管理理念。当前，一方面需要不断总结试点推进经验，逐步扩大业务试点范围，考虑全面放开买方投顾牌照范围，放开持牌金融机构和大型互联网平台的买方投顾资格，并鼓励有能力的个人或团队嫁接于持牌金融机构平台，提供买方投顾服务；另一方面对于策略开发方，还要尝试不断丰富基金投顾的策略构建和产品线，尤其是重点开发场景化投资策略，充分发挥买方投顾形式灵活、更加契合投资者细分需求的优势。

对于个人投资者，不仅需要正视自己的投资偏差，不断学习，构建完整的基金投资知识体系，还需要在实践中，针对不同原因造成的投资偏差采取相应的应对策略，更加理性地管理自己的基金投资。每个投资者的偏差特点都不一样，也有不同的风险偏好，不同的偏差集合、风险偏好体现出了不同的投资行为模式。个人投资者要更清晰地了解自身的投资行为模式，尤其要关注自身的投资行为模式与自己实际的财富状况、风险承受能力是否相匹配，并引导自身的投资行为模式与实际经济情况相匹配，寻找投资的"舒适区"。

此外，投资者教育是推动基金投资者走向理性、成熟的必要之举，但投资者交易是一个系统性工程，有赖于全社会的共同努力。一方面要构建从学校到社会的分层投资者教育体系，普及科学投资与风险管理理念；另一方面还要从通用教育走向专项教育，尤其是针对行为偏差的专项投资者教育内容与方式需要不断深化。当下，极有必要贯彻基于组合管理视角的分散化投资与资产配置理念，因为组合管理不仅是一种投资理念，更是科学化的投资流程，投资者对这一理念与流程的掌握过程，实际上也是非理性行为与投资偏差的缓解过程。

总之，在国家经济转型和金融供给侧改革攻坚的关键时期，公募基金行业的持续健康发展意义深远，行业发展呼吁基金投资者提升理性。这除了投资者自身的努力，还有赖于全社会对基金投资者教育工作的大力普及、推进与创新，有赖于中国基金市场买方投顾模式的尽快普及完善，有赖于专业的第三方基金评价机构的兴起。希望通过全社会的共同努力，构建一个理性的基金投资世界。

参考文献

1. Agarwal V, Green T C, Ren H. Alpha or Beta in the Eye of the Beholder: What Drives Hedge Fund Flows? [J]. Journal of Financial Economics, 2018, 127 (3): 417-434.

2. Sunil Wahal, Albert Yan Wang. Competition among mutual funds [J]. Journal of Financial Economics, 2011, 99 (1): 40-59.

3. Bailey W, Kumar A, Ng D. Behavioral biases of mutual fund investors [J]. Journal of Financial Economics, 2011, 102 (1): 1-27.

4. Barber B, Odean T, Zheng L. Out of Sight, Out of Mind: The Effects of Expenses on Mutual Fund Flows [J]. Journal of Business, 2005, 78 (6): 2095-2120.

5. Barber B M, Xing H, Odean T. Which Factors Matter to Investors? Evidence from Mutual Fund Flows [J]. Review of Financial Studies, 2016, 29: 2600-2642.

6. Barber B, Odean T. Boys will be Boys: Gender, Overconfidence, and Common Stock Investment [J]. Quarterly Journal of Economics, 2001 (1): 261-292.

7. Bondt W D, Thaler R. Does the Stock Market Overreact? [J]. Journal of Finance, 1985, 40 (3): 793-805.

8. Brown S J, Goetzmann W N, Hiraki T, et al. Investor Sentiment in Japanese and U.S. Daily Mutual Fund Flows [J]. NBER Working Papers, 2003.

9. Burke J, Hung A A. Financial Advice Markets [R]. 2015.

10. Burton, G, Malkiel, et al. Efficient Capital Markets: A Review of Theory and Empirical Work: Discussion [J]. Journal of Finance, 2012.

11. Callen J L, Fang X. Institutional investor stability and crash risk: Monitoring versus short – termism? [J]. Journal of Banking & Finance, 2013, 37 (8): 3047 – 3063.

12. Cao J, Hsu J C, Xiao Z, et al. Smart Beta, 'Smarter' Flows [J]. Social Science Electronic Publishing, 2017.

13. Carhart M. On persistence in mutual fund performance [J]. Journal of Finance, 1997 (52): 57 – 82.

14. Charles MacKay. Memoirs of Extraordinary Popular Delusions and the Madness of Crowds [J]. Journal of Comparative Neurology, 2001, 430 (4): 471 – 84.

15. Chopra R N. Portfolio Rebalancing and the Turn – Of – The – Year Effect [J]. Journal of Finance, 1989, 44 (1): 149 – 166.

16. Christoffersen S, Evans R, Musto D K. What Do Consumers' Fund Flows Maximize? Evidence from Their Brokers' Incentives [J]. Journal of Finance, 2013.

17. De Long J B, Shleifer A, Summers L H, et al. The Survival of Noise Traders in Financial Markets [J]. The Journal of Business, 1991, 64.

18. Dittrich D, W Güth, Maciejovsky B. Overconfidence in investment decisions: An experimental Approach, Mimeo. Max – Planck – Institute for Research into Economic Systems [R]. CESifo Working Paper, 2001.

19. Epley N, Gilovich T. When effortful thinking influences judgmental anchoring: differential effects of forewarning and incentives on self-generated and externally provided anchors [J]. Journal of Behavioral Decision Making, 2010, 18 (3).

20. Fama E F, French K R. Common risk factors in the returns on stocks and bonds [J]. Journal of Financial Economics, 1993, 33 (1): 3 – 56.

21. Fama E F, French K R. The Cross-Section of Expected Stock Returns [J]. The Journal of Finance, 1992.

22. Fama E F, French K R. Common risk factors in the returns on stocks and bonds [J]. Journal of Financial Economics, 1993 (33): 3 – 56.

23. Feng X, Zhou M, Chan K C. Smart money or dumb money? A study on the selection ability of mutual fund investors in China [J]. The North American Journal of Economics and Finance, 2014, 30 (nov.): 154 – 170.

24. Ferson W E, Warther V A. Evaluating Fund Performance in a Dynamic Market [J]. Financial Analysts Journal, 1996, 52 (6): 20 – 28.

25. Fischer B. Noise [J]. Journal of Finance, 1986, 41 (3): 529 – 543.

26. Grossman S J, Stiglitz J E. On the Impossibility of Informationally Efficient Markets [J]. American Economic Review, 1980, 70.

27. Haugen R A, Lakonishok J. The incredible January effect : the stock market's unsolved mystery [J]. Dow Jones – Irwin (Homewood, Ill.), 1988.

28. HUANG J, WEI K D, HONG Y. Participation costs and the sensitivity of fund flows to past performance [J]. The Journal of Finance, 2017, 62 (3): 1273 – 1311.

29. ICI. Investment Company Fact Book [R]. 2017, 2018, 2019.

30. Indro, Daniel C. Does Mutual Fund Flow Reflect Investor Sentiment? [J]. Journal of Behavioral Finance, 2004, 5 (2): 105 – 115.

31. Ippolito R A. Consumer Reaction to Measures of Poor Quality: Evidence from the Mutual Fund Industry [J]. Journal of Law & Economics, 1992, 35

(1): 45 - 70.

32. Isidore R, Christie P. The relationship between the income and behavioural biases [J]. Journal of Economics, Finance and Administrative Science, 2019.

33. Jay R. Ritter, Navin Chopra. Portfolio Rebalancing and the Turn - Of - The - Year Effect [J]. Journal of Finance, 1989, 44 (1): 149 - 166.

34. Jegadeesh N, Titman S. Return To Buying Winners And Selling Losers: Implication For Stock Market Efficiency [J]. Journal of Finance, 1993, 48 (1): 65 - 91.

35. Kahneman D, Riepe M W. Aspects of Investor Psychology [J]. Journal of Portfolio Management, 1998, 24 (4): 52 - 65.

36. Kahneman D, Slovic P, Tversky A. Judgment Under Uncertainty: Heuristics And Biases. [J]. Uncertainty In Economics, 1978, 34 (3): 17 - 34.

37. Kahneman D, Tversky A. The Concept of Probability in Psychological Experiments [J]. Cognitive Psychology, 1973, 3 (3): 430 - 454.

38. Kahneman D, Tversky A. Prospect Theory: An Analysis of Decision under Risk [J]. Econometrica, 1979, 47 (2): 263 - 291.

39. Keith S. Is Fund Growth Related to Fund Performance? [J]. Journal of Portfolio Management, 1978, 4 (3): 49 - 54.

40. Keswani A, Stolin D. Which money is smart? Mutual fund buys and sells of individual and institutional investors [J]. Journal of Finance, 2008 (63): 85 - 118.

41. Kumar A, Lim S. How Do Decision Frames Influence the Stock Investment Choices of Individual Investors? [J]. Social ence Electronic Publishing, 2008, 54 (6): 1052 - 1064.

42. Lakonishok J, Vishny S. Contrarian Investment, Extrapolation, and Risk

[J]. Journal of Finance, 1994, 49 (5): 1541 -1578.

43. Li Z, Li L, Sr Z W, et al. Does the location of stock exchange matter? A within - country analysis [J]. Pacific - Basin Finance Journal, 2012, 20 (4): 561 -582.

44. Long J B D, Shleifer A, Waldmann S R J. Noise Trader Risk in Financial Markets [J]. Journal of Political Economy, 1990, 98 (4): 703 -738.

45. Mazumdar T, Raj S P, Sinha I. Reference Price Research: Review and Propositions [J]. Journal of Marketing, 2015, 69: 8 -102.

46. Navone M A. Universal Versus Segmented Competition in the Mutual Fund Industry [J]. Ssrn Electronic Journal, 2002.

47. Nicholas E, Thomas G. When effortful thinking influences judgmental anchoring: differential effects of forewarning and incentives on self-generated and externally provided anchors [J]. Journal of Behavioral Decision Making, 2010 (3): 199 -212.

48. Niehaus G, Shrider D. Framing and the disposition effect: evidence from mutual fund investor redemption behaviour [J]. Quantitative Finance, 2013.

49. Odean T. Are Investors Reluctant to Realize Their Losses? [J]. The Journal of Finance, 1998, 53 (5): 1775 -1798.

50. Odean T. Do Investors Trade Too Much? [J]. American Economic Review, 1999, 89 (5): 1279 -1298.

51. Ritter J R. The Long - Run Performance of Initial Public Offerings [J]. Journal of Finance, 1991, 46 (1): 3 -27.

52. Roston M N. Mutual fund managers and lifecycle risk: An empirical investigation [J]. University of Chicago, 1997.

53. Sapp T, Tiwari A. Does stock return momentum explain the "smart money" effect? [J]. Journal of Finance, 2004, 59: 2605 – 2622.

54. Schwert G W. Dumb money: Mutual fund flows and the cross-section of stock returns [J]. Journal of Financial Economics , 2005 (2): 299 – 322.

55. Shapira Z, Venezia I. Patterns of behavior of professionally managed and independent investors [J]. Journal of Banking & Finance, 2001, 25 (8): 1573 – 1587.

56. Shiller R J. The Use of Volatility Measures in Assessing Market Efficiency [J]. Journal of Finance, 1981, 36.

57. Siegel, J. Stocks for the Long Run [M]. New York: McGraw Hill, 1998.

58. Sirri E, Tufano P. Costly Search and Mutual Fund Flows [J]. Journal of Finance, 1998, 53.

59. Simon H A . A Behavioral Model of Rational Choice [J]. Quarterly Journal of Economics, 1955 (1): 99 – 118.

60. Smith V L . An Experimental Study of Competitive Market Behavior [J]. Journal of Political Economy, 1962, 70 (3): 322 – 323.

61. Spitz A E. Mutual Fund Performance and Cash Inflows [J]. Applied Economics, 1970, 2 (2): 141 – 145.

62. Titman G S. The Persistence of Mutual Fund Performance [J]. Journal of Finance, 1992, 47 (5): 1977 – 1984.

63. Tversky A, Kahneman D. Availability: A heuristic for judging frequency and probability [J]. Cognitive Psychology, 1973, 5 (2): 207 – 232.

64. Tversky A, Kahneman D. Cumulative Prospect Theory: An analysis of decision under uncertainty [J]. Journal of Risk and Uncertainty, 1992 (5): 297 – 323.

65. Tversky A, Kahneman D. The Framing of Decisions and the Psychology of Choice [J]. Springer US, 1985.

66. Vernon S. An experimental study of competitive market behavior [J]. Journal of Political Economy, 1962, 3: 111-137.

67. Vincent A. Warther. Aggregate Mutual Fund Flows And Security Returns [J]. Journal of Financial Economics, 1995, 39 (2): 209-235.

68. Wermers R. Mutual Fund Herding and the Impact on Stock Prices [J]. The Journal of Finance, 1999, 54 (2): 581-622.

69. Wurgler J, Zhuravskaya E. Does Arbitrage Flatten Demand Curves for Stocks? [J]. Yale School of Management Working Papers, 1999.

70. Zheng L. Is money smart? A study of mutual fund investors′ fund selection ability [J]. Journal of Finance, 1999 (54): 901-933.

71. 安德瑞·史莱佛. 并非有效的市场 [M]. 北京：中国人民大学出版社, 2015.

72. 大卫·F·史文森. 机构投资的创新之路 [M]. 北京：中国人民大学出版社, 2010.

73. 丹尼尔·卡尼曼. 思考, 快与慢 [M]. 北京：中信出版社, 2012.

74. 冯旭南, 李心愉. 参与成本、基金业绩与投资者选择 [J]. 管理世界, 2013 (4): 48-58.

75. 贾丽娜, 扈文秀. 投资者情绪对基金羊群效应的影响研究 [J]. 运筹与管理, 2013 (6): 191-199.

76. 李彬. 实验经济学研究综述 [J]. 经济学动态, 2002 (9): 77-82.

77. 李凤羽. 投资者情绪能够解释 ETF 的折溢价吗？——来自 A 股市场的经验证据 [J]. 金融研究, 2014 (2): 180-192.

78. 李小晗,朱红军. 投资者有限关注与信息解读［J］. 金融研究,2011（8）：128-142.

79. 李志冰,刘晓宇. 基金业绩归因与投资者行为［J］. 金融研究,2019（2）：188-205.

80. 李志冰,杨光艺,冯永昌,等. Fama-French 五因子模型在中国股票市场的实证检验［J］. 金融研究,2017（6）：191-206.

81. 李志生,徐谦,刘淳. 营销投入与基金资金流动——基于中国开放式基金的经验证据［J］. 清华大学学报（自然科学版）,2013（8）：1192-1201.

82. 廖理,贺裴菲,张伟强,等. 中国个人投资者的过度自信和过度交易研究［J］. 投资研究,2013（8）：35-46.

83. 林煜恩,陈秀玲,池祥萱. 共同基金流量具有信息内涵吗？［J］. 经济研究,2014（A01）：176-188.

84. 刘志阳. 国外行为金融理论述评［J］. 经济学动态,2002（3）：71-75.

85. 陆蓉,陈百助,徐龙炳,等. 基金业绩与投资者的选择——中国开放式基金赎回异常现象的研究［J］. 经济研究,2007（6）：39-50.

86. 陆蓉. 行为金融学讲义［M］. 北京：中信出版集团,2019.

87. 露西 F. 阿科特,理查德·迪弗斯. 行为金融：心理、决策和市场［M］. 北京：机械工业出版社,2012.

88. 罗伯特·J·希勒. 非理性繁荣（第二版）［M］. 北京：中国人民大学出版社,2014.

89. 莫泰山,朱启兵. 为什么基金投资人的投资回报低于基金行业的平均回报——基于"聪明的钱"效应实证检验的解释［J］. 金融研究,2013（11）：193-206.

90. 彭惠,罗锐,盛永恒. 市场情绪对开放式基金申赎流量的影响分析

[J]．上海金融，2012（2）：69－74．

91．彭惠，江小林，吴洪．偏股型开放式基金"赎回悖论"的动态特征及申购异象［J］．管理世界，2012（6）：60－73．

92．饶育蕾，盛虎．行为金融学［M］．北京：机械工业出版社，2010．

93．山立威，申宇．基金营销与资金流动：来自中国开放式基金的经验证据［J］．金融研究，2013（1）：192－206．

94．王珏，陈永帅．迎合投资者情绪能够为证券投资基金带来超额收益吗？［J］．管理评论，2018（7）：3－15．

95．肖峻，石劲．基金业绩与资金流量：我国基金市场存在"赎回异象"吗？［J］．经济研究，2011（1）：112－125．

96．杨坤，曹晖，宋双杰．基金业绩与资金流量：明星效应与垫底效应［J］．管理科学学报，2013（5）：29－38．

97．姚禄仕，吴宁宁．基于LSV模型的机构与个人羊群行为研究［J］．中国管理科学，2018（7）：55－62．

98．易洪波，赖娟娟，董大勇．网络论坛不同投资者情绪对交易市场的影响——基于VAR模型的实证分析［J］．财经论丛，2015（1）：46－54．

99．易志高，茅宁．中国股市投资者情绪测量研究：CICSI的构建［J］．金融研究，2009（11）：174－184．

100．约翰·格雷．男人来自火星，女人来自金星［M］．北京：中华工商联合出版社，2015．

101．赵学军，王永宏．中国股市"处置效应"的实证分析［J］．金融研究，2001（7）：92－97．

102．中国证券投资者保护基金有限责任公司．中国资本市场投资者保护状况白皮书（总报告）［R］．2017，2018，2019，2020．

103. 周铭山，周开国，张金华，等. 我国基金投资者存在处置效应吗？——基于国内某大型开放式基金交易的研究［J］. 投资研究，2011（10）：87-97.

104. 庄炜，胡光华，陈晴，等. 以投资者为中心的投教服务体系研究［C］. 创新与发展：中国证券业2018年论文集（下册），2019.

105. 左大勇，陆蓉. 理性程度与投资行为——基于机构和个人基金投资者行为差异研究［J］. 财贸经济，2013（10）：59-69.

致　谢

本研究项目从发轫到完结，历时接近两年时间。华宝证券研究所张青、李真、张菁、王方鸣、程秉哲、贾依廷、余景辉在文献梳理、问卷调查、实证统计、对策建议等多方面提供了全面支持；在实验数据收集、整理、分析方面，银华基金周南、孙奇、王荻提供了支持。在成书过程中感谢银华基金苏薪茗、董岚枫、郑奇峰、王海标、叶盛、尚子路、何纯、吴力功、巴祥松、马莉、哈金花等提供的专业意见。本书既是向银华基金成立20周年的献礼，也作为香山财富研究院系列丛书的开端之作，在此感谢香山财富论坛的理事长范勇宏先生和总顾问李克平先生，也感谢研究院副院长黄雷的付出。感谢中信出版集团和吴素萍女士，正是她的信任、鼓励和积极推动，才得以使本书尽早地与读者见面。

作者
2021年12月

《中国权益基金投资者行为金融学研究白皮书》（简称《白皮书》）由银华基金在京发布。该《白皮书》是业内首次基于行为金融学视角对国内权益基金投资者行为展开深度调研，由银华基金联合天天基金网、香山财富研究院、华宝证券共同组织完成。

　　该项调研历时半年，在北京、上海、广州、成都、苏州五城市举办10场线下投资者深度访谈，并通过天天基金网、银华基金、尼尔森等渠道回收问卷超过15000份。《白皮书》采取线上调研结果定量分析和线下访谈内容定性分析的研究方式，对权益基金投资者的行为特点进行了全面的调查研究，描绘权益基金投资者存在的行为偏差及其程度，并对投资者行为背后的原因从行为金融学角度进行探究，以寻求改善方法。